全国二级建造师执业资格考试优选教材

公路工程管理与实务

二级建造师考试研究中心　主编

中国建材工业出版社

图书在版编目(CIP)数据

公路工程管理与实务/二级建造师考试研究中心主编. --北京:中国建材工业出版社,2023.2

全国二级建造师执业资格考试优选教材

ISBN 978-7-5160-3632-7

Ⅰ. ①公… Ⅱ. ①本… Ⅲ. ①道路工程—施工管理—资格考试—自学参考资料 Ⅳ. ①U415.1

中国版本图书馆 CIP 数据核字(2022)第 239021 号

公路工程管理与实务

Gonglu Gongcheng Guanli yu Shiwu

二级建造师考试研究中心 主编

出版发行：中国建材工业出版社
地　　址：北京市海淀区三里河路 11 号
邮　　编：100831
经　　销：全国各地新华书店
印　　刷：北京印刷集团有限责任公司
开　　本：787mm×1092mm 1/16
印　　张：24.25
字　　数：560 千字
版　　次：2023 年 2 月第 1 版
印　　次：2023 年 2 月第 1 次
定　　价：70.00 元

本社网址：www.jccbs.com，微信公众号：zgjcgycbs
请选用正版图书，采购、销售盗版图书属违法行为
版权专有，盗版必究。本社法律顾问：北京天驰君泰律师事务所，张杰律师
举报信箱：zhangjie@tiantailaw.com　　举报电话：(010)57811389
本书如有印装质量问题，由我社市场营销部负责调换，联系电话：(010)57811387

本书编委会

江昔平　陈之阳　李向国　刘平玉　刘晓东
戚振强　王建波　许名标　陈国鑫　陈　维
黄东宇　李敬伟　刘林佳

前 言

注册建造师是以专业技术为依托,以工程项目管理为主业的注册执业人员。自 2002 年人事部、建设部联合印发《建造师执业资格制度暂行规定》以来,持有建造师执业资格证书便成为从事建设项目工程总承包和施工项目负责人的最低要求。

在我国,建造师作为从事建设项目工程总承包和施工管理关键岗位的专业技术人员,在建设工程领域起到至关重要的作用。二级建造师证书作为入门级的建筑类执业资格证书,逐渐成为工程师职业生涯中必不可少的证书,从而受到广大从业人员的强烈追捧。

二级建造师执业资格考试由三个科目组成:建设工程法规及相关知识、建设工程施工管理、专业工程管理与实务。具体考试情况如下表所示。

(单位:分)

考试科目	考试时长	题型题量	满分
建设工程法规及相关知识	2 小时	单选(60×1)+多选(20×2)	100
建设工程施工管理	3 小时	单选(70×1)+多选(25×2)	120
专业工程管理与实务	3 小时	单选(20×1)+多选(10×2)+案例(4×20)	120

注:本系列图书专业工程管理与实务,包括建筑工程管理与实务、市政公用工程管理与实务、公路工程管理与实务等。

为了帮助考生更快通过考试,优路教育整合自身优势资源,在精研考纲和真题的基础上,结合优路教育多年积淀的培训经验,以及高等院校专业教材和标准规范,编写了《全国二级建造师执业资格考试优选教材》。本系列图书具有以下特点。

1. 真题为基,编排科学

真题是最优质的参考资料。在编写中,本系列图书以考纲为本,在精研历年真题的基础上,按照"单题为点、多点为面、多面成体"的原则,巧妙利用高等院校专业教材和标准规范,组织编排内容。这样做的好处是提炼考点精准,摒弃大量无用知识,同时依据考频、考向等,对内容进行优化,做到重难点突出、内容适用。

2. 结合培训,方法实用

能解答问题的方法才是好方法。在编写中,优路教育利用自身优质培训资源,对内容进行教研、优化,对考试内容进行凝练和图表化,专设"考情分析""复习提示"等栏目,使内容易于理解掌握,同时针对实务类与实践相结合的特点,增加了大量的实物图。总之,通过一系列措施,使考生变学习记忆性考试为技能性考试,减轻其学习负担,提高学习效率。

3. 学练结合,循环提升

做题是检验学习效果的必要手段。本系列图书有针对性地穿插了真题,在课后专设"强化练习",并附详尽解析,方便考生在学中练、在练中测,以测促学,循环学练,提高做题的正确率,提升应试信心。

编 者

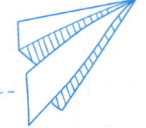

人们常说"未来可期",

那什么是可期的未来?

我想,

大概就是——

不断努力,努力,再努力!

让热爱从不降温!

让生活慢慢变成我们喜欢的样子吧!

目录

公路工程管理与实务·用好点滴时间 掌握每一个知识点

▶ 应试指导 ································· 001

▶ 第1章　路基工程 ························· 007

　　专题1　路基施工技术／008
　　专题2　路基防护与支挡／034
　　专题3　路基试验检测技术／040
　　专题4　公路工程施工测量技术／042
　　专题5　路基工程质量通病及防治措施／045
　　强化练习／047
　　参考答案及解析／063

▶ 第2章　路面工程 ························· 074

　　专题1　路面基层(底基层)施工技术／075
　　专题2　沥青路面施工技术／086
　　专题3　水泥混凝土路面施工技术／097
　　专题4　路面防、排水施工技术／107
　　专题5　路面试验检测技术／108
　　专题6　路面工程质量通病及防治措施／110
　　强化练习／112
　　参考答案及解析／129

▶ 第3章　桥涵工程 ························· 138

　　专题1　桥梁工程／139
　　专题2　涵洞工程／184
　　专题3　桥涵工程质量通病及防治措施／188
　　强化练习／191
　　参考答案及解析／207

▶ 第4章　隧道工程 ························· 216

　　专题1　隧道围岩分级与隧道构造／217
　　专题2　隧道地质超前预报和监控量测技术／222
　　专题3　公路隧道施工／225
　　强化练习／235
　　参考答案及解析／247

第 5 章　交通工程 ………………………… 253

专题 1　交通安全设施／253

专题 2　监控和照明系统／258

强化练习／260

参考答案及解析／263

第 6 章　公路工程项目施工管理 ……… 266

专题 1　公路工程项目施工组织与部署／267

专题 2　公路工程施工进度控制／269

专题 3　公路工程项目技术管理／274

专题 4　公路工程项目质量管理／278

专题 5　公路工程项目安全管理／283

专题 6　公路工程施工合同管理／291

专题 7　公路项目施工成本管理／296

专题 8　公路工程造价管理／299

专题 9　公路工程施工现场临时工程管理／305

专题 10　公路工程施工机械设备的使用管理／311

强化练习／318

参考答案及解析／338

第 7 章　公路工程项目施工相关法规与标准

……………………………………… 352

专题 1　公路建设管理法规和标准／352

专题 2　公路施工安全生产和质量管理相关规定／364

强化练习／367

参考答案及解析／374

应试指导

📋 内容分析

《公路工程管理与实务》科目内容涉及专业多且面广,包括路基工程、路面工程、桥涵工程、隧道工程、交通工程五大专业,同时包含公路工程项目施工管理和公路工程项目施工相关法规与标准知识,是一门综合性极强的科目。

本科目的考试内容与工程实践结合紧密,主要考查考生的施工现场管理能力(安全、质量、进度、合同、成本、机械设备等)、工法运用、识图能力、计算能力和综合分析能力。建议考生学习中以技术部分为基础,配合管理进行重点学习,法律法规部分作为辅助学习内容。

扫码领取本章视频课程

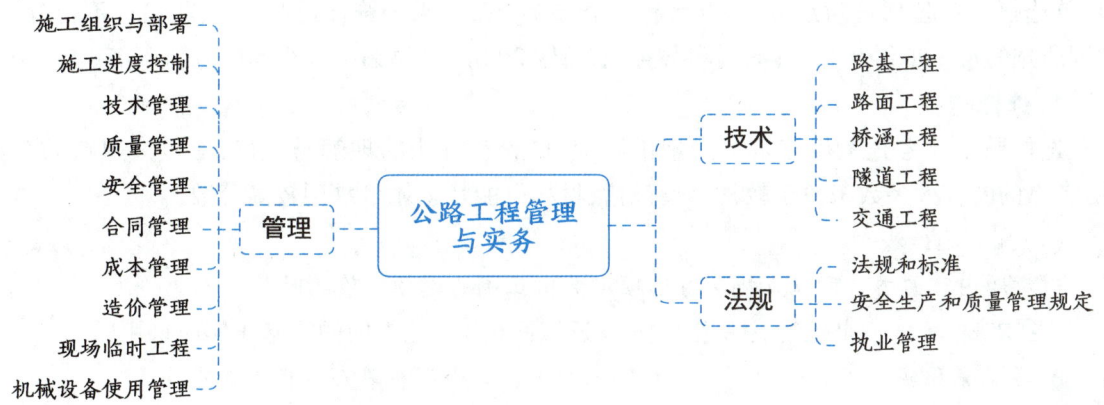

近3年考试真题分值统计表　　　　　　　　　　　　　　　　　　（单位:分）

序号	章名	2022			2021(2)			2021(1)			2020		
		单选	多选	案例	单选	多选	案例	单选	多选	案例	单选	多选	案例
1	路基工程	3	4	8	3	2	20	4	2	16	3	4	12
2	路面工程	3	2	20	3	2	20	3	2	10	3	2	15
3	桥涵工程	3	2	12	3	2	14	3	2	—	3	2	8
4	隧道工程	2	2	12	2	2	13	2	2	18	2	2	—
5	交通工程	1	—	—	1	2	—	1	2	—	1	2	6
6	公路工程项目施工管理	7	6	21	6	8	3	6	8	14	6	6	28
7	公路工程项目施工相关法规与标准	1	2	—	2	2	—	2	2	—	2	2	—
	合计	20	20	73	20	20	70	20	20	58	20	20	69

题型分析

题型题量分值统计表　　　　　　　　　　　（单位:分）

考试科目	考试时间	题型题量	总分值	合格线
建设工程施工管理	3 小时 (9:00—12:00)	单选题(70×1=70) 多选题(25×2=50)	120	72
建设工程法规及相关知识	2 小时 (14:00—16:00)	单选题(60×1=60) 多选题(20×2=40)	100	60
专业工程管理与实务	3 小时 (9:00—12:00)	单选题(20×1=20) 多选题(10×2=20) 案例题(4×20=80)	120	72

从上表可以看出,《公路工程管理与实务》科目考试的题型为单选题、多选题和案例题。其中,单选题为4选1,选对给分;多选题有5个选项,有2~4个符合题意,多选或错选不得分,少选则所选的每一项得0.5分;案例题共4题,每题20分,且每题中各小问的分值不等。

1. 选择题

选择题主要考查考生对基本的理论原理、概念和方法的理解与记忆,考核知识点的全面性,考点的内容大多数来源于教材,只有对教材尽可能熟悉才可拿到较高分数。

(1) 直接选择法

对考题内容熟悉,可以直接从备选项中选出正确的选项,节约时间。

[2022 年单选] 加筋挡土墙施工中,靠近墙面板 1m 范围内的路基压实应采用(　　)。

A. 羊足碾压实
B. 小型机具夯实或人工夯实
C. 中型钢轮压路机压实
D. 强夯夯实

答案:B。本题考查的是防护与支挡工程的施工。路基施工分层厚度及每层碾压遍数,应根据拉筋间距、碾压机具和密实度要求,通过试验确定,不得使用羊足碾碾压。靠近墙面板 1m 范围内,应使用小型机具夯实或人工夯实,不得使用重型压实机械压实。严禁车辆在未经压实的填料上行驶。

(2) 错误排除法

错误排除法常用于选择题中,是常见的做题技巧。对于那些没有绝对把握,不能"一举中的"的考题,要根据自己掌握知识的深度和复习经验,对错误的备选答案进行逐个排除。找出其他选项错误的理由,最后剩下的选项就是正确的。

[2022 年单选] 关于水泥稳定碎石混合料人工摊铺与碾压的说法,正确的是(　　)。

A. 在初平的路段上,禁止碾压
B. 整形前,对局部低洼处,可直接用新拌的混合料找平再碾压一遍
C. 终平时应将局部高出部分刮除并扫出路外,对局部低洼处,找补平整后再碾压一遍
D. 碾压应达到要求的压实度,并没有明显的轮迹

答案:D。本题考查的是无机结合料稳定基层(底基层)施工。选项 A 错误,在初平的路段

上,应用拖拉机、平地机或轮胎压路机快速碾压一遍。选项 B 错误,整形前,对局部低洼处应用齿耙将其表层 50mm 以上的材料耙松,并用新拌的混合料找平,再碾压一遍。选项 C 错误,在碾压结束前,应用平地机终平一次,纵坡路拱和超高应符合设计要求。终平时,应将局部高出部分刮除并扫出路外;对局部低洼处,不再找补。故选 D。

(3) 对比分析法

对比型考题主要是对易混淆知识点的考查,这就要求考生理解和掌握每组易混淆知识点的特点,从根本上加以区分。

[2022 单选] 采用夹片式带有自锚性能的锚具,其后张法张拉程序正确的是( )。

A. 0→初应力→1.05σ_{con}→σ_{con}(锚固)

B. 0→初应力→1.05σ_{con}(持荷 5min)→σ_{con}(锚固)

C. 0→初应力→σ_{con}(持荷 5min 锚固)

D. 0→初应力→σ_{con}(持荷 3min 锚固)

答案: C。本题考查的是钢筋与混凝土施工技术。后张法张拉程序按设计文件或技术规范的要求进行。设计无规定时,其张拉程序可按下表的规定进行。

锚具和预应力筋种类		张拉程序
夹片式具有自锚性能的锚具	钢绞线束、钢丝束	低松弛预应力筋:0→初应力→σ_{con}(持荷 5min 锚固)
其他锚具	钢绞线束	0→初应力→1.05σ_{con}(持荷 5min)→σ_{con}(锚固)
	钢丝束	0→初应力→1.05σ_{con}(持荷 5min)→0→σ_{con}(锚固)
螺母锚固锚具	螺纹钢筋	0→初应力→σ_{con}(持荷 5min)→0→σ_{con}(锚固)

由上表可知,采用夹片式具有自锚性能的锚具,其后张法张拉程序为 0→初应力→σ_{con}(持荷 5min 锚固)。

(4) 经验推断法

经验推断法是根据积累的知识和经验对题目作出判断和预测。做选择题时,可以根据实践经验,通过类推和比较选出正确选项。

[2022 年单选] 预应力混凝土梁的封端施工,混凝土强度应符合设计规定,并应严格控制梁体( )。

A. 高度   B. 长度   C. 宽度   D. 体积

答案: B。本题考查的是桥梁上部结构施工技术。预应力混凝土梁的封端应采用无收缩混凝土,其强度应符合设计规定,并应严格控制梁体长度。

(5) 宁缺毋滥法

宁缺毋滥法用于多项选择题。对于多项选择题,"宁可少答,不可多答",即只选择有把握的选项,对于没有把握的选项宁可不答。

[2022 年多选] 适用于二级公路的基层和底基层的材料有( )。

A. 水泥稳定级配碎石   B. 水泥稳定未筛分碎石

C. 水泥稳定细粒土   D. 水泥稳定煤矸石

E. 水泥稳定砾石

答案：ABDE。本题考查的是无机结合料稳定基层(底基层)施工。水泥稳定土包括水泥稳定级配碎石、未筛分碎石、砂砾、碎石土、砂砾土、煤矸石、各种粒状矿渣等适用于各级公路的基层和底基层，但水泥稳定细粒土不能用作二级和二级以上公路高级路面的基层。

2. 案例题

案例题的命题方式一般为给一个工程背景，针对背景给出施工措施或者施工时发生的事件或者出现的不良后果，最后给出 4~5 个问题。案例题的内容往往涉及多个不同的知识点，要求考生具备一定的理论水平和实践经验，结合自身所学知识去寻找、推理、补充或计算得出答案。

(1) 简答型

直接提问知识点原文，但提问方式灵活，多考查技术部分工艺流程、质量通病原因分析及处理措施、监控量测及检验项目以及管理部分中各类文件构成、质量控制关键点等，法规中基本规定等内容。需要考生在考前集中进行记忆。

[2022 年案例节选]

背景资料

事件二："1号桥薄壁墩专项施工方案"中，确定了施工质量控制关键点①……；②……；③……；④……；⑤墩顶支座预埋件位置、数量控制；⑥墩身与承台连接处混凝土裂缝控制；⑦墩身实心段混凝土裂缝控制。

问题：写出事件二中薄壁墩施工质量控制关键点①②③④的内容。

答案：薄壁墩施工质量控制关键点：

①墩身锚固钢筋预埋质量控制。

②墩身平面位置控制。

③墩身垂直度控制。

④模板接缝错台控制。

(2) 判断型

让考生根据考题背景资料中工程施工过程中出现的问题判断对错，多考查施工工艺过程中的技术要求、规范中规定的常用数值等要点。要求考生在基础复习过程中加强对细节性考点的记忆与梳理。

[2022 年案例节选]

背景资料

施工中发生以下事件：

事件一：施工单位喷洒透层油时，施工技术要求如下：

①透层油采用沥青洒布车，按设计喷油量分两次均匀洒布。

②透层油洒布后应不致流淌，应渗入基层一定深度，在表面形成油膜。

③气温低于10℃或大风、即将降雨时，不得喷洒透层油。

④透层油洒后应待充分渗透,一般不少于24h后才能摊铺上层。

⑤在进行下一道工序前,应将局部有多余的未渗入基层的透层油清除。

问题:逐条判断事件一中的施工技术要求是否正确,若不正确则要写出正确的施工技术要求。

答案:①不正确。正确做法:透层油宜采用沥青洒布车一次喷洒均匀。

②不正确。正确做法:透层油洒布后应不致流淌,应渗入基层一定深度,不得在表面形成油膜。

③正确。

④正确。

⑤正确。

(3)计算型

计算题需要写出计算过程,不能直接给出答案,因为计算过程是有分值的。假如一道计算题总分5分,此时答案是2分,计算过程3分。

[2022年案例节选]

背景资料

事件二:施工中,为控制分层填筑松铺厚度和减少摊铺工作量,施工单位根据车辆配置情况和试验路段获取的松铺厚度50cm计算出填石路堤填前正方形网格尺寸。并用石灰粉划分成方格网,采用两边挂线施工以控制松铺厚度,每格上料一车。

问题:计算事件二中填石路堤填前正方形网格每一格的边长。(单位:m,计算结果保留小数点后1位)

答案:一车料的方量为$11m^3$,松铺厚度为0.5m,底面积$=11/0.5=22m^2$。所以正方形网格每一格子的边长$=\sqrt{22}=4.7m$。

(4)补充型

案例题中补充题的考查频率相对较高,通常会对教材中的内容进行考查,从中选取重要的专业名称进行补充。此类题目考查难度不高,大多是理解记忆的内容,得分较为容易。

[2022年案例节选]

背景资料

事件三:参与项目施工的施工机械设备种类和数量较多,施工单位对施工设备建立了管理台账,每台设备进行了归档,主要归档内容如下:

①设备的名称、类别、数量、统一编号。

②产品合格证及生产许可证(复印件及其他证明材料)。

③《大、中型设备安装、拆卸方案》《施工设备验收单》及《安装验收报告》。

问题:补全事件三中归档内容。

答案:归档内容还应有设备的购买日期、使用说明书等技术资料、各设备操作人员资格证明材料。

（5）综合识图型

案例题中工程图的出现频率很高，通常会根据考题中给出的断面示意图、结构示意图、施工流程图等图片进行结构构件的识别、施工工序的名称补充，考查较为直观。这类题目综合性较强，需要考生积累经验。

[2022年案例节选]

背景资料

某施工单位承建了长度10km的路面工程，该路面工程采用热拌沥青混合料面层，施工单位中标后，项目负责人立即授权人员进场。技术负责人组织编写了路面施工方案，其中热拌沥青混合料面层施工工艺流程图如下图所示。

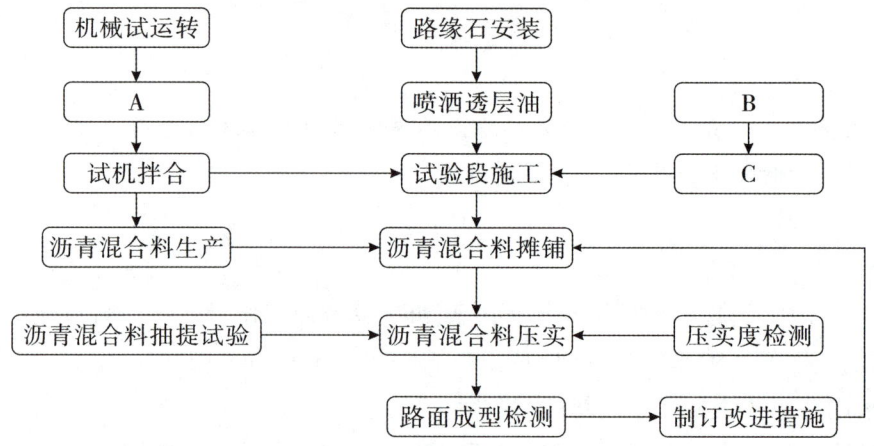

热拌沥青混合料面层施工工艺流程图

问题：写出图中工艺 A、B、C 的内容。（从"沥青混凝土配合比、配合比调试、批准配合比"中选择）

答案：A. 配合比调试。B. 沥青混凝土配合比。C. 批准配合比。

备考建议

1. 熟读教材，整理笔记

考生可以根据看书划出的重点进行归纳整理，并且在归纳总结的时候要学会合并同类项或者对比记忆法，也就是将教材上概念相似、容易混淆的知识点总结到一起，前后对比学习，这样效率会提高很多。

2. 做真题、找感觉，强化巩固

当把教材中的知识点差不多掌握之后，立即开始做一到两遍往年真题，不要求闭卷，但是务必要知道每一道题是考的哪个知识点，自己是否掌握，并做好记号，下次可以查看自己的错题，通过错题查漏补缺。

3. 重点消化，反复记忆

通过做题发现自己的易错点，看问题都出在哪里，哪句话是出题点，命题趋势是什么，这样就能找到自己的薄弱点，再带着这些问题去复习，并且根据自己整理的笔记大纲，按照自己的思路再去记忆将事半功倍。

第 1 章 路基工程

考情分析

本章属于重点章节,本章的主要内容是路基工程,包括 5 个专题。其中专题 1 路基施工技术最为重要,分值较大,专题 2 路基防护与支挡会出案例题,其余部分一般以选择题的形式出题,故学习时应侧重于对专题 1 内容的理解与掌握。学习过程中应注意图文结合地进行理解记忆。

扫码领取本章视频课程

近 3 年考试真题分值统计表 （单位:分）

序号	专题名	2022			2021(2)			2021(1)			2020		
		单选	多选	案例	单选	多选	案例	单选	多选	案例	单选	多选	案例
1	路基施工技术	1	2	8	3	2	—	3	—	16	1	2	12
2	路基防护与支挡	1	—	—	—	—	6	1	—	—	—	2	—
3	路基试验检测技术	—	2										
4	公路工程施工测量技术	1					10		2				
5	路基工程质量通病及防治措施	—	—				4				1		
	合计	3	4	8	3	2	20	4	2	16	3	4	12

思维导图

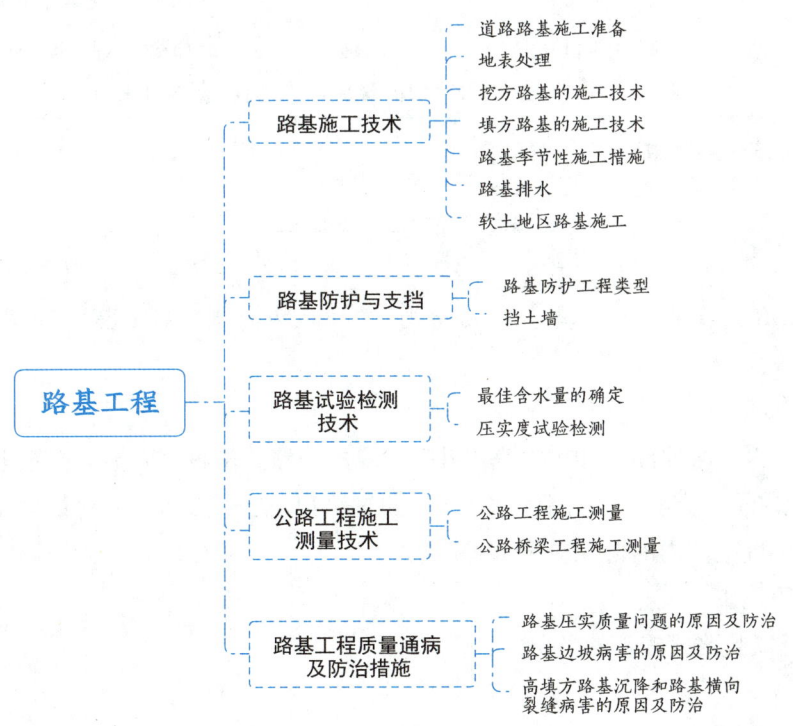

核心考点

专题 1　路基施工技术

复习提示▷ 本专题主要为路基施工技术的相关内容,考查频率高。需掌握路堑的施工工艺流程、土质路堑的开挖方法的识图、石质路堑开挖方式的适用条件。路基爆破施工常以选择题以及案例判断的形式进行考查。需掌握综合爆破技术的特点以及路堑爆破施工技术要点。

[考点 1] 道路路基施工准备

1. 施工前准备工作

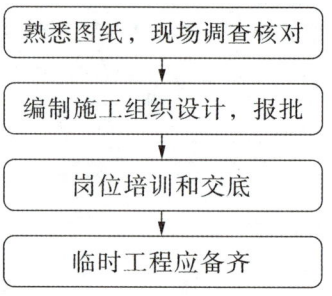

2. 施工前试验

试验类型	试验内容	说明
路基基底土试验	每公里至少取2个点	土质变化大时,视具体情况增加取样点数
填料取样试验	土的试验项目包括天然含水率、液限、塑限、颗粒分析、击实试验、CBR 试验等	必要时应做相对密度、有机质含量、易溶盐含量、冻胀和膨胀量等试验

[记忆] 水爷吃颗素鸡。

[提示] CBR 是指试料贯入量达 2.5mm 时,单位压力对标准碎石压入相同贯入量时标准荷载强度的比值。

3. 场地清理

二级及二级以上公路路堤和填方高度小于1m 的公路路堤,应将路基基底范围内的树根全部挖除,并将坑穴填平夯实;填方高度大于1m 的二级以下公路路堤,可保留树根,但树根不能露出地面。取土坑范围内的树根应全部挖除。

4. 试验路段施工

(1)应进行试验路段施工的情况。

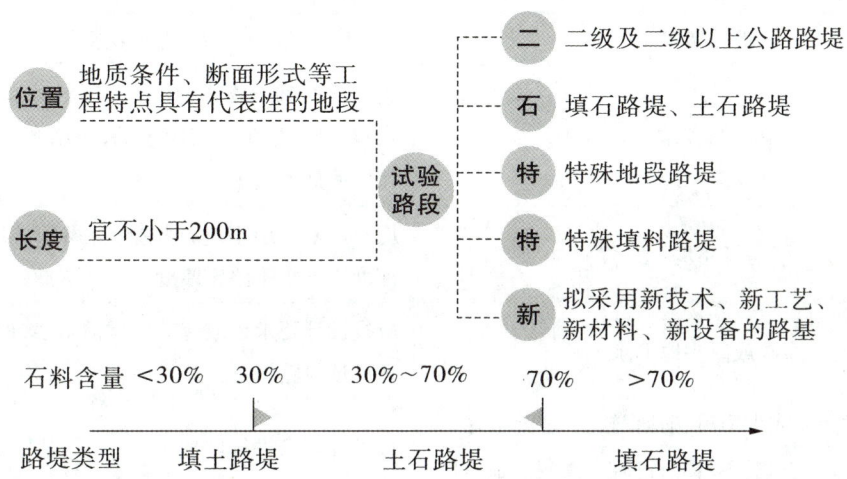

(2)路堤试验路段施工要求。

①填料试验、检测报告等；

②压实工艺主要参数：机械组合、压实机械规格、松铺厚度、碾压遍数、碾压速度、最佳含水量及碾压时含水量允许偏差等；

③过程质量控制方法、指标；

④质量评价指标、标准；

⑤优化后的施工组织方案及工艺；

⑥原始记录、过程记录；

⑦对施工设计图的修改建议等；

⑧安全保证措施；

⑨环保措施。

◉ 精选真题

[2021年真题]路堤试验路段施工总结内容包括（　　）。

A. 填料试验、检测报告　　　　　　B. 对施工图的修改建议

C. 弃方实施方案　　　　　　　　　D. 安全保证措施

E. 环保措施

答案：ABDE。

[考点 2] 地表处理

(1)填方地段地基表层碾压处理压实度控制标准。

地段	压实度控制标准
二级及二级以上公路一般土质	≥90%
三、四级公路	≥85%

[记忆] 二九；三四八五。

（2）地基处理要求。

地基情况	处理要求
坑、洞、穴等	应在清除沉积物后,用合格填料分层回填分层压实;对可能存在空洞隐患的,应结合具体情况采取相应的处置措施
低路堤	应对地基表层土进行超挖、分层回填压实,其处理深度应不小于路床厚度
泉眼或露头地下水	应按设计要求采取有效导排措施,将地下水引离后方可填筑路堤
耕地、松散土质或水稻田、湖塘、软土、过湿土等	按设计要求进行处理
陡坡地段、填挖结合部、土石混合地段、高填方地段等	

🌐 精选真题

1.[2019年真题] 路基填土高度小于路面和路床总厚度时,基底应按设计要求处理。如对地基表层土进行超挖、分层回填压实,其处理深度不应小于(　　)。

A. 重型汽车荷载作用的工作区深度　　B. 路床总厚度
C. 路堤和路床总厚度　　D. 天然地下水位深度

2.[2019年真题·案例节选]

背景资料

某施工单位承建了一段二级公路的路基工程,路基宽度12m,其中K1+600~K3+050为填方路堤,路段填方需从取土场借方;K1+600~K2+300填方平均高度为1.6m,设计填方数量16200m³;K2+300~K3+050填方平均高度为2.1m,设计填方数量24000m³。

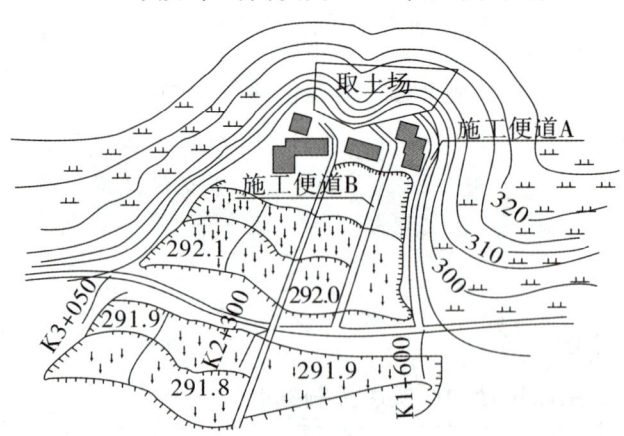

取土场位置平面示意图

施工单位在工程项目开工之前,对施工图设计文件进行了复查和现场核对,补充了必要的现场调查资料,发现该路段原地面下有50cm厚淤泥,设计文件中未进行处理,施工单位在施工图会审中提出处理意见后,经监理工程师和设计代表同意,按路堤坡脚每侧扩宽1m采用抛石挤淤的方法进行处理,抛石方量14193m³。要求采用粒径较大的未风化石料进行抛填。施工单位根据现场情况,确定了取土场位置,并拟定了新的施工便道A、B两个方案,施工便道A方案长度1420m,施工便道B方案长度1310m,最终确定采用A方案,取土场位置平面示意图如上图所示。施工过程中,路堤填筑两侧均加宽超填30cm。

问题:

(1)计算K1+600~K3+050路段设计填方量的平均运距。(单位:m,计算结果保留到小数点后2位)

(2)根据《公路路基施工技术规范》,K1+600~K3+050路段是否需要进行路堤试验路段施工?说明理由。

答案:1. B。

2.(1)平均运距=[16200×(700/2+1420)+24000×(750/2+700+1420)]/(16200+24000)=2202.84m。

(2)①K1+600~K3+050路段需要进行路堤试验路段施工。

②理由:本工程为二级公路路基工程,并且路基填筑路段原地面下有50cm厚淤泥,属于特殊地段路基,因此需进行路堤试验段施工。

[考点3] 挖方路基的施工技术

(一)路堑施工工艺流程

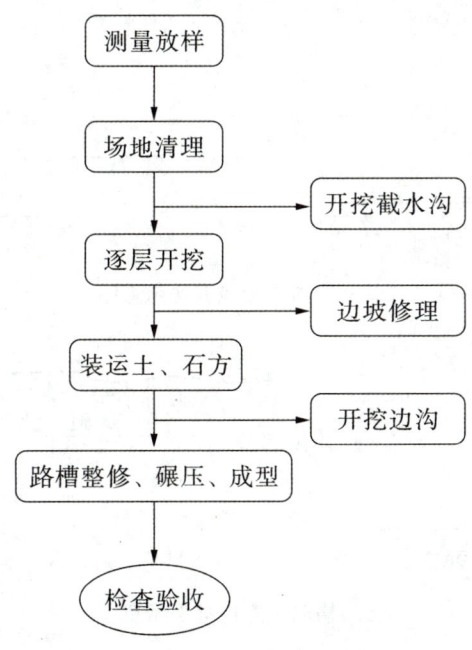

路堑施工工艺流程图

（二）土质路堑施工技术

1. 开挖方法

开挖方法		开挖流程	适用范围
横向挖掘法	单层横向全宽挖掘法	从开挖路堑的一端或两端按断面全宽一次性挖到设计标高逐渐向纵深挖掘	浅且短的路堑
	多层横向全宽挖掘法	从开挖路堑的一端或两端按断面分层挖到设计标高	深且短的路堑
纵向挖掘法	分层纵挖法	沿路堑全宽，以深度不大的纵向分层进行挖掘	较长的路堑
	通道纵挖法	先沿路堑纵向挖掘一通道，然后将通道向两侧拓宽至路堑边坡后，再挖下一层通道，如此向纵深开挖至路基标高	较长、较深、两端地面纵坡较小的路堑
	分段纵挖法	沿路堑纵向选择一个或几个适宜处，将较薄一侧堑壁横向挖穿，使路堑分成两段或数段，各段再纵向开挖	过长、弃土运距过远、一侧堑壁较薄的傍山路堑
混合式挖掘法	多层横向全宽挖掘法+通道纵挖法	先沿路线纵向挖通道，然后沿横向坡面挖掘，以增加开挖面	路线纵向长度和挖深都很大的路堑

[记忆] 短为横、长为纵、浅单层、深多层。

（1）横向挖掘法。

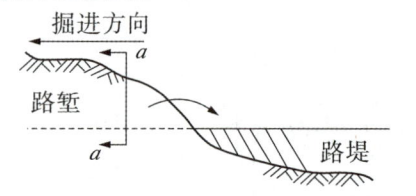
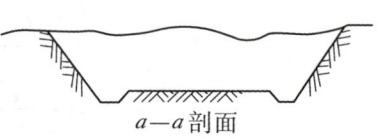

单层横向全宽挖掘法示意图

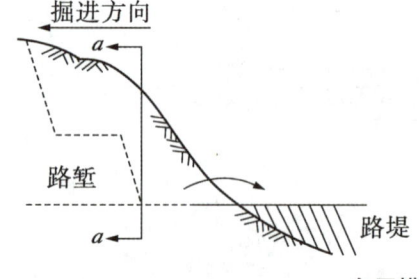
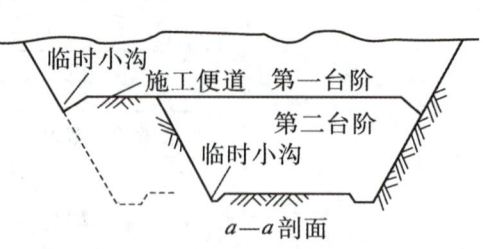

多层横向全宽挖掘法示意图

（2）纵向挖掘法。

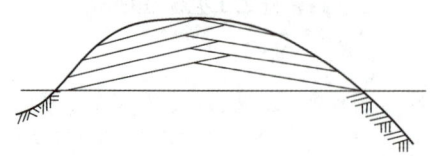

分层纵挖法示意图

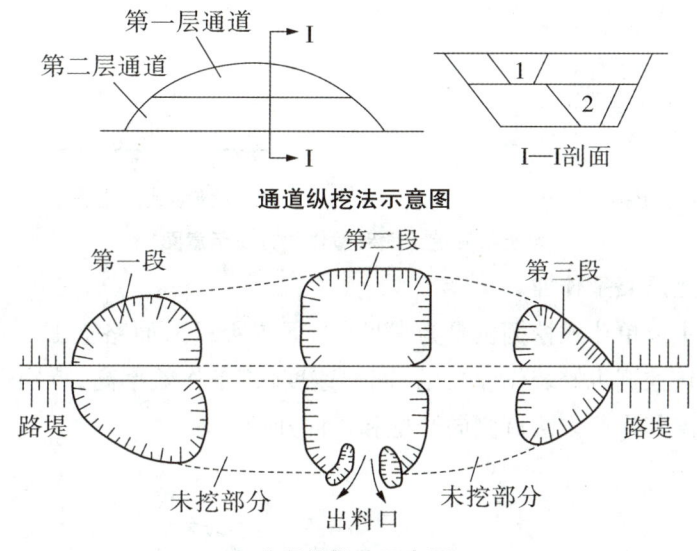

通道纵挖法示意图

分段纵挖法示意图

(3)混合式挖掘法。

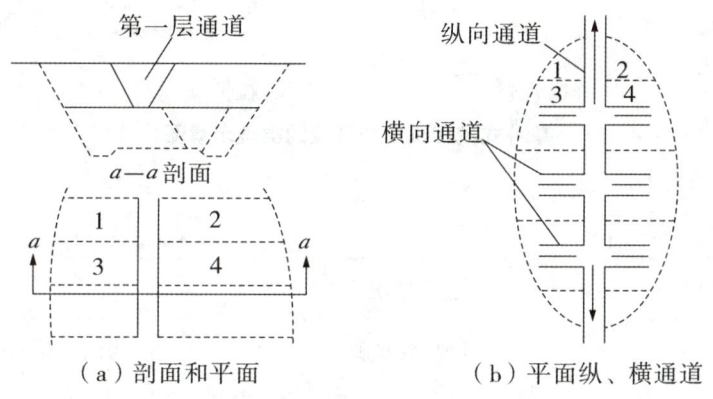

混合式挖掘法示意图

2.推土机开挖土质路堑作业

(1)推土机具有操作灵活、运转方便、所需工作场地小、短距离运土效率高等特点。

(2)推土机开挖土方作业由切土、运土、卸土、倒退(或折返)、空回等过程组成一个循环。其推土方法如下图所示。

并列推土法　　　下坡推土法

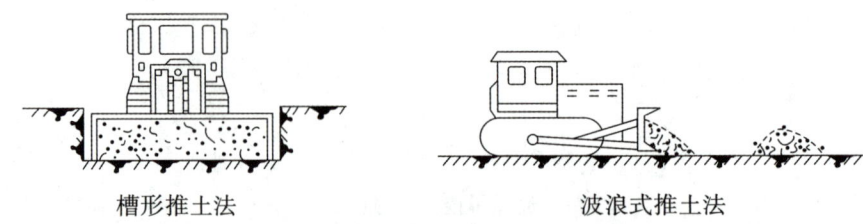

推土机开挖土质路堑作业方法示意图

3. 挖掘机开挖土质路堑作业

公路工程施工中以单斗式挖掘机最为常见(如下图所示),而路堑土方开挖中又以正铲挖掘机使用最多。正铲挖掘机挖装作业灵活、回转速度快、工作效率高,特别适用于与运输车辆配合开挖土方路堑。其作业方法有侧向开挖和正向开挖。

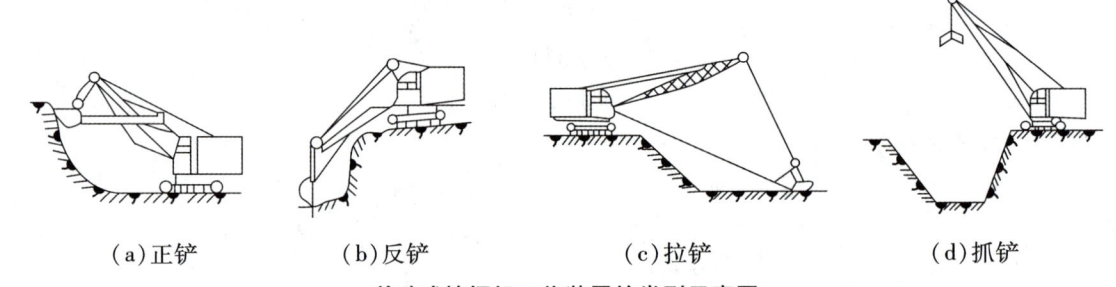

(a)正铲　　(b)反铲　　(c)拉铲　　(d)抓铲

单斗式挖掘机工作装置的类型示意图

(三)石质路堑开挖方法

1. 开挖方式

开挖方式	适用情况	特点
钻爆开挖	坚硬、次坚硬	当前广泛采用,对环境影响最大
直接应用机械开挖	软石、强风化岩	不适用于坚硬岩石
静态破碎法	坚石、软石均可用,但主要用于坚石、次坚石	对环境影响最小

[提示]　钻爆强调广泛采用;机械开挖强调施工场地布置简单,进度快,但是不适用于坚硬岩石;静态破碎法重点强调保护。如果案例背景中有居民区、高压塔等,工期要求不紧时可优先选择静态破碎法。

2. 爆破方法

(1)常用爆破方法。

①光面爆破——在有侧向临空面的情况下,用控制抵抗线和药量的方法进行爆破,使之形成一个光滑平整的边坡。

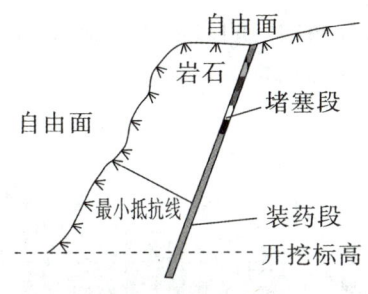

光面爆破示意图

②预裂爆破——在开挖限界处按适当间隔排列炮孔,在没有侧向临空面和最小抵抗线的情况下,用控制药量的方法,预先炸出一条裂缝,使拟爆体与山体分开,作为隔震减震带,起到保护开挖限界以外山体或建筑物和减弱地震对其破坏的作用。

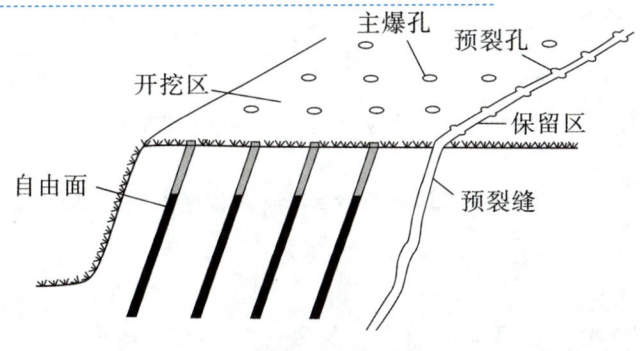

预裂爆破示意图

③微差爆破——可减震1/3~1/2;加强破碎效果;利于挖掘机作业;节省炸药;提高每米钻孔的炸落方量。

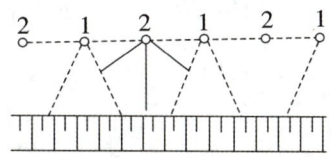

微差爆破示意图

1—第一段起爆;2—第二段起爆

④定向爆破——减少工序,提高生产效率;在公路工程中用于以借为填或移挖作填地段,特别是在深挖高填相间、工程量大的鸡爪形地区,采用定向爆破,一次可形成百米以至数百米路基。

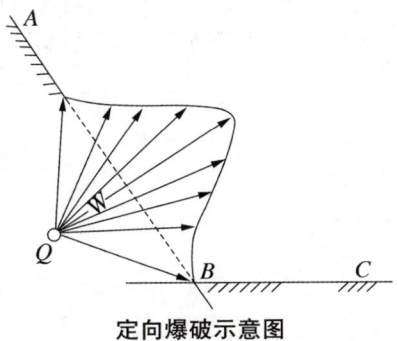

定向爆破示意图

W—最小抵抗线;AB—坡面;Q—药包位置;C—指定位置

⑤洞室爆破——为使爆破设计断面内的岩体大量抛掷（抛坍）出路基，减少爆破后的清方工作量，保证路基的稳定性，可根据地形和路基断面形式，采用抛掷爆破、定向爆破、松动爆破方法。

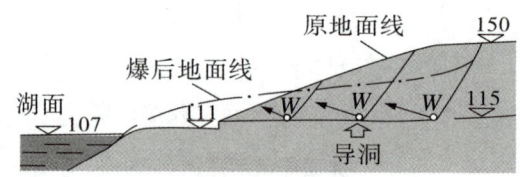

洞室爆破示意图

[提示] 光面爆破是有侧向临空面，重点是强调炸出的面光滑；预裂爆破是没有侧向临空面，强调的是对建筑物的保护。

（2）综合爆破施工技术。

名称	小炮		洞室炮	
	钢钎炮	深孔炮	药壶炮	猫洞炮
炮孔特点	孔径<70mm，深度<5m	孔径>75mm，深度≥5m	深度2.5~3.0m	洞径0.2~0.5m，深度<5m
优点	灵活、辅助炮型	工效高、进度快、安全	省工、省药	在有裂缝的软石、坚石中，药壶不易形成时采用
缺点	炮眼浅、药少、量小，人工清理，工效低	需要大型钻孔机或穿孔机钻孔	露天爆破，岩石在Ⅺ级以下，不含水分	直径大，爆破能力低，使用条件苛刻
爆破量	爆破方数不多	万方以上	数十方至数百方	炸松15~150m³

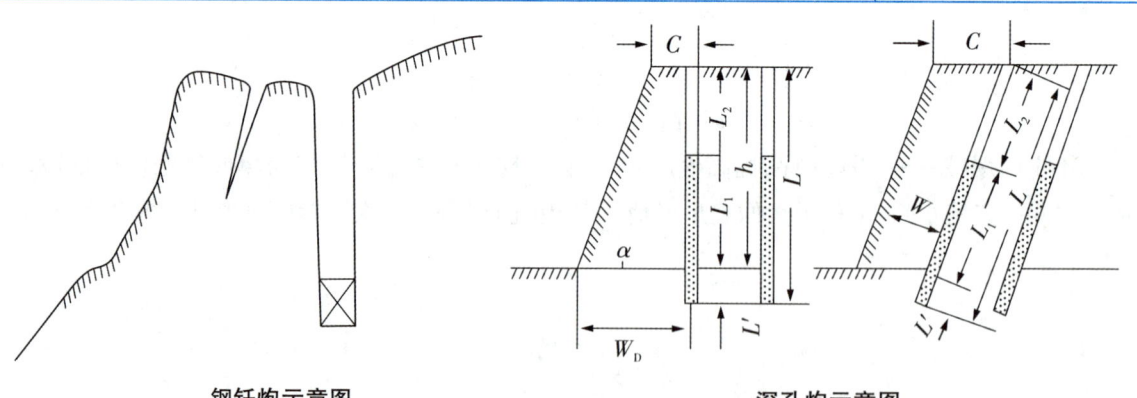

钢钎炮示意图　　　　　深孔炮示意图

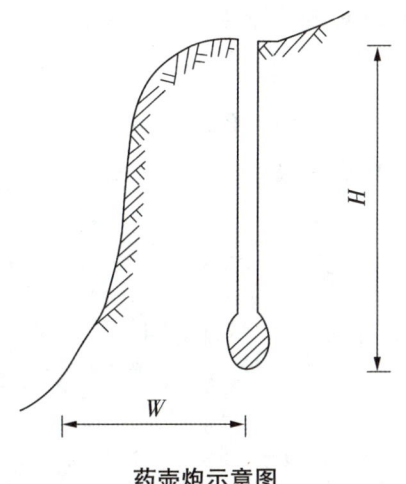

药壶炮示意图

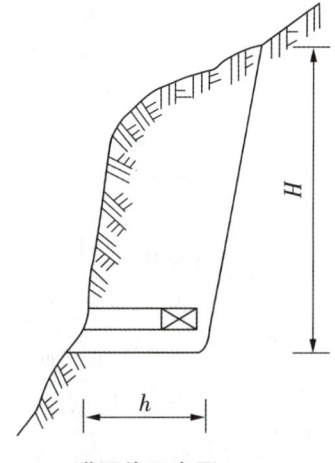

猫洞炮示意图

[提示] 注意区分钢钎炮和深孔爆破的判别标准,小炮中最省工、省药的是药壶炮,这里说的意思是从装药量的角度来讲的,用药量1t以上为大炮,1t以下为中小炮。

3. 爆破后安全检查

(1)起爆点(站)应远离爆区,宜设坚固严密的人工掩体,其位置和方向应能防止飞石、空气冲击波、炮烟和边坡滑落、滚石的危害。

(2)爆破结束后,爆破员应将剩余爆破器材仔细清点,如数及时直接交退给市公安局指定的市轻化公司爆破器材仓库。

◈ 精选真题

[2020年真题]石质路堑施工采用微差爆破方法的优点有(　　)。

A. 使爆破面形成一个光滑平整的坡面　　B. 可减震1/3~2/3

C. 加强了岩石破碎效果　　D. 可节省炸药

E. 一次可形成数百米路基

答案:BCD。

[考点 4] **填方路基的施工技术**

(一)路基填料的一般要求

土质类型	填料选择要求	备注
含草皮、生活垃圾、树根、腐殖质的土	严禁作为填料	—
泥炭土、淤泥、冻土、强膨胀土、有机质土及易溶盐含量超限的土	不得直接用于填筑路基	必须采取技术措施进行处理,且经检验满足设计要求
液限大于50%、塑性指数大于26、含水率不适宜直接压实的细粒土	不得直接作为路堤填料	
粉质土	不得直接填筑于冰冻地区的路床及浸水部分的路堤	必须掺入较好的土体后才能用作路基填料

[提示] 粉质土毛细作用明显,冻胀量大,其力学性能受含水率影响明显。

填料的强度和粒径应符合下表的规定。

填料应用部位			(路面底面以下深度)(m)	填料最小承载比 CBR(%)			填料最大粒径(mm)
				高速、一级公路	二级公路	三、四级公路	
填方路基	上路床		0~0.30	8	6	5	100
	下路床	轻、中及重交通	0.30~0.80	5	4	3	100
		特重、极重交通	0.30~1.20				
	上路堤	轻、中及重交通	0.80~1.50	4	3	3	150
		特重、极重交通	1.20~1.90				
	下路堤	轻、中及重交通	>1.50	3	2	2	150
		特重、极重交通	>1.90				
零填及挖方路基	上路床		0~0.30	8	6	5	100
	下路床	轻、中及重交通	0.30~0.80	5	4	3	100
		特重、极重交通	0.30~1.20				

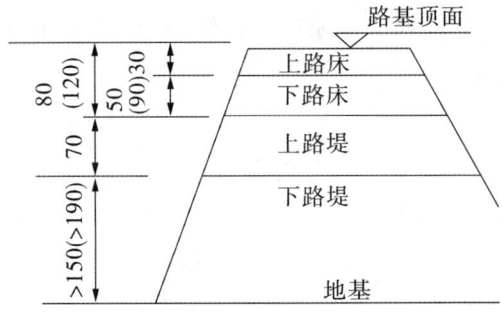

填方路基构造示意图

注:括号内为特重、极重交通深度;图中单位为 cm。

[提示] 最小承载比要求掌握,属于案例题考点。由上路床至下路堤,高速、一级公路:8、5、4、3;二级公路:6、4、3、2。

(二)土方路堤施工技术

1.填筑要求

(1)分层填筑要求。

①性质不同的填料,应水平分层、分段填筑、分层压实。

②同一水平层路基全宽应采用同一种填料,不得混合填筑。

③每种填料填筑压实后的连续厚度不宜小于500mm。

④填筑路床顶最后一层时,压实厚度应不小于100mm。

(2)填料分层选择要求。

①对潮湿或冻融敏感性小的填料应填筑在路基上层;强度较小的填料应填筑在下层。

②在有地下水的路段或临水路基范围内,宜填筑透水性好的填料。

(3)透水性差异填料控制要求。

①透水性不好的压实层上填筑透水性较好的填料前,应在其表面设2%~4%的双向横坡。

②不得在由透水性较好的填料所填筑的路堤边坡上覆盖透水性不好的填料。

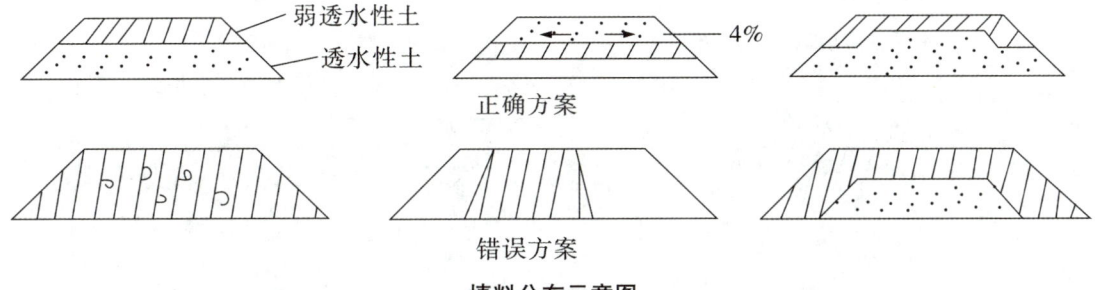

填料分布示意图

(4)每种填料松铺厚度由试验段确定。

(5)每层压实后宽度不得小于设计宽度。

(6)路堤填筑要求。

①应从最低处起分层填筑,逐层压实。

②当原地面纵坡大于12%或横坡陡于1:5时,应按设计要求挖台阶,或设置坡度向内并大于4%、宽度大于2m的台阶。

(7)填方分段施工时,接头部位处理应符合的规定。

①如不能交替填筑,先填路段应按1:1~1:2坡度分层留台阶。

②如能交替填筑,应分层相互交替搭接,搭接长度应不小于2m。

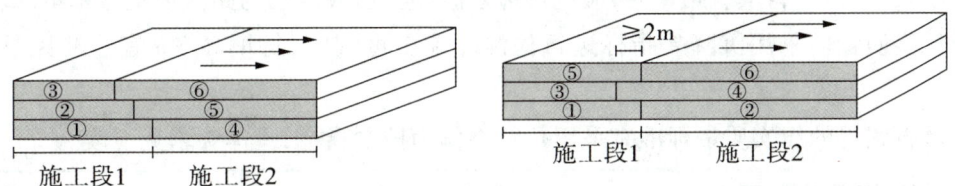

接头部位处理示意图

2.填筑方法

土方路堤填筑常用推土机、铲运机、平地机、挖掘机、装载机等机械按以下几种方法作业。

填筑方法	填筑做法	适用条件
水平分层填法	按照横断面全宽分成水平层次,逐层向上	路基常用的填筑方式
纵向分层填法	依路线纵坡方向分层,逐层向坡向填筑	常用于推土机从路堑取土填筑距离较短的路堤
竖向填筑法	从路基一端或两端按横断面全部高度,逐步推进	仅用于无法自下而上填筑的深谷、断岩、泥沼等机械无法进场的路堤
混合填筑法	路堤下层用竖向填筑而上层用水平分层填筑	适用于因地形限制或填筑堤身较高,不宜采用水平分层填筑或竖向填法填筑的情况

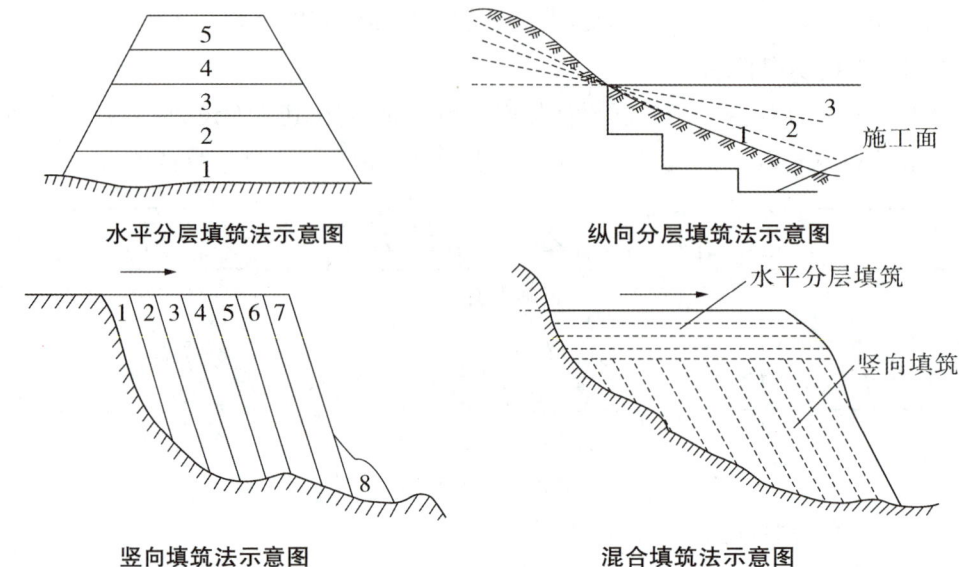

水平分层填筑法示意图　　纵向分层填筑法示意图

竖向填筑法示意图　　混合填筑法示意图

[提示] 水平分层填筑法是最常采用的方法,其他都是次选。

(三)填石路基施工技术

1.填筑要求

(1)二级及二级以上公路的填石路堤应分层填筑压实。三级及三级以下砂石路面公路在陡峻山坡地段施工特别困难时,可采用倾填的方式将石料填筑于路堤下部,但在路床底面以下不小于1.0m范围内仍应分层填筑压实。

(2)岩性相差较大的填料应分层或分段填筑。严禁将软质石料与硬质石料混合使用。

(3)中硬、硬质石料填筑路堤时,应进行边坡码砌。边坡码砌与路基填筑宜基本同步进行。

(4)压实质量可采用沉降差指标进行检测。施工过程中,每填高3m宜检测路基中线和宽度。

(5)填石路堤的压实质量标准宜采用孔隙率作为控制指标,具体要求见下表。

分区	路面底面以下深度(m)	硬质石料孔隙率(%)	中硬石料孔隙率(%)	软质石料孔隙率(%)
上路堤	0.80~1.50	≤23	≤22	≤20
下路堤	>1.50	≤25	≤24	≤22

2.填筑方法

填筑方法	填筑做法	适用条件
竖向填筑法(倾填法)	从路基一端或两端按横断面全部高度逐步推进	1.二级及二级以下且铺设中低级路面的公路在陡峻山坡施工特别困难或大量爆破移挖作填路段。2.无法自下而上分层填筑的陡坡、断岩、泥沼地区和水中作业的填石路堤
分层压实法(碾压法)	自下而上水平分层,逐层填筑,逐层压实	高速公路、一级公路和铺设高级路面的其他等级公路的填石路堤

(续表)

填筑方法	填筑做法	适用条件
冲击压实法	利用冲击压实机的冲击碾周期性、大振幅、低频率地对路基填料进行冲击	—
强力夯实法	用起重机吊起夯锤从高处自由落下	—

[提示] 强夯法主要控制填料粒径、铺填厚度、夯击击数,夯坑以同类型石质填料填补;碾压法主要控制填料粒径、铺填厚度、压实遍数。

采用分层压实法(碾压法)进行填石路堤填筑时,应将填方路段划分为四级施工台阶、四个作业区段、八道工艺流程进行分层施工。

(1)四级施工台阶——在路基面以下0.5m为第一级台阶,0.5~1.5m为第二级台阶,1.5~3.0m为第三级台阶,3.0m以下为第四级台阶。(台阶间距一般为100m)

(2)四个作业区段——填石区段、平整区段、碾压区段、检验区段。

(3)八道工艺流程——施工准备、填料装运、分层填筑、摊铺平整、振动碾压、检测签认、路基成型、路基整修。(备、运、填、平、压、检、成、修)

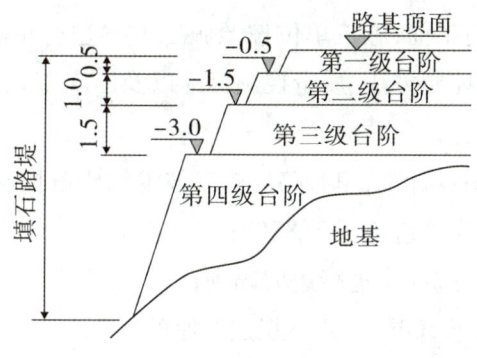

四级台阶示意图

🌐 精选真题

1.[2021年真题]可采用倾填方式填筑的填石路堤是( )。

A.二级公路(沥青路面)的高路堤　　　B.四级公路(弹石路面)的上路堤

C.四级公路(块石路面)的高路堤　　　D.三级路面(砂石路面)的下路堤

2.[2018年真题]不得直接填筑于冰冻地区三、四级公路下路床的填料是( )。

A.湿黏土　　　B.弱膨胀土　　　C.红黏土　　　D.粉质土

3.[2017年真题]路基填料的强度指标是( )。

A.压实度　　　B.CBR值　　　C.稳定度　　　D.塑性指数

4.[2017年真题]填石路基采用强力夯实法施工时,填补夯坑的填料应选用( )。

A.碎石土　　　　　　　　　　　　B.砂性土

C.软质石料　　　　　　　　　　　D.与路基同类型石质填料

5. [2016年真题]填石路堤压实质量标准的控制指标宜采用(　　)。
A. 孔隙率　　　　B. 压实度　　　　C. 沉降差　　　　D. 密度

6. [2021年真题·案例]

背景资料

某施工单位承建了一段山区三级公路路基工程,路段长5.27km,路基宽8.50m,双向两车道,路线地形起伏较大,填挖基本平衡,填石路堤填料主要以弱风化石灰岩为主。开工前,施工单位编制了实施性施工组织设计,并经监理工程师审批同意,其施工进度双代号网络计划如下图所示。

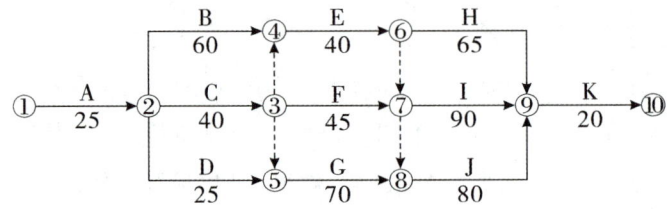

双代号网络图

施工中发生如下事件:

事件一:填石路堤正式施工前,施工单位按照施工方案进行填石路堤试验路段的施工,通过试验确定了施工过程工艺控制方法、质量控制标准以及压实工艺参数,其压实工艺参数包括压实机械规格、压实功率等。

事件二:实施性施工组织设计中,填石路堤施工技术和质量控制要求部分内容如下:

①路基原地基处理后压实度应不小于85%;

②硬质石料填筑路堤时,应同步进行边坡码砌;

③路基填料粒径应不大于500mm,并不超过层厚的1/3;

④施工过程中,每填高6m,需检测路基中线和宽度。

事件三:填石路堤分层填筑的主要工艺有:①分层填筑;②振动碾压;③路基成型;④施工准备;⑤摊铺平整;⑥填料装运;⑦路基整修;⑧检测签认。施工过程中,施工单位严格按照已审批的实施性施工组织设计进行填石路堤压实质量的检测和控制。

问题:

(1)确定双代号网络计划的关键线路。

(2)事件一中,补充试验路段还应确定的压实工艺参数。

(3)逐条判断事件二中的要求是否正确,若不正确请写出正确要求。

(4)写出事件三中正确的工艺顺序(写出序号即可,如⑤①③…)。

(5)事件三中,填石路堤压实质量控制应采用哪两项指标?

答案:1. D。2. D。3. B。4. D。5. A。

6.(1)关键线路:①→②→④→⑥→⑦→⑨→⑩和①→②→③→⑤→⑧→⑨→⑩(或A→

B→E→I→K 和 A→C→G→J→K)。

(2)压实工艺参数还有机械组合、松铺厚度、碾压遍数、碾压速度、最佳含水率及碾压时含水率范围。

(3)①正确。

②正确。

③不正确。正确做法：路堤填料粒径应不大于 500mm，并宜不超过层厚的 2/3，路床底面以下 400mm 范围内，填料最大粒径不得大于 150mm，其中小于 5mm 的细料含量应不小于 30%。

④不正确。正确做法：施工过程中，每填高 3m 宜检测路基中线和宽度。

(4)工艺顺序：④⑥①⑤②⑧③⑦。

(5)填石路堤压实质量控制两项指标：沉降差、孔隙率。

[考点 5] 路基季节性施工措施

(一)冬期施工

1.冬期施工的地段选择

地段	要求
高速公路、一级公路的土质路堤	不宜冬期施工
地质不良地区二级及二级以下公路路堤	
河滩低洼处，可被水淹没的填土路堤	
土质路堤路床以下 1m 范围内	不得冬期施工
半填半挖地段、挖填方交界处	

2.冬期施工的要求

施工类型	项目	施工要求
路堤填筑	填料	1.选用未冻结的砂类土、碎石、卵石土、石渣等透水性良好的材料。 2.不得用含水量过大的黏性土
	摊铺	每层松铺厚度应比正常施工减少 20%~30%，且最大松铺厚度不得超过 300mm
	填筑	1.当天填土应当天完成碾压。 2.距路床底面 1m 时，应碾压密实后停止填筑。 3.冬期过后应对填方路堤进行补充压实
路堑开挖	边坡	不得一次挖到设计线，应预留一定厚度的覆盖层，待到正常施工季节后再修整到设计坡面
	开挖深度	挖至路床顶面以上 1m 时，完成临时排水沟后，应停止开挖

(二)雨期施工

施工类型	项目	施工要求
路堤填筑	排水	每一层的表面应设2%~4%的排水横坡
	基底处理	低洼地段,应在雨期前将原地面处理好,并将填筑作业面填筑到可能的最高积水位0.5m以上
	填料	选用透水性好的碎(卵)石土、砂砾、石方碎渣和砂类土等
	填筑	应分层填筑,当天填筑的土层应当天或雨前完成压实
路堑开挖	边坡	不宜一次挖到设计坡面,应预留一定厚度的覆盖层,待雨期过后再修整到设计坡面
	开挖深度	挖至路床顶面以上300~500mm时应停止开挖,并在两侧挖临时排水沟
	炮眼	宜水平设置

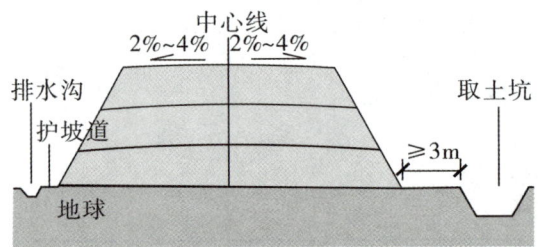

雨期填筑路堤示意图

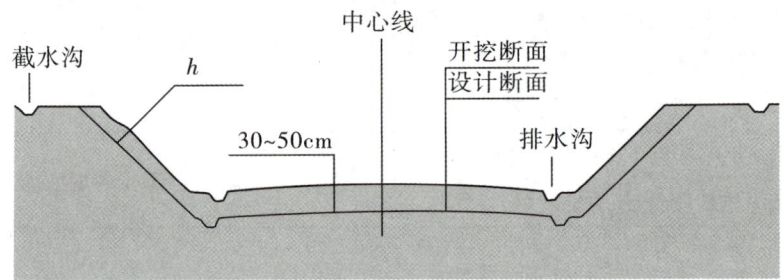

雨期开挖路堑示意图

◈ 精选真题

[2017年真题] 关于路基冬期施工的说法,正确的有(   )。

A. 半填半挖地段、挖填方交界处不得在冬期施工

B. 冬期填筑路堤,应按横断面全宽平填,每层松铺厚度应比正常施工增加20%~30%

C. 当填筑至路床底面时,碾压密实后应停止填筑,在顶面盖防冻保温层

D. 冬期过后必须对填方路堤进行补充压实

E. 河滩地段可利用冬期水位低,开挖基坑修建防护工程

答案:ADE。

[考点 6] 路基排水

分类	排水设施	设置与施工要求
地面排水	边沟	设于挖方地段和填土高度小于边沟深度的填方地段
	截水沟	1. 设于路基上方,拦截山坡水。 2. 应先行施工,与其他排水设施衔接平顺
	排水沟	线形平顺;出水口应设置跌水或急流槽
	急流槽、跌水	1. 急流槽应分节砌筑,分节长度宜为 5～10m。 2. 跌水消力池的基底应采取防渗措施
	渡槽	进出水口处设置平面收缩角为 10°～15°的过渡段
	拦水带	1. 与高路堤急流槽连接处应设喇叭口。 2. 设置拦水带路段的路肩宜适当加固,以免水流集中后造成冲刷
	蒸发池	底面与侧面应采取防渗措施;池底宜设 0.5%的横坡;四周应采用隔离栅进行围护
地下排水	暗沟(管)	排泉水或集中水流;沟壁(管壁)与含水层接触面以上高度应设置渗水孔,沟壁外侧应设置反滤层
	渗沟	1. 地下水埋藏浅、无固定含水层。 2. 渗沟常用的有填石渗沟、管式渗沟、洞式渗沟等。 3. 渗沟应设置排水层、反滤层和封闭层。 4. 渗沟侧壁宜设反滤层,洞式顶部应设封闭层
	渗井	1. 当路基附近的地面水或浅层地下水无法排除时设置。 2. 井壁与填充料之间应设反滤层,填充料与反滤层应分层同步施工。 3. 渗井顶部四周应采用黏土填筑围护,井顶应加盖封闭,严防渗井淤塞

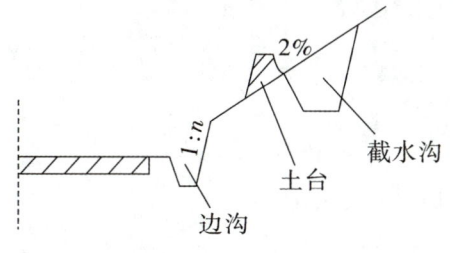

截水沟示意图

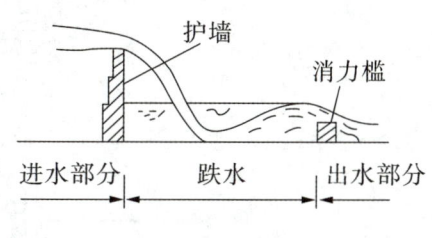

跌水示意图

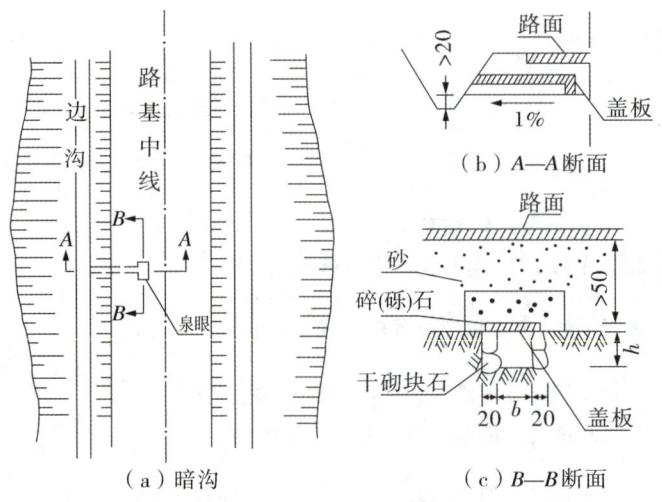

暗沟示意图

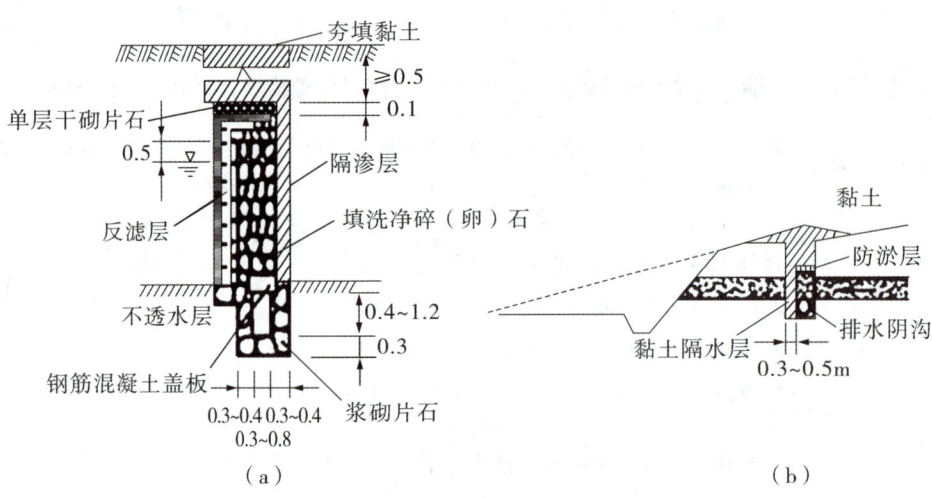

渗沟示意图

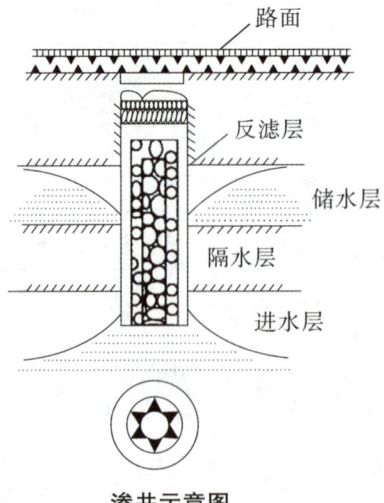

渗井示意图

🌐 **精选真题**

1.[2020年真题] 渗井的井壁与填充料之间应设置(　　)。
A. 防渗层　　　　B. 封闭层　　　　C. 反滤层　　　　D. 隔离层

2.[2019年真题] 关于支撑渗沟施工的说法,错误的是(　　)。
A. 支撑渗沟应分段间隔开挖
B. 支撑渗沟侧壁宜设封闭层
C. 支撑渗沟的基底宜埋入滑动面以下至少500mm
D. 支撑渗沟的出水口宜设置端墙

答案: 1.C。2.B。

[考点 7] 软土地区路基施工

1.浅层置换与改良

处理方法	适用条件	施工要求
浅层置换	厚度小于3.0m的软土	1.挖出软基,用强度高的砂砾、碎石土等水稳性和透水性好的材料置换。 2.换填施工时,应分层填筑、压实
浅层改良	非饱和黏质土的软弱表层	1.施工前应先完善排水设施,施工期间不得积水。 2.施工时,应分层填筑、压实

2.抛石挤淤施工

(1)应采用不易风化的片石、块石,石料直径宜不小于300mm。

(2)当软土地层平坦,横坡缓于1:10时,应沿路线中线向前呈等腰三角形抛填,再渐次向两侧对称抛填至全宽,将淤泥挤向两侧;当横坡陡于1:10时,应自高侧向低侧渐次抛填,并在低侧边部多抛投形成不小于2m宽的平台。

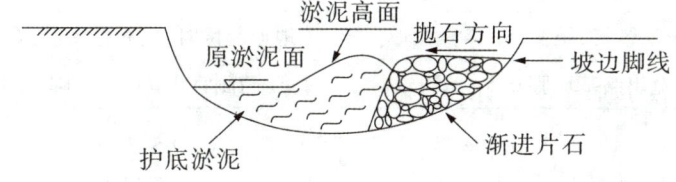

抛石挤淤示意图

🌐 **精选真题**

[2019年真题·案例]

背景资料

　　施工单位在工程项目开工之前,对施工图设计文件进行了复查和现场核对,补充了必要的现场调查资料,发现该路段原地面下有50cm厚淤泥,设计文件中未进行处理,施工单位在施工图会审中提出处理意见后,经监理工程师和设计代表同意,按路堤坡脚每侧扩宽1m采用抛石挤淤的方法进行处理,抛石方量 14193m³。要求采用粒径较大的未风化石料进行抛填……

问题:路堤填筑时,两侧加宽超填 30cm 的主要作用有哪些?对抛石挤淤的材料还有什么要求?该路段软基处理还可以采用什么方法?

答案:(1)两侧加宽超填是为了保证路基宽度范围内压实度合格,预防路基沉降。

(2)对抛石挤淤材料还要求:未风化石料中 0.3m 粒径以下的石料含量不宜大于 20%。

(3)还可以采用的方法有换填垫层、稳定剂处理。

3. 爆炸挤淤施工

(1)宜采用布药机进行布药。当淤泥顶面高、露出水面时间长,且装药深度小于 2.0m 时,可采用人工简易布药法。

(2)抛填前应根据软基深度、宽度、水深等环境条件和施工设备,确定抛填高度、宽度及进尺。抛填高度应高于潮水位。抛填进尺最小宜不小于 3m,最大宜不大于 10m。

(3)爆炸挤淤后应采用钻孔或物探方法探测检查置换层厚度、残留混合层厚度。置换层底面和下卧地基层设计顶面之间的残留淤泥碎石混合层厚度应不大于 1m。

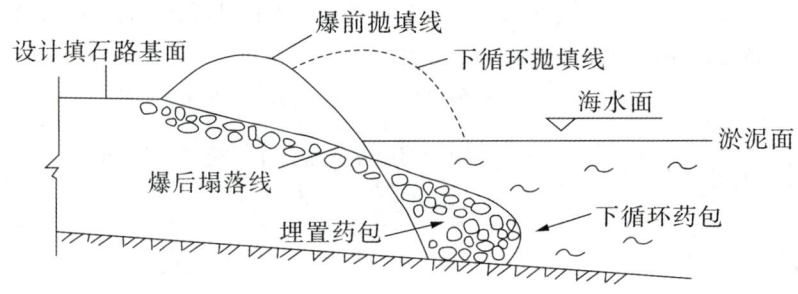

爆炸挤淤示意图

4. 砂砾、碎石垫层

项目	要求	说明
原材料	宜采用级配好的中、粗砂,砂砾或碎石	含泥量应不大于 5%,最大粒径宜小于 50mm
垫层铺筑	宜分层铺筑、压实,应水平铺筑	地形起伏时,应开挖台阶,宽度宜为 0.5~1.0m
垫层宽度	应宽出路基坡脚 0.5~1.0m	两侧宜用片石护砌或采用其他方式防护

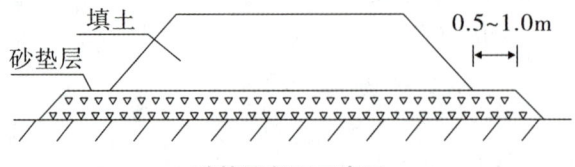

砂垫层断面示意图

5. 土工合成材料

(1)土工合成材料在存放及铺设过程中不得在阳光下长时间暴露。与土工合成材料直接接触的填料中不得含强酸性、强碱性物质。

(2)施工中应采取措施防止土工合成材料受损,出现破损时应及时修补或更换。

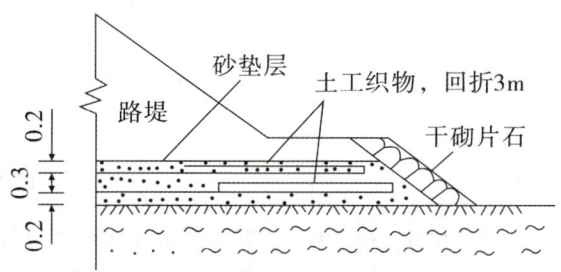

土工织物加固软土地基示意图(单位:m)

6. 排水固结法

方法	袋装砂井	塑料排水板
顶部埋入砂垫层深度	≥300mm	≥500mm
施工要求	套管起拔时若发生砂袋带出或损坏,应在原孔边缘重打	塑料排水板不得搭接

(1)袋装砂井施工质量应符合下表的规定。

检查项目	规定值或允许偏差	检查方法和频率
井距(mm)	±150	抽查2%且不少于5点
井长(mm)	≥设计值	查施工记录
井径(mm)	+10,0	挖验2%且不少于5点
灌砂率(%)	−5	查施工记录

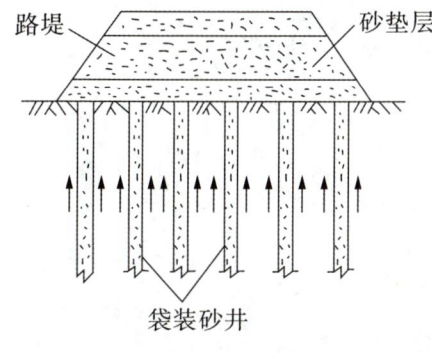

袋装砂井示意图   塑料排水板示意图

(2)塑料排水板施工质量应符合下表的规定。

检查项目	规定值或允许偏差	检查方法和频率
板距(mm)	±150	抽查2%且不少于5点
板长(mm)	≥设计值	抽查2%且不少于5点

◆ **精选真题**

[2018年真题]袋装砂井施工工艺流程中,最后一步工艺是(   )。

A. 埋砂袋头　　　　　　　　　　B. 机具移位

C. 摊铺上层砂垫层　　　　　　　　D. 拔出套管

答案:C。袋装砂井施工工艺流程:整平原地面→摊铺下层砂垫层→机具定位→打入套管→沉入砂袋→拔出套管→机具移位→埋砂袋头→摊铺上层砂垫层。

7. 粒料桩

桩型	材料选择	施工要求
砂桩	宜采用中、粗砂,也可使用砂砾混合料	1.可采用振冲置换法或振动沉管法,宜从中间向外围或间隔跳打。
碎石桩	宜采用级配好、不易风化的碎石或砾石	2.邻近结构物施工时,应沿背离结构物的方向施工

[提示] 对砂桩质量要求严格或要求小直径管打大直径砂桩时,可采用双管冲击成桩法或单管振动重复压拔管成桩法。

(1)振冲置换法。

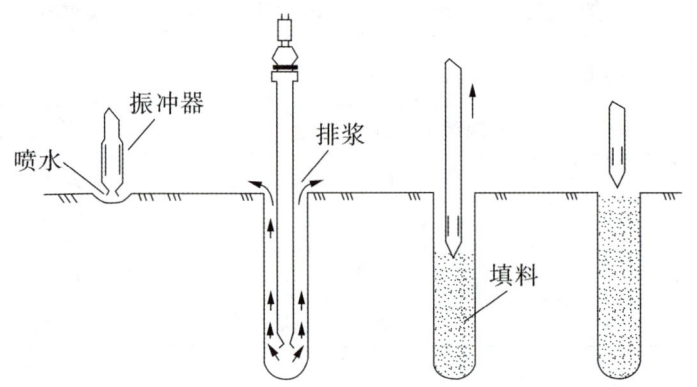

(a)准备,对中孔位　(b)成孔,清孔　(c)填料,加密　(d)制桩完成

振冲置换法示意图

(2)振动沉管法。

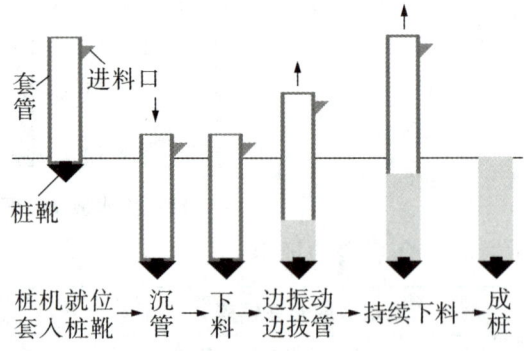

振动沉管法示意图

(3)粒料桩施工质量应符合下表的规定。

检查项目	规定值或允许偏差	检查方法和频率
桩距(mm)	±150	抽查桩数的2%且不少于5点
桩长(mm)	≥设计值	查施工记录
桩径(mm)	≥设计值	抽查2%
粒料灌入率	≥设计值	查施工记录
地基承载力	满足设计要求	抽查桩数的0.1%且不少于3处

8.水泥粉煤灰碎石桩(CFG)

（1）材料要求如下。

①集料：可采用碎石或砾石，泵送混合料时砾石最大粒径宜不大于25mm，碎石最大粒径宜不大于20mm；振动沉管灌注混合料时，集料最大粒径宜不大于50mm。

②水泥：宜选用32.5级普通硅酸盐水泥。

③粉煤灰：宜选用Ⅱ、Ⅲ级粉煤灰。

（2）群桩施工，应合理设计打桩顺序、控制打桩速度，宜采用隔桩跳打的打桩顺序，相邻桩打桩间隔时间应不少于7天。

（3）水泥粉煤灰碎石桩施工质量应符合下表的规定。

检查项目	规定值或允许偏差	检查方法和频率
桩距(mm)	±100	尺量：抽查桩数的2%且不少于5点
桩径(mm)	≥设计值	尺量：抽查桩数的2%且不少于5点
桩长(mm)	≥设计值	查施工记录
强度(MPa)	≥设计值	取芯法，抽查桩数的0.5%且不少于3根
复合地基承载力	≥设计值	抽查桩数的0.1%且不少于3处

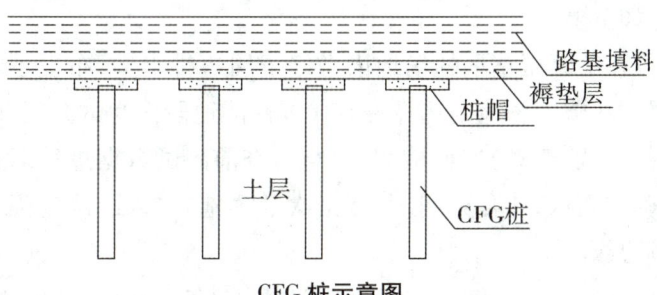

CFG桩示意图

9.强夯与强夯置换

处理方法	强夯	强夯置换
垫层材料	宜采用透水性好的砂、砂砾、石屑、碎石土等	宜与桩体材料相同
施工检测	施工结束30天后，应通过标准贯入、静力触探等原位测试，测量地基的夯后承载能力	施工结束30天后，宜采用动力触探试验检查置换墩着底情况及承载力，检查数量不少于墩点数的1%且不少于3点
试夯	试夯区面积≥500m²；试夯应确定最佳夯击能、间歇时间、夯间距、夯击次数等参数	

◎ 精选真题

1.［2021年真题］关于强夯置换的说法,正确的是(　　)。
A.强夯置换前铺设的垫层,其材料宜采用砾石
B.强夯置换应按照由外向内、隔行跳打的方式施工
C.累计夯沉量应等于设计桩长
D.强夯置换夯点的夯击次数应通过现场试夯确定

2.［2018年真题·案例］

背景资料

某施工单位承建了一段二级公路路基工程,其中K3+220~K3+650为高填方路堤。路基填方高度最高为21.2m,地面以下有6m的软土层。施工单位采用强夯处理地基,采用水平分层填筑路堤。高填方路堤横断面示意图如下图所示。

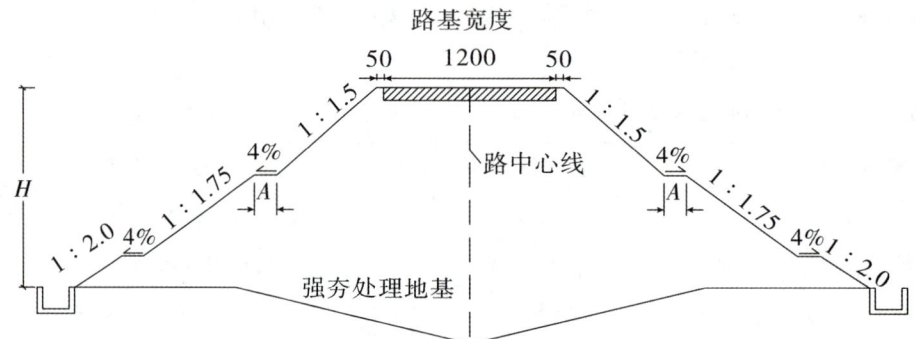

注:本图单位以cm计,路基两侧超宽填筑50cm。

高填方路堤横断面示意图

施工过程中发生如下事件:

事件一:施工单位在已碾压整平的场地内做好了周边排水沟,布设了竖向排水体,并在强夯区地表铺设了垫层。在施工场地内选择具有代表性的地段作为试夯区,面积200m²。试夯结束后在规定时间段内,对试夯现场进行检测,并与试夯前测试数据进行对比,以检验设备及夯击能是否满足要求,确定间歇时间、夯间距、夯击次数等施工参数,确定强夯处理的施工工艺。强夯处理范围为坡脚边缘。

事件二:施工单位确定的强夯施工工序主要包括:①夯点布设;②施工准备;③场地平整;④试夯;⑤主夯;⑥检查验收;⑦副夯;⑧满夯。

事件三:施工期间,施工单位对高填方路堤进行了动态观察,即沉降观测,用路堤中心线地面沉降速率,每昼夜不大于10~15mm控制路基稳定性。

问题:

(1)分别写出高填方路堤横断面示意图中标注H以及A所对应的术语名称。强夯区铺设的垫层材料采用哪种类型?试列举两种具体材料。

(2)指出事件一中存在的错误并改正。补充通过试夯还可以确定的施工参数。

(3)写出事件二中强夯施工的正确工序。(写出数字编号即可)

(4)补充事件三中,施工单位对软土地区路堤施工还必须进行的动态观测项目及控制标准。

答案:1. D。选项 A 错误,强夯置换前应在地表铺设一定厚度的垫层,垫层材料宜与桩体材料相同。选项 B 错误,强夯置换应按照由内向外、隔行跳打的方式施工。选项 C 错误,累计夯沉量应为设计桩长的 1.5~2.0 倍。选项 D 正确,强夯置换夯点的夯击次数应通过现场试夯确定。

2. (1)①H 为边坡高度;A 为边坡平台宽度。

②透水性好的材料。

③砂砾、石屑。

(2)①错误之处一:在施工场地内选择具有代表性的地段作为试夯区,面积 200m²。

改正:试夯区场地面积应不小于 500m²。

错误之处二:强夯处理范围为坡脚边缘。

改正:强夯处理范围应超出路堤坡脚,每边超出坡脚的宽度不小于 3m。

②施工参数:夯击遍数、单击夯击能。

(3)②③①④⑤⑦⑧⑥。

(4)水平位移观测;坡脚水平位移速率每昼夜不大于 5mm。

10. 软土地区路堤施工技术要点

(1)施工期间,路堤中心线地面沉降速率 24h 应不大于 10~15mm,坡脚水平位移速率 24h 应不大于 5mm。填筑速率应以水平位移控制为主,超过标准应立即停止填筑。

(2)堆载预压的填料宜采用上路床填料,并分层填筑压实。

(3)反压护道宜与路堤同时填筑。分开填筑时,应在路堤达到临界高度前完成反压护道施工。

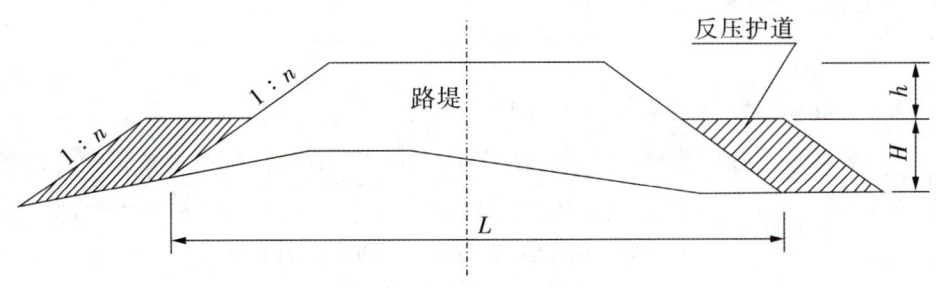

软土地区路堤断面示意图

[提示] 软土的特性,只有抗剪强度低,其他都高。路堤填筑速率是双控:地面沉降速率控制、坡脚水平位移速率控制。

11. 路堤施工沉降和稳定观测

(1)二级及二级以上公路路堤施工,应进行沉降和稳定的动态观测,观测项目、内容和频率应满足设计要求。

(2)应观测地表沉降与地表水平位移,土体深层水平位移可根据工程需要确定是否观测,观测要求应符合下表的规定。

观测项目	常用仪具	观测内容及目的
地表沉降量	沉降板	根据测定数据调整填土速率;预测沉降趋势,确定预压卸载时间和结构物及路面施工时间;提供施工期间沉降土方量的计算依据
地表水平位移量及隆起量	地表水平位移桩	监测地表水平位移及隆起,确保路堤施工的安全和稳定
土体深层水平位移量	测斜仪	监测土体深层水平位移,推定土体剪切破坏的位置

🌐 **精选真题**

1.[2020年真题]软土地基处理时,水泥搅拌桩支挡型隔离墙宜采用( )。

A. CFG桩 B. 粒料桩 C. 粉喷桩 D. 浆喷桩

2.[2019年真题]处理软土地基的加固土桩有( )。

A. 粉喷桩 B. 水泥粉煤灰碎石桩

C. 二灰碎石桩 D. 钻孔灌注桩

E. 浆喷桩

答案: 1. D。水泥搅拌桩防渗型或支挡型隔离墙宜采用浆喷桩。

2. AE。处理软土地基的加固土桩包括粉喷桩与浆喷桩。

专题2 路基防护与支挡

复习提示▷ 本专题中,路基防护工程类型常以选择题的形式考查,需掌握路基防护工程的分类。另外,挡土墙是案例题的常考点,需重点掌握各种挡土墙的特点及施工技术要点。

[考点1] 路基防护工程类型

路基防护	分类	举例
边坡坡面防护	植物防护	种草、铺草皮、植树
	骨架植物防护	浆砌片石(或混凝土)骨架植草、水泥混凝土空心块护坡、锚杆混凝土框架植草
	圬工防护	喷浆、喷射混凝土、干砌片石护坡、浆砌片(卵)石护坡、浆砌片石护面墙、锚杆钢丝网喷浆或喷射混凝土护坡、封面、捶面
沿河路基防护	直接防护	抛石、石笼等
	间接防护	护坝、丁坝、顺坝和改移河道等

🌐 **精选真题**

1.[2018年真题]下列工程防护中,属于圬工防护的有( )。

A. 框格防护 B. 捶面

C. 挂网式坡面防护 D. 抛石

E. 锚杆铁丝网喷浆

2. [2017年真题] 冲刷防护中的间接防护包括(　　)。

A. 丁坝
B. 防洪堤
C. 抛石
D. 石笼
E. 顺坝

答案：1. BE。2. ABE。

[考点2] 挡土墙

(一) 重力式挡土墙

重力式挡土墙是以挡土墙自身重力来维持挡土墙在土压力作用下的稳定。它是我国目前常用的一种挡土墙。

1. 重力式挡土墙的构造

(1) 墙顶——与基底相对、墙的顶面。

(2) 墙面——与墙背相对、临空的部位。

(3) 墙背——与被支承土体直接接触的部位。

(4) 基底——与地基直接接触的部位。

(5) 墙趾——基底的前端。

(6) 墙踵——基底的后端。

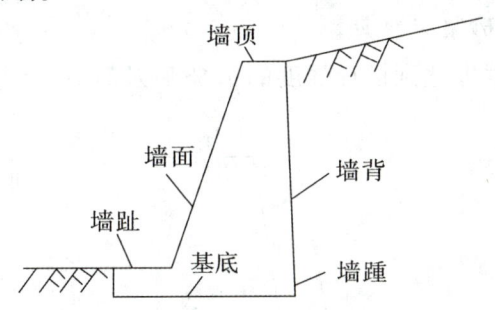

重力式挡土墙构造示意图

2. 重力式挡土墙断面形式

重力式挡土墙按墙背形式可分为仰斜、垂直、俯斜、凸形折线和衡重式5种。

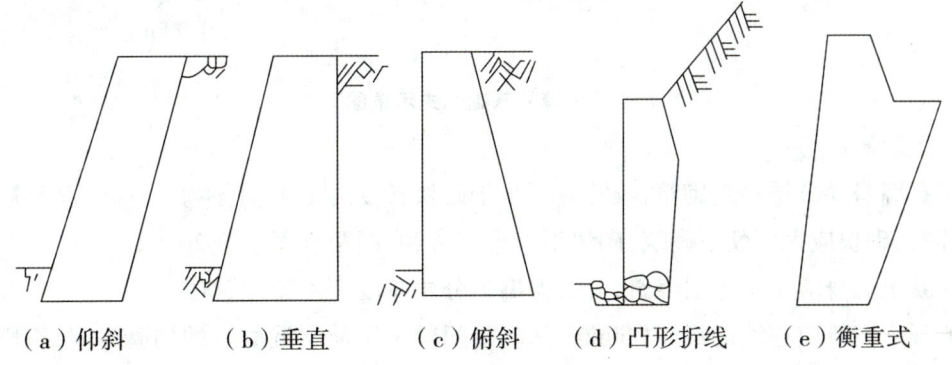

重力式挡土墙断面形式示意图

3. 砌体挡土墙

（1）基坑开挖。

①基坑开挖宜分段跳槽进行，分段位置宜结合伸缩缝、沉降缝等设置确定。

②挡土墙基底设计为倾斜面时，应严格控制基底高程，不得超挖填补。

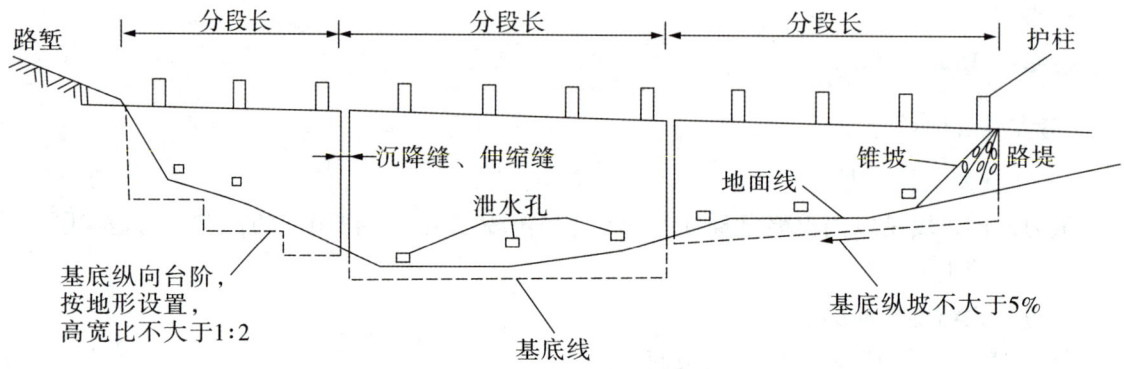

砌体挡土墙基坑开挖示意图

（2）基础施工。

①硬质岩石上的浆砌片石基础宜满坑砌筑。浆砌片石底面应卧浆铺砌，立缝要填浆补实，不得有空隙和立缝贯通现象。

②采用台阶式基础时，台阶宜与墙体连续砌筑，基底及墙趾台阶转折处不得砌成垂直通缝，砌体与台阶壁间的缝隙砂浆应饱满。

③基础应在基础砂浆强度达到设计强度的75%后及时分层回填夯实。回填应在表面留3%的向外斜坡。

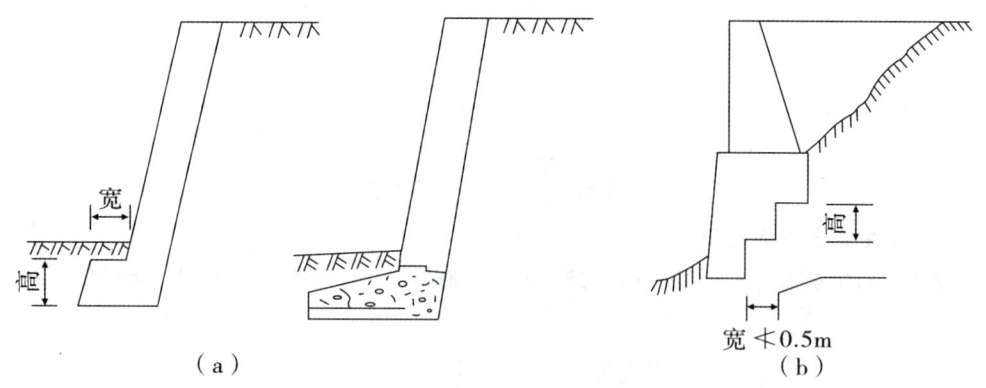

挡土墙的基础形式示意图

（3）墙身施工。

①砌石墙身要分层错缝砌筑，咬缝应不小于砌块长度的1/4，且不得出现贯通竖缝。

②片石、砌块应大面朝下砌筑，砌块不应直接接触，间距宜不小于20mm。

③混凝土墙身应水平分层浇筑，分层振捣。分层厚度应不超过300mm。

④混凝土浇筑应连续进行。如间断，间断时间应小于前层混凝土的初凝时间，否则按施工缝处理。

⑤挡土墙混凝土或砂浆强度达到设计强度的75%时,应及时进行墙背回填。距墙背0.5~1.0m内,不得使用重型振动压路机碾压。

(4)墙背填料。

①宜采用砂性土、卵石土、砾石土或块石土等透水性好、抗剪强度高的材料。

②采用黏质土作为填料时,应在墙背设置厚度不小于300mm的砂砾或其他透水性材料排水层。排水层顶部应采用黏质土层封闭,土层厚度宜不小于500mm。

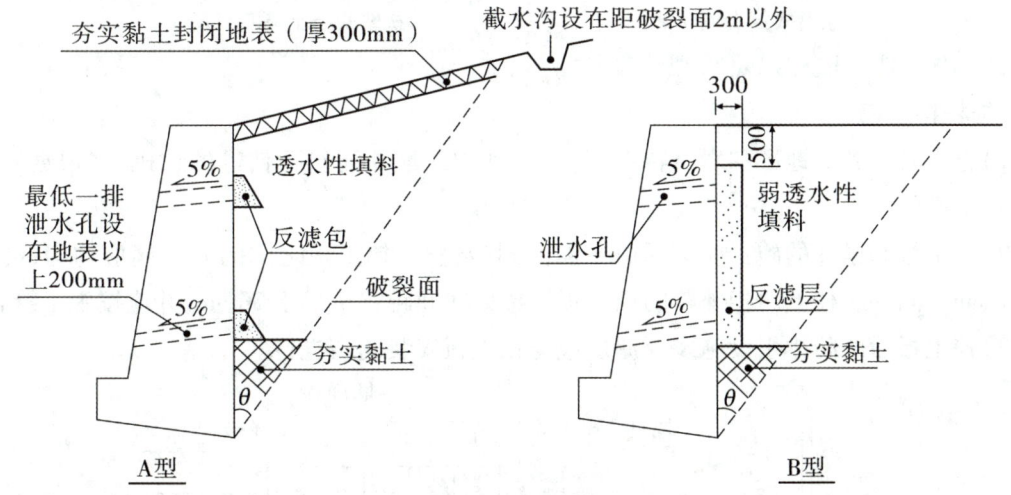

挡土墙墙身示意图

③填料中不得含有机物、冰块、草皮、树根及生活垃圾,不得使用腐殖土、盐渍土、淤泥、白垩土、硅藻土、生活垃圾及有机物等作为墙背填料。

4.浸水挡土墙

(1)浸水挡土墙用石料应选用坚硬、未风化且浸水不崩解的石块。

(2)施工过程中应处理好浸水挡土墙与岸坡的衔接部位。

(3)砌筑时应保证砂浆饱满、勾缝密实,避免水流冲刷墙身。

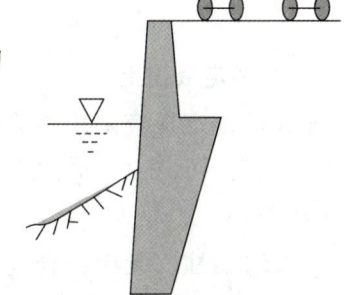

浸水挡土墙示意图

(二)悬臂式挡土墙和扶壁式挡土墙

(1)基坑开挖应从上至下分层分段依次进行。

(2)凸榫部分应与基坑同时开挖,并与墙底板一起浇筑混凝土。

(3)采用装配法施工时,基础部分应整体一次性浇筑,并设置好预埋钢筋。在基础混凝土达到设计强度75%前,不得安设预制墙板。

(4)混凝土浇筑后应及时进行养护,养护时间宜不少于7天。

(5)墙背回填应在墙体混凝土达到设计强度的75%后进行。

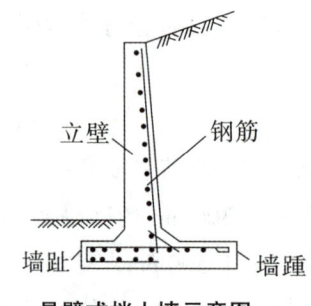
悬臂式挡土墙示意图

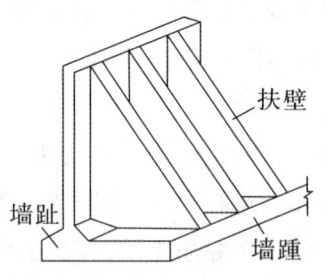
扶壁式挡土墙示意图

(三)锚杆挡土墙和锚定板挡土墙

1. 锚杆挡土墙

(1)施工时应针对地层和岩石特点,采用与其相适配并能斜孔钻进的钻机,并根据岩质选择钻头。

(2)挡土板和锚杆的施工应逐层由下向上同步进行,挡土板之间的安装缝应均匀,缝宽宜小于10mm。同一肋柱上两相邻跨的挡土板搭接处净间距宜不小于30mm,并应按施工缝处理。

(3)挡土板后的防排水设施及反滤层应与挡土板安装同步进行。

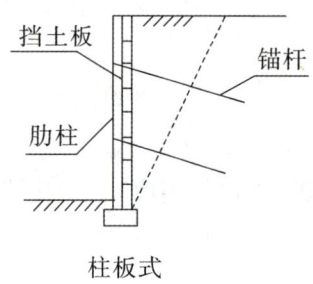
柱板式

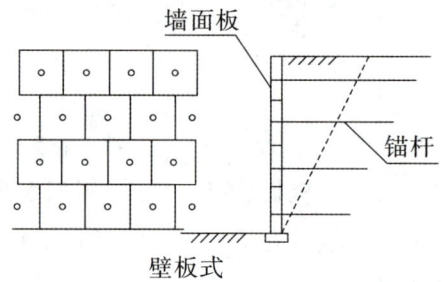
壁板式

锚杆挡土墙示意图

2. 锚定板挡土墙

(1)锚定板应采用钢筋混凝土板。肋柱式锚定板面积应不小于$0.5m^2$,无肋柱式锚定板面积应不小于$0.2m^2$。

(2)肋柱安装应符合设计的位置和倾角。安装锚定板时板面应竖直,且在同一高程。

(3)锚定板应采用反开槽法施工,先填土,后挖槽就位。挖槽时,锚定板宜比设计位置高30~50mm。

(4)分级平台应按设计要求进行封闭,并设2%的外倾排水坡。

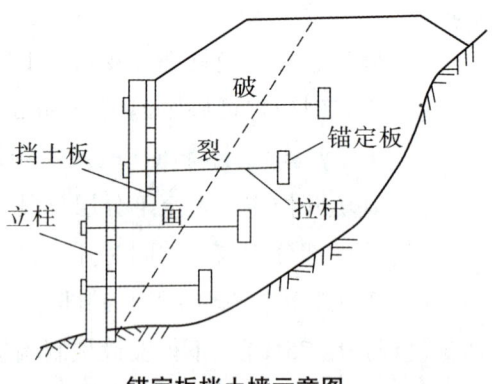
锚定板挡土墙示意图

[提示] 锚杆挡土墙的锚杆必须锚固在稳定的地层中,其抗拔力来源于锚杆与砂浆、孔壁地层之间的摩阻力;而锚定板挡土墙的拉杆及其端部的锚定板均埋设在回填土中,其抗拔力来源于锚定板前填土的被动抗力。

(四)加筋土挡土墙

(1)墙背拉筋锚固段填料宜采用具有一定级配、透水性好的砂类土或碎砾石土。

(2)拉筋应按设计位置水平铺设在已经整平、压实的土层上,单根拉筋应垂直于面板,多根拉筋应按设计扇形铺设。

(3)墙面板安设应根据高度和填料情况设置适当的倾斜,斜度宜为1∶0.05~1∶0.02。安设好的面板不得外倾。

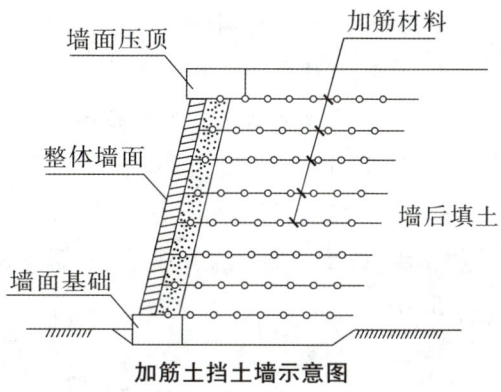

加筋土挡土墙示意图

(4)拉筋与面板之间的连接应牢固,连接部位强度应不低于拉筋强度。拉筋贯通整个路基时,宜采用单根拉筋拉住两侧面板。

(5)填料摊铺、碾压应从拉筋中部开始,平行于墙面进行,不得平行于拉筋方向碾压。应先向拉筋尾部逐步摊铺、压实,然后向墙面方向进行。

(6)路基施工分层厚度及每层碾压遍数,应根据拉筋间距、碾压机具和密实度要求,通过试验确定,不得使用羊足碾碾压。靠近墙面板1m范围内,应使用小型机具夯实或人工夯实,不得使用重型压实机械压实。严禁车辆在未经压实的填料上行驶。

[提示] 加筋土挡土墙靠摩擦力维持稳定,一般常用于填方路段,是柔性结构物。

🌐 **精选真题**

1.[2022年真题]加筋土挡土墙施工中,靠近墙面板1m范围内的路基压实应采用(   )。

A.羊足碾压实   B.小型机具夯实或人工夯实

C.中型钢轮压路机压实   D.强夯夯实

2.[2021年真题]关于重力式挡土墙施工要求的说法,正确的是(   )。

A.距墙背2m内不得使用重型振动压路机碾压

B.基坑开挖宜分段跳槽进行,分段位置宜结合伸缩缝、沉降缝等设置确定

C.基础应在基础砂浆强度达到设计强度的70%后及时回填夯实

D.设计挡土墙基底为倾斜面,超挖深度不得超过基础深度的1/5

3.[2020年真题]柱板式锚杆挡土墙的组成包括(   )。

A.挡土板   B.肋柱

C.锚杆   D.壁面板

E.沉降缝

4.[2017年真题]岩石挖方路段不宜选用的挡土墙是(   )。

A.重力式挡土墙   B.加筋土挡土墙

C.锚杆挡土墙   D.锚定板式挡土墙

5.[2016年真题]关于加筋土挡土墙施工要求的说法,错误的是(   )。

A.安装直立式墙面板应按不同填料和拉筋预设仰斜坡

B. 拉筋应呈水平铺设

C. 严禁平行于拉筋方向碾压

D. 墙后填土宜采用羊足碾碾压

答案：1. B。2. B。3. ABC。

4. B。加筋土挡土墙一般应用于地形较为平坦且宽敞的填方路段上，在挖方路段或地形陡峭的山坡，由于不利于布置拉筋，一般不宜使用。

5. D。

专题3　路基试验检测技术

复习提示▷ 本专题考查较少，一般会以选择题的形式进行考查，需了解最佳含水量和压实度的测量方法及操作要点。

[考点 1] 最佳含水量的确定

最佳含水量又称最优含水率，是指在一定压实功作用下，能使填土达到最大干密度（干容量）时相应的含水率。最佳含水量是土基施工的一个重要控制参数。

最佳含水量的试验测定方法有击实试验法（分轻型击实和重型击实）、振动台法和表面振动压实仪法。其中，击实试验法的试验步骤为：

（1）用干法或湿法制备一组不同含水量（相差约2%）的试样（不少于5个）。

（2）将制备好的土样分3次或5次倒入击实筒。

（3）计算各试样干密度，绘制曲线（干密度为纵坐标，含水量为横坐标，曲线上峰值点的纵、横坐标分别为最大干密度和最佳含水量）。

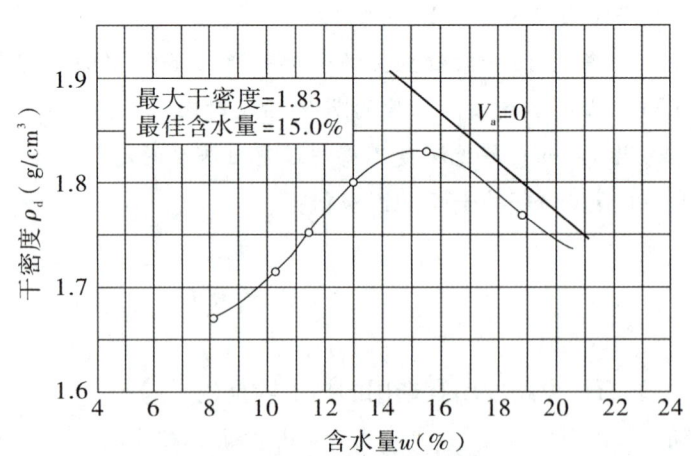

击实曲线示意图

[提示] 干法和湿法求得的结果有很大差别，对于最大干密度，前者大后者小；对于最佳含水量，前者小后者大。

🌐 精选真题

1. [2018年真题]关于击实试验法测定最佳含水量的说法,错误的是( )。

A. 用干法或湿法制备一组不同含水量的试样

B. 制备好的土样应一次性倒入击实筒

C. 计算各试样干密度,以干密度为纵坐标、含水量为横坐标绘制曲线

D. 当试样中有大于规定的颗粒,应先取出大颗粒,其百分率合格后,再对剩余试样进行击实试验

2. [2022年真题]路基土体最佳含水量测定的试验方法有( )。

A. 灌砂法 　　　　　　　　B. 贝克曼梁法

C. 振动台法 　　　　　　　D. 击实试验法

E. 表面振动压实仪法

答案: 1. B。 2. CDE。

[考点 2] 压实度试验检测

试验方法	适用范围	缺点
挖坑灌砂法	适用于在现场测定基层或底基层、砂石路面及路基土的各种材料压实度检测;不适用于填石路堤等有大孔洞或大孔隙材料的压实度检测	测试速度较慢
环刀法	适用于测定细粒土及无机结合料稳定细粒土的密度测试,但对无机结合料稳定细粒土,其龄期不宜超过2天,且宜用于施工过程中压实度的检测	适用面较窄
核子密度湿度仪法	适用于现场用核子密度湿度仪以散射法或直接透射法测定路基或路面材料的密度和含水率,并计算施工压实度	对人体有害;打洞时会破坏附近结构
钻芯取样法	适用于检测从压实的沥青路面上钻取的沥青混合料芯样试件的密度,以评定沥青面层的施工压实度	—

🌐 精选真题

[2010年真题]路基压实度的现场测定方法有( )。

A. 重型击实法 　　　　　　B. 灌砂法

C. 表面振动压实仪法 　　　D. 环刀法

E. 核子密度湿度仪法

答案: BDE。

专题 4　公路工程施工测量技术

复习提示▷ 本专题考查较少,一般以选择题形式考查,需了解平面控制测量、高程控制测量和中线放样测量方法及操作要点。

[考点 1]　公路工程施工测量

1. 交桩
应根据公路等级和测量精度要求,选择测量方法。对于控制性桩点,应进行现场交桩,在复测原控制网的基础上,根据施工需要适当加密、优化,建立施工测量控制网,并妥善保护。

2. 平面控制测量
平面控制测量应采用卫星定位测量、导线测量、三角测量或三边测量方法进行。

(1) 平面控制测量等级与技术要求应符合下表的规定。

公路等级	测量等级	最弱点点位中误差(mm)	最弱相邻点相对点位中误差(mm)	最弱相邻点边长相对中误差	相邻点间平均边长参照值(m)
高速公路、一级公路	一级	±50	±30	≤1/20000	500
二、三、四级公路	二级	±50	±30	≤1/10000	300

(2) 卫星定位测量的主要技术要求应符合下表的规定。

测量等级	固定误差 a(mm)	比例误差系数 b(mm/km)
一级	≤10	≤3
二级	≤10	≤5

(3) 导线测量的主要技术要求应符合下表的规定。

测量等级	附(闭)合导线长度(km)	边数	每边测距中误差(mm)	单位权中误差(″)	导线全长相对闭合差	方位角闭合差(″)
一级	≤6	≤12	±14	±5.0	≤1/17000	≤$10\sqrt{n}$
二级	≤3.6	≤12	±11	±8.0	≤1/11000	≤$16\sqrt{n}$

注:n 为测站数。

(4) 三角测量的主要技术要求应符合下表的规定。

测量等级	测角中误差(″)	起始边边长相对中误差	三角形闭合差(″)
一级	±5.0	≤1/40000	≤15.0
二级	±10.0	≤1/20000	≤30.0

(5)三边测量的主要技术要求应符合下表的规定。

测量等级	测距中误差(mm)	测距相对中误差
一级	±14.0	≤1/35000
二级	±11.0	≤1/25000

3. 高程控制测量

高程控制测量应采用水准测量或三角高程测量的方法进行。

(1)高程控制测量等级与技术要求应符合下表的规定。

公路等级	测量等级	最弱点高程中误差(mm)	每千米高差中数中误差(mm)		附合或环线水准路线长度(km)
			偶然中误差 M_Δ	全中误差 M_W	
高速公路、一级公路	四等	±25	±5	±10	25
二、三、四级公路	五等	±25	±8	±16	10

(2)水准测量的主要技术要求应符合下表的规定。

测量等级	往返较差、附合或环形闭合差(mm)		检测已测测段高差之差(mm)
	平原、微丘	重丘、山岭	
四等	$\leq 20\sqrt{l}$	$\leq 6.0\sqrt{n}$ 或 $\leq 25\sqrt{l}$	$\leq 30\sqrt{l_i}$
五等	$\leq 30\sqrt{l}$	$\leq 45\sqrt{l}$	$\leq 40\sqrt{l_i}$

注:①计算往返较差时,l 为水准点间的路线长度(km)。

②计算附合或环形闭合差时,l 为附合或环形的路线长度(km)。

③n 为测站数,l_i 为检测段长度(km),小于1km时按1km计算。

(3)光电测距三角高程测量的主要技术要求应符合下表的规定。

测量等级	测回内同向观测高差较差(mm)	同向测回间高差较差(mm)	对向观测高差较差(mm)	附合或环线闭合差(mm)
四等	$\leq 8\sqrt{D}$	$\leq 10\sqrt{D}$	$\leq 40\sqrt{D}$	$\leq 20\sqrt{\sum D}$
五等	$\leq 8\sqrt{D}$	$\leq 15\sqrt{D}$	$\leq 60\sqrt{D}$	$\leq 30\sqrt{\sum D}$

注:D 为测距边长。

[提示] 施工期间,应保护好所有控制桩点,及时恢复被破坏的桩点,根据情况对控制桩点进行复测。

4. 导线复测

导线桩点应进行不定期检查和定期复测,复测周期应不超过6个月。

5. 水准点复测与加密

(1)沿路线每500m宜有一个水准点,高速公路、一级公路宜加密,每200m有一个水准点。

(2)水准点应进行不定期检查和定期复测,复测周期应不超过6个月。

6. 中线放样

路基开工前,应进行全段中线放样并固定路线主要控制桩,宜采用坐标法进行测量放样。

7. 路基放样

(1)施工前应设置标识桩,将路基用地界、路堤坡脚、路堑坡顶、取土坑、护坡道、弃土堆等的具体位置标识清楚。

(2)对于深挖高填路段,每挖填一个边坡平台或3～5m,应复测中线和横断面。

8. 测量成果复核

每项测量成果必须进行复核,原始记录应存档。

🌐 **精选真题**

1.[2022年真题]四级公路所采用的平面控制测量等级应是( )。

A.一级　　　　　B.二级　　　　　C.三级　　　　　D.四级

2.[2021年真题]路基施工前应设置标识桩的位置有( )。

A.路基用地界　　　　　　　　　B.路堤坡脚

C.弃土堆　　　　　　　　　　　D.护坡道

E.边沟

答案:1.B。2.ABCD。

[考点2] 公路桥梁工程施工测量

项目	工作内容和要求
检查、复核测量桩志	查对复核建设单位所交付的桥涵中线位置、三角网基点及水准基点等桩志和有关测量资料
测量工作基本内容	1.补充施工需要的桥涵中线桩。 2.测定墩、台中线和基础桩的位置。 3.测定桥涵锥坡、翼墙及导流构造的位置。 4.补充施工需要的水准点。 5.在施工过程中,测定并检查施工部分的位置和标高
桩志布设	1.桥涵施工的主要控制桩(或其护桩),均应稳固可靠,保留至工程结束。 2.大桥、特大桥的主要控制桩(或其护桩),均应测定其坐标、相互间的距离、角度、高程等,以免弄错和便于寻找
量距	桥涵中线位置、桩间距离的检查校核及墩台位置放样,当有良好的丈量条件时,均应直接丈量或用检验过的电磁波测距仪测量
三角网基线	三角网的基线不应少于2条。当桥轴线长超过500m时,应尽可能两岸均设基线。基线一般采用直线形,其长度一般不小于桥轴长度的0.5～0.7。设计单位的基线桩应予以利用;三角网所有角度宜布设在30°～120°之间,困难情况下不应小于25°

🌐 精选真题

[2020年真题] 桥梁施工测量中,布设大桥、特大桥的主要控制桩(或其护桩),均应测量其( )。

A. 坐标、相互间的距离与角度
B. 里程、相互间的距离与角度
C. 高程、尺寸
D. 坐标、高程、埋置深度

答案:A。

专题5 路基工程质量通病及防治措施

复习提示▷ 本专题在历年考试中考查相对较多,常以选择题的形式考查行车带压实度不足、高填方路基沉降和路基横向裂缝的原因与防治,偶尔也会以案例题的形式出现。

[考点1] 路基压实质量问题的原因及防治

质量问题	原因	防治措施
路基行车带压实度不足	1. 压实程序的次数不达标。 2. 压实机械使用不合理。 3. 碾压不均匀。 4. 含水量不合规。 5. 未对表面进行处理。 6. 填筑时单层出现了不同性质的填料。 7. 填土颗粒过大或填料不符合标准	1. 含水量不适宜未压实时,应洒水或翻晒至最佳含水量后碾压。 2. 清除不适宜填料土,换填良性土后重新碾压。 3. 对"弹簧土"部位,可将其过湿土翻晒,或掺生石灰粉翻拌,待含水量适宜后重新碾压,或挖除换填含水量适宜的良性土壤后重新碾压
路基边缘压实度不足	1. 路基填筑宽度不足。 2. 压实机具碾压不到边。 3. 路基边缘漏压或压实遍数不够。 4. 边缘带碾压频率低于行车带	1. 路基施工应进行超宽填筑。 2. 机具碾压到边。 3. 确保轨迹重叠宽度和搭接超压长度。 4. 提高路基边缘带压实遍数,确保边缘带碾压频率高于或不低于行车带

[考点2] 路基边坡病害的原因及防治

质量问题	原因	防治措施
边坡滑坡	1. 路基基底存在一定量的软土且厚度不均匀。 2. 填土工作速度过快。 3. 路基处于陡峭的斜坡面上。 4. 边坡二期贴补。 5. 路基顶面排水不畅。 6. 未处理好填挖交界面	1. 软土处理到位。 2. 加强沉降观测和侧向位移观测。 3. 严格控制填筑有效宽度和填土速率。 4. 原地面纵坡大于12%或横坡陡于1:5时,应按设计要求挖台阶,或设置坡度向内并大于4%、宽度大于2m的台阶

(续表)

质量问题		原因	防治措施
边坡塌落	土质路堑	1. 设计或施工时坡度较小。 2. 较大规模的崩塌。 3. 上缓下陡的凸坡和凹凸不平的陡坡。 4. 流水冲掏下部坡脚。 5. 含有大量冰体的多年冻土溶解	1. 在可能发生塌落的地段，必须做好地面排水设施。 2. 土质路基种草或植树，风化的软质岩层修建干砌或浆砌护面墙。 3. 危及行车安全的路段采用嵌补、支顶等方法予以加固。 4. 根据情况设置支挡构造物
	石质路堑	1. 排水措施不当或施工不及时。 2. 大爆破施工。 3. 切坡。 4. 坡顶不恰当的弃土	

[考点 3] 高填方路基沉降和路基横向裂缝病害的原因及防治

质量问题	原因	防治措施
高填路堤沉降	1. 地基处理不彻底，压实度达不到要求，或地基承载力不够。 2. 两侧超填宽度不够。 3. 填料不合规。 4. 路堤固结沉降	1. 地基应彻底进行场地清理，并碾压至设计要求的压实度。 2. 两侧超填宽度控制在 30~50cm，逐层填压密实。 3. 严格控制高路堤填筑料。 4. 留足填土固结时间
横向裂缝	1. 使用了液限>50%、塑性指数>26 的土。 2. 不同填料混合在同一层填筑。 3. 填筑顺序不当。 4. 路基顶与下层的平整度填筑厚度相差太大且最小压实厚度<8cm	1. 严格要求路基填料的材质。 2. 不同的填料应分层填筑。 3. 严格控制填筑层的高度、平整度（最小压实厚度≥8cm）

🌐 **精选真题**

1. [2020 年真题]关于高填方路基沉降原因的说法，正确的是(   )。
A. 未设置反压护道
B. 高填方路堤两侧超填宽度过宽
C. 路堤固结沉降
D. 路基边缘压实遍数不够

2. [2021 年真题·案例节选]

背景资料

K6+200~K6+900 段斜坡高路堤填筑前，对原地基进行了压实，压实度控制在 90% 以上。斜坡高路堤段采用强度高、水稳性好的材料进行水平分层填筑，并按设计要求预留高度与宽度，每填筑 2m 进行冲击补压一次。为提高施工安全与施工质量，施工单位对斜坡高路堤进行了稳定监测，稳定监测设施按下图中所示位置布设(图略)，纵向按每 200m 间距布置一处，并优先安排斜坡高路堤施工,预留了5个月的沉降期。斜坡高路堤完工后,路堤沉降稍大,经处理合格后,通过验收。

问题:试分析 K6+200~K6+900 斜坡高路堤段,由施工引起的沉降稍大病害的4个可能原因。

答案:1. C。

2. 施工引起沉降稍大病害原因:①按一般路堤设计,没有验算路堤稳定性、地基承载力和沉降量。②地基处理不彻底,压实度达不到要求,或地基承载力不够。③高填方路堤两侧超填宽度不够。④路堤受水浸泡,部分边坡陡,填料土质差。

强化练习

一、单项选择题

1. 从开挖路堑的一端或两端按断面全宽一次性挖到设计标高,逐渐向纵深挖掘,挖出的土方一般都是向两侧运送,且适用于挖掘浅且短的路堑的方式是( )。
   A. 单层横向全宽挖掘
   B. 多层横向全宽挖掘
   C. 分层纵挖法
   D. 通道纵挖法

2. 关于路基爆破施工中光面爆破与预裂爆破的说法,正确的是( )。
   A. 两者均应有侧向临空面
   B. 预裂爆破是预先炸出一条裂缝
   C. 两者均在主炮爆破前起爆
   D. 两者均属于定向爆破

3. 关于路基填料的一般规定的说法,错误的是( )。
   A. 含草皮、生活垃圾、树根、腐殖质的土严禁作为填料
   B. 泥炭土、淤泥、冻土、强膨胀土、有机质土及易溶盐超过允许含量的土,不得直接用于填筑路基
   C. 粉质土不宜直接用于填筑二级及二级以上公路的路床,不得直接用于填筑冰冻地区的路床及浸水部分的路堤
   D. 路基填料需要测定最小粒径与最大承载比

4. 关于填石路堤填料的说法,错误的是( )。
   A. 硬质岩石、中硬岩石可用于路堤和路床填筑
   B. 软质岩石可用于路堤填筑,不得用于路床填筑
   C. 膨胀岩石、易溶性岩石和盐化岩石不得用于路基填筑
   D. 硬质岩石和盐化岩石不得用于路堤填筑

5. 关于冬期施工的说法,错误的是( )。
   A. 冬期路堤填筑,每层松铺厚度应比正常施工减少20%~30%
   B. 冬期填筑路堤中途停止时,应整平填层和边坡并进行覆盖防冻,恢复施工时清除表雪并补充压实
   C. 冬期填筑高程距路床底面1m时,碾压密实后应停止填筑
   D. 路基冬期挖至路床底面1m以上时,完成临时排水沟后,应停止开挖,待冬期过后再施工

6. 袋装砂井处理软基的工艺流程中,"沉入砂袋"的前一道工序是( )。
   A. 打入套管 B. 机具定位

C. 埋砂袋头　　　　D. 摊铺下层砂垫层

7. 塑料排水板的施工工艺流程中,"插入套管"的前一道工序是(　　)。
   A. 拔出套管
   B. 割断塑料排水板
   C. 机具就位
   D. 塑料排水板穿靴

8. 骨架植物防护类型不包括(　　)。
   A. 浆砌片石骨架植草
   B. 水泥混凝土空心块护坡
   C. 浆砌片石护面墙
   D. 锚杆混凝土框架植草

9. 山坡陡峭的路堑不宜采用(　　)。
   A. 柱板式锚杆挡土墙
   B. 加筋土挡土墙
   C. 重力式挡土墙
   D. 壁板式锚杆挡土墙

10. 关于锚杆挡土墙特点的说法,错误的是(　　)。
    A. 属于柔性结构物
    B. 施工工艺要求较高,要有钻孔、灌浆等配套的专用机械设备
    C. 节省工程投资
    D. 利于挡土墙的机械化、装配化施工,提高劳动生产率

11. 关于土石路堤填筑要求的说法,错误的是(　　)。
    A. 土石路堤不得倾填
    B. 土石路堤无须分层填筑压实
    C. 压实机械宜采用自重不小于18t的振动压路机
    D. 中硬、硬质石料的土石路堤应进行边坡码砌

12. 一般土质路基中,低路堤应对地基表层土(　　),分层回填压实,其处理深度不应小于路床深度。

A. 超挖　　　　B. 振动碾压
C. 掺粉煤灰拌合　　D. 整平

13. 路基填方材料最小强度控制指标是(　　)。
    A. 回弹模量　　　　B. 压实度
    C. CBR值　　　　　D. 塑性指数

14. 路基施工前,应对路基基底土进行相关试验,每公里至少取(　　)个点。
    A. 2　　　　B. 4
    C. 6　　　　D. 8

15. 山区公路中,雨期路基施工地段不宜选择(　　)。
    A. 砂类土地段
    B. 路堑的弃方地段
    C. 碎砾石地段
    D. 重黏土地段

16. 路堑施工时,其路基地面排水设施有边沟、截水沟、排水沟、急流槽、跌水等,一般应先施工的排水设施是(　　)。
    A. 边沟　　　　B. 截水沟
    C. 排水沟　　　D. 跌水与急流槽

17. 关于蒸发池设置的说法,错误的是(　　)。
    A. 池底宜设置0.5%横坡
    B. 底面与侧面应采取防渗措施
    C. 蒸发池应紧邻路基设置
    D. 四周应采用隔离栅进行围护

18. 渗井的井壁和填充料之间应设(　　)。
    A. 反滤层　　　B. 封闭层
    C. 防腐层　　　D. 垫层

19. 软土地区路堤施工期间,坡脚水平位移速率24h应不大于(　　)mm。
    A. 3　　　　B. 5
    C. 8　　　　D. 10

20. 采用粒料桩处理软土地基时,其施工工艺程序为(　　)。

A. 整平地面→振冲器就位对中→成孔→清孔→加料振密→关机停水→振冲器移位

B. 整平地面→振冲器移位→振冲器就位对中→成孔→清孔→加料振密→关机停水

C. 整平地面→振冲器就位对中→振冲器移位→成孔→清孔→加料振密→关机停水

D. 整平地面→振冲器就位对中→振冲器移位→成孔→加料振密→清孔→关机停水

21. 插设塑料排水板可采用的设备是( )。
    A. 潜孔钻机　　B. 动力螺旋钻机
    C. 喷粉桩机　　D. 沉管式打桩机

22. 关于柱板式锚杆挡土墙墙后的土压力传递顺序,正确的是( )。
    A. 墙后的土压力→锚杆→挡土板
    B. 墙后的土压力→挡土板→锚杆
    C. 墙后的土压力→挡土板→肋柱→锚杆
    D. 墙后的土压力→肋柱→挡土板→锚杆

23. 锚杆挡土墙施工工序中,"挡土板安装"的紧前工序是( )。
    A. 锚杆安放与注浆锚固
    B. 肋柱安装
    C. 锚杆制作
    D. 钻孔

24. 墙背所受土压力较小的重力式挡土墙墙背形式是( )。
    A. 俯斜式　　B. 仰斜式
    C. 垂直式　　D. 凸折式

25. 下列措施中,不属于防治路基边缘压实度不足措施的是( )。
    A. 路基施工应按设计的要求进行超宽填筑
    B. 控制碾压工艺,保证机具碾压到边

C. 采用强夯措施
D. 提高路基边缘带压实遍数,确保边缘带碾压频率高于或不低于行车带

26. 防治高填方路基沉降的措施不包括( )。
    A. 采用水平分层填筑
    B. 选用砾石类土填筑路基
    C. 采用振动压路机碾压
    D. 超宽填筑路堤

27. 当遇到有地下泉眼,应设置的排水设施是( )。
    A. 暗沟　　　　B. 渗井
    C. 排水沟　　　D. 渗沟

28. 在软基处理方法中,关于强夯置换施工的说法,正确的是( )。
    A. 强夯置换处理范围应为坡脚外增加一排置换桩
    B. 桩顶应铺设一层0.3m的粒料垫层
    C. 夯锤采用较大底面积的锤
    D. 强夯置换材料应采用中粗砂

29. 在无弃土堆的情况下,截水沟的边缘离开挖方路基坡顶的距离视土质而定,以不影响边坡稳定为原则。如是一般土质,至少应离开( )m。
    A. 2　　　　　B. 5
    C. 8　　　　　D. 10

30. 路基工程在做试验路段时,应选择地质条件、路基断面形式等具有代表性的地段,长度宜不小于( )m。
    A. 50　　　　　B. 100
    C. 150　　　　D. 200

31. 一级公路路床范围过湿土为1.4m,换填厚度宜为( )m。
    A. 0.3　　　　B. 0.8
    C. 1.2　　　　D. 1.4

32. 公路工程施工中以单斗挖掘机最为常见,

而路堑土方开挖中又以( )使用最多。
A. 正铲挖掘机　　B. 反铲挖掘机
C. 侧铲挖掘机　　D. 推土机

33. 导线桩点应进行不定期检查和定期复测，复测周期应不超过( )个月。
A. 3　　　　　　B. 6
C. 9　　　　　　D. 12

34. 一段较长的土质路堑纵向开挖，采用沿路堑全宽，以深度不大的纵向分层进行挖掘作业，这种作业方法称作( )。
A. 分层纵挖法　　B. 通道纵挖法
C. 分段纵挖法　　D. 混合式挖掘法

35. 在公路工程中用于以借为填或移挖作填地段，特别是在深挖高填相间、工程量大的鸡爪形地区，为了减少挖、装、运、夯等工序，提高生产效率，宜采用( )。
A. 光面爆破　　　B. 微差爆破
C. 预裂爆破　　　D. 定向爆破

36. 关于填土路堤施工技术的说法，错误的是( )。
A. 性质不同的填料，应水平分层、分段填筑、分层压实
B. 不得在透水性不好的填料所填筑的路堤边坡上覆盖透水性较好的填料
C. 同一水平层路基的全宽应采用同一种填料，不得混合填筑
D. 填筑时，应从最低处起分层填筑，逐层压实

37. 某四级公路路面面层采用水泥混凝土，路基填料为黏性土，路基压实度应采用( )公路的规定值。
A. 一级　　　　　B. 二级
C. 三级　　　　　D. 四级

38. 下列土石材料中，不能直接用作路基填料的是( )。
A. 砂性土　　　　B. 有机质土
C. 巨粒土　　　　D. 碎石土

39. 土的击实试验中，应根据土的性质选用干土法或湿土法，宜选用湿土法的土是( )。
A. 高含水量土　　B. 非高含水量土
C. 粗颗粒土　　　D. 细颗粒土

40. 关于软土地区路堤施工期间的施工技术要点的说法，错误的是( )。
A. 软土地区路堤施工应尽早安排，施工计划中应考虑地基所需固结时间
B. 填筑速率应以沉降速率控制为主，超过标准应立即停止填筑
C. 堆载预压的填料宜采用上路床填料，并分层填筑压实
D. 在软土地基上直接填筑路堤，水面以下部分应选择透水性好的填料，水面以上可用一般土或轻质材料填筑

41. 关于填石路堤施工技术的说法，错误的是( )。
A. 压实质量可采用沉降差指标进行检测
B. 高速公路填石路堤不得倾填
C. 中硬、硬质石料填筑路堤时，先进行路基填筑，再进行边坡码砌
D. 施工过程中，每填高3m宜检测路基中线和宽度

42. 填石路堤压实质量标准的控制指标采用( )。
A. 孔隙率　　　　B. 压实度
C. 沉降差　　　　D. 密度

43. 石方填筑路堤的工艺流程中包括：①分层填筑；②检测签认；③振动碾压；④路基整修；⑤路基成型；⑥摊铺平整。其中正确的顺序是( )。
A. ②①③⑥④⑤　　B. ①⑥③②⑤④
C. ①⑥③④⑤②　　D. ④①⑥③②⑤

44. 三角网的基线不应少于2条，依据当地条件，可设于河流的一岸或两岸，基线一端应

与桥轴线连接,并尽量接近于( )。
A. 30° B. 60°
C. 90° D. 120°

45. 塑料排水板不得搭接,预留长度应不小于( )mm,并及时弯折埋设于砂垫层中。
A. 300 B. 500
C. 800 D. 1000

46. 可不设反滤层的排水设施是( )。
A. 排水沟 B. 暗沟
C. 渗沟 D. 渗井

47. 推土机开挖土方作业由切土、运土、卸土、倒退(或折返)、空回等过程组成一个循环。而影响作业效率的主要是( )两个环节。
A. 切土和运土 B. 运土和卸土
C. 卸土和折返 D. 切土和空回

48. 雨期开挖岩石路基,爆破的炮眼宜( )设置。
A. 向上倾斜30° B. 向下倾斜30°
C. 水平 D. 垂直

49. 下列挡土墙结构类型中,受地基承载力限制最大的是( )。
A. 重力式挡土墙
B. 加筋土挡土墙
C. 柱板式锚杆挡土墙
D. 壁板式锚杆挡土墙

50. 关于强夯置换的说法,错误的是( )。
A. 应在地表铺设一定厚度的垫层,垫层材料宜与桩体材料相同
B. 夯点的夯击次数应通过试夯确定
C. 应按由外向内、隔行跳打的方式进行施工
D. 强夯置换的每个试夯区场地面积不应小于500m²

51. 关于爆炸挤淤的做法,正确的是( )。

A. 宜采用人工简易布药法
B. 抛填进尺最小宜不小于3m
C. 抛填高度应不高于潮水位
D. 置换层底面和下卧地基层设计顶面之间的残留淤泥碎石混合层厚度应不小于1m

52. 关于加筋土挡土墙工程的叙述,错误的是( )。
A. 加筋土挡土墙适用于填方路段
B. 加筋土挡土墙一般由填料、在填料中布置的拉筋以及墙面板三部分构成
C. 加筋土是刚性结构物,抗震性能较差
D. 加筋土挡土墙是利用了拉筋与土之间的摩擦作用

53. 地面排水设施截水沟长度超过( )m时应选择适当的地点设置出水口。
A. 200 B. 300
C. 400 D. 500

54. 适用于各级公路路基边桩放样的方法是( )。
A. 图解法 B. 计算法
C. 渐近法 D. 坐标法

55. 在透水性差的压实层上填筑透水性好的填料前,应在其表面设( )的双向横坡,并采取相应的防水措施。
A. 2%~4% B. 2%~5%
C. 1%~5% D. 5%~12%

56. 对于路基产生"弹簧土"且急于赶工的路段,可以采取( )的措施。
A. 增大压实机具功率
B. 掺生石灰粉翻拌
C. 适量洒水
D. 掺碎石翻拌

57. 下列不属于路基横向开裂原因的是( )。
A. 使用了不合格的土做填料

B. 半填半挖路段未按要求设台阶

C. 同一填筑层路基填料混杂

D. 压实度不符合要求

二、多项选择题

1. 路堑爆破施工中,钢钎炮的特征包括( )。

   A. 炮眼直径大于7cm

   B. 深度小于5m

   C. 炮眼浅,用药少

   D. 利于爆破能量的利用

   E. 工效较高

2. 可用于中线放样的仪器有( )。

   A. GPS测量仪   B. 全站仪

   C. 水准仪   D. 罗盘仪

   E. 手持红外仪

3. 产生边坡病害的原因有( )。

   A. 路基基底存在软土且厚度不均

   B. 超宽填筑

   C. 填土速率过快

   D. 换填土时清淤不彻底

   E. 路基填筑层有效宽度不够,边坡二期贴补

4. 土的试验项目应包括( )等,必要时还应做相对密度、有机质含量等试验。

   A. 颗粒分析   B. 击实

   C. CBR   D. 最佳含水量

   E. 压实度

5. 下列情况下,应进行试验段路段施工的有( )。

   A. 二级公路路堤 B. 三级公路路堤

   C. 填石路堤   D. 特殊路基

   E. 特殊填料路堤

6. 路堤试验路段压实工艺主要参数包含( )。

   A. 机械组合   B. 压实机械规格

   C. 松铺厚度   D. 最小工作面

   E. 碾压速度

7. 地基表层碾压处理压实度控制标准:二级及以上公路一般土质应不小于90%,( )级公路应不小于85%。

   A. 高速公路   B. 一级公路

   C. 二级公路   D. 三级公路

   E. 四级公路

8. 石质路堑钻爆开挖是当前广泛采用的开挖施工方法,分为( )等方式。

   A. 薄层开挖   B. 分层开挖

   C. 全断面一次开挖 D. 直接开挖

   E. 特高梯段开挖

9. 路基施工中,深孔爆破的判断依据有( )。

   A. 炮孔成水平或略有倾斜

   B. 孔径大于75mm

   C. 深度在5m以上

   D. 采用延长药包

   E. 采用一次烘膛

10. 关于冬雨期施工的说法,错误的有( )。

    A. 重黏土、膨胀土及盐渍土地段不宜在冬期施工

    B. 昼夜平均温度在-3℃以下且连续10天以上时

    C. 整修路基边坡可在冬期施工

    D. 半填半挖地段可在冬期施工

    E. 冬季填筑松铺厚度一般不超过300mm

11. 急流槽施工应注意的要点有( )。

    A. 对超挖、局部坑洞,应采用相同材料与急流槽同时施工

    B. 浆砌片石砌体应砂浆饱满,砌缝应不大于40mm,槽底表面应粗糙

    C. 急流槽应分节砌筑,分节长度宜为5~10m,接头处应采用防水材料填缝

    D. 混凝土预制块急流槽,分节长度宜为

2.5~5.0m,接头应采用榫接

E. 急流槽进水口的喇叭形水簸箕应与排水设施衔接平顺,汇集路面水流的水簸箕不得低于接口的路肩表面

12. 关于垫层和浅层处理软土地基的说法,正确的有( )。

A. 砂砾、碎石垫层宜采用级配好的中、粗砂、砂砾或碎石

B. 砂砾、碎石垫层宜分层铺筑、压实

C. 抛石挤淤施工中,当横坡陡于1:10时,应自低侧向高侧渐次抛填

D. 抛石挤淤施工中,当横坡缓于1:10时,应沿路线中线向前呈等腰三角形渐次向两侧对称抛填至全宽

E. 对非饱和黏质土的软弱表层,可添加石灰、水泥等进行改良处置

13. 关于水泥粉煤灰碎石桩的说法,正确的有( )。

A. 施工前应进行成桩工艺和成桩强度试验

B. 成桩试验需要确定施工工艺、速度、投料数量和质量标准

C. 群桩施工,宜隔桩跳打,相邻桩打桩间隔时间应不少于3天

D. 泵送混合料时砾石最大粒径宜不大于25mm

E. 粉煤灰宜选用Ⅱ、Ⅲ级粉煤灰

14. 关于软土地基施工的说法,正确的有( )。

A. 爆炸挤淤处理厚度不宜大于15m

B. 爆炸挤淤法适用于处理海湾滩涂等淤泥和淤泥质土地基

C. 强夯置换法处理深度不宜大于7m

D. 强夯法适用于处理碎石土、低饱和度的粉土与黏土、杂填土和软土等地基

E. 强夯置换法适用于处理低饱和度的粉土与软塑、流塑的软黏土地基

15. 可直接填筑于路床的路基填料有( )。

A. 粉质土
B. 石质土
C. 砂性土
D. 有机土
E. 液限大于50%、塑性指数大于26的土

16. 关于路基冬期施工的说法,正确的有( )。

A. 冬期填筑的路堤,每层每侧应超填并压实

B. 每层松铺厚度应比正常施工减少20%~30%,且松铺厚度不得超过300mm

C. 当路堤填至路床底面2m时,应碾压密实后停止填筑

D. 当天填的土必须当天完成碾压

E. 挖方边坡不应一次挖到设计线

17. 排除滑坡地下水的方法有( )。

A. 截水沟   B. 支撑渗沟
C. 边坡渗沟   D. 暗沟
E. 平孔

18. 软基处理施工中的采用竖向排水体进行垂直排水的方法有( )。

A. 粒料桩   B. 堆载预压
C. 打袋装砂井   D. 铺砂垫层
E. 插塑料排水板

19. 关于水泥混凝土骨架防护施工的说法,正确的有( )。

A. 骨架施工前应修整坡面
B. 混凝土浇筑从坡顶开始
C. 骨架宜完全嵌入坡面
D. 养护时间宜不少于14天
E. 混凝土浇筑从下而上进行

20. 路基防护工程中,沿河路基防护有( )。

A. 植物防护   B. 混凝土护坡
C. 石笼防护   D. 护面墙
E. 顺坝

21. 高填方路基沉降的原因包括( )。
    A. 地基处理不彻底,压实度达不到要求
    B. 高填方路堤两侧超填宽度不够
    C. 路堤受水浸泡部分边坡陡,填料土质差
    D. 路堤固结沉降
    E. 未处理好填挖交界面

22. 平面控制测量应采用( )。
    A. 水准测量   B. 卫星定位测量
    C. 导线测量   D. 三角测量
    E. 三边测量

23. 路堤试验路段施工总结的内容包括( )。
    A. 过程工艺控制方法
    B. 安全保障措施
    C. 环保措施
    D. 质量控制标准
    E. 对初步设计文件的修改建议

24. 填石渗沟、管式渗沟和洞式渗沟均应设置( )。
    A. 排水层   B. 反滤层
    C. 透水层   D. 防冻层
    E. 封闭层

25. 路基技术准备的工作内容主要包括( )。
    A. 熟悉设计文件   B. 设计交桩
    C. 现场调查核对   D. 试验路段施工
    E. 施工控制网复测

26. 关于土石路堤施工技术的说法,正确的是( )。
    A. 压实机械宜选用自重不小于18t的振动压路机
    B. 土石路堤应倾填,应使大粒径石料均匀分散在填料中,石料间孔隙应填充小粒径石料和土
    C. 土石混合料来自不同料场,其岩性或土石比例相差大时,宜分层或分段填筑
    D. 采用强夯、冲击压路机进行补压时,应避免对附近构造物造成影响
    E. 填料由土石混合材料变化为其他填料时,土石混合材料最后一层的压实厚度应小于500mm

27. 下列属于药壶炮特点的有( )。
    A. 深2.5~3.0m的炮眼底部用小量炸药经一次或多次烘膛,使眼底成葫芦形
    B. 主要用于露天爆破
    C. 洞穴成水平或略有倾斜(台眼),深度小于5m
    D. 能用较浅的炮眼爆破较高的岩体
    E. 一般先用钢钎炮切脚,炸出台阶后再使用

28. 采用软质岩填筑石料时,应设置的结构层有( )。
    A. 排水垫层   B. 防渗层
    C. 边坡封闭层   D. 隔离层
    E. 透层

29. 当地下水埋藏较深或为固定含水层时,可采用的地下水排除设施是( )。
    A. 渗沟   B. 渗井
    C. 检查井   D. 暗沟
    E. 渗水隧洞

30. 适用于处理十字板抗剪强度不小于20kPa的软土地基的方法有( )。
    A. 水泥粉煤灰碎石桩(CFG 桩)
    B. 加固土桩
    C. 竖向排水法
    D. 振动沉管法
    E. 振冲置换法

31. 某二级公路,路段地基软土厚度1m左右,采用( )进行软土处理较合适。
    A. 换填垫层   B. 抛石挤淤
    C. 稳定剂处理   D. 粒料桩
    E. CFG 桩

32. 关于原地基处理要求的说法,正确的有( )。
   A. 路基范围内,原地面的坑、洞、穴等应用块石回填
   B. 泉眼或露头地下水,应按设计要求采取有效导排措施,将地下水引离后方可填筑路堤
   C. 地基为耕地、松散土质、水稻田、湖塘、软土、过湿土等时应按设计要求进行处理
   D. 二级及二级以上公路一般土质地基表层碾压处理压实度控制标准应不小于90%
   E. 三、四级公路地基表层碾压处理压实度控制标准应不小于80%

33. 暗沟采用混凝土浇筑或浆砌片石砌筑时,要求满足的条件有( )。
   A. 在沟壁与含水层接触面应设置一排或多排向沟中倾斜的渗水孔
   B. 在沟壁与含水层接触面应设置一排或多排水平的渗水孔
   C. 沟壁外侧应填筑粗粒透水性材料或土工合成材料形成反滤层
   D. 沟壁外侧应填以黏性土或砂浆阻水
   E. 在软、硬岩层分界处应设置沉降缝和伸缩缝

34. 适于采用管式渗沟的条件有( )。
   A. 地下水引水较短
   B. 地下水引水较长
   C. 地下水流量较大的地区
   D. 地下水流量较小的地区
   E. 排除淤泥中的地下水

35. 锚杆挡土墙的施工工序主要有( )。
   A. 基坑开挖   B. 钻孔
   C. 挡土板预制   D. 填筑与压实
   E. 勾缝

36. 挖掘机开挖土质路堑作业时,其正铲作业方法有( )。
   A. 反向开挖   B. 侧向开挖
   C. 斜向开挖   D. 正反向开挖
   E. 正向开挖

37. 采用灌砂法进行压实度检测,需要的仪器有( )。
   A. 环刀   B. 含水量测定器具
   C. 基板   D. 灌砂筒
   E. 天平

38. 关于软土工程特性的说法,错误的有( )。
   A. 天然含水率高   B. 天然孔隙比小
   C. 抗剪强度低   D. 压缩性低
   E. 有触变性

39. 路堑爆破施工中,确定综合爆破方法的依据有( )。
   A. 石方的集中程度
   B. 地质、地形条件
   C. 公路路基断面的形状
   D. 工人数量
   E. 工程造价

三、实务操作和案例分析题

案例(一)

背景资料

某公司承建二级公路工程,全长3000m,穿过部分农田和水塘,需要借回填和抛石挤淤。工程采用工程量清单计价,合同约定分部分项工程量增加(减少)幅度在15%以内执行原有综合单价。工程量增幅大于15%时,超过部分按原综合单价的0.9计算;工程量减幅大于15%时,减少后剩余部分按原综合单价的1.1倍计算。由于原水塘塘底横坡度为1:4,抛石挤淤沿

道路中线向前呈三角形抛填,再渐次向两旁展开,将淤泥挤向两侧。

项目部在路基正式压实前选取了200m作为试验段,通过试验确定了压实工艺主要参数。工程施工中发生如下事件:

事件一:项目技术负责人现场检查时发现压路机碾压时先高后低、先快后慢、先静后振,由路基中心向边缘碾压。技术负责人当即要求操作人员停止作业,指出其错误并要求改正。

事件二:路基施工期间,有办理过征地手续的农田因补偿问题发生纠纷,导致施工无法进行,为此延误工期20天,施工单位提出工期和费用索赔。

事件三:结算时,借土回填和抛石挤淤工程量变化情况如下表所示。

工程量变化情况表

分部分项工程	综合单价(元/m³)	清单工程量(m³)	实际工程量(m³)
借土回填	21	25000	30000
抛石挤淤	76	16000	12800

问题:

1. 请指出抛石挤淤施工的错误之处,并改正。
2. 请阐述试验段确定的压实工艺主要参数。
3. 分别指出事件一中压实作业的错误之处并写出正确做法。
4. 事件二中,施工单位的索赔是否成立?说明理由。
5. 分别计算事件三借土回填和抛石挤淤的费用。

案例(二)

背景资料

某施工单位承建某高速公路K11+320~K30+180段改扩建工程,由双向四车道扩建为双向六车道,施工过程中发生了如下事件:

事件一:K13+826~K14+635段为填方路段,边坡高度最低为20.6m,最高为24.8m。路床填筑时,每层最大压实厚度宜不大于(A)mm,顶面最后一层压实厚度应不小于(B)mm。

事件二:本工程填方量大,借方困难,部分填料含水量较大,需掺灰处理,经反复试验,掺灰土的CBR值在6%~7%之间。

事件三:本工程K22+300~K23+100为高填路堤,其新拓宽部分局部路段穿越软土地基,设计采取了粉喷桩对软基进行处理。

事件四:K25+550~K30+180段有若干鱼塘,水深低于2m,塘底淤泥厚度最大不超过

0.8m,软土层厚度大于4m,小于8m;施工单位拟采取抛石挤淤或袋装砂井处理软基。

事件五:扩建路面工程与原设计路面结构层一致,通车后不久,巡查发现某软基填方区间新旧路面结合部有一条长约80m、宽约1.5mm的纵向裂缝。业主召集路基、路面等技术专家对纵向裂缝进行论证及原因分析。专家会议结论是"该80m路段路面材料及工艺控制均无缺陷,沥青路面扩建与旧路面结合部质量良好,裂缝产生与路面施工无关,裂缝产生的主要原因是由路基施工引起的"。

问题:

1. 事件一中,本段填土路基是否属于高路堤?说明理由。分别写出A、B的数值。
2. 事件二中,掺灰土能否作为上路床填料?说明理由。
3. 事件三中,粉喷桩处理软基的主要目的有哪些?
4. 事件四中,两种软基处理方案哪种较合理?说明理由。
5. 写出事件五中裂缝产生的两条主要原因。

案例(三)

背景资料

某施工单位承建了一段路基工程,其中K18+220~K18+430设置了一段挡土墙,路基填方高度11m。挡土墙横断面示意图如下图所示。

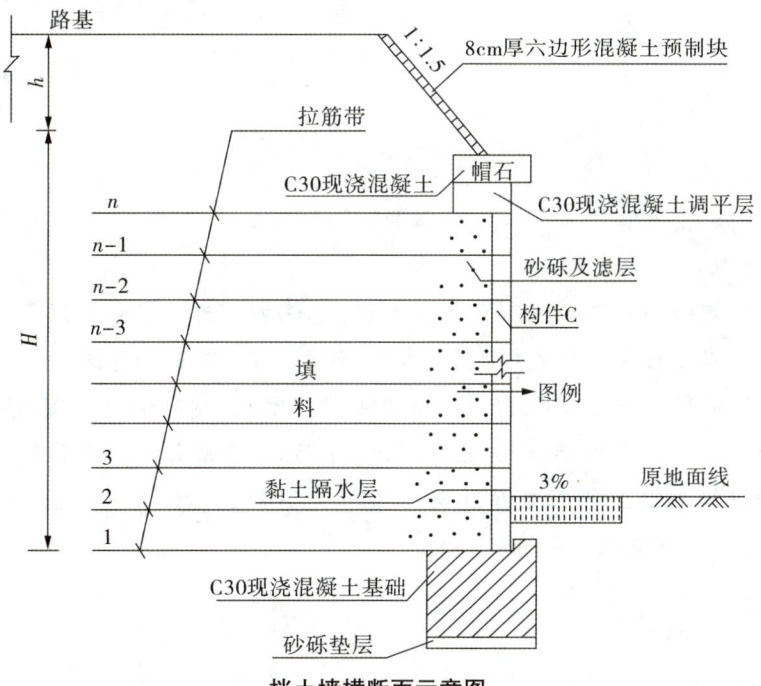

挡土墙横断面示意图

挡土墙施工流程为：施工准备(含构件C预制)→测量放线→工序A→地基处理→排水沟施工→基础浇筑→构件C安装→工序B→填料填筑与压实→墙顶封闭。

路基工程施工前项目部进行了技术交底，项目总工程师主持实施，向项目部、分包单位的全体施工技术人员和班组进行交底，交底人员和参会人员双方签字确认。技术交底记录部分内容如下：

(1)筋带采用聚丙烯土工带，进场时检查出厂质量证明书后即可用于施工。

(2)聚丙烯土工带的下料长度取设计长度。聚丙烯土工带与面板的连接，可将土工带的一端从面板预埋拉环或预留孔中穿过，折回与另一端对齐，并采用筋带扣在前段将筋带扎成一束。

(3)填土分层厚度及碾压遍数，应根据拉筋间距、碾压机具和密实度要求，通过试验确定。为保证压实效果，所有填筑区域均使用重型压实机械压实，严禁使用羊足碾碾压。

(4)填料摊铺、碾压应从拉筋尾部开始，平行于墙面碾压，然后向拉筋中部逐步进行，再向墙面方向进行。严禁平行于拉筋方向碾压，碾压机具不得在挡土墙范围内调头。

问题：

1. 按照挡土墙设置的位置和结构形式划分，分别写出该挡土墙的名称。

2. 写出挡土墙施工流程中工序A、工序B与图中构件C的名称。写出挡土墙施工流程中必须交叉进行的工序。

3. 项目部组织技术交底的方式是否正确？说明理由。

4. 逐条判断技术交底记录内容是否正确，并改正错误。

案例(四)

背景资料

某施工单位承建一山岭重丘区高速公路工程，起讫桩号为 K12+200～K27+700，路基设计宽度为 24.5m。纵断面设计示意图如图1所示，半填半挖横断面示意图如图2所示。其中 K12+200～K15+600 段穿越农田，其间经过几条农用灌溉水渠，水渠的平均宽度约 3m，渠底淤泥底标高比农田软土底标高平均低约 1.7m，渠位均设涵洞，涵底处理依照设计；结合地质情况，农田软土层平均厚度 1.25m，最深不超过 3m。由于地方交通道路等级较低，农用水田、旱地宝贵，因此合同约定不许外借土石方填筑路基。

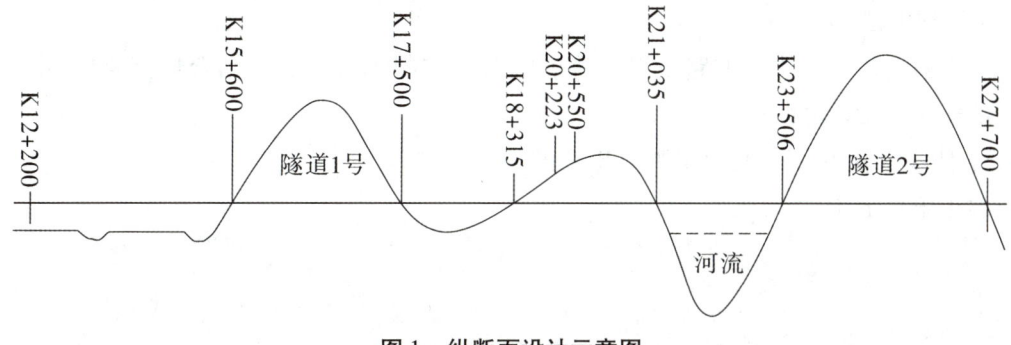

图1 纵断面设计示意图

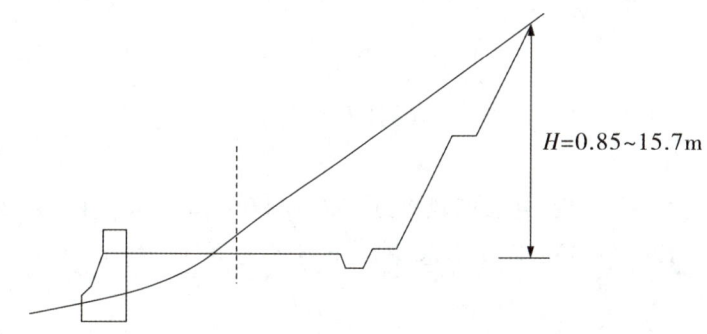

图2 半填半挖横断面示意图

施工中发生如下事件：

事件一：施工单位根据全路段原材料情况及K12+200~K15+600段软土厚度，采用了垫层和浅层处理技术进行软土地基处治。

事件二：在施工准备阶段，施工单位经核对设计文件，发现本合同段路基填方总量约35万 m^3，最大填方高度4.3m，主要集中在K12+200~K15+600；路基挖方总量约9.7万 m^3，主要集中在K18+315~K21+035，开挖深度0.85~15.7m，山体除少量风化表层外均为硬质石灰岩。

事件三：经现场勘察并查阅图纸，发现K20+223~K20+550段为全断面挖方段，最大垂直挖深5.8m，K20+550~K21+035段为半填半挖段，最大挖深15.7m；为减少征地并能维持路基稳定，在半填段设计了较常用的重力式挡土墙，它主要依靠圬工墙体的（A）抵抗墙后土体的侧向推力。

事件四：两隧道的主要穿越区段均无明显溶洞，岩石为较坚硬石灰岩，岩体较破碎，属于Ⅲ级围岩段。施工单位在修筑填石路堤时，将填方路段划分为四级施工台阶，分别为：在路基面以下（B）m为第一级台阶，（B）~1.5m为第二级台阶，1.5~（C）m为第三级台阶，（C）m以上为第四级台阶。

事件五：施工单位在本工程路基填筑时采用了自重15t的振动压路机。

问题：

1. 说明本工程路堤填料来源。
2. 结合工程背景并考虑项目的经济性，写出事件一中本工程适宜采用的两种垫层类型和两种浅层处理方法。

3. 写出适合事件二中挖方路段岩质特点的两种控制爆破方法。结合规范要求，本工程最大挖方路段宜设几级边坡？

4. 分别回答事件三和事件四中 A、B、C 的内容。

5. 改正事件五中的错误。

案例(五)

背景资料

某二级公路工程施工合同段，包含两段路基(K6+000~K6+460、K6+920~K8+325)和一座隧道(K6+460~K6+980)，两段路基中既有挖方也有填方，其中挖方段长度为450m和280m。

隧道上硬土厚约20m，围岩级别为Ⅳ、Ⅴ级，其中，Ⅳ级围岩主要由较坚硬岩组成，Ⅴ级围岩主要由第四系稍湿碎石土组成，该隧道为大断面隧道。

施工单位采用挖掘机开挖路基挖方段土方，开挖时采用横挖法自上而下分台阶进行，直接挖至设计边坡线，并避免超欠挖。开挖时每层台阶高度控制在3~4m以内，并在台阶面设置2%纵横坡以避免雨季积水。

根据施工组织设计要求，部分路基填筑利用隧道洞渣作为路基填料，一般路段采用分层填筑方法施工，土石方分层填筑施工工艺流程如下图所示。

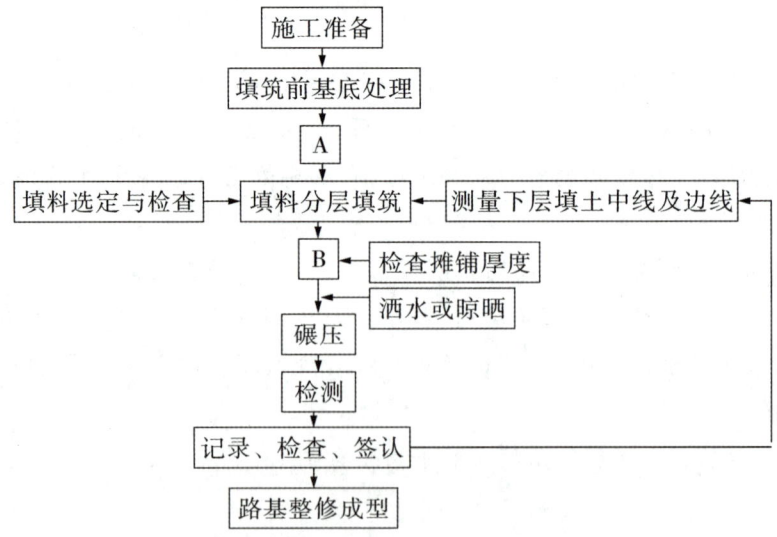

土石方分层填筑施工工艺流程图

隧道进口端路堤,土石料填筑(其中粒径大于40mm的石料超过80%)采用水平分层填筑方法施工,每一层控制在400mm,路堤与路床的填料粒径控制不超过层厚,不均匀系数控制在15~20之间。

隧道出口端路堤,由于地势低洼,土石料填筑(其中粒径大于40mm的石料占55%)采用倾填方法施工。

隧道施工采用新奥法,根据施工进度计划,并结合地质情况及运输条件,施工单位对该合同段的隧道配置了挖掘机、自卸式汽车、风动凿岩机、装载机、凿岩台车、模板衬砌台车、钻孔机、混凝土喷射机、注浆机等施工机械。

问题:

1. 指出路基土方开挖的不妥之处,并说明理由。
2. 写出图中 A 和 B 的名称。
3. 指出隧道进口端与出口端路堤填筑中的错误做法并改正。
4. 路基填筑前,"摊铺厚度"指标应通过什么方法确定?上图中,"洒水或晾晒"的目的是什么?

案例(六)

背景资料

某二级公路位于平原区,路基宽10m,采用沥青混凝土路面,其中K3+460~K3+550段位于水田路段。路堤填筑高度5~6m,填料为砂性土。该路段的软基处理方案如下图所示。

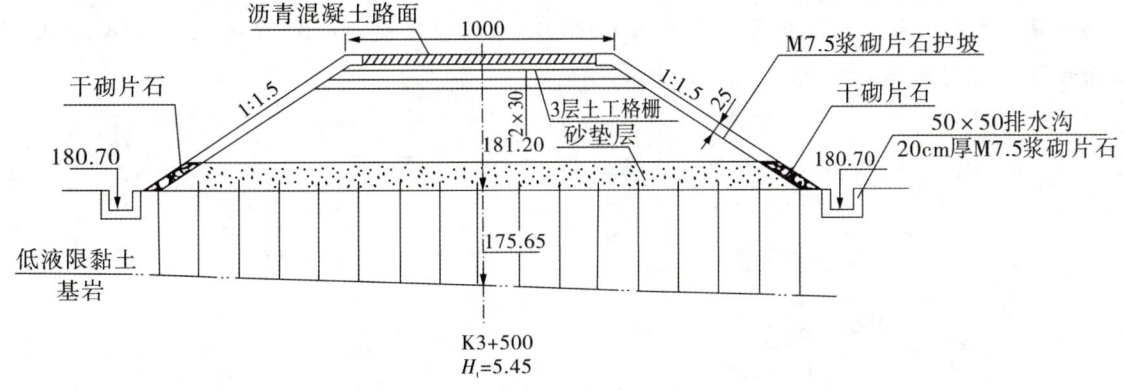

软基处理方案示意图

说明:

(1)图中除高程以 m 计外,其余均以 cm 为单位;

(2)土工格栅铺设在路床范围之内;

(3)塑料排水板采用SPB-1型,平面间距1.5m,呈梅花状布设,板底深至基岩面处,板顶伸入砂垫层50cm。

工程开工前,在建设单位的主持下,由设计单位向施工单位交桩。设计单位向施工单位交了平面控制桩,交桩过程中施工单位发现平面控制桩D32缺失。施工单位接受了控制桩后及时进行了复测。施工单位制定的塑料排水板及砂垫层整体施工工艺流程如下:整平原地面→摊铺下层砂垫层→机具就位→插入套管→塑料排水板穿靴→拔出套管→割断塑料排水板→机具移位→A。其中,塑料排水板采用插板机打设。

问题:

1. 根据《公路工程质量检验评定标准》,写出图中涉及的"分部工程"名称。
2. 改正塑料排水板施工工艺流程中的排序错误,并写出工艺A的名称。
3. 写出图中低液限黏土中水排至路堤外的主要路径。
4. 设计单位还应向施工单位交哪种控制桩?针对D32控制桩的缺失,施工单位应如何处理?

案例(七)

背景资料

某施工单位承建了一段高速公路路基工程,公路设计车速为100km/h。其中,K18+230~K18+750为路堑,岩性为粉质黏土、粉砂质泥岩,采用台阶式边坡,第一级边坡采用7.5号浆砌片石护面墙,护坡设耳墙一道;其他各级边坡采用C20混凝土拱形护坡,拱形骨架内喷播植草。本路段最大挖深桩号位于K18+520,路基填挖高度为-31.2m,桩号K18+520横断面设计示意图如下图所示。

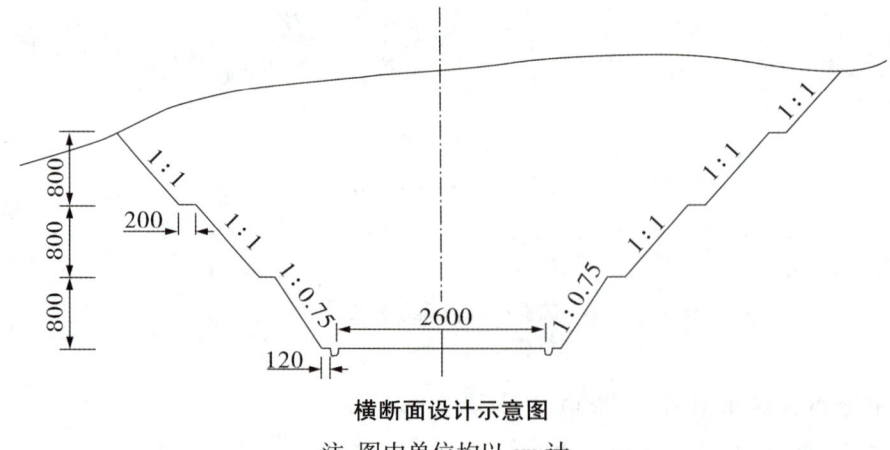

横断面设计示意图

注:图中单位均以cm计。

第1章　路基工程　063

　　在项目开工前,施工单位根据《交通运输部关于发布高速公路路堑高边坡工程施工安全风险评估指南的通知》,对全线的路堑工程进行了总体风险评估,其中,K18+230~K18+750 段路堑高边坡总体风险等级为Ⅱ级。

　　路堑开挖前,施工单位对原地面进行了复测,并进行了路基横断面边桩放样,边桩放样采用坐标法。设计单位提供的设计文件包括"导线点成果表""直线、曲线及转角表""路基设计表""路基标准横断面图""路基典型横断面设计图""路基横断面设计图""防护工程设计图"等。

　　路堑开挖过程中,为监测深路堑边坡变形和施工安全,施工单位埋设了观测桩。在挖至路基设计标高后,施工单位开始由下往上进行防护工程施工。在第一级边坡施工中,边坡局部凹陷。

问题：

1. 横断面设计示意图中,标注尺寸 120cm 和 2600cm 分别是指什么宽度？写出边桩放样所需的 3 个设计文件。

2. 改正施工单位在防护工程施工中的错误。

3. 浆砌片石护面墙的耳墙设置在什么部位？针对第一级边坡出现的局部凹陷,应如何处置？

4. 复制横断面设计示意图,并在图上绘出深路堑监测观测桩位置示意图(在相应位置用短竖线示出)。

参考答案及解析

一、单项选择题

1. A　[解析] 横向挖掘法(用于短路堑):①单层横向全宽挖掘法适用于挖掘浅且短的路堑。②多层横向全宽挖掘法适用于挖掘深且短的路堑。纵向挖掘法(用于长路堑):①分层纵挖法;②通道纵挖法;③分段纵挖法。故选 A。

2. B　[解析] 光面爆破:在开挖限界的周边,适当排列一定间隔的炮孔,在有侧向临空面的情况下,用控制抵抗线和药量的方法进行爆破,使之形成一个光滑平整的边坡。预裂爆破:在开挖限界处按适当间隔排列炮孔,在没有侧向临空面和最小抵抗线的情况下,用控制药量的方法,预先炸出一条裂缝,使拟爆体与山体分开,作为隔震减震带,起到保护和减弱开挖限界以外山体或建筑物的地震破坏作用。故选 B。

3. D　[解析] 路基填料的选择:①宜选用级配好的砾类土、砂类土等粗粒土作为填料。②含草皮、生活垃圾、树根、腐殖质的土严禁作为填料。③泥炭土、淤泥、冻土、强膨胀土、有机质土及易溶盐超过允许含量的土等，不得直接用于填筑路基；确需使用时，应采取技术措施进行处理，经检验满足要求后方可使用。④粉质土不宜直接用于填筑二级及二级以上公路的路床，不得直接用于填筑冰冻地区的路床及浸水部分的路堤。故选D。

4. D [解析]填石路堤填料要求：①硬质岩石、中硬质岩石可用于路堤和路床填筑；软质岩石可用于路堤填筑，不得用于路床填筑；膨胀岩石、易溶性岩石和盐化岩石不得用于路基填筑。②路基的浸水部位，应采用稳定性好、不易膨胀崩解的石料填筑。③路堤填料粒径应不大于500mm，并宜不超过层厚的2/3。路床底面以下400mm范围内，填料最大粒径不得大于150mm，其中小于5mm的细料含量应不小于30%。故选D。

5. D [解析]选项A正确，填筑路堤应按横断面全宽平填，每层松铺厚度比正常施工减少20%~30%，且厚度不能超过300mm。当天土当天碾压完成。选项B正确，中途停止填筑时，应整平填层和边坡并进行覆盖防冻，恢复施工应将表层冰雪清除，并补充压实。选项C正确，当填筑高程距路床底面1m时，碾压密实后应停止填筑，在顶面覆盖防冻保温层，待冬期过后整理复压，再分层填至设计高程。选项D错误，路基挖至路床顶面以上1m时，完成临时排水沟后，应停止开挖，待冬期过后再进行施工。故选D。

6. A [解析]袋装砂井处理软土地基的工艺流程：整平原地面→摊铺下层砂垫层→机具就位→打入套管→沉入砂袋→拔出套管→机具移位→埋砂袋头→摊铺上层砂垫层。故选A。

7. D [解析]塑料排水板是用插板机或与袋装砂井打设机共用（将圆形套管换成矩形套管）打设。按整平原地面→摊铺下层砂垫层→机具就位→塑料排水板穿靴→插入套管→拔出套管→割断塑料排水板→机具移位→摊铺上层砂垫层的施工工艺程序进行。故选D。

8. C [解析]骨架植物防护：浆砌片石（或混凝土）骨架植草、水泥混凝土空心块护坡、锚杆混凝土框架植草。故选C。

9. B [解析]加筋土挡土墙由填料、拉筋以及墙面板三部分组成。一般应用于地形较为平坦且宽敞的填方路段上，在挖方路段或地形陡峭的山坡，由于不利于布置拉筋，一般不宜使用。故选B。

10. A [解析]锚杆挡土墙是利用锚杆技术形成的一种挡土结构物。优点是结构轻质，节约大量的圬工和节省工程投资；利于挡土墙的机械化、装配化施工，提高劳动生产率；开挖基坑，克服不良地基开挖的困难，并利于施工安全。缺点是施工工艺要求较高，要有钻孔、灌浆等配套的专用机械设备，且要耗用一定的钢材。故选A。

11. B [解析]土石路堤应分层填筑压实，不得倾填。故选B。

12. A [解析]低路堤应对地基表层土进行超挖、分层回填压实，其处理深度应不小于路床厚度。故选A。

13. C [解析]用于公路路基的填料要求挖取方便、压实容易、强度高、水稳定性好。其中强度要求是按CBR值确定。故选C。

14. A [解析]路基填前碾压前，应对路基基底原状土进行取样试验。每公里应至少取2个点，并应根据土质变化增加取样点数。故选A。

15. D　[解析]雨期施工地段的选择：①雨期路基施工地段一般应选择丘陵和山岭地区的砂类土、碎砾石和岩石地段和路堑的弃方地段；②重黏土、膨胀土及盐渍土地段不宜在雨期施工；平原地区排水困难，不宜安排雨期施工。故选D。

16. B　[解析]截水沟应先行施工，与其他排水设施衔接时应平顺，纵坡宜不小于0.3%。故选B。

17. C　[解析]蒸发池的施工应符合下列规定：①蒸发池与路基之间的距离应满足路基稳定要求。②底面与侧面应采取防渗措施。③池底宜设0.5%的横坡，入口处应与排水沟平顺连接。④蒸发池应远离村镇等人口密集区，四周应采用隔离栅进行围护。故选C。

18. A　[解析]渗井的井壁与填充料之间应设反滤层，填充料与反滤层应分层同步施工。故选A。

19. B　[解析]施工期间，路堤中心线地面沉降速率24h应不大于10~15mm，坡脚水平位移速率24h应不大于5mm。故选B。

20. A　[解析]粒料桩处理软基的工艺：整平地面→振冲器就位对中→成孔→清孔→加料振密→关机停水→振冲器移位。故选A。

21. D　[解析]袋装砂井和塑料排水板可采用沉管式打桩机施工，塑料排水板也可用插板机施工。故选D。

22. C　[解析]柱板式锚杆挡土墙的压力传递顺序：墙后的侧向土压力作用于挡土板上，挡土板传给肋柱，肋柱传给锚杆。故选C。

23. B　[解析]锚杆挡土墙施工工序主要有基坑开挖、基础浇(砌)筑、锚杆制作、钻孔、锚杆安放与注浆锚固、肋柱和挡土板预制、肋柱安装、挡土板安装、墙后填料填筑与压实等。故选B。

24. B　[解析]墙背所受土压力较小的重力式挡土墙墙背形式是仰斜式。故选B。

25. C　[解析]路基边缘压实度不足预防措施：①路基施工应按设计的要求进行超宽填筑。②控制碾压工艺，保证机具碾压到边。③认真控制碾压顺序，确保轮迹重叠宽度和段落搭接超压长度。④提高路基边缘带压实遍数，确保边缘带碾压频率高于或不低于行车带。故选C。

26. D　[解析]超宽填筑路堤是预防边缘带压实不足的措施。故选D。

27. A　[解析]路基基底范围有泉水外涌时，宜设置暗沟(管)将水引排至路堤坡脚外或路堑边沟内。故选A。

28. A　[解析]选项B错误，强夯置换桩顶应铺设一层不小于0.5m的粒料垫层。选项C错误，强夯加固黏性土地基时，宜采用较大底面积的锤。强夯置换宜采用细长的铸钢锤。选项D错误，强夯置换材料应采用级配好的片石、碎石、矿渣等坚硬的粗颗粒材料。故选A。

29. B　[解析]在无弃土堆的情况下，截水沟的边缘离开挖方路基坡顶的距离视土质而定，以不影响边坡稳定为原则。如是一般土质，至少应离开5m，对黄土地区不应小于10m，并应进行防渗加固。截水沟挖出的土，可在路堑与截水沟之间修成土台并夯实，台顶应筑成2%倾向截水沟的横坡。故选B。

30. D　[解析]试验路段应选择地质条件、路基断面形式等具有代表性的地段，长度宜不小于200m。故选D。

31. D　[解析]路床范围为过湿土时应进行换填处理，设计未规定时按以下要求换填：①高速公路、一级公路换填厚度宜为0.8~1.2m，若过湿土的总厚度小于1.5m，则宜全部换填；②二级公路的换填厚度宜为0.5~0.8m。故选D。

32. A [解析]公路工程施工中以单斗挖掘机最为常见，而路堑土方开挖中又以正铲挖掘机使用最多。故选A。

33. B [解析]导线桩点应进行不定期检查和定期复测，复测周期应不超过6个月。故选B。

34. A [解析]分层纵挖法是沿路堑全宽，以深度不大的纵向分层进行挖掘，适用于较长的路堑开挖。故选A。

35. D [解析]在公路工程中用于以借为填或移挖作填地段，特别是在深挖高填相间、工程量大的鸡爪形地区，为了减少挖、装、运、夯等工序，提高生产效率，采用定向爆破，一次可形成百米甚至数百米路基。故选D。

36. B [解析]不得在透水性好的填料所填筑路堤边坡上覆盖透水性不好的填料。故选B。

37. B [解析]三、四级公路铺筑水泥混凝土路面或沥青混凝土路面时，其压实度应采用二级公路的规定值。故选B。

38. B [解析]泥炭土、淤泥、冻土、强膨胀土、有机质土及易溶盐超过允许含量的土等，不得直接用于填筑路基；确需使用时，应采取技术措施进行处理，经检验满足要求后方可使用。故选B。

39. A [解析]根据土的性质选用干土法或湿土法，对于高含水量土宜选用湿土法，对于非高含水量土则选用干土法。故选A。

40. B [解析]软土地区路堤施工技术要点：①软土地区路堤施工应尽早安排，施工计划中应考虑地基所需固结时间。②填筑过程中，应严格控制填筑速率，并应进行动态观测。③施工期间，路堤中心线地面沉降速率24h应不大于10~15mm，坡脚水平位移速率24h应不大于5mm。应结合沉降和位移观测结果综合分析地基稳定性。填筑速率应以水平位移控制为主，超过标准应立即停止填筑。④桥台、涵洞、通道以及加固工程应在预压沉降完成后再进行施工。⑤应按设计要求的预压荷载、预压时间进行预压。堆载预压的填料宜采用上路床填料，并分层填筑压实。⑥在软土地基上直接填筑路堤，水面以下部分应选择透水性好的填料，水面以上可用一般土或轻质材料填筑。故选B。

41. C [解析]中硬、硬质石料填筑时，宜进行边坡码砌，边坡码砌与路基填筑宜基本同步进行。故选C。

42. A [解析]填石路堤的压实质量标准采用孔隙率作为控制指标。故选A。

43. B [解析]石方填筑路堤八道工艺流程：施工准备、填料装运、分层填铺、摊铺平整、振动碾压、检测签认、路基成型、路基整修。故选B。

44. C [解析]三角网的基线不应少于2条，依据当地条件，可设于河流的一岸或两岸，基线一端应与桥轴线连接，并尽量接近于垂直。垂直即为90°。故选C。

45. B [解析]塑料排水板不得搭接，预留长度应不小于500mm，并及时弯折埋设于砂垫层中。袋装砂井砂袋在孔口外的长度应不小于300mm，并顺直伸入砂砾垫层。故选B。

46. A [解析]暗沟、渗沟、渗井均应设置反滤层。故选A。

47. A [解析]推土机开挖土方作业由切土、运土、卸土、倒退(或折返)、空回等过程组成一个循环。影响作业效率的主要因素是切土和运土两个环节。故选A。

48. C [解析]雨期开挖岩石路基,炮眼宜水平设置。故选C。

49. A [解析]重力式挡土墙是我国目前最常用的一种挡土墙形式,多用浆砌片(块)石砌筑。优点:形式简单、施工方便、就地取材,适应性强。缺点:墙身截面大,圬工数量也大,在软弱地基上修建往往受到承载力的限制。故选A。

50. C [解析]强夯置换应按由内向外、隔行跳打的方式施工。故选C。

51. B [解析]选项A错误,爆炸挤淤宜采用布药机进行布药。当淤泥顶面高、露出水面时间长,且装药深度小于2.0m时,可采用人工简易布药法。选项C错误,抛填高度应高于潮水位。选项D错误,置换层底面和下卧地基层设计顶面之间的残留淤泥碎石混合层厚度应不大于1m。故选B。

52. C [解析]加筋土是柔性结构物,能够适应地基轻微的变形。故选C。

53. D [解析]地面排水设施截水沟长度超过500m时应选择适当的地点设置出水口,将水引至山坡侧的自然沟中或桥涵进水口,截水沟必须有牢靠的出水口,必要时须设置排水沟、跌水或急流槽。故选D。

54. C [解析]路基横断面边桩放样方法:①图解法,此法一般用于较低等级的公路路基边桩放样。②计算法,主要用于公路平坦地形或地面横坡较均匀一致地段的路基边桩放样。③渐近法,该法精度高,适用于各级公路。④坐标法,适用于高等级公路。故选C。

55. A [解析]在透水性差的压实层上填筑透水性好的填料前,应在其表面设2%~4%的双向横坡,并采取相应的防水措施。故选A。

56. B [解析]对产生"弹簧土"的部位,可将其过湿土翻晒,或掺入石灰粉翻拌,含水量适宜后重新碾压;或挖除换填含水量适宜的良性土壤后重新碾压。故选B。

57. B [解析]路基横向开裂原因分析:①路基填料直接使用了液限大于50%、塑性指数大于26的土。②同一填筑层路基填料混杂,塑性指数相差悬殊。③路基顶填筑层作业段衔接施工工艺不符合规范要求。④路基顶下层平整度填筑层厚度相差悬殊,且最小压实厚度小于8cm。⑤暗涵结构物基底沉降或涵背回填压实度不符合规定。故选B。

二、多项选择题

1. BC [解析]钢钎炮通常指炮眼直径和深度分别小于70mm和5m的爆破方法。特点是炮眼浅,用药少,每次爆破的方数不多,并全靠人工清除;不利于爆破能量的利用。由于眼浅,以致响声大而炸下的石方不多,所以工效较低。故选BC。

2. AB [解析]可用于中线放样的仪器有GPS测量仪和全站仪。故选AB。

3. ACDE [解析]路基边坡病害的原因:①设计对地震、洪水和水位变化影响考虑不充分。②路基基底存在软土且厚度不均。③换填土时清淤不彻底。④填土速率过快,施工沉降观测、侧向位移观测不及时。⑤路基填筑层有效宽度不够,边坡二期贴补。⑥路基顶面排水不畅。⑦纵坡大于12%的路段未采用纵向水平分层法分层填筑施工。⑧用透水性较差的填料填筑路堤,处理不当。⑨边坡植被不良。⑩未处理好填挖交界面。

⑪路基处于陡峭的斜坡面上。故选ACDE。

4. ABC [解析] 土的试验项目应包括天然含水率、液限、塑限、颗粒分析、击实、CBR等，必要时还应做相对密度、有机质含量、易溶盐含量、冻胀和膨胀量等试验。故选ABC。

5. ACDE [解析] 试验路段应选择地质条件、路基断面形式等具有代表性的地段，长度宜不小于200m。下列情况应进行试验路段施工：①二级及二级以上公路路堤。②填石路堤、土石路堤。③特殊填料路堤。④特殊路基。⑤采用新技术、新工艺、新材料、新设备的路基。故选ACDE。

6. ABCE [解析] 路堤试验路段施工总结中，压实工艺主要参数包括机械组合、压实机械规格、松铺厚度、碾压遍数、碾压速度、最佳含水率及碾压时含水率范围等。故选ABCE。

7. DE [解析] 地基表层碾压处理压实度控制标准为：二级及二级以上公路一般土质应不小于90%，三、四级公路应不小于85%。故选DE。

8. ABCE [解析] 钻爆开挖是当前广泛采用的开挖施工方法，有薄层开挖、分层开挖（梯段开挖）、全断面一次开挖和特高梯段开挖等方式。故选ABCE。

9. BCD [解析] 深孔爆破是孔径大于75mm、深度在5m以上，采用延长药包的一种爆破方法。故选BCD。

10. ACD [解析] 选项A错误，重黏土、膨胀土及盐渍土地段不宜在雨期施工，平原地区排水困难，不宜安排雨期施工。选项C错误，整修路基边坡不宜在冬期施工。选项D错误，半填半挖地段、填挖交界处不得在冬期施工。故选ACD。

11. ABCD [解析] 选项A正确，基础应嵌入稳固的基面内，底面应按设计要求砌筑抗滑平台或凸榫。对超挖、局部坑洞，应采用相同材料与急流槽同时施工。选项B正确，浆砌片石砌体应砂浆饱满，砌缝应不大于40mm，槽底表面应粗糙。选项CD正确，急流槽应分节砌筑，分节长度宜为5～10m，接头处应采用防水材料填缝。混凝土预制块急流槽，分节长度宜为2.5～5.0m，接头应采用榫接。选项E错误，急流槽进水口的喇叭形水簸箕应与排水设施衔接平顺，汇集路面水流的水簸箕底口不得高于接口的路肩表面。故选ABCD。

12. ABDE [解析] 选项A正确，砂砾、碎石垫层宜采用级配好的中、粗砂、砂砾或碎石，含泥量应不大于5%，最大粒径宜小于50mm。选项B正确，垫层宜分层铺筑、压实。垫层应水平铺筑。选项C错误、选项D正确，当软土地层平坦，横坡缓于1：10时，应沿路线中线向前呈等腰三角形渐次向两侧对称抛填至全宽，将淤泥挤向两侧；当横坡陡于1：10时，应自高侧向低侧渐次抛填，并在低侧边部多抛投形成不小于2m宽的平台。选项E正确，对非饱和黏质土的软弱表层，可添加石灰、水泥等进行改良处置。故选ABDE。

13. ABDE [解析] 选项A正确，水泥粉煤灰碎石桩宜采用振动沉管灌注法成桩，施工设备宜采用振动沉管打桩机。施工前，应进行成桩工艺和成桩强度试验。选项B正确，成桩试验需要确定施工工艺、速度、投料数量和质量标准。选项C错误，群桩施工应合理设计打桩顺序、控制打桩速度，宜采用隔桩跳打的打桩顺序，相邻桩打桩间隔时间应不少于7天。选项D正确，集料可采用碎石或砾石，泵送混合料时砾石最粒径宜不大于25mm,碎石最大粒径宜不大于20mm。选项E正确,水泥宜选用32.5级普通硅酸盐水泥。粉煤灰宜选用Ⅱ、Ⅲ级粉煤灰。故选ABDE。

14. ABCD [解析]选项AB正确,爆炸挤淤法适用于处理海湾滩涂等淤泥和淤泥质土地基。处理厚度不宜大于15m。选项CD正确、选项E错误,强夯法适用于处理碎石土、低饱和度的粉土与黏土、杂填土和软土等地基。强夯置换法适用于处理高饱和度的粉土与软塑、流塑的软黏土地基,处理深度不宜大于7m。故选ABCD。

15. BC [解析]选项B正确,石质土透水性强、压缩性低、内摩擦角大、强度高、属于较好的路基填料。选项C正确,砂性土是良好的路基填料,既有足够的内摩擦力,又有一定的黏聚力;一般遇水干得快,不膨胀,易被压实,易构成平整坚实的表面。故选BC。

16. ABDE [解析]选项C错误,当填筑高程距路床底面1m时,碾压密实后应停止填筑,在顶面覆盖防冻保温层,待冬期过后整理复压,再分层填至设计高程。故选ABDE。

17. BCDE [解析]排除滑坡地下水的方法有支撑渗沟、边坡渗沟、暗沟、平孔等。故选BCDE。

18. CE [解析]袋装砂井、塑料排水板属于竖向排水体。故选CE。

19. ACDE [解析]水泥混凝土骨架防护施工应符合下列规定:①骨架施工前应修整坡面,填补超挖形成或原生的坑洞和空腔。②混凝土浇筑应从护脚开始,由下而上进行。浇筑过程中采用插入式振捣器振捣。③骨架宜完全嵌入坡面内,保证骨架紧贴坡面,防止产生变形或破坏。④混凝土浇筑完成后应及时养护,养护时间宜不少于14天。故选ACDE。

20. ABCE [解析]选项ABCE正确,沿河路基防护用于防护水流对路基的冲刷与淘刷,可分为植物防护、砌石护坡、混凝土护坡、土工织物软体沉排、土工模袋、石笼防护、浸水挡土墙、护坦防护、抛石防护、排桩防护、丁坝、顺坝等。选项D错误,护面墙属于坡土防护。故选ABCE。

21. ABCD [解析]选项ABCD正确,高填方路基沉降的原因:①按一般路堤设计,没有验算路堤稳定性、地基承载力和沉降量;②地基处理不彻底,压实度达不到要求,或地基承载力不够;③高填方路堤两侧超填宽度不够;④工程地质不良,且未做地基孔隙水压力观察;⑤路堤受水浸泡部分边坡陡,填料土质差;⑥路堤填料不符合规定,随意增大填筑层厚度,压实不均匀,且达不到规定要求;路堤固结沉降。选项E错误,未处理好填挖交界面属于路基边坡病害原因。故选ABCD。

22. BCDE [解析]平面控制测量应采用卫星定位测量、导线测量、三角测量或三边测量方法进行。故选BCDE。

23. ABCD [解析]路堤试验路段施工总结宜包括下列内容:①填料试验、检测报告等。②压实工艺主要参数:机械组合、压实机械规格、松铺厚度、碾压遍数、碾压速度、最佳含水率及碾压时含水率范围等。③过程工艺控制方法。④质量控制标准。⑤施工组织方案及工艺的优化。⑥原始记录、过程记录。⑦对施工图的修改建议等。⑧安全保障措施。⑨环保措施。故选ABCD。

24. ABE [解析]各类渗沟均应设置排水层、反滤层和封闭层。故选ABE。

25. ABCD [解析]选项 ABCD 正确,技术准备工作的内容主要包括熟悉设计文件、现场调查核对、设计交桩、复测与放样、试验及试验路段施工等。选项 E 错误,施工控制网复测属于施工阶段的工作内容。故选 ABCD。

26. ACD [解析]选项 B 错误,土石路堤应分层填筑压实,不得倾填。选项 E 错误,填料由土石混合材料变化为其他填料时,土石混合材料最后一层的压实厚度应小于 300mm。该层填料最大粒径宜小于 150mm,压实后表面应无孔洞。故选 ACD。

27. ABE [解析]选项 CD 属于猫洞炮的特点。故选 ABE。

28. ABC [解析]采用易风化岩石或软质岩石石料填筑时,应按设计要求采取边坡封闭和底部设置排水垫层、顶部设置防渗层等措施。故选 ABC。

29. BE [解析]当地下水埋藏较深或为固定含水层时,可采用渗井、渗水隧洞。故选 BE。

30. AD [解析]选项 AD 正确,水泥粉煤灰碎石桩(CFG 桩)、振动沉管法粒料桩适用于处理十字板抗剪强度不小于 20kPa 的软土地基。选项 B 错误,加固土桩适用于处理十字板抗剪强度不小于 10kPa,有机质含量不大于 10% 的软土地基。选项 C 错误,竖向排水体适用于深度大于 3m 的软土地基处理。选项 E 错误,振冲置换法粒料桩适用于处理十字板抗剪强度不小于 15kPa 的软土地基。故选 AD。

31. ABC [解析]浅层处理可采用换填垫层、抛石挤淤、稳定剂处理等方法,处理深度不宜大于 3m。故选 ABC。

32. BCD [解析]选项 A 错误,原地面坑、洞、穴等,应在清除沉积物后,用合格填料分层回填、分层压实,压实度应符合规定。选项 E 错误,地基表层碾压处理压实度控制标准为:二级及二级以上公路一般土质应不小于 90%;三、四级公路应不小于 85%。故选 BCD。

33. ACE [解析]暗沟采用混凝土或浆砌片石砌筑时,在沟壁与含水层接触面应设置一排或多排向沟中倾斜的渗水孔,沟壁外侧应填筑粗粒透水性材料或土工合成材料形成反滤层。沿沟槽底每隔 10～15m 或在软、硬岩分界处应设置沉降缝和伸缩缝。故选 ACE。

34. BC [解析]管式渗沟适用于地下水引水较长、流量较大的地区。故选 BC。

35. ABCD [解析]锚杆挡土墙施工工序:基坑开挖→基础浇(砌)筑→锚杆制作→钻孔→锚杆安放与注浆锚固→肋柱和挡土板预制→肋柱安装→挡土板安装→墙后填料填筑与压实等。故选 ABCD。

36. BE [解析]正铲挖掘机挖装作业灵活、回转速度快、工作效率高,特别适用于与运输车辆配合开挖土方路堑。正铲工作面的高度一般不应小于 1.5m,否则将降低生产效率,过高则易塌方损伤机具。其作业方法有侧向开挖和正向开挖。故选 BE。

37. BCDE [解析]灌砂法试验步骤:①标定砂锥体积和量砂密度。②试验地点选一块平坦的表面,并将其清扫干净,其面积不得小于基板面积。③将基板放在平坦表面上,沿基板中孔凿洞,挖出材料后称重、测含水量。若测点表面粗糙,则先灌砂测出粗糙表面的耗砂量。④将基板安放在试坑上,将已知量砂质量的灌砂筒安放在基板中间,使灌砂筒的下口对准基板的中孔及试洞,打开灌砂筒的开关,让砂回流试坑中。

灌砂完毕取走灌砂筒,称取剩余砂的质量,算出试坑消耗砂的质量。⑤根据试坑消耗砂的质量和量砂的密度算出试坑挖除材料的体积,再由材料质量算出湿密度,用公式计算。因此需要的仪器有含水量测定器具、基板、灌砂筒、天平等。故选BCDE。

38. BD [解析]软土是指天然含水率高、天然孔隙比大、抗剪强度低、压缩性高的细粒土,包括淤泥、淤泥质土、泥炭、泥炭质土等。大部分软土具有触变性,流变性显著。故选BD。

39. ABC [解析]综合爆破是根据石方的集中程度,地质、地形条件,公路路基断面的形状,结合各种爆破方法的最佳使用特性,因地制宜,综合配套使用的一种比较先进的爆破方法。故选ABC。

三、实务操作和案例分析题

案例(一)

1. 错误之处:由于原水塘塘底横坡度为1:4,抛石挤淤沿道路中线向前呈三角形抛填,再渐次向两旁展开,将淤泥挤向两侧。
   正确做法:当横坡陡于1:10时,应自高侧向低侧渐次抛填,并在低侧边部多抛投形成不小于2m宽的平台。

2. 试验段确定的压实工艺主要参数有机械组合、压实机械规格、松铺厚度、碾压遍数、碾压速度、最佳含水率及碾压时含水率允许偏差等。

3. 错误之处:先高后低、先快后慢,由路基中心向边缘碾压。
   正确做法:先低后高、先慢后快,直线段由路基边缘向中心碾压,曲线段由内侧向外侧碾压。

4. 索赔成立。理由:该事件是由办理过征地手续的农田因补偿问题发生纠纷,属于发包方原因引起,故可以索赔费用和工期。

5. 借土回填:
   执行原价部分工程量:25000×(1+15%)=28750 m^3;
   执行新价部分工程量:30000−28750=1250 m^3;
   借土回填总费用:28750×21+1250×21×0.9=627375元;
   抛石挤淤费用:12800×76×1.1=1070080元。

案例(二)

1. (1)属于高路堤。
   理由:因K13+826~K14+635段为填方路段,边坡高度最低为20.6m,最高为24.8m。根据相关规范规定,边坡高度大于20m路堤称为高路堤,所以本段填土路基属于高路堤。
   (2)A的数值为300;B的数值为100。

2. 掺灰土不能作为上路床填料。
   理由:因掺灰土的CBR值在6%~7%之间,根据相关规范规定,高速公路上路床的CBR值应大于等于8%,所以不能作为上路床的填料。

3. 粉喷桩处理软基的主要目的:确保路基稳定、减少路基工后沉降、提高地基承载力。

4. 采用袋装砂井合理。
   理由:因软土层厚度4~8m,根据相关规范规定,抛石挤淤适合处理软土深度不宜大于3m,袋装砂井适用于深度大于3m的软土地基。

5. 裂缝产生的两条主要原因:
   (1)清表不彻底,路基基底存在软弱层;
   (2)路基压实不均。

案例(三)

1. 按设置的位置为路堤挡土墙;按结构形式为加筋土挡土墙。

2. (1)工序A:基坑开挖;工序B:筋带铺设;构件C:墙面板。
   (2)墙面板安装、筋带铺设、填料填筑与压实等工序交叉进行。
3. 不正确。
理由：技术交底未按不同要求、不同层次、不同方式进行技术交底，即技术交底应分级进行、分级管理。
4. (1)错误。
理由：进场时除了查看出厂质量证明书外，还应查看出厂试验报告，并且还应取样进行技术指标测定(或性能试验)。
(2)错误。
理由：聚丙烯土工带的下料长度一般为2倍设计长度加上穿孔所需长度(30~50cm)。
(3)错误。
理由：在采用靠近墙面板1m范围内，应使用小型机具夯实或人工夯实，不得使用重型压实机械压实。
(4)错误。
理由：压实顺序应先从筋带中部开始，逐步碾压至筋带尾部，再碾压靠近墙体部位。

案例(四)

1. 材料来源：①隧道1号弃渣；②隧道2号弃渣；③K18+315~K21+035挖方弃土。
2. (1)垫层类型：碎石垫层、石屑垫层。
(2)浅层处理方法：浅层置换、抛石挤淤。
3. (1)光面爆破、预裂爆破。
(2)宜设2级边坡。
4. A：自重(或摩擦力)，B：0.5，C：3。
5. 填石路堤压实机械宜采用自重不小于18t的振动压路机。

案例(五)

1. (1)不妥之处一：采用横挖法进行开挖。
理由：开挖长度大应采用纵向挖掘法。
(2)不妥之处二：直接挖至设计边坡线。
理由：按相关规范规定，机械开挖应当预留一定的宽度，以免扰动边坡线外土体。

2. A是地基检测，B是推土机摊平。
3. ①"进口端路堤与路床的填料粒径控制不超过层厚"错误。
理由：路堤填料粒径应不大于500mm，并不宜超过层厚的2/3。
②"出口端采用倾填的方法填筑"错误。
理由：土石路堤应分层填筑，不得倾填。
4. (1)试验法。
(2)洒水或晾晒是保证回填土料的含水率控制在最佳含水率的范围内，保证压实度达标。

案例(六)

1. 涉及的"分部工程"有路基土石方工程、排水工程、砌筑及防护工程、软基处理、沥青路面面层工程。
2. (1)正确的排序：先"塑料排水板穿靴"再"插入套管"。
(2) A：摊铺上层砂垫层。
3. 低液限黏土排水路径：水→塑料排水板→砂垫层→排水沟。
4. (1)设计单位还应向施工单位交水准点桩。
(2)对D32控制桩的缺失，施工单位应要求设计单位进行补桩。

案例(七)

1. (1) 120cm是碎落台宽度，2600cm是路基宽度。
(2)设计文件包括："导线点成果表""直线、曲线及转角表""路基横断面设计图"(或"路基设计表"亦可)。
2. 支护工程应当随着路堑的开挖逐步进行。不可一次性开挖到路基设计标高再进行支护。
3. (1)耳墙应当设置在护面墙的中部。
(2)局部凹陷应当将凹陷的部位进行翻修处理，即在凹陷部分要清理成台阶形，用浆砌片石补砌。

4.

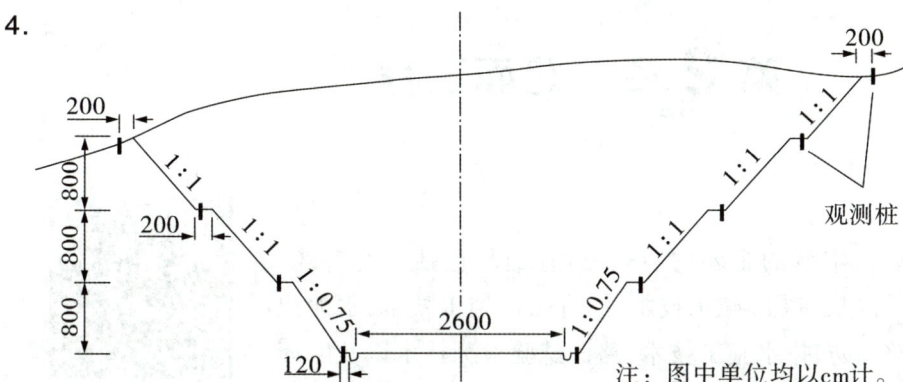

注：图中单位均以cm计。

第 2 章 路面工程

考情分析

本章属于重点章节,本章的主要内容是路面工程,包括 6 个专题。本章主要考查路面基层(底基层)施工技术,沥青路面施工技术,水泥混凝土路面施工技术,路面防、排水施工技术,路面试验检测技术以及路面工程质量通病及防治措施的内容。本章考查案例题的分值较大,应注意沥青路面结构层的识图内容。

扫码领取本章视频课程

近 3 年考试真题分值统计表 （单位:分）

序号	专题名	2022			2021(2)			2021(1)			2020		
		单选	多选	案例	单选	多选	案例	单选	多选	案例	单选	多选	案例
1	路面基层(底基层)施工技术	1	2	—	1	2	10	1	—	—	—	2	11
2	沥青路面施工技术	1	—	15	1	—	—	—	—	10	1	—	4
3	水泥混凝土路面施工技术	—	—	—	—	—	—	1	2	—	1	—	—
4	路面防、排水施工技术	—	—	—	—	—	—	—	—	—	—	—	—
5	路面试验检测技术	1	—	5	—	—	6	—	—	—	—	—	—
6	路面工程质量通病及防治措施	—	—	—	—	—	4	1	—	—	—	—	—
	合计	3	2	20	3	2	20	3	2	10	3	2	15

思维导图

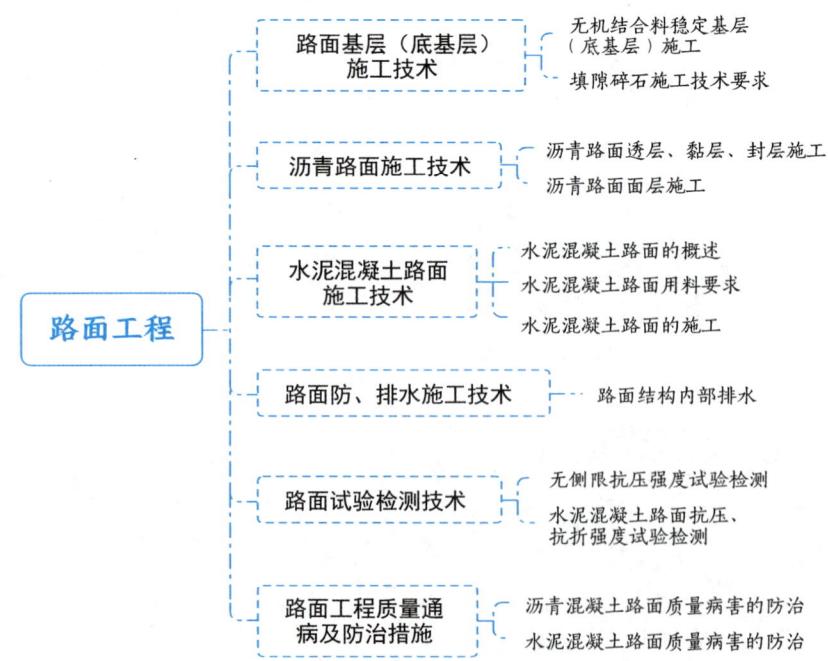

核心考点

专题 1　路面基层(底基层)施工技术

复习提示▷本专题中,无机结合料基层(底基层)施工是历年选择题和案例题考查的重点,故需重点掌握基层(底基层)施工工艺流程及技术要点。

[考点 1]　无机结合料稳定基层(底基层)施工

(一)原材料要求

原材料	要求
水泥	初凝时间应大于 3h,终凝时间应大于 6h 且小于 10h
石灰	1. 高速公路和一级公路用石灰应不低于 Ⅱ 级技术要求。 2. 二级公路用石灰应不低于 Ⅲ 级技术要求。 3. 二级以下公路用石灰宜不低于 Ⅲ 级技术要求。 4. 高速公路和一级公路的基层宜采用磨细消石灰。 5. 二级以下公路使用等外石灰时,有效氧化钙含量应在 20% 以上
粉煤灰	1. 干排或湿排的硅铝粉煤灰和高钙粉煤灰等均可用作基层或底基层的结合料。 2. 工业废渣可用于修筑基层或底基层,使用前应崩解稳定,且宜通过不同龄期条件下的强度和模量试验以及温度收缩和干湿收缩试验等评价混合料性能。 3. 水泥稳定煤矸石不宜用于高速公路和一级公路
水	符合《生活饮用水卫生标准》的饮用水可直接作为基层、底基层材料拌合与养护用水
粗集料	1. 高速公路基层用碎石,应采用反击破碎的加工工艺。 2. 级配碎石或砾石用作基层时,高速公路和一级公路公称最大粒径应不大于 26.5mm,二级及二级以下公路公称最大粒径应不大于 31.5mm;用作底基层时,公称最大粒径应不大于 37.5mm
细集料	1. 高速公路和一级公路,细集料中小于 0.075mm 的颗粒含量应不大于 15%。 2. 二级及二级以下公路,细集料中小于 0.075mm 的颗粒含量应不大于 20%

[提示]　生石灰的技术指标:有效氧化钙加氧化镁含量(%)、未消化残渣含量(%)、氧化镁含量(%);消石灰的技术指标:有效氧化钙加氧化镁含量(%)、含水率(%)、细度(%)、氧化镁含量(%)。

🌐**精选真题**

[2021 年真题]无机结合料对生石灰和消石灰的技术要求中,共同的技术指标名称是(　　)。

A. 未消化残渣含量　　B. 氧化镁含量　　C. 含水率　　D. 细度

答案:B。

(二)材料分档与掺配

1. 材料分档要求

层位	高速公路和一级公路		二级及二级以下公路
	极重、特重交通	重、中、轻交通	
基层	≥5	≥4	≥3 或 4[a]
底基层	≥4	≥3 或 4[a]	≥3

[a] 对一般工程可选择不少于3档备料,对极重、特重交通荷载等级且强度要求较高时,为了保证级配的稳定,宜选择不少于4档备料。

2. 材料掺配

(1)用于二级及二级以上公路基层和底基层的级配碎石或砾石,应由不少于4种规格的材料掺配而成。

(2)级配碎石或砾石细集料的塑性指数应不大于12,不满足要求时,可加石灰、无塑性的砂或石屑掺配处理。

⊕ 精选真题

[2020年真题] 关于提高水泥稳定碎石材料强度的说法,正确的有( )。

A. 适当增加水泥用量　　　　　　B. 增加材料分档备料个数

C. 提高压实度标准　　　　　　　D. 增加拌合用水量

E. 采用二次拌合生产工艺

答案:AB。为提高水泥稳定碎石材料的强度,可适当增加水泥用量;用于二级及二级以上公路基层和底基层的级配碎石或砾石,应由不少于4种规格的材料掺配而成。

(三)混合料组成设计

组成设计	内容
原材料检验	1. 包括结合料、被稳定材料及其他相关材料的试验。 2. 所有检测指标均应满足相关设计标准或技术文件的要求
目标配合比设计	1. 选择级配范围。 2. 确定结合料类型及掺配比例。 3. 验证混合料相关的设计及施工技术指标
生产配合比设计	1. 确定料仓供料比例。 2. 确定水泥稳定材料的容许延迟时间。 3. 确定结合料剂量的标定曲线。 4. 确定混合料的最佳含水率、最大干密度
施工参数确定	1. 确定施工中结合料的剂量。 2. 确定施工合理含水率及最大干密度。 3. 验证混合料强度技术指标

(1)无机结合料稳定材料组成设计流程。

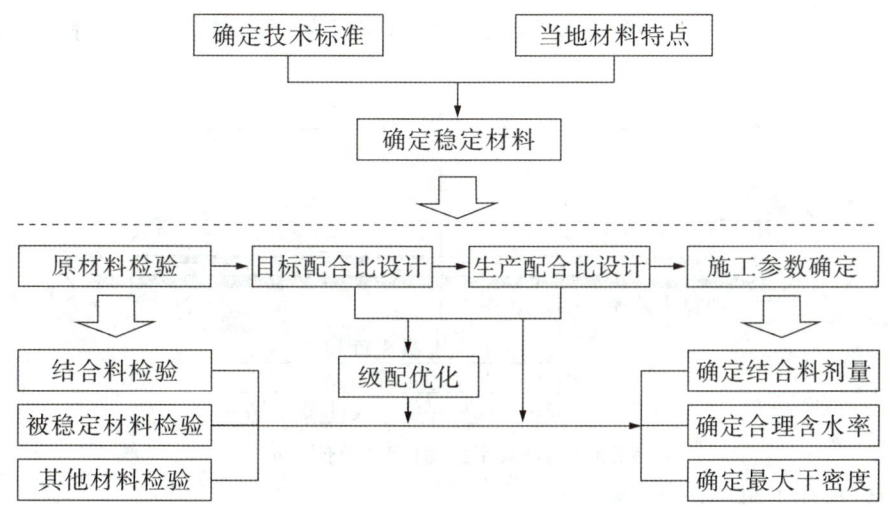

无机结合料稳定材料组成设计流程图

(2)无机结合料稳定材料强度要求。

材料类型	强度要求
贫混凝土	碾压时,7天龄期无侧限抗压强度应≥7MPa,且宜≤10MPa;水泥剂量宜≤13%
水泥稳定类材料	强度要求较高时,宜采取控制原材料技术指标和优化级配设计等措施,不宜单纯通过增加水泥剂量来提高材料强度
石灰稳定砾石土或碎石土材料	可仅对其中公称最大粒径<4.75mm的石灰土进行7天龄期无侧限抗压强度验证,且无侧限抗压强度应≥0.8MPa

[提示] 高速公路和一级公路应验证所用材料的7天龄期无侧限抗压强度与90天或180天龄期弯拉强度的关系。

🌐 精选真题

1.[2021年真题]无机结合料稳定基层的混合料组成设计包括以下步骤:①确定稳定材料;②确定技术标准;③生产配合比设计;④确定施工参数;⑤目标配合比设计;⑥原材料检验。正确的排序是( )。

A.①→②→⑥→⑤→③→④ B.②→①→⑤→⑥→④→③
C.②→①→⑥→⑤→③→④ D.①→②→⑥→③→⑤→④

2.[2017年真题]无机结合料稳定材料组成设计所确定的施工参数包括( )。

A.结合料的剂量 B.最佳含水量
C.合理含水率 D.最大松铺厚度
E.最大干密度

3.[2021年真题·案例节选]

背景资料

某重要的三级旅游公路,设计速度为40km/h,起讫桩号K0+000~K8+300,项目所在区域湿润、多雨,且年降水量在 600mm 以上。路基材料为渗水差的细粒土(渗透系数不大于 10^{-5} cm/s),路面底基层、基层由无机结合料稳定材料组成,路面面层为 C30 水泥混凝土,路面结构形式示意图如下图所示。

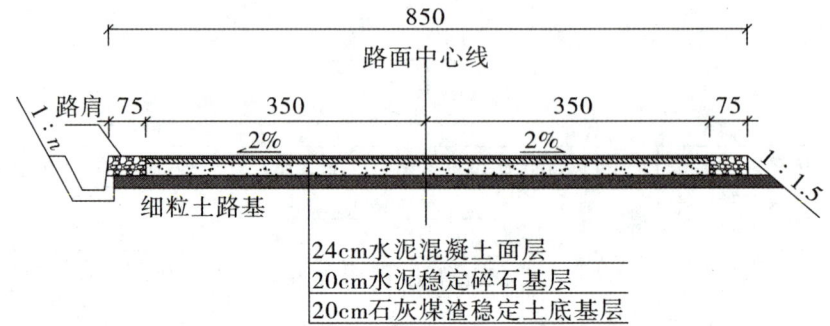

路面结构形式示意图(尺寸单位:cm)

施工中发生如下事件:

事件一:在路面底基层、基层施工前,施工单位对无机结合料稳定材料组成进行了设计,设计流程如下图所示。

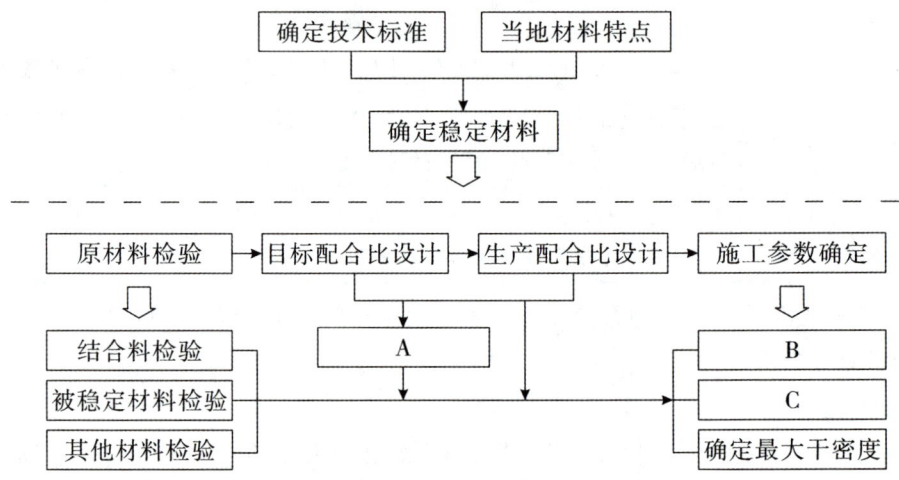

无机结合料稳定材料组成设计流程图

事件二:施工单位在无机结合料稳定材料组成设计中,采用振动压实方法确定最大干密度指标。

问题:

(1)按力学性质划分,该路面的基层属于哪一类?

(2)写出无机结合料稳定材料组成设计流程图中 A、B、C 的名称。

(3)写出事件二中施工单位确定最大干密度指标的另外一种方法。

答案: 1. C。2. ACE。

3.(1)半刚性基层。

(2)A:级配优化;B:确定结合料剂量;C:确定合理含水率。

(3)重型击实法。

(四)混合料生产、摊铺及碾压

1. 一般规定

(1)方式的选择。

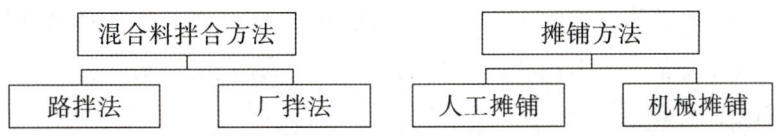

根据公路等级的不同,宜按下表选择基层、底基层材料施工工艺。

材料类型	公路等级	结构层位	拌合工艺		摊铺工艺	
			推荐	可选	推荐	可选
无机结合料稳定中、粗粒材料	二级及二级以上	基层	集中厂拌	—	摊铺机摊铺	—
无机结合料稳定细粒材料		底基层		—		推土机摊铺,平地机整平
水泥稳定材料 其他各种无机结合料稳定材料	二级以下	基层和底基层		人工路拌		推土机摊铺,平地机整平
级配碎石	二级及二级以上	基层和底基层		—		—
	二级以下			人工路拌		推土机摊铺,平地机整平

(2)作业段长度。

稳定材料层宽11~12m时,每一流水作业段长度以500m为宜;稳定材料层宽大于12m时,作业段宜相应缩短。宜综合考虑下列因素,合理确定每日施工作业段长度:

①施工机械和运输车辆的生产效率和数量;

②施工人员数量及操作熟练程度;

③施工季节和气候条件;

④水泥的初凝时间和延迟时间;

⑤减少施工接缝的数量。

[记忆] 人、机、料、法、环。

(3)延迟时间。

①对水泥稳定材料或水泥粉煤灰稳定材料,宜在2h之内完成碾压成型,应取混合料的初凝时间与容许延迟时间较短的时间作为施工控制时间。

②石灰稳定材料或石灰粉煤灰稳定材料层宜在当天碾压完成,最长不应超过4天。

(4)天气气候选择。

无机结合料稳定材料结构层施工应选择适宜的气候环境,针对当地气候变化制订相应的处置预案,并应符合下列规定:

①宜在气温较高的季节组织施工。无机结合料稳定材料施工期的日最低气温应在5℃以上,在有冰冻的地区,应在第一次重冰冻到来的15~30天之前完成施工。

②应避免在雨期施工。

🌐 **精选真题**

[2018年真题]二级公路无机结合料稳定碎石基层施工中,其拌合工艺和摊铺工艺推荐采用( )。

A. 集中厂拌合,摊铺机摊铺
B. 人工路拌合,摊铺机摊铺
C. 人工路拌合,推土机摊铺
D. 集中厂拌合,推土机摊铺

答案:A。

2. 混合料集中厂拌与运输

项目	类别	要求
厂拌	拌合厂	1. 地势相对较高,做好排水设施。 2. 场地应平整,有足够承载能力。 3. 原材料严禁混杂,应分档隔仓堆放。 4. 细集料、水泥、石灰、粉煤灰等原材料应有覆盖。 5. 装水泥的料仓应密闭干燥
	拌合控制	1. 对高速公路和一级公路应采用专用稳定材料拌合设备。 2. 无机结合料稳定中、粗粒材料的拌合生产设备:①拌合设备的料仓数目应与规定匹配,宜较规定数目增加1个。②各个料仓之间的挡板高度应不小于1m。③对高速公路和一级公路,拌合设备产量宜>500t/h。 3. 气温高于30℃时,水泥入缸温度宜不高于50℃(降温措施);气温低于15℃时,入缸温度应不低于10℃。 4. 加水量的计量应采用流量计的方式
运输	装料	1. 天气炎热或运距较远时宜适当增加含水率(中、粗粒材料增加0.5~1个百分点;细粒材料增加1~2个百分点)。 2. 运输车数量:根据工程量的大小、运距的长短确定。 3. 装料前应清理干净车厢,不得存有杂物。 4. 装好料后,厢体用篷布覆盖严密
	运输控制	1. 对高速公路和一级公路,应从拌合厂取料,每隔2h测定一次含水率,每隔4h测定一次结合料的剂量。 2. 对高速公路和一级公路,水泥稳定材料从装车到运输至现场,时间宜不超过1h,超过2h时应作为废料处置

3. 混合料人工拌合

(1)混合料人工拌合工艺应包括现场准备、布料和拌合等流程。

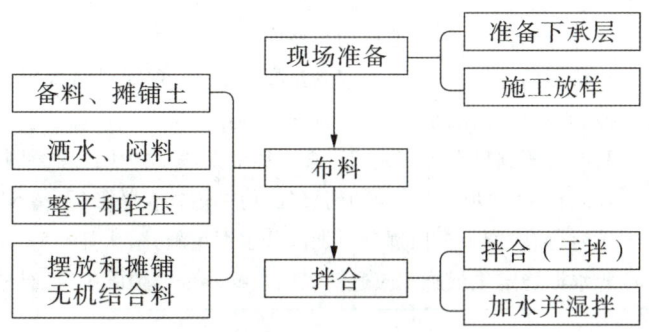

人工路拌法施工工艺流程图

(2)材料在下承层上的堆置时间不宜过长。材料运送宜比摊铺工序提前1~2天。

(3)石灰稳定材料：生石灰块应在使用前7~10天充分消解；消石灰宜过9.5mm筛，并尽快使用；对石灰稳定碎石或砾石，先将石灰和需添加的黏性土拌合均匀，然后均匀地摊铺在碎石或砾石层上，再一起拌合。

(4)石灰粉煤灰稳定材料：应先将粉煤灰运到现场；对石灰粉煤灰稳定中、粗粒材料，应先将石灰和粉煤灰拌合均匀，然后均匀地摊铺在材料层上，再一起拌合。

(5)水泥稳定材料：被稳定材料应在摊铺水泥的前一天摊铺。

(6)级配碎石：宜将大粒径碎石铺在下层，中粒径碎石铺在中层，小粒径碎石铺在上层，洒水使碎石湿润后，再摊铺石屑。

(7)采用专用稳定材料拌合设备拌合，拌合深度应达到稳定层底并宜侵入下承层不小于5~10mm。

🌐 **精选真题**

[2018年真题]不能用于二级和二级以上公路高级路面基层的是(　　)。

A.水泥稳定细粒土　　B.水泥稳定煤矸石　　C.水泥稳定碎石土　　D.水泥稳定砂砾

答案：A。水泥稳定土包括水泥稳定级配碎石、未筛分碎石、砂砾、碎石土、砂砾土、煤矸石、各种粒状矿渣等，适用于各级公路的基层和底基层，但水泥稳定细粒土不能用作二级和二级以上公路高级路面的基层。

4. 摊铺与碾压

使用方式	适用方法	施工要求
摊铺机	厂拌法	1.碾压成型后每层的摊铺厚度宜≥160mm，最大厚度宜≤200mm。 2.下承层为稳定细粒材料时，宜先将下承层顶面拉毛或采用凸块式压路机碾压，再摊铺上层混合料；下承层为稳定中、粗粒材料时，应先将下承层清理干净，洒铺水泥净浆，再摊铺上层混合料。 3.采用两台摊铺机并排摊铺时，其型号及磨损程度宜相同，前后间距宜≤10m，且两个施工段面纵向应有300~400mm的重叠

使用方式	适用方法	施工要求
人工	路拌法	1. 拌合均匀后，用平地机初步整形。 2. 整形后，混合料的含水率满足要求时，应立即对结构层进行全宽碾压。在直线段和不设超高的平曲线段，宜从两侧路肩向路中心碾压。 3. 严禁压路机在已完成或正在碾压的路段上掉头或紧急制动。 4. 同日施工的两工作段的衔接处，前一段拌合整形后，留 5~8m 不碾压；后一段施工时，前段留下未压部分再加部分水泥重新拌合，并与后一段一起碾压。 5. 水泥稳定土层施工应避免纵向接缝。分两幅施工时，纵缝应垂直相接

🌐 精选真题

1. [2022 年真题]关于水泥稳定碎石混合料人工摊铺与碾压的说法，正确的是（　　）。

A. 在初平的路段上，禁止碾压

B. 整形前，对局部低洼处，可直接用新拌的混合料找平再碾压一遍

C. 终平时应将局部高出部分刮除并扫出路外，对局部低洼处，找补平整后再碾压一遍

D. 碾压应达到要求的压实度，并没有明显的轮迹

2. [2016 年真题]无机结合料稳定土基层摊铺完成后，紧跟摊铺机及时碾压的设备宜选用（　　）。

A. 重型振动压路机　　B. 三轮压路机　　C. 轻型两轮压路机　　D. 轮胎压路机

答案：1. D。选项 A 错误，在初平的路段上，应用拖拉机、平地机或轮胎压路机快速碾压一遍。选项 B 错误，整形前，对局部低洼处应用齿耙将其表层 50mm 以上的材料耙松，并用新拌的混合料找平，再碾压一遍。选项 C 错误，在碾压结束前，应用平地机终平一次，纵坡路拱和超高应符合设计要求。终平时，应将局部高出部分刮除并扫出路外；对局部低洼处，不再找补。

2. C。碾压宜先用轻型两轮压路机跟在摊铺机后及时进行，后用重型振动压路机、三轮压路机或轮胎压路机继续碾压密实。

5. 横向接缝处理

人工摊铺与碾压时，在已碾压完成的无机结合料稳定材料层末端，挖一条横贯铺筑层全宽约 300mm 的槽，直至下承层顶面，形成与路的中心线垂直并向下的断面，并放两根与压实厚度等厚、长为全宽一半的方木紧贴垂直面。

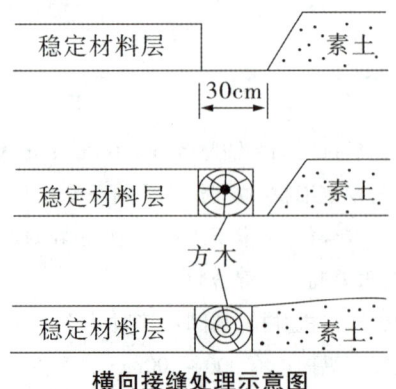

横向接缝处理示意图

6. 养护、交通管制、层间处理

项目	类别	内容
养护	养护要求	1. 无机结合料稳定材料层,养护期宜≥7 天,养护期宜延长至上层结构开始施工的前 2 天。 2. 养护期间应封闭交通,除洒水车和小型通勤车辆外,严禁其他车辆通行
	养护方式	包括洒水养护、薄膜覆盖养护、土工布覆盖养护、铺设湿砂养护、草帘覆盖养护、洒铺乳化沥青养护等
交通管制	高速公路和一级公路	宜在正式施工前建好便道,无施工便道不应施工
	无机结合料稳定材料	1. 养护期间,小型车辆和洒水车的行驶速度应<40km/h。 2. 养护 7 天后,施工需要通行重型货车时,应有专人指挥,按规定的车道行驶,且车速应≤30km/h
	级配碎石、级配砾石基层	未做透层沥青或铺设封层前,严禁开放交通
层间处理	无机结合料稳定材料层	1. 下承层清理后应封闭交通。在上层施工前 1～2h,撒布水泥或洒铺水泥净浆。 2. 稳定细粒料结构层施工时,最后一道碾压工艺可采用凸块式压路机碾压
	无机结合料稳定材料基层与沥青面层	1. 在沥青面层施工前 1～2 天内,应清理基层顶面。 2. 透层油施工后严禁一切车辆通行,直至上层施工。 3. 下封层或黏层应在透层油挥发、破乳完成后施工,并封闭交通

7. 基层收缩裂缝的处理

基层在养生过程中出现裂缝,经过弯沉检测,结构层的承载能力满足设计要求时,可继续铺筑上面的沥青面层,也可采取下列措施处理裂缝:

(1)在裂缝位置灌缝。

(2)在裂缝位置铺设玻璃纤维格栅。

(3)洒铺热改性沥青。

[考点 2] 填隙碎石施工技术要求

(一)一般要求

(1)填隙碎石可采用干法或湿法施工。干旱缺水地区宜采用干法施工。

(2)单层填隙碎石的压实厚度宜为公称最大粒径的 1.5～2.0 倍。

(二)材料技术要求

1. 集料用作基层(底基层)时的要求

层位	集料公称最大粒径(mm)	集料压碎值(%)
基层	≤53	≤26
底基层	≤63	≤30

2. 集料和填隙料的原料要求

材料类型	原料要求	说明
集料	一定强度的各种岩石或漂石（宜采用石灰岩）	采用漂石时，其粒径应大于集料公称最大粒径的3倍
	稳定的矿渣	干密度和质量应均匀，且干密度应不小于960kg/m³
填隙料	石屑	缺乏石屑地区，可添加细砾砂或粗砂等细集料

(三) 施工要求

1. 填隙碎石施工

(1) 填隙料应干燥。

(2) 宜采用振动压路机碾压。达到表面集料间空隙填满，但看得见集料。上层为薄沥青面层时，集料棱角外露3～5mm。

(3) 基层未洒透层沥青或未铺封层时，不得开放交通。

2. 备料、卸料

(1) 根据各路段基层或底基层的宽度、厚度及松铺系数，计算各段需要的集料数量，根据运料车辆的车厢体积，计算每车料的堆放距离。填隙料的用量宜为集料质量的30%～40%。

(2) 应由远到近将集料按计算的距离卸置于下承层上，应严格控制卸料距离。

3. 摊铺

用平地机或其他合适的机具将集料均匀地摊铺在预定的范围内，表面应平整，并有规定的路拱。应同时摊铺路肩用料。

4. 填隙碎石的施工方法

施工方法	干法	湿法
施工要求	1. 初压：两轮压路机碾压3～4遍，使集料稳定就位。 2. 初压结束后，采用石屑撒布机均匀地撒布填隙料。 3. 采用振动压路机慢速碾压，将全部填隙料振入集料间的空隙中。 4. 再次撒布填隙料；再次振动碾压。 5. 填隙碎石表面空隙全部填满后，宜再用重型压路机碾压1～2遍。 6. 分层铺筑时，应将已压成的填隙碎石层表面集料外露5～10mm，然后在其上摊铺第二层集料	1. 集料层表面空隙全部填满后，宜立即洒水直到饱和。 2. 宜用重型压路机跟在洒水车后碾压。 3. 碾压至填隙料和水形成粉浆，粉浆填塞全部空隙，并在压路机轮前形成微波纹状。 4. 分层铺筑时，宜待结构层变干后，清扫已压成的填隙碎石层表面的填隙料，使表面集料外露5～10mm，然后在其上摊铺第二层集料

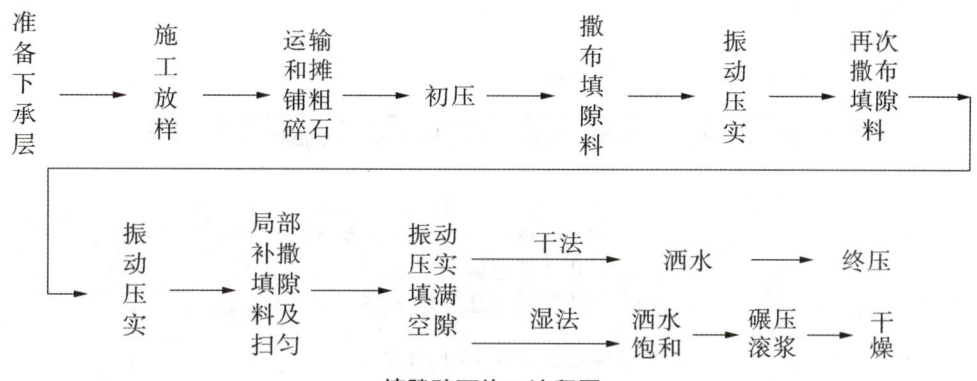

填隙碎石施工流程图

🌐 **精选真题**

1.[2019年真题]关于填隙碎石基层施工技术要求的说法,错误的是( )。

A.填隙碎石层上为薄沥青面层时,碾压后宜使集料的棱角外露3~5mm

B.填隙料应干燥

C.宜采用胶轮压路机静压,碾压后,表面集料间应留有空隙

D.填隙碎石基层未洒透层沥青或未铺封层时,不得开放交通

2.[2017年真题]关于填隙碎石施工的说法,错误的是( )。

A.单层填隙碎石的压实厚度宜为公称最大粒径的1.5~2.0倍

B.填隙料应干燥

C.填隙碎石施工,应采用胶轮压路机

D.填隙碎石碾压后,表面集料间的空隙应填满,但表面应看得见集料

3.[2021年真题]关于填隙碎石施工的说法,正确的有( )。

A.填隙碎石施工应采用胶轮压路机

B.填隙碎石基层未洒透层沥青或未铺封层时,不得开放交通

C.填隙碎石层上为薄沥青面层时,碾压后,填隙碎石表面的集料间空隙应填满集料不得外露

D.填料的用量宜为集料质量的30%~40%

E.应由近到远将集料按计算的距离卸置于下承层上,并严格控制卸料距离

4.[2020年真题·案例节选]

背景资料

某等外级公路,起讫桩号 K0+000~K7+300,沿途经过工业废矿区域,该地多雨潮湿,雨量充沛,随着当地旅游资源的开发,该路段已成为重要的旅游公路,经专家论证,确定该等外级公路升级改造成三级公路,路面结构形式如下图所示。

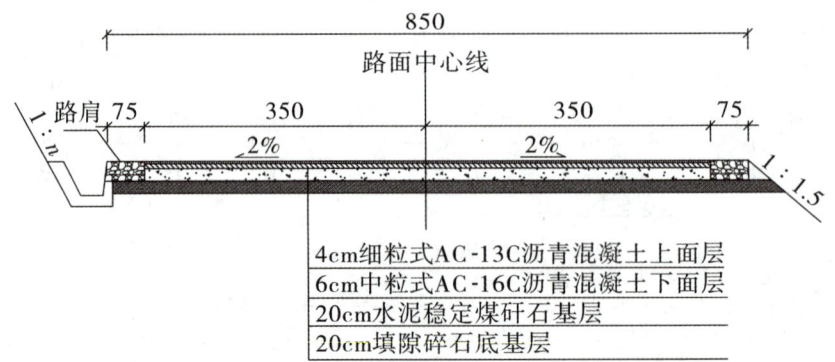

路面结构形式示意图(尺寸单位:cm)

施工中发生如下事件:

事件一:施工单位结合当地的自然条件,采用最适合的 A 法施工填隙碎石底基层,部分做法如下。

①集料层表面空隙全部填满后,立即用洒水车洒水,直到饱和。

②用轻型压路机跟在洒水车后碾压。

③碾压完成的路段应立即将表面多余的细料以及细料覆盖层扫除干净。

事件二:施工单位对水泥稳定煤矸石混合料进行了不同龄期条件下的强度和模量试验以及温度收缩和干湿收缩试验等,评价其性能。

问题:

(1)写出事件一中方法 A 的名称,填隙碎石底基层施工还有哪一种方法?

(2)逐条判断事件一中填隙碎石底基层施工的做法是否正确,若不正确写出正确做法。

(3)事件二中,施工单位在煤矸石使用前,还应做什么处理?

答案:1.C。2.C。3.BD。

4.(1)①A:填隙碎石湿法施工。

②填隙碎石底基层施工还有干法施工。

(2)①正确。

②不正确。正确做法:宜用重型压路机跟在洒水车后碾压。

③不正确。正确做法:碾压完成的路段应让水分蒸发一段时间,结构层变干后,应将表面多余的细料以及细料覆盖层扫除干净。

(3)崩解稳定。

专题2 沥青路面施工技术

复习提示▷ 本专题中,沥青路面透层、黏层、封层施工是历年考试中选择题和案例题的常考点,重点掌握透层、黏层和封层的作用和适用条件。沥青路面的类型是选择题和案例题考查的重点,考查难度不大,得分比较容易,需重点掌握。沥青路面面层施工技术是案例题考查的重点,需重点掌握沥青路面施工的工艺流程及施工技术要点。

[考点 1] 沥青路面透层、黏层、封层施工

名称	作用	要求
透层	为使沥青面层与非沥青材料基层结合良好,在基层上浇洒乳化沥青、煤沥青或液体沥青而形成的透入基层表面的薄层	1. 透层油洒布后应不致流淌,应渗入基层一定深度,不得在表面形成油膜。 2. 喷油量一次均匀洒布,当有漏洒时,应人工补洒。 3. 透层油布洒后应充分渗透,一般不少于24h后才能摊铺上层
黏层	使上下层沥青结构层或沥青结构层与结构物(或水泥混凝土路面)完全黏结成一个整体	1. 当气温低于10℃或路面潮湿时禁止喷洒。 2. 喷洒黏层油后,严禁车辆行人通过
封层	1. 封闭某一层起保水防水的作用。 2. 起基层与沥青表面层之间的过渡和有效联结作用。 3. 路的某一层表面破坏离析松散处的加固补强。 4. 基层在沥青面层修筑前,要临时开放交通,防止基层因天气或车辆作用出现水毁	1. 稀浆封层施工时应在干燥情况下进行。 2. 稀浆封层施工应使用稀浆封层铺筑机,其工作速度宜匀速铺筑。 3. 稀浆封层铺筑后,必须待乳液破乳、水分蒸发、干燥成型后方可开放交通。 4. 稀浆封层施工气温不得低于10℃

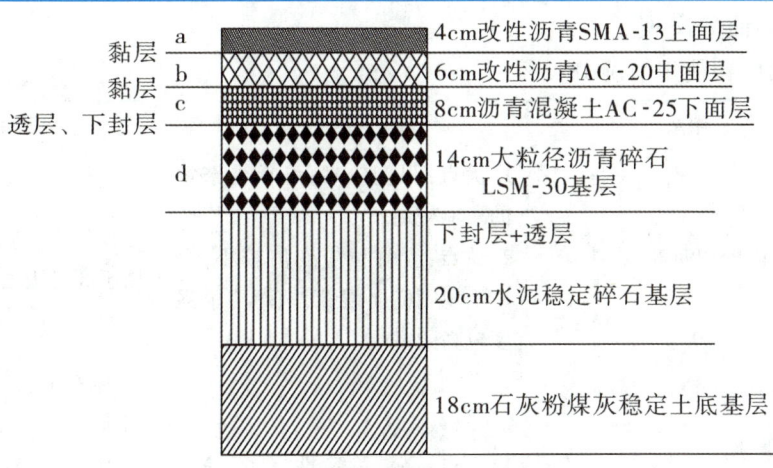

沥青路面透层、黏层、封层示意图

🌐 **精选真题**

1.[2015年真题]沥青路面透层施工中,透层油洒布后待充分渗透,一般不少于( )h后才能摊铺上层。

  A. 12   B. 24   C. 36   D. 48

2.[2020年真题·案例节选]

背景资料

事件四:因该旅游公路不能中断交通,施工单位水泥稳定煤矸石基层施工完成后,不能及时铺筑沥青混凝土面层,在基层上喷洒透层油后,采用层铺法表面处治铺筑了相应的功能层B。

问题: 写出事件四中功能层B的名称,该功能层还可采用哪种方法施工?

答案: 1. B。

2. B:下封层;还可用稀浆封层法施工。

[考点2] 沥青路面面层施工

(一)沥青路面层位

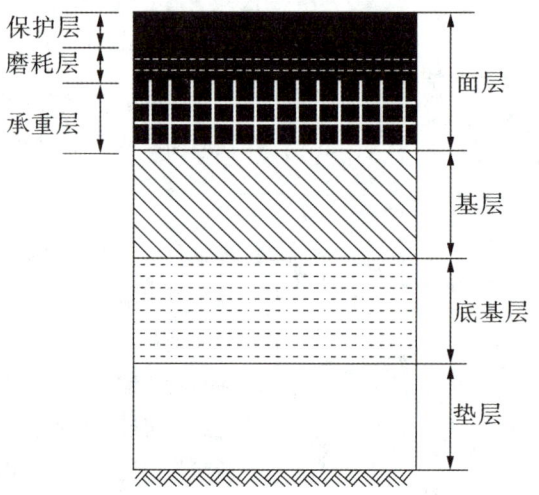

沥青路面层位示意图

(二)沥青路面的类型

1. 按技术品质和使用情况分类

分类	组成	特点	适用条件
沥青混凝土	集料、矿粉和沥青(热拌)	1. 优点:强度较高,可承受繁重的车辆交通。 2. 缺点:允许拉应变值较小,会产生规则横向裂缝,因而要求强度较高的基层	各级公路及城市道路面层,多用于高等级道路
沥青碎石	石料级配和沥青规格要求较宽,不用矿粉(热拌)	1. 优点:高温稳定性好,不易产生波浪,路面粗糙,利于行车。 2. 缺点:孔隙率较大,易渗水和老化	1. 热拌沥青碎石适宜用于三、四级公路。 2. 中粒式、粗粒式沥青碎石宜用作沥青混凝土面层下层、联结或整平层。 3. 沥青玛碲脂碎石混合料常用于高速、一级及其他重要公路的表面层

（续表）

分类	组成	特点	适用条件
沥青贯入式	沥青浇洒在铺好的主层集料上,再分层撒布嵌缝石屑和浇洒沥青,分层压实,形成一个较为致密的沥青结构层(常温)	1.优点:温度稳定性好,热天不易出现推移、冷天不易出现裂缝。 2.缺点:多空隙结构,最上层应撒布封层料或加铺拌合层	适用于二级以下公路,也可作为沥青混凝土面层的联结层
沥青表面处治	层铺法或拌合法铺筑而成的厚度不超过3cm的沥青面层(常温)	1.优点:路面薄、造价低、施工简便、行车好。 2.缺点:使用寿命不及贯入式,设计时不考虑承重	适用于三、四级公路,也可用作抗滑层、磨耗层

2. 按组成结构分类

分类	特点	代表	结构图
密实—悬浮结构	粗颗粒之间不能直接接触	AC-Ⅰ型沥青混凝土	
骨架—空隙结构	骨架空隙无法填充	沥青碎石混合料(AM)、排水沥青混合料(OGFC)	
密实—骨架结构	嵌挤形成骨架;较细的颗粒填充骨架空隙	沥青玛琋脂碎石混合料(SMA)	

3. 按矿料级配分类

分类	组成	代表
密级配沥青混凝土混合料	各种粒径的颗粒级配连接、相互嵌挤密实的矿料,与沥青拌合而成	沥青混凝土、沥青稳定碎石
半开级配沥青混合料	由适当比例的粗集料、细集料及少量填料(或不加填料)与沥青拌合而成	改性沥青稳定碎石(AM)
开级配沥青混合料	矿料级配主要由粗集料组成,细集料和填料较少,采用高黏度沥青结合料黏结形成	排水式沥青磨耗层混合料(OGFC)、排水式沥青稳定碎石基层(ATPB)
间断级配沥青混合料	矿料级配组成中缺少1个或几个档次而形成	沥青玛琋脂碎石混合料(SMA)

4. 按矿料粒径分类

分类	矿料最大粒径
砂粒式沥青混合料	≤4.75mm（圆孔筛5mm）
细粒式沥青混合料	9.5mm 或 13.2mm（圆孔筛10mm 或 15mm）
中粒式沥青混合料	16mm 或 19mm（圆孔筛20mm 或 25mm）
粗粒式沥青混合料	26.5mm 或 31.5mm（圆孔筛30～40mm）
特粗式沥青混合料	≥37.5mm（圆孔筛45mm）

5. 按施工温度分类

分类	内容
热拌热铺沥青混合料	沥青与矿料经加热后拌合，并在一定的温度下完成摊铺和碾压过程的混合料
常温（冷拌）沥青混合料	采用乳化沥青或稀释沥青在常温下（或者加热温度很低）与矿料拌合，并在常温下完成摊铺和碾压过程的混合料

6. 按施工工艺分类

分类	概念	特点
路拌法	在路上用机械将矿料和沥青材料就地拌合摊铺碾压密实形成沥青面层的方法	1. 优点：就地拌合，沥青材料分布比层铺法均匀，路面成型期较短。 2. 缺点：混合料强度低
厂拌法	将规定级配的矿料和沥青材料用专用设备加热拌合，然后送到工地摊铺碾压形成沥青路面的方法	1. 矿料中细颗粒含量少，不含或含少量矿粉。 2. 矿料中含有矿粉，且按最佳密实级配配制

[提示] 按混合料铺筑时温度的不同，沥青路面还可分为热拌热铺方法和热拌冷铺方法两种。

（三）沥青路面面层原材料要求

1. 道路石油沥青

沥青等级	使用范围	沥青选用要求
A级沥青	各个等级的公路，适用于任何场合和层次	1. 高速公路、一级公路，高温、重载、汽车荷载剪应力大的宜选用稠度大、黏度大的沥青。 2. 交通量小、旅游公路、寒冷地区宜选用稠度小、低温延度大的沥青。 3. 温差大宜选用针入度指数大的沥青。 4. 高温与低温矛盾应优先考虑高温性能
B级沥青	1. 高速公路、一级公路沥青下面层及以下层次，二级及以下公路的各个层次。 2. 用作改性沥青、乳化沥青、改性乳化沥青、稀释沥青的基质沥青	
C级沥青	三级及以下公路的各个层次	

[提示] A级沥青和B级沥青的差别在于B级沥青不能用于高速公路、一级公路沥青上面层。

2. 乳化石油沥青

乳化石油沥青适用于沥青表面处治路面、沥青贯入式路面、冷拌沥青混合料路面,修补裂缝,喷洒透层、黏层与封层等。乳化沥青的品种和适用范围宜符合下表的规定。

分类	品种及代号	适用范围
阳离子乳化沥青	PC-1	表面处治、贯入式路面及下封层用
	PC-2	透层油及基层养护用
	PC-3	黏层油用
	BC-1	稀浆封层或冷拌沥青混合料用
阴离子乳化沥青	PA-1	表面处治、贯入式路面及下封层用
	PA-2	透层油及基层养护用
	PA-3	黏层油用
	BA-1	稀浆封层或冷拌沥青混合料用
非离子乳化沥青	PN-2	透层油用
	BN-1	与水泥稳定集料同时使用(基层路拌或再生)

3. 液体石油沥青

(1)液体石油沥青适用于透层、黏层及拌制冷拌沥青混合料。

(2)液体石油沥青宜采用针入度较大的石油沥青,使用前按先加热沥青后加稀释剂的顺序,掺配煤油或轻柴油,经适当的搅拌、稀释制成。掺配比例根据使用要求由试验确定。

(3)基质沥青的加热温度严禁超过140℃,液体沥青的贮存温度不得高于50℃。

4. 改性沥青

(1)改性沥青的剂量以改性剂占改性沥青总量的百分数计算,胶乳改性沥青的剂量应以扣除水以后的固体物含量计算。

(2)改性沥青宜在固定式工厂或在现场设厂集中制作,也可在拌合厂现场边制造边使用,改性沥青的加工温度不宜超过180℃。

5. 改性乳化沥青

改性乳化沥青宜按下表选用。

品种		代号	适用范围
改性乳化沥青	喷洒型改性乳化沥青	PCR	黏层、封层、桥面防水黏结层用
	拌合用乳化沥青	BCR	改性稀浆封层和微表处用

6. 集料、填料及外加剂

名称	类型	要求
粗集料	碎石、破碎砾石、筛选砾石、钢渣、矿渣等	高速公路和一级公路不得使用筛选砾石和矿渣

(续表)

名称	类型	要求
细集料	天然砂、机制砂、石屑	1. 天然砂可采用河砂或海砂，通常宜采用粗、中砂。 2. SMA 和 OGFC 混合料不宜使用天然砂
填料	矿粉、粉煤灰	1. 掺有拌合机粉尘的矿粉，每盘用量不得超过填料总量的 25%，掺有粉尘填料的塑性指数不得大于 4%。 2. 高速公路、一级公路的沥青面层不宜采用粉煤灰做填料
纤维稳定剂	木质素纤维、矿物纤维等	1. 矿物纤维宜采用玄武岩等矿石制造。 2. 通常情况下，用于 SMA 路面的木质素纤维不宜低于 0.3%，矿物纤维不宜低于 0.4%，必要时可适当增加纤维用量。纤维掺加量的允许误差宜不超过 ±5%

（四）热拌沥青混合料路面施工

1. 施工准备

试验段开工要求如下图所示。

```
试验段开工前28天 ────── 各层开工前14天 ────── 各层开工 →

安装好试验仪器和设备；     确定松铺系数、施工工艺、机械
配备好试验人员；           配备、人员组织、压实遍数，并
报请监理工程师审核         检查压实度、沥青含量、矿料级
                          配、沥青混合料马歇尔试验各项
                          技术指标等
```

2. 热拌沥青混合料的搅拌和施工温度

热拌沥青混合料的搅拌和施工温度如下表所示（单位：℃）。

施工工序		石油沥青标号			
		50 号	70 号	90 号	110 号
沥青加热温度		160~170	155~165	150~160	145~155
矿料加热温度	间隙式拌合机	集料加热温度比沥青温度高 10~30			
	连续式拌合机	矿料加热温度比沥青温度高 5~10			
沥青混合料出料温度		150~170	145~165	140~160	135~155
混合料贮料仓贮存温度		贮存过程中温度降低不超过 10			
混合料废弃温度		>200	>195	>190	>185
运输到现场温度		≥150	≥145	≥140	≥135
混合料摊铺温度	正常施工	≥140	≥135	≥130	≥125
	低温施工	≥160	≥150	≥140	≥135

(续表)

施工工序		石油沥青标号			
		50 号	70 号	90 号	110 号
开始碾压的混合料内部温度	正常施工	≥135	≥130	≥125	≥120
	低温施工	≥150	≥145	≥135	≥130
碾压终了表面温度	钢轮压路机	≥80	≥70	≥65	≥60
	轮胎压路机	≥85	≥80	≥75	≥70
	振动压路机	≥75	≥70	≥60	≥55
开放交通的路表温度		≤50	≤50	≤50	≤45

3. 热拌沥青混合料的施工工艺要求

施工工序	类别	要求
拌合	拌合厂	1. 必须符合国家有关环境保护、消防、安全等规定。 2. 应充分考虑交通堵塞的可能。 3. 应具有完备的排水设施
	拌合控制	1. 道路石油沥青混合料每盘的拌合周期一般不少于45s,干拌时间一般不少于5s。 2. 改性沥青混合料拌合时间适当延长,改性沥青SMA混合料拌合周期一般为60~70s。 3. 出厂时,若混合料有花白、冒青烟和离析等现象,应查明原因,及时调整
运输	运输车	1. 热拌沥青混合料宜采用大吨位的车辆运输,一般应不小于15t。 2. 运输车辆在每天使用前后,要检验其完好性,装料前应将车厢清洗干净。 3. 在车厢底板上涂刷隔离剂或一薄层油水混合液,但不得有余液积聚在车厢底部
	卸料	运料车在摊铺机前10~30cm处停住,不得撞击摊铺机
摊铺	摊铺机	1. 两台摊铺机摊铺时,摊铺机必须为同一机型,新旧程度和性能相近。 2. 摊铺机开工前应提前0.5~1h预热熨平板,使其温度不低于100℃。
	施工	1. 两台摊铺机前后距离不应超过10m。 2. 中、上面层应采用非接触式平衡梁控制摊铺高度和厚度。 3. 根据拌合机的产量、施工机械配套情况及摊铺厚度、摊铺宽度予以调整,做到缓慢、均匀,连续摊铺
碾压	流程	沥青混合料压实应按初压、复压、终压(包括成型)3个阶段进行
	施工	1. 压路机启动、停止必须减速缓行,不得刹车制动。 2. 当天碾压完成的面层上,不得停放施工设备,并防止矿料、油料和杂物散落在面层上。 3. 宜用沾有隔离剂的拖布擦涂轮胎,防止沥青混合料粘轮。 4. 钢轮压路机应用洁净的饮用水作为隔离剂,喷水量不宜过大,使钢轮表面湿润不粘轮为度。 5. 压路机折回位置应呈阶梯状,不应在同一横断面

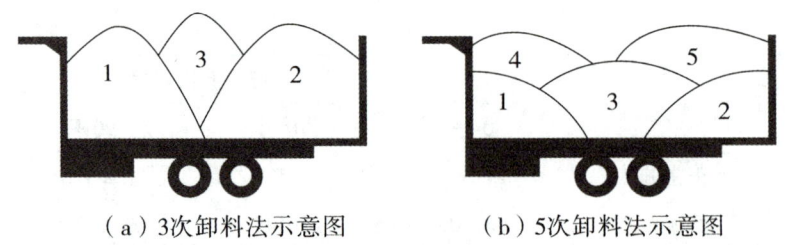

（a）3次卸料法示意图　　　（b）5次卸料法示意图

沥青混合料装车示意图

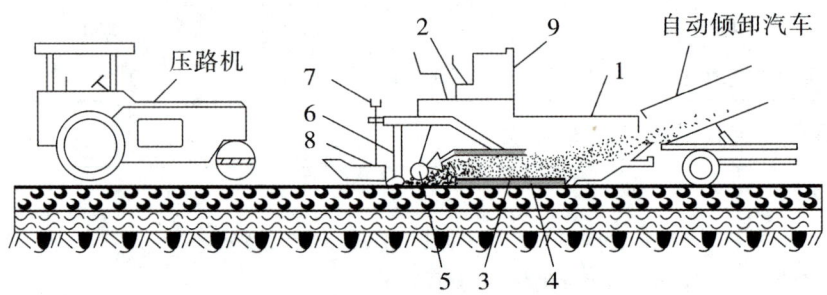

沥青混合料摊铺与碾压操作示意图

1—料斗；2—驾驶台；3—送料器；4—履带；

5—螺旋摊铺器；6—振捣器；7—厚度调节螺杆；8—摊平板；9—摊铺机

- 初始的压实
- 集料移动
- 附加的压实
- 沥青移动
- 表面平整

碾压施工流程示意图

4. 接缝处理

接缝方式	分类	施工要求
纵向接缝	热接缝	1. 已铺混合料部分留 10~20cm 宽暂不碾压。 2. 后摊铺部分完成后跨缝碾压
	冷接缝	1. 宜采用加设挡板或加设切刀切齐，也可在沥青混合料尚未冷却前用镐刨除边缘留下毛槎的方式。 2. 加铺另半幅前应在接缝处涂刷少量沥青，摊铺时重叠在已铺层上 5~10cm，再铲走铺在前半幅上的混合料
横向接缝	斜接缝	搭接长度与层厚有关，宜为 0.4~0.8m
	阶梯型接缝	搭接长度不宜小于 3m
	平接缝	宜趁尚未冷透时用凿岩机或人工垂直刨除端部层厚不足的部分，使其成直角

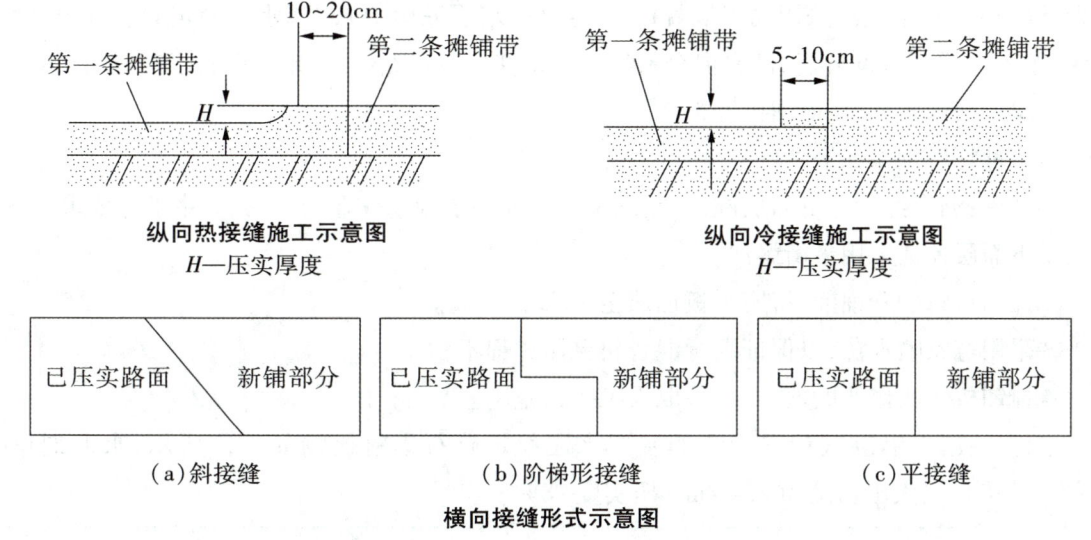

纵向热接缝施工示意图　　　　纵向冷接缝施工示意图
H—压实厚度　　　　　　　　　H—压实厚度

(a)斜接缝　　　　(b)阶梯形接缝　　　　(c)平接缝

横向接缝形式示意图

(五)施工质量检查与验收

(1)按现行规范要求的频率认真做好各种原材料、施工温度、矿料级配、马歇尔试验、压实度等试验。

(2)在施工过程中随时检查铺筑厚度、平整度、宽度、横坡度、高程。

🌐 精选真题

1．[2021年真题]下列乳化沥青品种中,属于阳离子乳化沥青的是(　　)。

　A．PA-1　　　　B．BA-1　　　　C．PC-1　　　　D．BN-1

2．[2020年真题]沥青混合料配合比设计中,若SBS改性剂的添加量为5%,表明SBS改性剂质量占(　　)总质量的5%。

　A．混合料　　　B．矿料　　　C．改性沥青　　　D．基质沥青

3．[2019年真题]液体石油沥青可适用于(　　)。

　A．热拌沥青混合料　　　　　　B．透层

　C．SMA混合料　　　　　　　　D．黏层

　E．冷拌沥青混合料

4．[2017年真题]关于沥青混合料压实的说法,正确的有(　　)。

　A．压路机采用2~3台双轮双振压路机及2~3台重量不小于16t胶轮压路机组成

　B．采用雾状喷水法,以保证沥青混合料碾压过程中不粘轮

　C．在当天成型的路面上,不得停放各种机械设备或车辆

　D．初压应采用钢轮压路机紧跟摊铺机振动碾压

　E．压路机不得在未碾压成型路段上转向、调头、加水或停留

5．[2018年真题·案例节选]

背景资料

某施工单位承建了一段二级公路沥青混凝土路面工程,路基宽度12m。上面层采用沥青

混凝土(AC-13),下面层采用沥青混凝土(AC-20);基层采用18cm厚水泥稳定碎石,基层宽度9.5m;底基层采用级配碎石,沥青混合料指定由某拌合站定点供应,现场配备了摊铺机、运输车辆。基层采用两侧装模,摊铺机铺筑。

施工过程中发生如下事件:

事件一:沥青混凝土下面层施工前,施工单位编制了现场作业指导书,其中部分要求如下:

①下面层摊铺采用平衡梁法;

②摊铺机每次开铺前,将熨平板加热至80℃;

③采用雾状喷水法,以保证沥青混合料碾压过程不粘轮;

④摊铺机无法作业的地方,可采取人工摊铺施工。

事件二:施工单位试验室确定的基层水泥稳定碎石集料比例如下表所示,水泥剂量为4.5%(外掺),最大干密度为2.4t/m³,压实度98%。

集料名称	1#料	2#料	3#料	4#料
比例	25	35	25	15

问题:

(1)本项目应采用什么等级的沥青?按组成结构分类,本项目沥青混凝土路面属于哪种类型?

(2)逐条判断事件一中现场作业指导书的要求是否正确?并改正错误。

(3)列式计算事件二中1km基层需1#料和水泥的用量。(不考虑材料损耗、以t为单位,计算结果保留小数点后2位)

答案:1. C。2. C。3. BDE。

4. ABE。选项C错误,压路机不准停留在温度未冷却至自然气温以下已完成的路面上,振动压路机在已成型的路面上行驶,这说明在已经成型的道路上是可以停放车辆和设备的。选项D错误,初压:采用钢轮压路机静压1~2遍,正常施工情况下,温度应不低于120℃并紧跟摊铺机进行,前提条件是温度不低于120℃。

5.(1)①本项目应采用A级或B级沥青;

②按组成结构分类,本项目沥青混凝土路面属于密实—悬浮结构。

(2)①错误。正确做法:下面层采用走线法施工。

②错误。正确做法:开铺前将摊铺机的熨平板加热至不低于100℃。

③正确。

④错误。正确做法:摊铺机无法作业的地方,应在监理工程师同意后,采取人工摊铺施工。

(3)外掺法:水泥/集料 = X/Y = 0.045/1。

1#料的用量 = $1000 \times 9.5 \times 0.18 \times 2.4 \times 98\% \times 25/(100+4.5)$ = 962.18t。

水泥的用量 = $1000 \times 9.5 \times 0.18 \times 2.4 \times 98\% \times 4.5/(100+4.5)$ = 173.19t。

专题3　水泥混凝土路面施工技术

复习提示▷ 本专题中,水泥混凝土路面用料要求是历年选择题的考点。在水泥混凝土路面用料要求中,主要掌握水泥、掺合料、粗细集料、外加剂的要求。现浇水泥混凝土路面纵缝和横缝的设置是重要考点,常以选择题的形式进行考查,目前考试中增加了实操题,所以纵缝和横缝设置的识图也需要掌握。

[考点1]　水泥混凝土路面的概述

组成类型	适用范围	特点
普通混凝土(素混凝土)、钢筋混凝土、连续配筋混凝土、预应力混凝土、装配式混凝土、钢纤维混凝土和混凝土小块铺砌等面层板和基(垫)层所组成的路面	高速公路、一级公路、二级公路、三级公路、四级公路	1.优点:使用寿命长,强度高,稳定性好,耐久性好,养护费用少,经济效益高,有利于夜间行车,有利于带动当地建材业的发展 2.缺点:对水泥和水的需要量大,有接缝,开放交通较迟,修复困难

[考点2]　水泥混凝土路面用料要求

1.水泥混凝土路面基本用料要求

材料	选用要求	施工工艺要求
水泥	1.极重、特重、重交通荷载等级公路应采用旋窑生产的道路硅酸盐水泥、硅酸盐水泥、普通硅酸盐水泥。 2.中、轻交通荷载等级公路可采用矿渣硅酸盐水泥	1.高温期施工宜采用普通型水泥,低温期宜采用早强型水泥。 2.用机械化铺筑时,宜选用散装水泥。 3.夏季出厂温度:南方≤65℃;北方≤55℃。 4.搅拌时的水泥温度:南方≤60℃;北方≤50℃,且≥10℃
粗集料与再生粗集料	1.极重、特重、重交通荷载等级公路用的粗集料质量不应低于Ⅱ级的要求。 2.中、轻交通荷载等级公路可使用Ⅲ级粗集料	用作路面和桥面混凝土的粗集料不得使用不分级的集料,应按最大公称粒径的不同采用2~4个粒级的集料进行掺配,并应符合合成级配的要求
细集料	1.极重、特重、重交通荷载等级公路用的细集料质量不应低于Ⅱ级的要求。 2.中、轻交通荷载等级公路可使用Ⅲ级细集料	1.路面和桥面用天然砂宜为中砂,且细度模数在2.0~3.7之间。 2.同一配合比用砂的细度模数变化范围不应超过0.3,否则应分别堆放
水	饮用水可直接作为混凝土搅拌和养护用水	非饮用水应进行对比试验,对比试验的水泥初凝与终凝时间允许偏差不应大于30min,水泥胶砂3天和28天强度不应低于蒸馏水配制的水泥胶砂3天和28天强度的90%

2. 水泥混凝土路面其他用料要求

材料	选用要求	施工工艺要求
掺合料	1. 可单独或复配掺用符合规定的粉状低钙粉煤灰、矿渣粉或硅灰等掺合料,不得掺用结块或潮湿的粉煤灰、矿渣粉和硅灰。 2. 粉煤灰质量不应低于Ⅱ级粉煤灰的要求。 3. 不得掺用高钙粉煤灰或Ⅲ级及以下低钙粉煤灰	1. 使用矿渣硅酸盐水泥时不得再掺加矿渣粉。 2. 高温期施工时,不宜掺用硅灰。 3. 各种掺合料在使用前,应进行混凝土配合比试配与掺量优化试验
外加剂	1. 有抗冰(盐)冻要求地区,各交通等级路面、桥面、路缘石、路肩及贫混凝土基层必须使用引气剂。 2. 无抗冰(盐)冻要求地区,二级及以上公路应使用引气剂。 3. 各交通等级路面、桥面宜选用减水率大、坍落度损失小、可调控凝结时间的复合型减水剂。 4. 处在海水、海风、硫酸根离子环境或冬期撒盐除冰的路面或桥面的钢筋混凝土、钢纤维混凝土宜掺阻锈剂	1. 高温施工宜使用引气缓凝(保塑)(高效)减水剂,低温施工宜使用引气早强(高效)减水剂。 2. 选定减水剂品种前,必须与所用的水泥进行适应性检验
钢筋	各交通等级混凝土路面、桥面和搭板所用钢筋应顺直,不得有裂纹、断伤、刻痕、表面油污和锈蚀	传力杆钢筋加工应锯断,不得挤压切断;断口应垂直、光圆,用砂轮打磨掉毛刺,并加工成圆锥形或半径为2~3mm圆倒角
纤维	1. 宜使用有锚固端和防锈蚀处理的钢纤维。 2. 不得使用表面磨损前后裸露尖端导致行车不安全的钢纤维。 3. 不宜使用搅拌易成团的钢纤维	1. 单丝钢纤维抗拉强度≥450MPa。 2. 钢纤维长度应与混凝土粗集料最大公称粒径相匹配
接缝材料	1. 应选用能适应混凝土面板膨胀和收缩、施工时不变形、弹性复原率高、耐久性好的胀缝板。 2. 高速公路、一级公路宜采用塑胶、橡胶泡沫板或沥青纤维板,其他公路可采用各种胀缝板	填缝时,应使用背衬垫条控制填缝形状系数

🌐 精选真题

1. [2021年真题] 关于水泥混凝土路面的水泥选用原则,正确的是(　　)。

A. 重交通荷载等级的公路面层应采用旋窑生产的道路硅酸盐水泥、硅酸盐水泥、普通硅酸盐水泥

B. 高温期施工应采用早强型水泥

C. 低温期施工应采用普通型水泥

D. 采用机械化铺筑时,应选用袋装水泥

2. [2016年真题] 公路面层水泥混凝土可采用矿渣硅酸盐水泥的交通等级是(　　)。

A. 极重交通荷载等级　　　　　　　　B. 特重交通荷载等级

C. 重交通荷载等级　　　　　　　　　D. 中交通荷载等级

答案:1.A。 2.D。

[考点 3] 水泥混凝土路面的施工

(一)施工方法的选择

目前,通常采用的水泥混凝土面层铺筑技术方法有现浇水泥混凝土路面施工和装配式水泥混凝土路面施工两类。

1.现浇水泥混凝土路面施工方法

不同等级的公路水泥混凝土路面施工的设备要求如下表所示。

施工方法	高速公路	一级公路	二级公路	三级公路	四级公路
滑模摊铺机施工	√	√	√	△	○
轨道摊铺机施工	△	√	√	△	○
三辊轴机组施工	○	△	√	√	△
小型机具施工	×	○	△	√	√
碾压混凝土施工	×	○	√	√	△

注:符号含义:√为应使用,△为有条件使用,×为不得使用。

2.装配式水泥混凝土路面的优缺点

优点	缺点
1.混凝土板可以全年生产,不受气候影响,混凝土质量容易保证。 2.施工进度快,铺筑完毕即可通车。 3.损坏后易于拆换修理	接缝多,整体性差,容易引起行车颠簸跳动,因而在公路上一般不宜采用

[提示] 装配式水泥混凝土路面较适用于城市道路、厂矿道路、大型基建场地、停车场和软弱路基上。

(二)现浇水泥混凝土路面施工

现浇水泥混凝土路面施工工艺流程:现场清理→测量放线、垫高抄水平→模板制作及安装雨水、污水管网,井箅子→混凝土搅拌、运输→铺筑混凝土→接缝施工→混凝土振捣、整平→混凝土抹面、压实→切缝、清缝、灌缝→养护。

1.模板及其架设与拆除

(1)施工模板应采用刚度足够的槽钢、轨模或钢制边侧模板,不应使用木模板、塑料模板等易变形模板。

(2)纵横曲线路段应采用短模板,每块模板中点应安装在曲线切点上。

(3)模板安装应稳固、平顺、无扭曲,应能承受摊铺、振实、整平设备的负载行进,冲击和振动时不发生位移。

(4)模板与混凝土拌合物接触表面应涂脱模剂。

(5)模板拆除应在混凝土抗压强度不小于8.0MPa时方可进行。

[提示] 支模前,在基层上应进行模板安装及摊铺位置的测量放样,核对路面标高、面板分块、胀缝和构造物位置。

2.混凝土拌合物搅拌

(1)搅拌楼的配备,应优先选配间歇式搅拌楼,也可使用连续搅拌楼。

(2)每台搅拌楼在投入使用前,必须进行标定和试拌。施工中应每15天校验一次搅拌楼计量精确度。

(3)拌合引气混凝土时,搅拌楼一次拌合量不应大于其额定搅拌量的90%。纯拌合时间应控制在含气量最大或较大时。

3.混凝土拌合物运输

(1)总运力应比总拌合能力略有富余。

(2)运输到现场的拌合物必须具有适宜摊铺的工作性。

(3)混凝土运输过程中应防止漏浆、漏料和污染路面,途中不得随意耽搁。

4.混凝土的现场铺筑

(1)小型机具铺筑。

①施工机具配置。小型机具施工是以人工为主,配以常用混凝土振捣及收面工具,主要以插入式振捣棒、平板振动器、提浆滚杠及抹面工具为主。其基本配备可参照下表。

项目	设备	配备要求
摊铺	布料机、挖掘机、吊车等布料设备	根据需要定规格和数量
	手持振捣棒、整平梁、模板	根据人工施工接头需要定
抗滑	拉毛养生机1台	与滑模摊铺机同宽
	人工拉毛齿耙、工作桥	根据需要定规格和数量
	硬刻槽机刻槽宽度≥500mm、功率≥7.5kW	数量与摊铺进度匹配
切缝	软锯缝机	根据需要定规格和数量
	常规锯缝机或支架锯缝机	根据需要定规格和数量
	移动发电机	12~60kW,数量由施工需要定

②混凝土浇筑。混凝土浇筑过程中,振捣棒在每一处的持续时间,应以拌合物全面振动液化、表面不再冒气浆为限,不宜过振,也不宜少于30s。振捣棒移动间距不宜大于500mm,至模板边缘的距离不宜大于200mm。应避免碰撞模板钢筋、传力杆和拉杆。

③整平饰面:

a.拖滚后的表面宜采用3m刮尺,纵、横各1遍整平饰面,或采用叶片式或圆盘式抹面机往返2~3遍压实整平饰面。

b. 在抹面机完成作业后,应进行清边整缝,清除粘浆,修补缺边、掉角。

c. 小型机具施工三、四级公路混凝土路面时,应优先在拌合物中掺外加剂。无掺外加剂条件时,应使用真空脱水工艺。该工艺适用于面板厚度不大于240mm的混凝土面板施工。

d. 使用真空脱水工艺时,混凝土拌合物的最大单位用水量可比不采用外加剂时增大3~12kg/m³;对于拌合物的适宜坍落度,高温天气为30~50mm,低温天气为20~30mm。

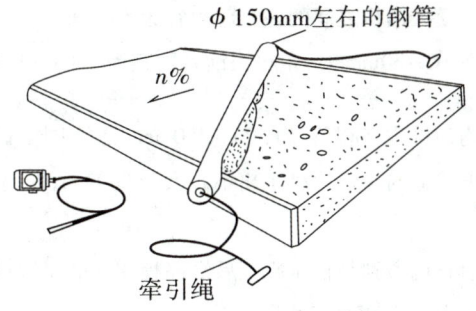

小型机具(插入式振捣棒+整平滚筒)示意图

(2)滑模摊铺机铺筑。

上坡纵坡大于5%、下坡纵坡大于6%、平面半径小于50m或超高横坡超过7%的路段,不宜采用滑模摊铺机进行摊铺。

[记忆] 上5下6横7半百。

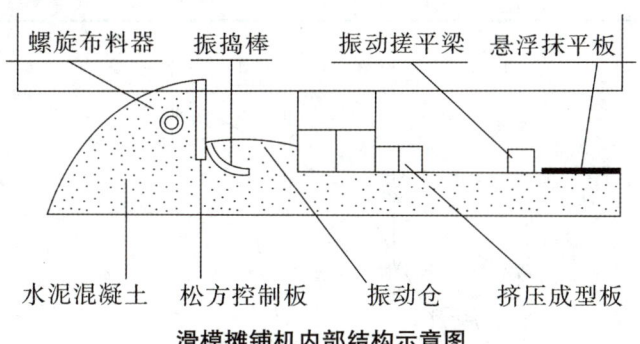

滑模摊铺机内部结构示意图

采用滑模摊铺机在基层上行走的铺筑方案时,基层侧边缘到滑模摊铺面层边缘的宽度不宜小于650mm。

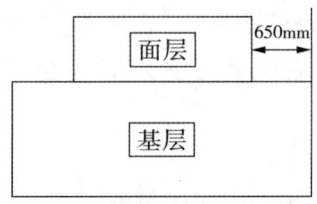

滑模摊铺面层示意图

工序		技术要求
准备工作		1. 滑模摊铺高速公路、一级公路时,应采用单向坡双线基准线。 2. 滑模整体铺筑二级公路的双向坡路面时,应设置双线基准线,滑模摊铺机底板应设置为路拱形状
铺筑	布料	1. 布料机和滑模摊铺机之间的施工距离宜为 5~10m。 2. 当坍落度在 10~30mm 时,布料松铺系数宜为 1.08~1.15
	施工参数	1. 振捣棒应均匀排列,间距宜为 300~450mm;混凝土摊铺厚度较大时,应采用较小间距;两侧最边缘振捣棒与摊铺边缘距离不宜大于 200mm;振捣棒下缘位置应位于挤压底板最低点以上。 2. 搓平梁前沿宜调整到与挤压底板后沿高程相同的位置;搓平梁的后沿应比挤压底板后沿低 1~2mm,并与路面高程相同
	振捣	1. 起步时,应先开启振捣棒;当天摊铺施工结束,摊铺机脱离拌合物后,应立即关闭振捣棒组。 2. 摊铺中应经常检查振捣棒的工作情况和位置。面层出现条带状麻面现象时,应停机检查振捣棒是否损坏;摊铺面层上出现发亮的砂浆条带时,应检查振捣棒位置是否异常

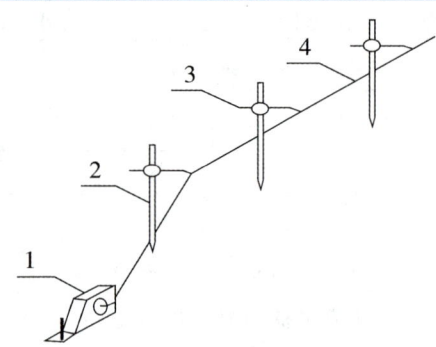

基准线设置示意图
1—紧线器;2—准线桩;3—夹线臂;4—基准线

[提示] 滑模摊铺工艺宜用于高速公路、一级公路、二级公路普通水泥混凝土面层以及配筋混凝土面层、纤维混凝土面层、钢筋混凝土桥面、隧道混凝土面层、混凝土路缘石、路肩石及护栏等滑模施工。

5. 接缝施工

面板的平面布局宜采用矩形分块,其纵缝和横缝应垂直相交,纵缝两侧的横缝不得相互错位。

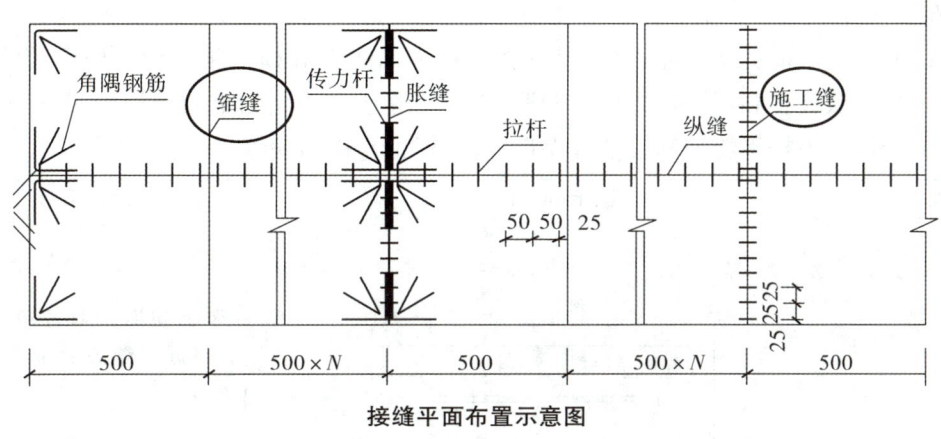

接缝平面布置示意图

水泥混凝土路面构造示意图

(1)纵缝施工。

①纵缝的设置。纵缝从功能上分为纵向施工缝和纵向缩缝两类,从构造上分为设拉杆平缝型和设拉杆假缝型。

分类	图示(mm)	构造	设置情形
纵向施工缝		设拉杆平缝型	一次铺筑宽度小于路面宽度
纵向缩缝(假缝)		设拉杆假缝型	一次铺筑宽度大于4.5m

②纵缝的施工要求:

a.钢纤维混凝土路面切开的纵向缩缝可不设拉杆,纵向施工缝应设拉杆。

b.纵缝应与路线中线平行。纵缝拉杆应采用热轧带肋钢筋,设在板厚中央,并应对拉杆中部100mm进行防锈处理。

(2)横缝施工。

①横缝的设置。横缝从功能上分为横向缩缝、横向胀缝和横向施工缝。横向缩缝从构造上分为设传力杆假缝型和不设传力杆假缝型;横向胀缝通常采用固定的结构形式;横向施工缝从构造上分为设传力杆平缝型和设拉杆企口缝型,通常与横向缩缝、横向胀缝合设。

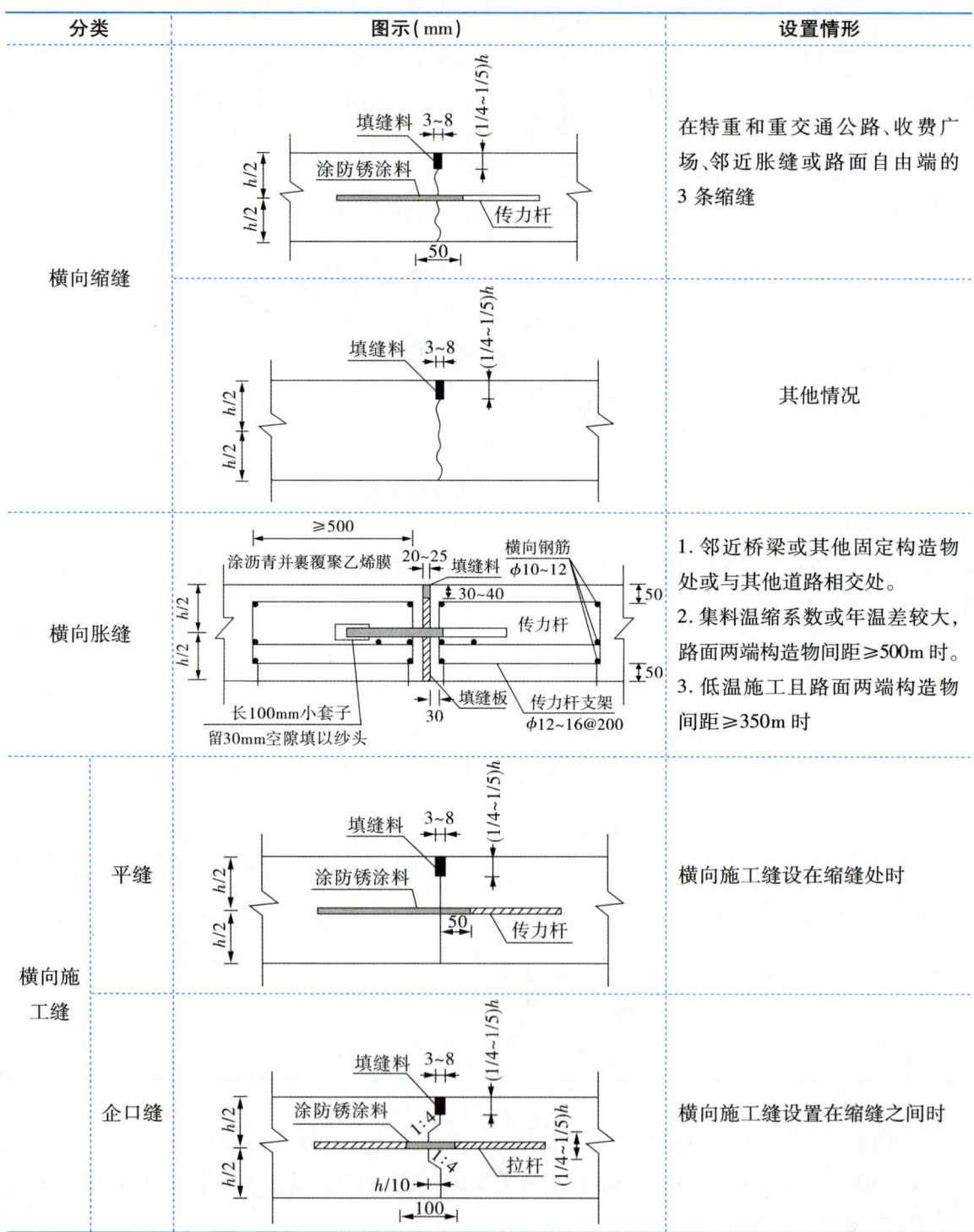

②横缝施工要求:

a. 普通水泥混凝土路面横向缩缝宜等间距布置,不宜采用斜缝。必须调整板长时,最大板长不宜大于6.0m,最小板长不宜小于板宽。

b. 胀缝应采用前置钢筋支架法施工,也可采用预留一块面板,高温时再铺封。

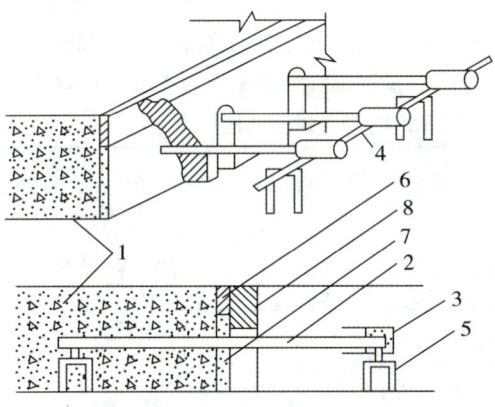

前置钢筋支架法施工胀缝示意图
1—先浇筑混凝土;2—传力杆;3—金属套管;
4—钢筋;5—支架;6—压缝板条;7—嵌缝板;8—胀缝模板

c. 每日施工结束或临时原因中断施工时,应设置横向施工缝,其位置应尽可能选在胀缝或缩缝处。

6. 抗滑构造施工

施工方法	适用条件	施工要求
拉毛处理	1. 水泥混凝土面层摊铺完毕或精整平表面后。 2. 用钢抹修整过的光面	1. 布片接触路面的长度以0.7～1.5m为宜。 2. 人工修整表面时,宜使用木抹
塑性拉槽	1. 当日施工进度超过500m且无拉毛机时。 2. 混凝土表面泌水完毕20～30min内	1. 深度应为2～4mm,槽宽3～5mm,每耙与槽间距为15～25mm。 2. 衔接间距应保持一致,槽深基本均匀
硬刻槽	1. 特重和重交通混凝土路面。 2. 凡使用真空吸水或圆盘、叶片式抹面机精平后的混凝土路面、钢纤维混凝土路面	1. 宜采用非等间距刻槽。 2. 结冰地区,宜用上宽6mm、下窄3mm梯形槽。 3. 硬刻槽时不应掉边角,也不得中途抬起或改变方向,并保证硬刻槽到面板边缘

7. 灌缝

施工工序	施工要求
清缝	先采用切缝机清除接缝中夹杂的砂石、凝结的泥浆等,再用压力≥0.5MPa的压力水和压缩空气彻底清除

(续表)

施工工序		施工要求
灌缝	填缝料	1. 常温聚氨酯和硅树脂等填缝料,应按规定比例按1h灌缝量混拌均匀后使用。 2. 使用加热填缝料时,应将填缝料加热至规定温度
	养护	1. 常温施工式,低温天宜为24h,高温天宜为12h。 2. 加热施工式,低温天宜为12h,高温天宜为6h。 3. 在灌缝料养护期间应封闭交通

8. 养护

(1)养护时间。

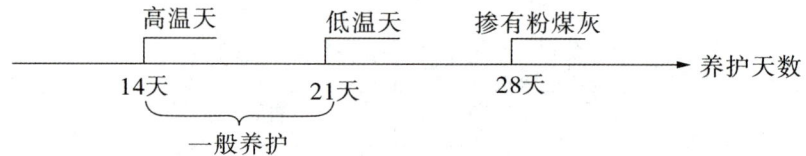

(2)通行要求。

混凝土板养护初期,严禁人、畜、车辆通行,在达到设计强度的40%后,行人方可通行。面板达到设计弯拉强度后,方可开放交通。(不宜使用围水养护)

(三)装配式水泥混凝土路面施工

1. 装配式水泥混凝土路面结构构造

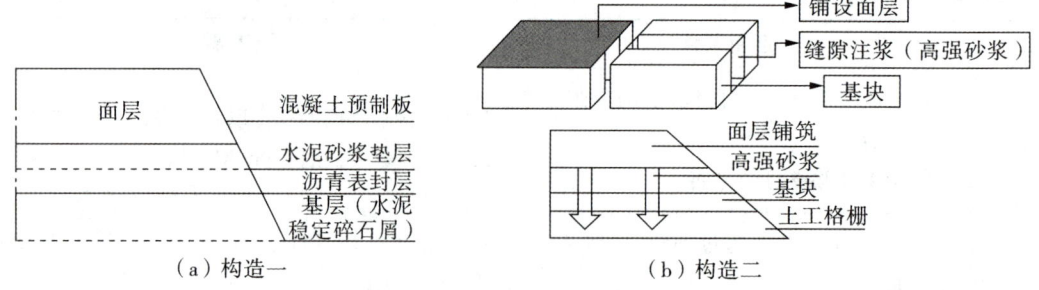

常用装配式水泥混凝土路面结构示意图

2. 施工工艺流程

(1)路面板的预制。路面板采用在工厂集中预制的方法施工。
(2)路面板的运输。路面板一般采用汽车运输,以平放运输为原则。
(3)基层调平。常用方式有早强自流平砂浆、铺撒沥青冷补料和乳化沥青碎石封层等。
(4)路面板安装。路面板运输至现场后,根据路面结构采用不同的安装方式。

◈ 精选真题

1.[2020年真题]水泥混凝土路面采用小型机具施工时,滚杠所起的作用是(　　)。
A.振密材料　　　　　　　　　B.提浆整平
C.避免材料离析　　　　　　　D.提高表面粗糙度

2.[2021年真题]关于水泥混凝土路面施工的说法,正确的有(　　)。
A.施工模板应便于搬运,尽量使用木模板、塑料模板

B. 支模前在基层上应进行模板安装及摊铺位置的测量放样,核对路面标高、面板分板、胀缝和构造物的位置

C. 曲线路段应采用短模板,每块模板起点应安装在曲线切点上

D. 模板安装应能承受摊铺、振实、整平设备的负载行进,冲击和振动时不发生位移

E. 模板与混凝土拌合物接触表面应喷水润滑

答案:1. B。小型机具施工时,应拖动滚杠往返2~3遍提浆整平。

2. BD。

专题 4 路面防、排水施工技术

复习提示▷ 本专题近年来考查分值较少,但在历年考试中路面内部排水的内容考查较为频繁,故应重点掌握路面内部排水设施组成及施工要点,要求会识图。

[考点] 路面结构内部排水

(一)路面内部排水系统

1. 设置

遇有下列情况时宜设置路面内部排水系统:

(1)年降水量为 600mm 以上的湿润和多雨地区,路基由渗水差的细粒土(渗透系数不大于 10^{-5}cm/s)组成的高速公路、一级公路或重要的二级公路。

(2)路基两侧有滞水,可能渗入路面结构内。

(3)严重冰冻地区,路基由粉性土组成的潮湿过湿路段。

(4)现有路面改建或改善工程,需排除积滞在路面结构内的水分。

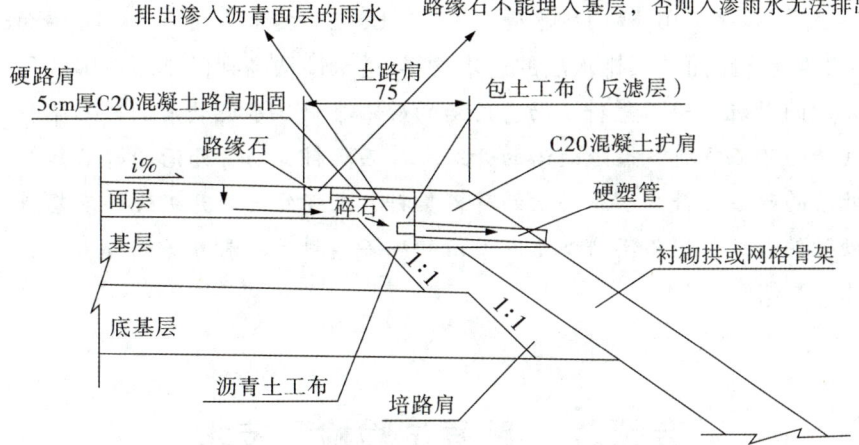

路面内部排水系统示意图

2. 施工要求

渗入到路面结构内的最大渗流时间,冰冻地区不应超过 1h,其他地区不应超过 2(重交

通)~4h(轻交通)。渗入水在路面结构内的渗流路径长度不宜超过45~60m。

(二)基层排水系统

1.构造

基层排水系统是直接在面层下设置透水性排水基层,在其边缘设置纵向集水沟和排水管以及横向出水管等,组成排水基层排水系统。

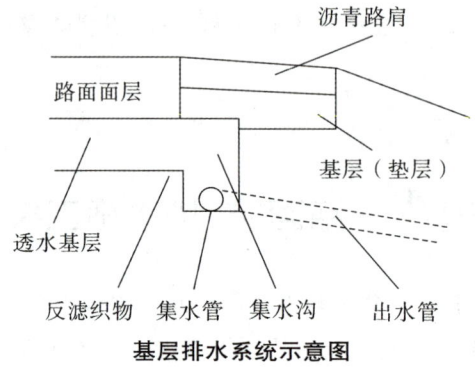

基层排水系统示意图

2.施工要求

在一些特殊地段,如连续长纵坡坡段、曲线超高过渡段和凹形竖曲线段等,排水层内渗流的自由水有可能被堵封或者渗流路径超过45~60m。在这些路段,应增设横向排水管以拦截水流,缩短渗流长度。

[提示] 路面基层排水层的透水材料,透水性从高到低排序:沥青处治的碎石集料>水泥处治的碎石集料>未经处治的开级配碎石集料。

◉ 精选真题

1.[2017年真题] 路面透水性排水基层施工中,在连续长纵坡坡段或凹形竖曲线路段,排水层内渗流的自由水有可能被堵封或渗流路径超过45~60m时,为拦截水流及缩短渗流长度应增设( )。

A.纵向排水管　　　B.横向排水管　　　C.纵向集水管　　　D.横向跌水井

2.[2016年真题] 路面基层排水层的透水材料,透水性从高到低排序正确的是( )。

A.未经处治的开级配碎石集料>沥青处治的碎石集料>水泥处治的碎石集料

B.水泥处治的碎石集料>未经处治的开级配碎石集料>沥青处治的碎石集料

C.沥青处治的碎石集料>水泥处治的碎石集料>未经处治的开级配碎石集料

D.未经处治的开级配碎石集料>水泥处治的碎石集料>沥青处治的碎石集料

答案:1.B。2.C。

专题5　路面试验检测技术

复习提示▷ 本专题在历年考试中考查比较频繁,尤其是无侧限抗压强度试验检测中试模尺寸应重点掌握。同时,对于水泥混凝土路面抗压、抗折强度试验的概述和试验步骤也应该熟记,偶尔也会以案例题的形式进行考查。

[考点 1] 无侧限抗压强度试验检测

1. 目的与适用范围

为路面施工中无机结合料细粒土、中粒土和粗粒土配合比设计提供数据,同时也可用此方法检验路面结构强度是否满足要求。

2. 试模尺寸

名称	最大粒径(mm)	试模尺寸
细粒土	≤10	直径×高 = 50mm×50mm
中粒土	≤25	直径×高 = 100mm×100mm
粗粒土	≤40	直径×高 = 150mm×150mm

🌐 **精选真题**

[2021年真题] 无侧限抗压强度试验中,适用于无机结合料稳定土(最大粒径不超过25mm)的试模尺寸是( )。

A. 试模的直径×高 = 50mm×50mm　　B. 试模的直径×高 = 100mm×100mm
C. 试模的直径×高 = 150mm×150mm　D. 试模的直径×高 = 250mm×250mm

答案:B。

[考点 2] 水泥混凝土路面抗压、抗折强度试验检测

试验名称	概述	试验步骤
抗压强度	以边长为150mm的正立方体为标准试件,混凝土强度以该试件标准养护到28天,按规定方法测得的强度为准	1. 试件的成型。 2. 养护。 3. 试件修整。 4. 以成型时侧面为上下受压面进行压力试验。 5. 整理试验数据,提供试验报告
抗折(抗弯拉)强度	以150mm×150mm×550mm的梁形试件在标准养护条件下达到规定龄期后,净跨径450mm,双支点荷载作用下的弯拉破坏,计算得到强度值	1. 试件成型。 2. 养护。 3. 试件外观检查、修整。 4. 标记试件。 5. 加载试验。 6. 整理试验数据,提供试验报告

🌐 **精选真题**

1.[2022年真题] 关于水泥混凝土抗压强度试验的说法,正确的是( )。

A. 混凝土抗压强度试件的标准试件为边长100mm的正方体
B. 以混凝土标准试件标准养护到28天,按规定方法测得的强度为准

C. 试件如有蜂窝缺陷,可以在试验前一天用水泥浆填平,可在报告中加以说明

D. 压力试验时,以成型时的正面作为受压面

2. [2018 年真题]水泥混凝土抗折强度的试验步骤包括:①试件的成型和养护;②标记试件;③试件外观检查、修整;④加载试验;⑤整理试验数据、提供试验报告。正确的顺序为(　　)。

A. ①→②→③→④→⑤
B. ①→③→②→④→⑤
C. ①→③→④→②→⑤
D. ①→②→④→③→⑤

3. [2021 年真题·案例节选]

背景资料

事件三:水泥混凝土路面施工过程中,施工单位工地实验室做了水泥混凝土抗压强度试验,试验方法如下:

(1)采用边长为 100mm 的正方体为标准试件。

(2)发现有蜂窝缺陷,在试验前一天用水泥浆填补修整,并在报告中加以说明。

(3)以试件成型时的正面作为受压面进行压力试验。

问题:逐条判断事件三中水泥混凝土抗压强度试验方法是否正确,若不正确写出正确做法。

答案:1. B。2. B。

3.(1)不正确。正确做法:采用边长为 150mm 的正立方体为标准试件。

(2)不正确。正确做法:发现有蜂窝缺陷,可以在试验前 3 天用水泥浆填补修整,并在报告中加以说明。

(3)不正确。正确做法:以试件成型时的侧面作为受压面进行压力试验。

专题 6　路面工程质量通病及防治措施

复习提示▷ 本专题考查相对较少,大多以选择题的形式考查,需了解沥青混凝土路面接缝病害、水泥混凝土路面裂缝的预防措施及水泥混凝土路面断板的防治措施。

[考点 1]　沥青混凝土路面质量病害的防治

质量问题	产生原因	预防措施
路面不平整	1. 路面不均匀沉降。 2. 基层不平整对路面平整度的影响。 3. 路面摊铺机械及工艺水平对平整度的影响。 4. 摊铺过程中载料车装卸时撞击摊铺机。 5. 碾压对平整度的影响	1. 保证摊铺机的均匀连续作业,摊铺机不得中途停顿,不得随意调整速度。 2. 严禁在未成型的油面表层急刹车及快速起步。 3. 设专人清除掉"滑靴"前的混合料及摊铺机履带下的混合料

(续表)

质量问题		产生原因	预防措施
路面接缝	横向	1. 采用平接缝时,边缘未处理成垂直面。 2. 采用斜接缝时,施工方法不当。 3. 新旧混合料的黏结不紧密。 4. 摊铺、碾压不当	1. 尽量采用平接缝,边缘处理成垂直面。 2. 采用斜接缝时,搭接长度一般为 0.4~0.8m。 3. 预热软化已压实路面,加强混合料的黏结。 4. 正确选择摊铺、碾压工艺
	纵向	1. 施工方法不当。 2. 摊铺、碾压不当	1. 尽量采用热接缝施工。 2. 采用热接缝时,应以 1/2 轮宽进行跨缝碾压。 3. 采用冷接缝时,应先在已压实路上行走,只压新铺层的 10~15cm

🌐 **精选真题**

[2021 年真题] 下列情形中,属于沥青混凝土路面不平整病害预防措施的是( )。

A. 摊铺机根据来料速度,随时调整行驶速度

B. 卸料车卸料时撞击摊铺机,确保卸料干净

C. 在摊铺机前设专人消除掉在"滑靴"前的混合料及摊铺机履带下的混合料

D. 沥青路面纵缝应采用冷接缝

答案: C。

[考点 2] 水泥混凝土路面质量病害的防治

质量问题		产生原因	预防措施
裂缝	横向裂缝	1. 切缝不及时或深度过浅。 2. 基础发生不均匀沉陷。 3. 面板厚度与强度不足。 4. 水泥干缩性大;水灰比大;材料计量不准确;养护不及时。 5. 振捣不均匀	1. 严格控制切缝时间。 2. 保证基础稳定、无沉陷。 3. 路面结构与厚度设计应满足交通需要。 4. 选用干缩性较小的硅酸盐水泥或普通硅酸盐水泥,严格控制材料用量,保证计量准确,并及时养护。 5. 振捣要适度、均匀
	纵向裂缝	1. 路基发生不均匀沉陷。 2. 基础不稳定,产生塑性变形或产生湿软膨胀变形。 3. 混凝土板厚度与基础强度不足	1. 填方路堤,应分层填筑、碾压。 2. 新旧路基界面处设置台阶或格栅处理。 3. 基底彻底清淤,填水稳性好的填料。 4. 面板厚度与基层结构按规范设计
	龟缝	1. 未及时覆盖,在炎热或大风天气,表面水分蒸发过快。 2. 水胶比过大;模板与垫层干燥。 3. 配合比不合理。 4. 过度振捣或抹平	1. 浇筑后,及时覆盖,浇水养护。 2. 严格控制水灰比和水泥用量。 3. 在浇筑混凝土时,将基层和模板浇水湿透

(续表)

质量问题	产生原因	预防措施
断板	1. 切缝深度不够、不及时。 2. 车辆过早通行。 3. 原材料不合格。 4. 材料的强度不足,水稳性不良。 5. 基层标高控制不严和不平整。 6. 混凝土配合比不当。 7. 施工工艺不当	1. 做好压缝并及时切缝。 2. 控制交通车辆。 3. 原材料合格。 4. 强度、水稳性、基层标高及平整度的控制。 5. 施工工艺的控制

⊕ 精选真题

1. [2018年真题]水泥混凝土路面断板的治理措施有(   )。

A. 直接灌浆　　　　　　　　B. 局部带状修补

C. 扩缝灌浆　　　　　　　　D. 罩面补强

E. 整块板更换

2. [2021年真题·案例节选]

背景资料

事件四:水泥混凝土路面施工前,施工单位做了一段路面试验段。试验段水泥混凝土路面硬化后,施工单位发现路面局部出现龟裂现象。经专家组分析,排除了混凝土过度振捣或抹平、模板与垫层过于干燥、吸水大以及养护不当等原因,主要是混凝土拌制的原因。

问题:写出事件四中因混凝土拌制造成水泥混凝土路面龟裂的两个可能原因。

答案:

1. ABCE。水泥混凝土路面断板的治理措施:①裂缝的修补(修补方法有直接灌浆法、压注灌浆法、扩缝灌注法、条带罩面法、全深度补块法);②局部修补;③整块板更换。

2. 路面龟裂的原因(两点即可):

①混凝土浇筑后,表面没有及时覆盖。

②混凝土拌制时水胶比过大;模板与垫层过于干燥。

③混凝土配合比不合理,水泥用量和砂率过大。

④混凝土表面过度振捣或抹平。

强化练习

一、单项选择题

1. 填隙碎石用作底基层时,集料的公称最大粒径应不大于(   )mm。

A. 31.5　　　　　　　　B. 37.5

C. 53.0　　　　　　　　D. 63.0

2. 关于无机结合料基层养护的说法,正确的是(   )。

A. 无机结合料稳定材料层的养护期宜不少

于7天

B. 养护期间应封闭交通,严禁车辆通行

C. 洒铺乳化沥青养护宜作为水泥稳定材料层的基本养护方式

D. 养护期宜延长至上层结构开始施工的前3天

3. 石灰稳定材料或石灰粉煤灰稳定材料层宜在当天碾压完成,最长不应超过( )天。

　A. 1　　　　　　B. 2
　C. 3　　　　　　D. 4

4. 透层的作用是( )结合良好。

　A. 使沥青面层与基层
　B. 使水泥混凝土面层与基层
　C. 使上基层与底基层
　D. 使垫层与基层

5. 按矿料级配分类,排水式沥青稳定碎石基层(ATPB)属于( )。

　A. 密级配沥青混凝土混合料
　B. 开级配沥青混合料
　C. 半开级配沥青混合料
　D. 间断级配沥青混合料

6. 沥青碎石玛琋脂混合料属于( )结构。

　A. 密实-悬浮　　B. 密实-骨架
　C. 骨架-空隙　　D. 骨架-悬浮

7. 关于液体石油沥青的说法,错误的是( )。

　A. 液体石油沥青适用于透层、黏层及拌制冷拌沥青混合料
　B. 液体石油沥青宜采用针入度较小的石油沥青
　C. 使用前按先加热沥青后加稀释剂的顺序
　D. 基质沥青的加热温度严禁超过140℃,贮存温度不得高于50℃

8. 关于沥青混合料拌合的说法,错误的是( )。

　A. 沥青的加热温度应控制在145~170℃
　B. 连续式拌合机集料的加热温度比沥青温度高5~10℃
　C. 混合料运至施工现场的温度控制在不低于135~150℃
　D. 出厂温度过高的混合料应等温度降下来后使用

9. 关于沥青混合料压实的说法,错误的是( )。

　A. 压路机采用2~3台双轮双振压路机及2~3台重量不小于16t胶轮压路机组成
　B. 初压采用钢轮压路机静压1~2遍
　C. 采用雾状喷水法,以保证沥青混合料碾压过程中不粘轮
　D. 边角部分压路机碾压不到的位置,可使用小型夯实机夯实

10. 关于水泥混凝土用水的说法,错误的是( )。

　A. 饮用水可直接作为混凝土搅拌和养护用水
　B. 非饮用水应进行水质检验
　C. 与蒸馏水对比试验的水泥初凝与终凝时间差不应大于30min
　D. 养护用水必须检验不溶物质含量和其他杂质

11. 道路石油沥青类填缝料较适合用于( )。

　A. 高速公路　　B. 一级公路
　C. 二级公路　　D. 三级公路

12. 关于水泥混凝土路面施工的说法,错误的是( )。

　A. 搅拌楼的配备,应优先选连续搅拌楼
　B. 模板与混凝土拌合物接触表面应涂隔离剂
　C. 模板拆除应在混凝土抗压强度不小于8.0MPa时方可进行

D. 外加剂应以稀释溶液加入

13. 水泥混凝土路面横向施工缝设在缩缝处应采用(　　)。
    A. 设传力杆假缝型
    B. 设传力杆平缝型
    C. 不设传力杆假缝型
    D. 设拉杆企口缝型

14. 水泥混凝土路面纵向施工缝应设(　　)。
    A. 传力杆　　　B. 压力杆
    C. 导向杆　　　D. 拉杆

15. 拦水缘石一般采用混凝土预制块,拦水缘石应高出路肩(　　)cm。
    A. 6　　　　　B. 8
    C. 10　　　　 D. 12

16. 关于测定无机结合料稳定土(包括稳定细粒土、中粒土和粗粒土)试件的无侧限抗压强度的说法,正确的是(　　)。
    A. 试件采用的是 150mm×150mm×550mm 的梁形试件
    B. 试件采用边长为 150mm 的正立方体为标准试件
    C. 试件都是高:直径=1:1 的圆柱体标准试件
    D. 试件采用边长为 70.7mm 的正立方体为标准试件

17. 关于水泥混凝土抗折强度试验检测的说法,正确的是(　　)。
    A. 水泥混凝土抗折强度试件采用的是 150mm×150mm×550mm 的梁形试件
    B. 水泥混凝土抗折强度试件采用边长为 150mm 的正立方体为标准试件
    C. 水泥混凝土抗折强度试件都是高:直径=1:1 的圆柱体试件
    D. 水泥混凝土抗折强度试件采用边长为 150mm×150mm×150mm 的正立方体为标准试件

18. 关于填隙碎石基层施工的说法,错误的是(　　)。
    A. 填隙碎石的施工工艺中,撒布填隙料应在初压之前进行
    B. 粗碎石可以用强度合格的各种岩石轧制而成
    C. 粗碎石可以用稳定的矿渣轧制而成
    D. 填隙料宜采用石屑,也可采用细砾砂或粗砂

19. 关于沥青路面面层施工缝处理的做法,错误的是(　　)。
    A. 半幅施工不能采用热接缝时,采用人工顺直刨缝或切缝
    B. 半幅施工铺另半幅前必须将边缘清扫干净,并涂洒少量黏层沥青
    C. 横接缝首先用 3m 直尺检查端部平整度,不符合要求时,按 45°斜交于路中线切齐清除
    D. 横接缝的碾压先用双轮双振压路机进行横压

20. 在混合料的运输过程中,卡车装料顺序正确的是先后装在车厢的(　　)。
    A. 前部、中间、后部
    B. 前部、后部、中间
    C. 中间、前部、后部
    D. 中间、后部、前部

21. 重交通公路水泥混凝土路面横向缩缝应采用的形式是(　　)。
    A. 设传力杆平缝型
    B. 设传力杆假缝型
    C. 设拉杆企口缝型
    D. 设拉杆平缝型

22. 水泥混凝土路面滑模摊铺面层前,应准确架设(　　)。

A. 基准线 B. 模板
C. 边缘钢筋 D. 三辊轴机组

23. 有抗冰、抗盐冻要求时,各级公路水泥混凝土面层及暴露结构物混凝土应掺入( )。
A. 引气剂 B. 早强剂
C. 缓凝剂 D. 阻锈剂

24. 用于高速公路上面层的道路沥青等级是( )。
A. A 级沥青 B. B 级沥青
C. C 级沥青 D. D 级沥青

25. 水泥混凝土路面的养护时间应根据( )而定。
A. 抗压强度 B. 温度与湿度
C. 弯拉强度 D. 施工方法

26. 采用小型机具施工水泥混凝土,关于振捣的说法,错误的是( )。
A. 振捣棒在每一处的持续时间不宜少于 30s
B. 振捣棒的移动间距不宜大于 500mm
C. 振动板移位时应重叠 100~200mm
D. 振捣棒应接触模板振捣

27. 极重、特重、重交通荷载等级公路面层水泥混凝土用的天然砂质量不应低于( )级。
A. Ⅰ B. Ⅱ
C. Ⅲ D. Ⅳ

28. 测定无机结合料稳定土(包括稳定细粒土、中粒土和粗粒土)试件的无侧限抗压强度的试验步骤中,在制作的试件成型后应( )。
A. 启动加载设备
B. 放入烘箱
C. 立即放入恒温室养护
D. 立即测试

29. 在无机结合料粒料基层上洒布透层油时,宜在铺筑沥青层前( )洒布。

A. 1~2 天 B. 2~3 天
C. 12h D. 8h

30. 填隙碎石的施工工艺包括:①运输和摊铺粗碎石;②撒布填隙料;③初压;④再次撒布填隙料;⑤振动压实。施工完后,拟检测如下项目:压实度、弯沉值、平整度、构造深度等。其施工工艺流程正确的是( )。
A. ①→②→③→④→⑤
B. ①→③→②→⑤→④→⑤
C. ①→③→②→④→⑤
D. ①→②→③→⑤→④→⑤

31. 关于薄膜覆盖养护的说法,正确的是( )。
A. 混合料摊铺碾压成型后,可覆盖薄膜,薄膜厚度宜不小于 2mm
B. 薄膜之间应搭接完整,避免漏缝
C. 养护至上层结构层施工前 2~3 天,方可将薄膜掀开
D. 对蒸发量较大的地区或养护时间大于 10 天的工程,在养护过程中应适当补水

32. 关于混合料集中厂拌与运输的说法,正确的是( )。
A. 工程所需的原材料严禁混杂,应分档隔仓堆放,并有明显的标志
B. 稳定细粒材料集中拌合时,土块应粉碎,最大尺寸应不大于 20mm
C. 对高速公路和一级公路,混合料拌合设备的产量宜大于 400t/h
D. 各个料仓之间的挡板高度应不小于 2m

33. 由连续密级配矿料组成的沥青混合料结构为( )。
A. 密实—悬浮结构
B. 骨架—空隙结构
C. 密实—骨架结构
D. 连续级配结构

34. 下列情况中,应浇洒透层沥青的

是( )。

A. 沥青路面的级配砂砾、级配碎石基层

B. 旧沥青路面层上加铺沥青层

C. 水泥混凝土路面上铺筑沥青面层

D. 有裂缝或已修补的旧沥青路面

35. 采用漂石时,其粒径应大于集料公称最大粒径的( )倍。

A. 2 B. 3
C. 4 D. 5

36. 关于石灰稳定土基层施工备料的说法,正确的是( )。

A. 当生石灰堆放时间较长时,应露天堆放,不得覆盖

B. 消石灰应保持一定的湿度,但不可过湿成团

C. 生石灰应在加水消解后马上使用,不得隔夜使用

D. 消石灰无须过筛即可使用

37. 路面基层人工拌合施工时,当已整平材料含水率过小时,应在土层上洒水闷料。采用普通路拌机械时,闷料时的洒水量宜较最佳含水率低( )个百分点。

A. 0.5~1 B. 1~2
C. 2~3 D. 3~4

38. 可以用于沥青混凝土面层的磨耗层的是( )。

A. 沥青表面处治路面

B. 沥青碎石路面

C. 沥青贯入式路面

D. 沥青玛琋脂路面

39. 关于热拌沥青混合料面层碾压的说法,正确的是( )。

A. 采用重量不小于12t胶轮压路机

B. 初压采用钢轮压路机静压3~5遍

C. 复压应紧跟初压后开始

D. 密级配沥青混凝土优先采用钢轮压路机

40. 关于水泥稳定土的说法,错误的是( )。

A. 可采用初凝时间3h以上和终凝时间6h以上的42.5级普通硅酸盐水泥

B. 宜选用粗粒土、中粒土

C. 宜采用摊铺机摊铺,施工前应通过试验确定压实系数

D. 宜在水泥终凝时间到达前碾压成型

41. 沥青路面透层施工,如遇大风或将下雨时,不能喷洒透层油,气温低于( )℃不得喷洒透层油。

A. 0 B. 5
C. 10 D. 15

42. 采用滑模摊铺机施工法铺筑连续配筋混凝土路面时,布料最适合采用( )。

A. 正向上料的挖掘机

B. 侧向上料的推土机

C. 正向上料的装载机

D. 侧向上料的供料机

43. 关于沥青混合料摊铺的说法,错误的是( )。

A. 摊铺过程中不准随意变换速度,尽量避免中途停顿

B. 开铺前将摊铺机的熨平板加热至不低于90℃

C. 下、中面层采用走线法施工,上面层采用平衡梁法施工

D. 沥青混凝土的摊铺温度一般正常施工控制在不低于125~140℃

44. 用于二级及二级以上公路基层和底基层的级配碎石或砾石,应由不少于( )种规格的材料掺配而成。

A. 1 B. 2

C. 3　　　　　　　　D. 4

45. 滑模摊铺高速公路、一级公路水泥混凝土路面时,应采用(　　)。
   A. 单向坡双线基准线
   B. 单向坡单线基准线
   C. 双向坡双线基准线
   D. 双向坡单线基准线

46. 关于水泥混凝土路面横缝的说法,错误的是(　　)。
   A. 横缝包括横向施工缝、缩缝和胀缝
   B. 每天摊铺结束应设置横向施工缝
   C. 横向施工缝设在缩缝处应采用设传力杆平缝型
   D. 普通混凝土路面横向缩缝宜采用斜缝

47. 路面表面防排水设施组成不包含(　　)。
   A. 路拱横坡　　　　B. 急流槽
   C. 拦水带　　　　　D. 路肩坡度

48. 路面基层排水系统是直接在(　　)下设置透水性排水基层。
   A. 面层　　　　　　B. 垫层
   C. 上基层　　　　　D. 下基层

49. 下列应洒布黏层的是(　　)。
   A. 半刚性基层上铺筑沥青层
   B. 沥青混凝土面层与检查井侧面之间
   C. 沥青混凝土面层的下面层和二灰稳定碎石基层之间
   D. 多雨地区空隙较大的沥青面层下部

50. 不同沥青路面采用的沥青标号也不同,对于冬季寒冷地区的公路宜选用(　　)的沥青。
   A. 稠度大、低温延度大
   B. 稠度小、低温延度大
   C. 稠度大、黏度大
   D. 针入度大

51. 对于地下水位较高且有重载交通行驶的路面,为隔绝地下水上升影响路面稳定性,应在路基顶面设置(　　)。
   A. 反滤层　　　　　B. 垫层
   C. 稀浆封层　　　　D. 透层

52. 普通混凝土路面施工完毕并经养护后,在混凝土达到设计强度的(　　)%以后,允许行人通过。
   A. 20　　　　　　　B. 40
   C. 30　　　　　　　D. 80

53. 沥青混凝土路面不平整的防治措施不包括(　　)。
   A. 合理选择振频、振幅
   B. 控制基层标高和平整度
   C. 纵缝采用热接缝
   D. 采用两台摊铺机梯队作业

二、多项选择题

1. 填隙碎石的干法施工应符合的规定有(　　)。
   A. 初压宜用两轮压路机碾压3~4遍,使集料稳定就位
   B. 填隙料应采用石屑撒布机或类似的设备均匀地撒铺在已压稳的集料层上
   C. 应采用三轮压路机慢速碾压,将全部填隙料振入集料间的空隙中
   D. 无振动压路机时,可采用三轮压路机
   E. 再次撒布填隙料,松铺厚度宜为20~25mm,应用人工或机械扫匀

2. 下列属于无机结合料基层养护方式的有(　　)。
   A. 洒水养护　　　　B. 土工布覆盖
   C. 洒铺乳化沥青　　D. 铺设干砂
   E. 薄膜覆盖

3. 下列无机结合料稳定材料的基层可采用洒铺乳化沥青方式养护的有(　　)。
   A. 高速公路
   B. 一级公路

C. 二级公路

D. 沥青面层厚度大于 20cm 的结构

E. 沥青面层厚度小于 20cm 的结构

4. 关于水泥混凝土拌合物搅拌的说法，正确的有（　　）。

   A. 施工中每 15 天校验一次搅拌楼计量精确度

   B. 应根据拌合物的黏聚性、均质性及强度稳定性试拌确定最佳拌合时间

   C. 纯拌合时间应控制在含气量最大或较大时

   D. 拌合引气混凝土时，搅拌楼一次拌合量不应大于其额定搅拌量的 95%

   E. 每台搅拌楼在投入生产前，必须进行标定和试拌

5. 水泥混凝土路面横向缩缝的切缝方式有（　　）。

   A. 深切缝　　　B. 浅切缝

   C. 软硬结合切缝　　D. 全部软切缝

   E. 全部硬切缝

6. 乳化沥青可用于（　　）。

   A. 沥青表面处治面层

   B. 热拌沥青混合料路面

   C. 沥青贯入式路面

   D. 喷洒透层

   E. 修补裂缝

7. 关于沥青碎石路面的说法，正确的有（　　）。

   A. 冬季不易产生冻缩裂缝

   B. 沥青用量多，且需要添加矿粉

   C. 孔隙率较大，路面容易渗水和老化

   D. 热拌沥青碎石可用于高速公路面层

   E. 高温稳定性好，路面不易产生波浪

8. 水泥混凝土路面横向裂缝产生的原因有（　　）。

   A. 切缝深度过浅

   B. 混凝土路面板厚度与强度不足

   C. 水泥干缩性大

   D. 养护不及时

   E. 未设置传力杆

9. 沥青混凝土路面不平整病害的原因有（　　）。

   A. 基准线拉力偏大

   B. 混合料局部集中离析

   C. 摊铺机自动找平装置失灵

   D. 压路机碾压时急停急转

   E. 摊铺过程中载料车装卸时撞击摊铺机

10. 封层的作用有（　　）。

    A. 封闭某一层起着保水防水作用

    B. 使沥青面层与基层结合良好

    C. 起基层与沥青表面层之间的过渡和有效联结作用

    D. 路的某一层表面破坏离析松散处的加固补强

    E. 可减少结构层的厚度

11. SMA 的碾压遵循（　　）的原则。

    A. 快铺　　　B. 紧跟

    C. 低幅　　　D. 高频

    E. 慢压

12. 极重、特重、重交通荷载等级公路面层水泥混凝土应采用旋窑生产的（　　）。

    A. 普通硅酸盐水泥

    B. 硅酸盐水泥

    C. 粉煤灰硅酸盐水泥

    D. 矿渣硅酸盐水泥

    E. 道路硅酸盐水泥

13. 水泥混凝土路面不宜采用滑模摊铺机进行摊铺的路段有（　　）。

    A. 上坡纵坡大于 5% 的路段

    B. 下坡纵坡大于 6% 的路段

    C. 加宽超过 1m 的路段

D. 平面半径小于50m的路段

E. 超高横坡超过7%的路段

14. 水泥混凝土面层摊铺时的施工缝宜设置的部位有（   ）。

    A. 胀缝处　　　　B. 缩缝处

    C. 横缝处　　　　D. 假缝处

    E. 切缝处

15. 新建水泥混凝土路面面板抗滑构造施工方法有（   ）。

    A. 人工拉槽　　　B. 硬刻槽

    C. 拉毛机拉槽　　D. 铺砂

    E. 铣刨机铣刨

16. 在一些特殊地段，如连续长纵坡坡段、曲线超高过渡段和凹形竖曲线段等，排水层内渗流的自由水有可能被堵封或者渗流路径超过45～60m。在这些路段，应增设横向排水管，其目的有（   ）。

    A. 方便排水基层

    B. 拦截水流

    C. 减少排水基层厚度

    D. 防止垫层堵塞

    E. 缩短渗流长度

17. 下列必须喷洒黏层沥青的情况有（   ）。

    A. 双层式热拌热铺沥青混合料路面的沥青层之间

    B. 水泥混凝土路面上加铺沥青层

    C. 二灰稳定基层上铺沥青混合料路面

    D. 旧沥青路面上加铺沥青层

    E. 路缘石与新铺沥青混合料接触的侧面

18. 填隙碎石施工备料时，应当根据各路段基层或底基层的（   ），计算各段需要的集料数量。

    A. 宽度　　　　　B. 厚度

    C. 松铺系数　　　D. 强度

    E. 含水量

19. 排水基层下必须设置不透水垫层或反滤层，其作用主要有（   ）。

    A. 增补路面强度

    B. 防止表面水向下渗入垫层

    C. 减少路面厚度

    D. 防止毛细水上升

    E. 防止垫层或路基土中的细粒进入排水基层

20. 无机结合料稳定基层施工中，生石灰技术要求中应符合相关规范规定的指标包括（   ）。

    A. 有效氧化钙加氧化镁含量

    B. 未消化残渣含量

    C. 氧化镁含量

    D. 含水率

    E. 细度

21. 用于基层的无机结合料稳定材料，（   ）需满足要求。

    A. 强度　　　　　B. 透水性

    C. 压实度　　　　D. 抗冲刷性能

    E. 抗裂性能

22. 生产配合比设计应包括的技术内容有（   ）。

    A. 确定料仓供料比例

    B. 确定水泥稳定材料的容许延迟时间

    C. 选择级配范围

    D. 确定结合料类型

    E. 确定混合料的最佳含水率、最大干密度

23. 无机结合料在计算现场拌合时的工程数量时，应根据各路段无机结合料稳定材料层的（   ），计算各路段需要的干燥材料的数量。

    A. 宽度　　　　　B. 弯沉值

    C. 厚度　　　　　D. 预定的干密度

    E. 含水率

24. 无机结合混合料集中厂拌时，关于摊铺与

碾压的说法,错误的有( )。
A. 下承层为稳定细粒材料时,先清理干净并洒铺水泥净浆,再摊铺上层
B. 采用两层连续摊铺,下层质量出现问题时,上层应同时处理
C. 宜在混合料处于或略小于最佳含水率的状态下碾压
D. 在碾压过程中出现软弹现象时,应及时将该路段混合料挖出,重新换填新料

碾压
E. 存在纵向接缝时,纵缝应垂直相接,严禁斜接

25. 路面垫层结构的作用包括( )。
A. 黏结　　　　B. 排水
C. 隔水　　　　D. 防污
E. 防冻

三、实务操作和案例分析题

案例(一)

背景资料

某高速公路是国家的重点建设项目,双向四车道,该区域为多雨潮湿地区,其结构形式如下图所示。

4cm 改性 SMA 沥青混凝土
A
6cmAC-20C 中粒式改性沥青混凝土
B
8cmAC-25C 粗粒式改性沥青混凝土
C
D
36cm 6% 水泥稳定碎石
20cm 4% 石灰粉煤灰稳定碎石
级配碎石

项目部编制了施工组织设计和施工管理措施,主要如下:

事件一:石灰粉煤灰稳定碎石底基层严格按照剂量配运,其中石灰:粉煤灰:碎石质量比为 4:11:85,现场测得的石灰湿密度为 450kg/m³、含水量 3%,粉煤灰湿密度为 400kg/m³、含水量 8%,碎石湿密度为 1940kg/m³、含水量 3%。

事件二:表面层严格制定施工要求,表面层采用走线法施工;初压采用双轮双振压路机静压 1~2 遍,温度应不低于 65℃,并紧跟摊铺机进行;按直线段由中间向两边、曲线段由外侧向内侧的方式进行碾压。

事件三:基层检查合格后,进行面层施工。各层开工前进行试验段铺筑,确定相应参数。严格控制施工过程中拌合、运输、摊铺、碾压等过程,保持摊铺机及找平装置工作状态稳定不变;严格要求摊铺机不在中途停顿,不得随意调整摊铺机的行驶速度;严格工序间的交验制度;

按照先做构造物伸缩缝再摊铺沥青混凝土面层施工。施工结束质量检验时面层平整度不合格。

项目部将20cm厚石灰粉煤灰稳定碎石底基层、36cm厚水泥稳定碎石基层、8cm厚粗粒式沥青混合料底面层、6cm厚中粒式沥青混合料中面层、4cm厚改性SMA沥青混凝土表面层等五个施工过程分别用Ⅰ、Ⅱ、Ⅲ、Ⅳ、Ⅴ表示,并将Ⅰ、Ⅱ两项划分为四个施工段①、②、③、④。Ⅰ、Ⅱ两项在各个施工段上持续的时间如下表所示。

各施工段的持续时间

施工过程	持续时间(周)			
	①	②	③	④
Ⅰ	4	5	3	4
Ⅱ	3	4	2	3

而Ⅲ、Ⅳ、Ⅴ不分施工段连续施工,持续时间均为一周。

项目部按各施工段持续时间连续、均衡作业,不平行、搭接施工的原则安排了施工进度计划,根据施工进度安排,列出劳动力、机具、材料使用计划;本工程施工机械主要有拌合料摊铺机、平地机、汽车吊、混凝土搅拌站、沥青拌合站、钢筋加工设备等;严格进行沥青混合料面层施工质量验收,实测项目包括平整度、弯沉值、抗滑(含摩擦系数和构造深度)、中线平面偏位、纵断高程、宽度及横坡等。

问题:

1. 写出结构图中A、B、C、D代表的名称。
2. 计算底基层石灰:粉煤灰:碎石的体积比。(保留2位有效数字)
3. 指出并改正事件二中的错误之处。
4. 分析背景资料中面层平整度不合格的主要原因。
5. 请按背景中要求计算工期。

案例(二)

背景资料

某施工单位承接了K0+000~K48+000段二级公路路面施工,路面结构示意图如下图所示,该公路靠近三峡某风景旅游区,沿线居民较多。

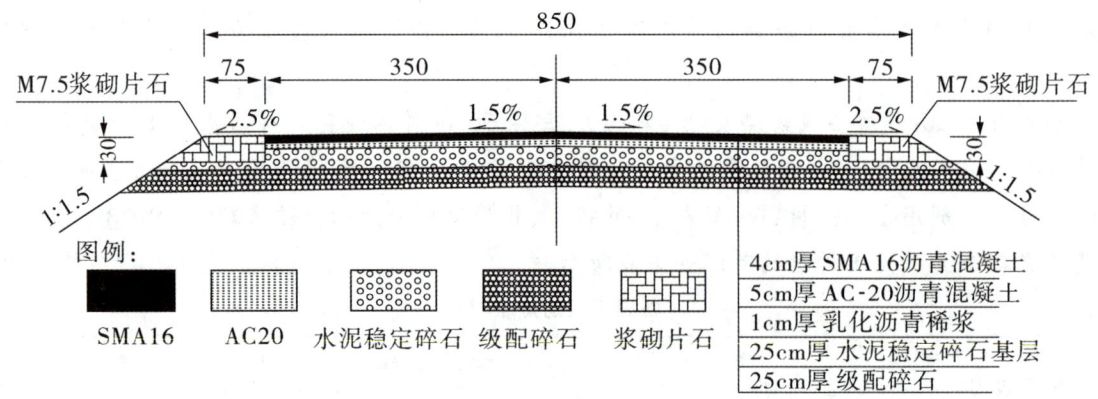

路面结构示意图

施工单位组建了工地试验室,采购了马歇尔试验仪、恒温水槽、真空保水容器、烘箱、天平、温度计、卡尺等设备。实验室人员通过马歇尔稳定度试验,测试得到了标准试件在标准马歇尔稳定度试验条件下的稳定度为 X;另外,将标准试件在 $(60±1)$℃恒温水槽中保温48h,然后测试得到了其稳定度为 Y,计算得到 $Z = Y/X \times 100\%$。

问题:

1. 本工程中基层混合料的拌合方法有哪两种?从环保的角度考虑,本工程宜采用哪一种?
2. 本工程路面结构的上面层和底基层在粒料级配方面分别有何要求?
3. 背景中的试验方法除了用于沥青路面施工质量检验外,还有什么用途?
4. 写出背景中 Z 的名称,它是反映沥青混合料什么性能的指标?

案例(三)

背景资料

甲公司中标某道路工程,设计道路等级为一级道路,全长5600m。横断面形式为三幅路,机动车道为双向六车道。路面面层结构设计采用沥青混凝土,上面层为厚40mmSMA-13,中面层为厚60mmAC-25,下面层为厚80mmAC-20。

施工过程中发生如下事件:

事件一:甲公司将路面工程施工项目分包给具有相应施工资质的乙公司施工。建设单位发现后立即制止了甲公司的行为。

事件二:路基范围内有一处干涸池塘,甲公司将原始地貌杂草清理后,在挖方段取土一次性将池塘填平并碾压成型,监理工程师发现后责令甲公司返工处理。

事件三:甲公司编制的沥青混凝土施工方案包括以下要点:

(1)上面层摊铺分左、右幅施工,每幅摊铺采用一次成型的施工方案,两台摊铺机呈梯队方式推进,并保持摊铺机组前后错开 40~50m 距离。

(2)上面层碾压时,初压采用振动压路机,复压采用轮胎压路机,终压采用双轮钢筒式压路机。

(3)该道路纵向接缝采用热接缝,施工时将混合料已摊铺部分留 8~10cm 暂不碾压,然后跨缝碾压以消除缝迹。

事件四:确定了路面施工质量检验的主控项目。

问题:

1. 该道路面层设计是否合理?为什么?
2. 事件一中,建设单位制止甲公司的分包行为是否正确?说明理由。
3. 指出事件二中的不妥之处,并改正。
4. 指出事件三中的错误之处,并改正。
5. 写出事件四中沥青混凝土路面面层施工质量检验的主控项目。

案例(四)

背景资料

某施工单位承接了长 60.5km 的平原区新建公路路面施工,路面面层采用 C30 水泥混凝土,基层为水泥稳定碎石,底基层为级配碎石,土路肩采用 M7.5 浆砌片石加固。路面结构如图 1 所示。

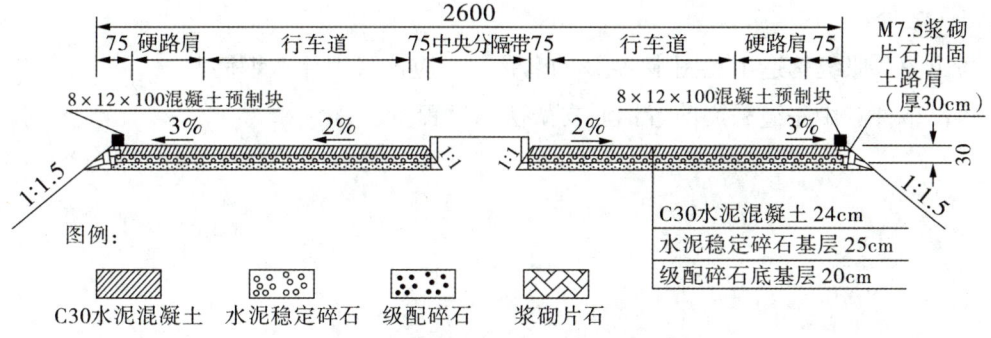

图 1 路面结构示意图(单位:cm)

事件一:水泥混凝土路面施工前,在项目附近设置了拌合站,并对拌合站设置提出了以下要求。

(1)拌合站尽量靠近主体工程施工部位,应远离生活区、居民区,尽量设在生活区、居民区的上风向。

(2)拌合站建设应综合考虑施工生产情况,合理划分拌合作业区、材料计量区、材料库、运输车辆停放区、试验区、集料堆放区及生活区,内设洗车池(洗车台)、污水沉淀池和排水系统。

(3)混凝土拌合应采用自落式拌合机,单机生产能力不宜低于 90m³/h。拌合设备应采用质量法自动计量,水、外掺剂计量应采用流量或人工计量方式。减水剂罐体应加设循环搅拌水泵。

(4)作业平台、储料仓、集料仓、水泥罐等涉及人身安全的部位均应设置安全防护装置。

(5)混凝土配合比牌设置在材料堆放处。

事件二:在级配碎石底基层施工时,发现路基出现"弹簧"现象,施工单位采取相应措施处理后继续施工。水泥稳定碎石基层按直线段由中间向两边、曲线段由外侧向内侧的方式进行碾压。

事件三:水泥混凝土路面接缝有纵缝和横缝。横缝中胀缝采用前置钢筋支架法施工,其构造图如图 2 所示。

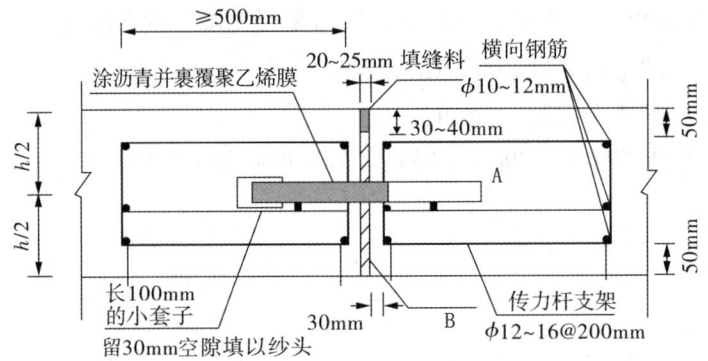

图 2 胀缝构造示意图

问题:

1. 指出事件一中关于拌合站设置说法错误的地方并改正。
2. 事件二中,施工单位发现路基出现"弹簧"现象,应该采取哪些措施?指出并改正事件二中的错误之处。
3. 写出图 2 胀缝构造示意图中 A、B 的名称。A 应该采用什么钢筋?
4. 写出事件三中胀缝采用前置钢筋支架法的过程。

案例(五)

背景资料

某施工单位在北方平原地区承建了一段长 152km 的双向四车道高速公路的路面工程,路面结构设计示意图如下图所示。

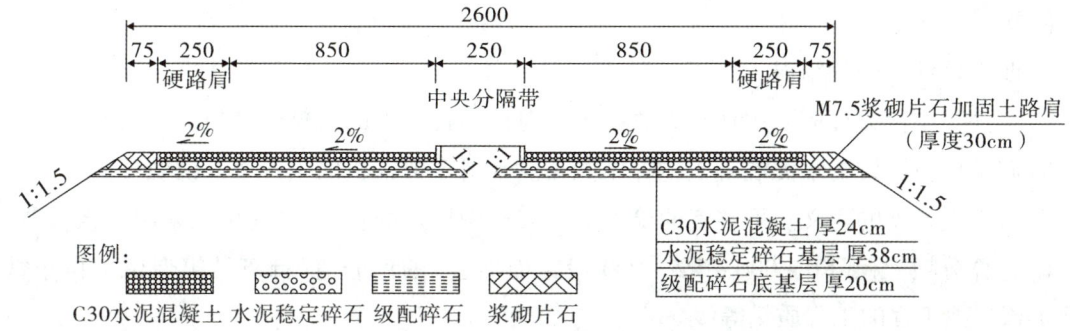

路面结构设计示意图

为保证工期,施工单位采用2台滑模摊铺机分左右幅同时组织面层施工,对行车道与硬路肩进行整体滑模摊铺。施工中发生如下事件:

事件一:滑模摊铺前,施工单位在基层上进行了模板安装,并架设了单线基准线,基准线材质为钢绞线。

事件二:滑模摊铺机起步时,先开启振捣棒,在2~3min内调整到适宜振捣频率,使进入挤压板前缘拌合物振捣密实,无大气泡冒出,方可开动滑模机平稳推进摊铺。因滑模摊铺机未配备自动插入装置(DBI),传力杆无法自动插入。

事件三:施工单位配置的每台摊铺机的摊铺速度为100m/h,时间利用系数为0.75,施工单位还配置了专门的水泥混凝土搅拌站,搅拌站生产能力为450m³/h[滑模摊铺机生产率公式为:$Q=1000hBv_pK_B(m^3/h)$,公式中h为摊铺厚度,B为摊铺宽度]。

事件四:施工单位按每2km路面面层划分为一个分项工程,并按《公路工程质量检验评定标准》进行检验和评定。分项工程的质量检验内容包括基本要求、实测项目、外观鉴定和质量保证资料四个部分。K0+000~K2+000段路面面层满足基本要求,且资料检查齐全,但外观鉴定时发现1处外观缺陷,需扣1分。该分项工程的实测项目得分如下表所示。

分项工程实测项目得分表

序号	实测项目	得分值	权值	检测工具或方法
1	弯拉强度△	97	3	钻芯劈裂法
2	平整度	99	2	直尺测得k(mm)
3	板厚度△	98	3	钻芯取样法
4	抗滑构造深度	95	2	铺砂法
5	相邻板间的高差	96	2	抽量
6	纵横缝顺直度	92	1	拉线
7	路面中线平面偏位	94	1	经纬仪
8	路面宽度	96	1	抽量
9	纵断高程	95	1	水准仪
10	路面横坡	95	1	水准仪

问题:

1. 改正事件一中的错误。
2. 事件二中传力杆应采用什么方法施工？对传力杆以下的混凝土如何振捣密实？
3. 施工单位配置的水泥混凝土搅拌站能否满足滑模摊铺机的生产率？说明理由。
4. 写出表中 k 的含义。平整度的检测除了表格中提及的直尺外，还可以采用什么仪器？
5. 计算分项工程(K0+000~K2+000段路面面层)的评分值(计算结果保留1位小数)，并评定该分项工程的工程质量等级。

案例(六)

背景资料

某施工单位承接了一条二级公路的施工，路线全长30.85km，路基宽度为8.5m，路面宽度为2×3.5m。该工程内容包括路基、桥梁及路面工程等。为减少桥头不均匀沉降，防止桥头跳车，桥台与路堤交接处按下图所示施工，主要施工内容包括地基清表、挖台阶、A区域分层填筑、铺设土工格栅、设置构造物K、路面铺筑等。路面结构层如下图所示，B区域为已经填筑完成的路堤填筑区域。

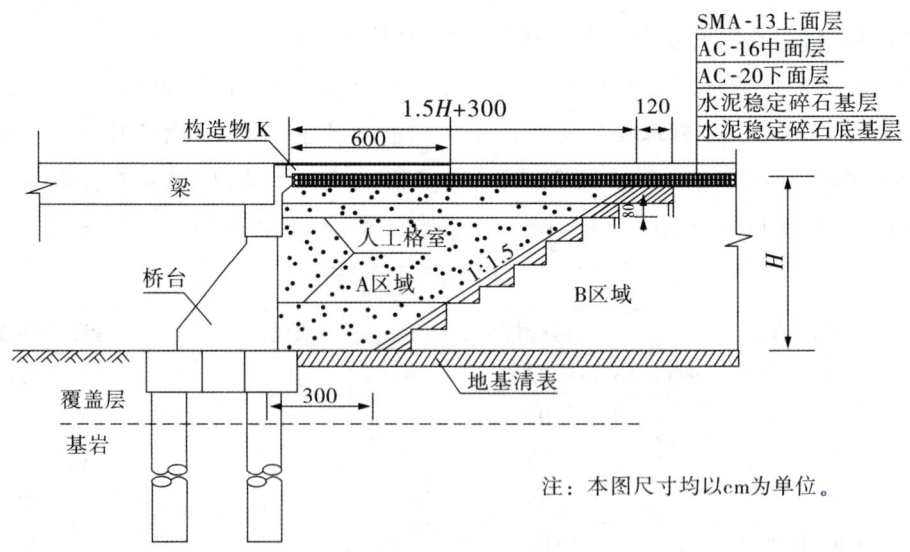

路面结构层示意图

该项目实施过程中发生了如下事件：

事件一：针对基层与底基层的施工，施工单位在施工组织设计中做了详细要求。现摘录4条技术要点如下：

(1)应在下承层施工质量检测合格后开始摊铺上层结构层，采用两层连续摊铺，下层质量出了问题时,上层应同时处理。

(2)分层摊铺时,应先将下承层顶面拉毛或采用凸块压路机碾压,再摊铺上层混合料。

(3)对无法使用机械摊铺的超宽路段,应采用人工同步摊铺、修整,并同时碾压成型。

(4)气候炎热干燥时碾压稳定中、粗混合料,含水率比最佳含水率降低0.5~1.5个百分点。

事件二:施工单位对K5+500~K5+800路段的基层完成碾压并经压实度检查合格后,及时实施养护,但因养护条件欠佳,导致基层出现了裂缝。经过弯沉检测,该段基层的承载力满足设计要求。施工单位对裂缝采取了相应的技术措施处理后,继续铺筑上面的沥青混凝土面层。

事件三:根据《公路工程竣(交)工验收办法实施细则》,施工单位完成约定的全部工程内容,且经施工自检评定材料和C报告。监理单位审查同意后,及时按规定提交了D资料、质量评定资料和监理总结报告。项目法人接收资料后及时按规定组织了交工验收。

问题:

1. 写出上图中结构物K的名称。
2. 对事件一中的4条技术要点逐条判断对错,并改正错误之处。
3. 写出两条可对事件二中裂缝修复的技术措施。
4. 写出事件三中C报告、D资料的名称。

案例(七)

背景资料

某施工单位承接了某一级公路M合同段路面施工任务,起点桩号K16+000,终点桩号K37+300。路面面层为26cm厚C30水泥混凝土,采用滑模机械摊铺施工。施工单位根据施工现场的具体条件,通过方案比较后绘制了施工平面布置示意图如下图所示。

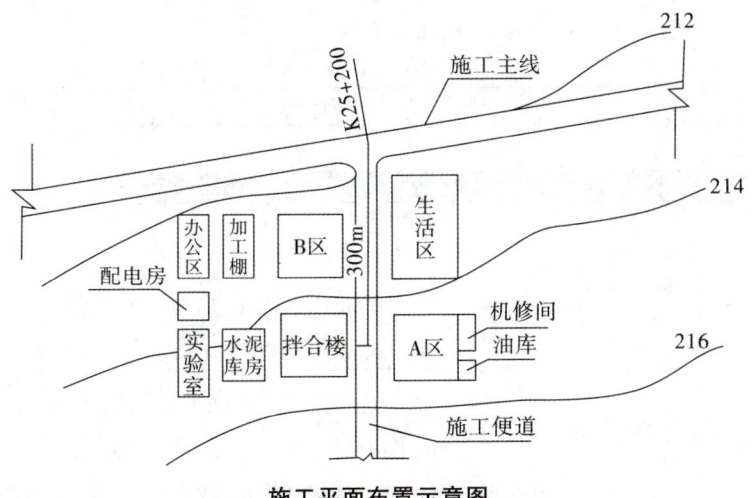

施工平面布置示意图

图中拌合楼由物料贮存系统、搅拌主机和电气控制系统以及其他附属设施等组成。

由于路面较宽,面层在纵向分两次铺筑,施工单位按要求设置纵向施工缝,施工缝采用平缝加拉杆型。施工中,监理工程师发现个别拉杆松脱,极个别拉杆漏插。

根据面层施工特点,施工单位配置了间歇式拌合楼、装运机械、摊铺设备、压实机械、轮式挖掘机、拉毛养护机械。

问题:

1. 列式计算水泥混凝土拌合料的平均运距。(单位以 m 计,保留 1 位小数)
2. 写出施工平面布置示意图中 A 区、B 区的名称。
3. 结合该路面施工方法,指出应在何时采用何种手段插入拉杆。
4. 针对监理工程师发现的问题,施工单位应如何处理?
5. 指出施工单位配置错误的机械,补充两种面层施工机械。

案例(八)

背景资料

某三级公路,起讫桩号为 K0+000~K5+300,双向两车道,路面结构形式为水泥混凝土路面。由于当地旅游经济的发展,此三级公路已发展为重要的旅游支线公路。通车 10 年后,路面发生局部网状开裂、纵向裂缝等病害。具有相应检测资质的检测单位采用探地雷达、(C)对水泥混凝土板的脱空和结构层的均匀情况、路面承载能力进行检测评估。设计单位根据检测评估结果对该路段进行路面改造方案设计。

经专家会讨论,改造路面的结构形式决定采用原水泥混凝土路面破碎后加铺沥青混凝土面层的路面结构形式,如下图所示。

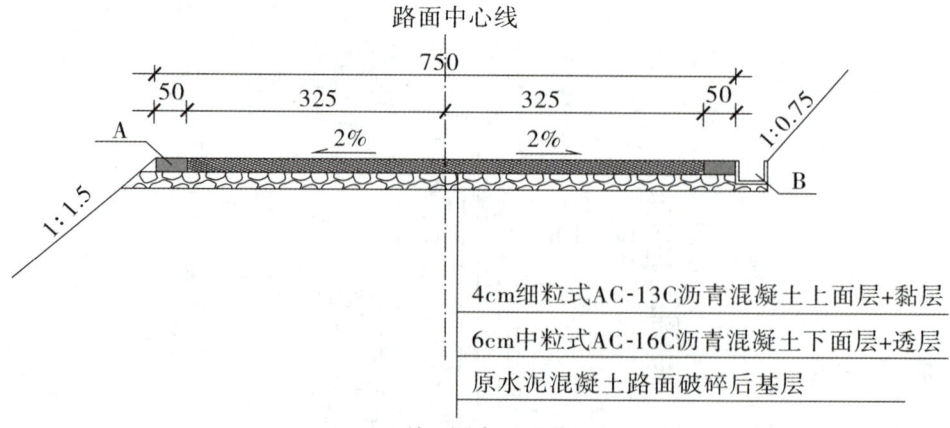

注:图中尺寸单位以 cm 计。

三级公路沥青混凝土路面结构示意图

施工中发生如下事件：

事件一：施工单位对破碎后的水泥混凝土路面采用Z型压路机振动压实2~3遍，测标高并进行级配碎石调平，检测平整度。光轮压路机压实3~4遍，压实速度不超过5km/h。

事件二：水泥混凝土路面破碎颗粒粒径满足要求并压实后，施工单位用智能洒布车均匀洒布乳化沥青做透层。洒布施工中发现局部有花白遗漏现象。

问题：
1. 写出图中A、B以及背景材料中C的名称。
2. 说明事件一中水泥混凝土路面破碎后进行压实的主要作用。
3. 事件二中的花白遗漏处应如何处理？透层油还可选择哪些类型的沥青？

参考答案及解析

一、单项选择题

1. D [解析] 填隙碎石用作基层时，集料的公称最大粒径应不大于53mm，用作底基层时，应不大于63mm。故选D。

2. A [解析] 选项A正确、选项D错误，无机结合料稳定材料层的养护期宜不少于7天，养护期宜延长至上层结构开始施工的前2天。选项B错误，养护期间应封闭交通，除洒水车和小型通勤车辆外，严禁其他车辆通行。选项C错误，洒水养护宜作为水泥稳定材料层的基本养护方式。故选A。

3. D [解析] 石灰稳定材料或石灰粉煤灰稳定材料层宜在当天碾压完成，最长不应超过4天。故选D。

4. A [解析] 透层的作用是使沥青面层与基层结合良好。故选A。

5. B [解析] 开级配沥青混合料是矿料级配主要由粗集料组成，细集料和填料较少，采用高黏度沥青结合料黏结形成，压实后孔隙率大于15%的开式沥青混合料。代表类型有排水式沥青磨耗层混合料，以OGFC表示。另有排水式沥青稳定碎石基层，以ATPB表示。故选B。

6. B [解析] 按组成结构分类，沥青路面可分为密实-悬浮结构、骨架-空隙结构、密实-骨架结构。其中，沥青玛蹄脂碎石混合料（SMA）是一种典型的密实-骨架型结构。故选B。

7. B [解析] 液体石油沥青宜采用针入度较大的石油沥青。故选B。

8. D [解析] 选项A正确，沥青的加热温度控制在规范规定的范围之内，即145~170℃。选项B正确，间歇式拌合机集料的加热温度比沥青温度高10~30℃；连续式拌合机集料的加热温度比沥青温度高5~10℃。选项C正确，混合料运至施工现场的温度控制在不低于135~150℃。选项D错误,当混合料出料温度过高即废弃。故选D。

9. D [解析]边角部分压路机碾压不到的位置,使用小型振动压路机碾压。故选D。

10. D [解析]养护用水可不检验不溶物质含量和其他杂质。故选D。

11. D [解析]硅酮类、聚氨酯类常温施工式填缝料可用于各等级公路水泥混凝土面层;橡胶沥青、改性沥青类填缝料可用于二级及二级以下公路,不宜用于高速公路和一级公路;道路石油沥青类填缝料可用于三、四级公路,不宜用于二级公路,不得用于高速公路和一级公路。故选D。

12. A [解析]搅拌楼的配备,应优先配间歇式搅拌楼,也可使用连续搅拌楼。故选A。

13. B [解析]水泥混凝路面横向施工缝设在缩缝处应采用设传力杆平缝型。施工缝设在胀缝处其构造与胀缝相同。确有困难需设置在缩缝之间时,横向施工缝应采用设拉杆企口缝型。故选B。

14. D [解析]水泥混凝土路面纵缝包括纵向施工缝和纵向缩缝两类,构造上分为设拉杆平缝型和设拉杆假缝型。故选D。

15. D [解析]设置拦水带汇集路面表面水时,拦水带过水断面内的水面,在高速公路及一级公路上不得漫过右侧车道外边缘,在二级及二级以下公路不得漫过右侧车道中心线。拦水缘石一般采用混凝土预制块或用路缘石成型机现场铺筑的沥青混凝土,拦水缘石高出路肩12cm,顶宽8~10cm。故选D。

16. C [解析]无侧限抗压强度标准试件是高:直径=1:1的圆柱体。故选C。

17. A [解析]目前混凝土抗折强度试件是150mm×150mm×550mm的梁形试件。故选A。

18. A [解析]填隙碎石基层施工时,撒布填隙料应在初压之后,振动压实之前进行。故选A。

19. C [解析]横缝应首先用3m直尺检查端部平整度,不符合要求时,垂直于路中线切齐清除。故选C。

20. B [解析]混合料运输时,卡车装料应分三个不同位置往车中装料,第一次装料靠近车厢的前部,第二次装料靠近后部车厢门,第三次装料在中间,这样可以消除装料时的离析现象。故选B。

21. B [解析]在特重和重交通公路、收费广场、邻近横向胀缝或路面自由端的3条缩缝应采用设传力杆假缝型。其他情况下可采用不设传力杆假缝型。故选B。

22. A [解析]滑模摊铺面层前,应准确架设基准线。故选A。

23. A [解析]有抗冰、抗盐冻要求时,各级公路水泥混凝土面层及暴露结构物混凝土应掺入引气剂;无抗冻要求地区的二级及二级以上公路水泥混凝土面层宜掺入引气剂。故选A。

24. A [解析]选项A正确,A级沥青适用于各个等级的公路,以及任何场合和层次。选项B错误,B级沥青适用于高速公路、一级公路沥青下面层及以下层次。选项C错误,C级沥青适用于三级及三级以下公路的各个层次。选项D错误,沥青一般分为A级、B级、C级三个等级。故选A。

25. C [解析]水泥混凝土路面的养护时间根据混凝土弯拉强度增长情况而定,不宜小于设计弯拉强度的80%。故选C。

26. D [解析]选项A正确,振捣棒在每一处的持续时间,应以拌合物全面振动液化,表面不再冒气泡和泛水泥浆为限,不宜过振,也不宜少于30s。选项B正确、选项D错误,振捣棒的移动间距不宜大于500mm,至模板边缘的距离不宜大于200mm,应避免碰撞模板、钢筋、传力杆和拉杆。选项C正确,振动板移位时,应重叠100~200mm,振动板在一个位置的持续振捣时间不应少于15s。故选D。

27. B　[解析]极重、特重、重交通荷载等级公路面层水泥混凝土用的天然砂质量不应低于Ⅱ级,中、轻交通荷载等级公路面层混凝土可使用Ⅲ级天然砂。故选B。

28. C　[解析]无侧限抗压强度试验步骤:①试料准备。②确定最佳含水量和最大干密度。③配制混合料。④按预定的干密度制作试件。⑤成型后试件应立即放入恒温室养护。⑥无侧限抗压强度试验。⑦整理数据、强度评定并提供试验报告。故选C。

29. A　[解析]在无机结合料粒料基层上洒布透层油时,宜在铺筑沥青层前1~2天洒布。故选A。

30. B　[解析]填隙碎石的施工工艺:初压→填隙料撒布→振动压实→再次撒布填隙料→振动压实→找补碾压(如有必要)→洒水→终压。故选B。

31. B　[解析]选项A错误,混合料摊铺碾压成型后,可覆盖薄膜,薄膜厚度宜不小于1mm。选项C错误,养护至上层结构层施工前1~2天,方可将薄膜掀开。选项D错误,对蒸发量较大的地区或养护时间大于15天的工程,在养护过程中应适当补水。故选B。

32. A　[解析]选项B错误,稳定细粒材料集中拌合时,土块应粉碎,最大尺寸应不大于15mm。选项C错误,对高速公路和一级公路,混合料拌合设备的产量宜大于500t/h。选项D错误,各个料仓之间的挡板高度应不小于1m。故选A。

33. A　[解析]密实-悬浮结构:在采用连续密级配矿料配制的沥青混合料中,粒径较大的颗粒往往被较小一级的颗粒挤开,彼此分离悬浮于较小颗粒和沥青胶浆中间,这样就形成了密实-悬浮结构的沥青混合料。故选A。

34. A　[解析]透层的作用:为使沥青面层与基层结合良好,在基层上浇洒乳化沥青、煤沥青或液体沥青而形成的透入基层表面的薄层。故选A。

35. B　[解析]采用漂石时,其粒径应大于集料公称最大粒径的3倍。故选B。

36. B　[解析]选项A错误,当石灰堆放时间较长时,应覆盖封存。选项C错误,生石灰块应在使用前7~10天充分消除。选项D错误,消石灰宜过孔径9.5mm筛。故选B。

37. C　[解析]已整平材料含水率过小时,应在土层上洒水闷料,且应符合下列规定:①洒水应均匀。②严禁洒水车在洒水段内停留和掉头。③采用高效率的路拌机械时,闷料时宜一次将水洒够。④采用普通路拌机械时,闷料时的洒水量宜较最佳含水率低2~3个百分点。⑤细粒材料应经一夜闷料,中粒和粗粒材料可视其中细粒材料的含量,缩短闷料时间。⑥对综合稳定材料,应先将石灰和土拌合后一起闷料。⑦对水泥稳定材料,应在摊铺水泥前闷料。故选C。

38. A　[解析]沥青路面按技术品质和使用情况分类如下表所示。

分类	组成	适用
沥青混凝土	集料、矿粉和沥青	各级公路面层
沥青碎石	石料级配和沥青规格要求较宽	宜用于三、四级公路。中粒式、粗粒式沥青碎石宜用作沥青混凝土面层下层、联结层或整平层
沥青贯入式	沥青浇洒在铺好的主层集料上,再分层撒布嵌缝石屑和浇洒沥青,分层压实,形成一个较致密的沥青结构层	沥青贯入式适用于三、四级公路,也可作为沥青混凝土面层的联结层
沥青表面处治	层铺法或拌合法铺筑而成的厚度不超过3cm的沥青面	一般用于三、四级公路,也可用作沥青路面的磨耗层、防滑层

由上表可知,沥青表面处治可用于沥青路面的磨耗层。故选A。

39. C [解析]热拌沥青混合料的压实:①压路机采用2~3台双轮双振压路机及2~3台重量不小于16t胶轮压路机组成。②初压采用钢轮压路机静压1~2遍,正常施工情况下,温度应不低于120℃并紧跟摊铺机进行;复压紧跟在初压后开始,不得随意停顿。密级配沥青混凝土优先采用胶轮压路机进行搓揉碾压,以增加密水性。边角部分压路机碾压不到的位置,使用小型振动压路机碾压。故选C。

40. D [解析]对水泥稳定材料或水泥粉煤灰稳定材料,宜在2h之内完成碾压成型,应取混合料的初凝时间与容许延迟时间较短的时间作为施工控制时间。故选D。

41. C [解析]气温低于10℃或大风、即将降雨时,不得喷洒透层油。故选C。

42. D [解析]滑模铺筑连续配筋混凝土路面、钢筋混凝土路面、桥面和桥头搭板,路面中设传力杆钢筋支架、胀缝钢筋支架时,布料应采用侧向上料的布料机或供料机。故选D。

43. B [解析]开铺前将摊铺机的熨平板加热至不低于100℃。故选B。

44. D [解析]用于二级及二级以上公路基层和底基层的级配碎石或砾石,应由不少于4种规格的材料掺配而成。故选D。

45. A [解析]滑模摊铺面层前,应准确架设基准线。基准线架设与保护应符合下列规定:①滑模摊铺高速公路、一级公路时,应采用单向坡双线基准线。②滑模整体铺筑二级公路的双向坡路面时,应设置双线基准线。故选A。

46. D [解析]普通混凝土路面横向缩缝宜等间距布置,不宜采用斜缝。故选D。

47. B [解析]路面表面防排水设施由路拱横坡、路肩坡度和拦水带等组成。故选B。

48. A [解析]路面基层排水系统是直接在面层下设置透水性排水基层。故选A。

49. B [解析]符合下列情况,必须喷洒黏层沥青:①双层式或三层式热拌热铺沥青混合料路面的沥青层之间。②水泥混凝土路面、沥青稳定碎石基层或旧沥青路面层上加铺沥青层。③路缘石、雨水进水口、检查井等构造物与新铺沥青混合料接触的侧面。故选B。

50. B [解析]对冬季寒冷的地区或交通量小的公路、旅游公路宜选用稠度小、低温延度大的沥青。故选B。

51. B [解析]对于地下水位较高、路基长期处于潮湿状态,强度和稳定性会降低,在重载作用下路面会出问题的地段,应设置渗透性小的垫层,隔绝地下水向上入侵。故选B。

52. B [解析]在混凝土达到设计弯拉强度的40%以后,可允许行人通过。故选B。

53. D [解析]沥青混凝土路面不平整的防治措施:①控制基层标高和平整度,控制混合料局部集中离析。②用拉力器校准基准线拉力,保证基准线水平。③应有不少于5部载料车在摊铺机前等候。④严禁在未成型的油面表层急刹车或快速起步,并选择合理的振频、振幅。⑤在摊铺机前设专人清除掉在"滑靴"前的混合料及摊铺机履带下的混合料。⑥沥青路面纵缝应采用热接缝,先摊铺沥青混凝土面层,再做构造物伸缩缝。故选D。

二、多项选择题

1. ABE [解析]填隙碎石的干法施工应符合的规定:①初压宜用两轮压路机碾压3~4遍,使集料稳定就位,初压结束时,表面应平整,并具有规定的路拱和纵坡。②填隙料应采用石屑撒布机或类似的设备均匀地撒铺在已压稳的集料层上。松铺厚度宜为25~30mm,必要时,可用人工或机械扫匀。③应采用振动压路机慢速碾压,将全部填隙料振入集料间的空隙中。无振动压路机对,可采用重型振动板。路面两侧宜多压2~3遍。④再次撒布填隙料,松铺厚度宜为20~25mm,应用人工或机械扫匀。故选ABE。

2. ABCE [解析]无机结合料基层养护可采取洒水养护、薄膜覆盖养护、土工布覆盖养护、铺设湿砂养护、草帘覆盖养护、洒铺乳化沥青养护等方式,宜结合工程实际情况选择适宜的方式。故选ABCE。

3. CD [解析]对沥青面层厚度大于20cm的结构或二级及二级以下公路的无机结合料稳定材料的基层,可采用洒铺乳化沥青方式养护。故选CD。

4. ABCE [解析]选项D错误,拌合引气混凝土时,搅拌楼一次拌合量不应大于其额定搅拌量的90%。故选ABCE。

5. CDE [解析]水泥混凝土路面横向缩缝的切缝方式有全部硬切缝、软硬结合切缝和全部软切缝三种,切缝方式的选用,应由施工期间该地区路面摊铺完毕到切缝时的昼夜温差确定。故选CDE。

6. ACDE [解析]乳化沥青适用于沥青表面处治、沥青贯入式路面、冷拌沥青混合料路面,修补裂缝、喷洒透层、黏层与封层等。故选ACDE。

7. ACE [解析]选项B错误,沥青碎石路面,沥青用量少,且不用矿粉。选项D错误,热拌沥青碎石适宜用于三、四级公路。故选ACE。

8. ABCD [解析]水泥混凝土路面横向裂缝产生的原因:①混凝土路面切缝不及时,由于温缩和干缩发生断裂。混凝土连续浇筑长度越长,浇筑时气温越高,基层表面越粗糙越易断裂。②切缝深度过浅,由于横断面没有明显削弱,应力没有释放,因而在临近缩缝处产生新的收缩缝。③混凝土路面基础发生不均匀沉陷(如穿越河浜、沟槽,拓宽路段处),导致板底脱空而断裂。④混凝土路面板厚度与强度不足,在行车荷载和温度应用下产生强度裂缝。⑤水泥干缩性大;混凝土配合比不合理,水胶比大;材料计量不准确;养护不及时。⑥混凝土施工时,振捣不均匀。故选ABCD。

9. BCDE [解析]沥青混凝土路面不平整原

因：①基层标高、平整度不符合要求，松铺厚度不同或混合料局部集中离析，混合料压缩量的不同，导致了高程厚度上的不平整；②摊铺机自动找平装置失灵，摊铺时产生上下漂浮；③基准线拉力不够，钢钎较其他位置高而造成波动；④摊铺过程中摊铺机停机，熨平板振动下沉，重新启动后形成凹点；⑤摊铺过程中载料车装卸时撞击摊铺机，推移熨平板而减少夯实，形成松铺压实凹点；⑥压路机碾压时急停急转，随意停车加水、小修，推拥热的沥青混合料，而形成鼓棱；⑦基层顶面清理不干净，或摊铺现场随地有漏散混合料，摊铺机滑靴或履带时常碾压在漏散混合料上，导致沥青混合料摊铺厚度不均匀；⑧施工缝接茬处理不好，新旧摊铺压实厚度不一，与构造物伸缩缝衔接不好。故选 BCDE。

10. ACD ［解析］封层的作用：①封闭某一层起着保水防水作用；②起基层与沥青表面层之间的过渡和有效联结作用；③路的某一层表面破坏离析松散处的加固补强；④基层在沥青面层铺筑前，要临时开放交通，防止基层因天气或车辆作用出现水毁。故选 ACD。

11. BCDE ［解析］SMA 的碾压遵循"紧跟、慢压、高频、低幅"的原则。碾压过程中，压路机应紧跟、慢压。采用振动压路机时，宜用高频率、低振幅。故选 BCDE。

12. ABE ［解析］极重、特重、重交通荷载等级公路面层水泥混凝土应采用旋窑生产的道路硅酸盐水泥、硅酸盐水泥、普通硅酸盐水泥，中、轻交通荷载等级公路面层水泥混凝土可采用矿渣硅酸盐水泥。故选 ABE。

13. ABDE ［解析］上坡纵坡大于 5%、下坡纵坡大于 6%、平面半径小于 50m 或超高横坡超过 7%的路段，不宜采用滑模摊铺机进行摊铺。故选 ABDE。

14. AB ［解析］每日施工结束或因临时原因中断施工时，应设置横向施工缝，其位置应尽可能选在胀缝或缩缝处。故选 AB。

15. ABC ［解析］用钢抹修整过的光面，必须再拉毛处理，以恢复细观抗滑构造。当日施工进度超过 500m 时，抗滑沟槽制作宜选用拉毛机械施工，没有拉毛机械时，可采用人工拉槽方式。特重和重交通混凝土路面宜采用硬刻槽。故选 ABC。

16. BE ［解析］在一些特殊地段，如连续长纵坡坡段、曲线超高过渡段和凹形竖曲线段等，排水层内渗流的自由水有可能被堵封或者渗流路径超过 45~60m。在这些路段，应增设横向排水管以拦截水流、缩短渗流长度。故选 BE。

17. ABDE ［解析］符合下列情况，必须喷洒黏层沥青：①双层式或三层式热拌热铺沥青混合料路面的沥青层之间。②水泥混凝土路面、沥青稳定碎石基层或旧沥青路面层上加铺沥青层。③路缘石、雨水进水口、检查井等构造物与新铺沥青混合料接触的侧面。故选 ABDE。

18. ABC ［解析］填隙碎石施工备料时，应当根据各路段基层或底基层的宽度、厚度及松铺系数，计算各段需要的集料数量。故选 ABC。

19. BE ［解析］排水基层下必须设置不透水垫层或反滤层，以防止表面水向下渗入垫层，浸湿垫层和路基，同时防止垫层或路基土中的细粒进入排水基层而造成堵塞。故选 BE。

20. ABC ［解析］选项 ABC 正确，生石灰在有效氧化钙加氧化镁含量、未消化残渣含量、氧化镁含量三个指标方面，应符合相关规范的规定。选项 DE 错误，消石灰在有效氧化钙加氧化镁含量、含水率、细度、氧化镁含量四个指标方面,应符合相关规范的规定。故选 ABC。

21. ADE [解析] 用于基层的无机结合料稳定材料,强度满足要求时,尚宜检验其抗冲刷和抗裂性能。故选 ADE。

22. ABE [解析] 选项 ABE 正确,无机结合料稳定材料生产配合比设计应包括下列技术内容:①确定料仓供料比例。②确定水泥稳定材料的容许延迟时间。③确定结合料剂量的标定曲线。④确定混合料的最佳含水率、最大干密度。选项 CD 错误,无机结合料稳定材料目标配合比设计应包括下列技术内容:①选择级配范围。②确定结合料类型及掺配比例。③验证混合料相关的设计及施工技术指标。故选 ABE。

23. ACD [解析] 根据各路段无机结合料稳定材料层的宽度、厚度以及预定的干密度,计算各路段需要的干燥材料的数量。故选 ACD。

24. AC [解析] 选项 A 错误,下承层是稳定细粒材料时,宜先将下承层顶面拉毛或采用凸块式压路机碾压,再摊铺上层混合料。选项 C 错误,水泥稳定材料结构层施工时,应在混合料处于或略大于最佳含水率的状态下碾压。故选 AC。

25. BCDE [解析] 垫层是设置在底基层与土基之间的结构层,起排水、隔水、防冻、防污等作用。故选 BCDE。

三、实务操作和案例分析题

案例(一)

1. A 为黏层;B 为黏层;C 为下封层;D 为透层。
2. 石灰:粉煤灰:碎石的体积比 = $4 \times (1 + 0.03) \div 450 : 11 \times (1 + 0.08) \div 400 : 85 \times (1 + 0.03) \div 1940 = 1.0 : 3.2 : 4.9$。
3. 错误之处一:表面层采用走线法施工。
改正:表面层采用平衡梁法施工。
错误之处二:初压采用双轮双振压路机静压 1~2 遍,温度应不低于 65℃,并紧跟摊铺机进行。
改正:初压采用双轮双振压路机静压 1~2 遍,温度应不低于 120℃,并紧跟摊铺机进行。
错误之处三:按直线段由中间向两边、曲线段由外侧向内侧的方式进行碾压。
改正:直线段由两侧向中心碾压,曲线段由内侧向外侧碾压。
4. 面层平整度不合格的原因:
①保持摊铺机及找平装置工作状态稳定不变。
②按照先做构造物伸缩缝再摊铺沥青混凝土面层施工。
③水泥稳定碎石基层平整度控制不严。
5. 按照累加数列错位相减取大差的方法计算 Ⅰ 和 Ⅱ 施工过程的流水步距为:

$$\begin{array}{r} 4 \quad 9 \quad 12 \quad 16 \\ - \quad\quad 3 \quad 7 \quad 9 \quad 12 \\ \hline 4 \quad 6 \quad 5 \quad 7 \quad -12 \end{array}$$

所以,$K_Ⅲ = 7$,则工期为 $7 + 12 + 1 + 1 + 1 = 22$ 周。

案例(二)

1. ①路拌法和厂拌法。
②从环保的角度考虑,本工程宜选用厂拌法。
2. 上面层(SMA)的矿料级配组成中应缺少 1 个或几个档次,形成间断级配。底基层(级配碎石)级配应接近圆滑曲线(或应形成连续级配)。
3. 沥青混合料的配合比设计。
4. Z 为残留稳定度,它是反映沥青混合料受水损害时抗剥落能力的指标。

案例（三）

1. 不合理。

   理由：道路面层应该是自上而下沥青混合料粒径越来越大，下面层应为粗粒式，中面层应为中粒式，本案例中面层为粗粒式、下面层为中粒式是不合理的。

2. 正确。

   理由：甲公司违反了有关"主体结构的施工必须由总承包单位自行完成"的规定，属于违法分包。

3. "甲公司将原始地貌杂草清理后，在挖方段取土一次性将池塘填平并碾压成型"的做法不妥。

   正确做法：甲公司清除杂草后，应妥善处理坑洞、井穴、树根坑的坑槽。对于原地基不满足强度要求的土体要进行地基处理；对挖方段取出的土要检查其天然含水量、液限、塑限、标准击实、CBR 试验，必要时应做颗粒分析、有机质含量、易溶盐含量、冻胀和膨胀量等试验，合格后分层回填、分层碾压至原地面高。

4. 错误之处一：上面层摊铺分左、右幅施工。

   正确做法：表面层宜采用多机全幅摊铺，以减少施工接缝。

   错误之处二：摊铺机组前后错开 40~50m 距离。

   正确做法：多台摊铺机前后错开 10~20m 呈梯队方式同步摊铺。

   错误之处三：SMA 混合料初压采用振动压路机，复压采用轮胎压路机（采用轮胎压路机进行复压易产生波浪和混合料离析）。

   正确做法：SMA 混合料初压采用钢轮压路机，复压应采用振动压路机。

   错误之处四：纵向接缝采用热接缝，施工时将混合料已摊铺部分留 8~10cm 暂不碾压，然后跨缝碾压以消除缝迹。

   正确做法：纵向接缝采用热接缝，施工时将混合料已摊铺部分留 10~20cm 暂不碾压，然后跨缝碾压以消除缝迹。

5. 沥青混凝土路面主控项目包括矿料级配、沥青含量、压实度和厚度。

案例（四）

1. 错误之处一：拌合站尽量设在生活区、居民区的上风向。

   改正：拌合站尽量设在生活区、居民区的下风向。

   错误之处二：混凝土拌合应采用自落式拌合机，水、外掺剂计量应采用流量或人工计量方式。

   改正：混凝土拌合应采用强制式拌合机，水、外掺剂计量应采用全自动电子称量法计量，禁止采用流量或人工计量方式。

   错误之处三：混凝土配合比牌设置在材料堆放处。

   改正：混凝土配合比牌设置在拌合楼旁。

2. （1）发现"弹簧"现象时，宜采用挖开晾晒、换土、掺石灰或水泥等措施处理。

   （2）错误之处：水泥稳定碎石基层按直线段由中间向两边、曲线段由外侧向内侧的方式进行碾压。

   改正：水泥稳定碎石基层直线段由两侧向中心碾压，曲线段由内侧向外侧碾压。

3. （1）A 为传力杆；B 为填缝板。

   （2）A 应该采用光面钢筋。

4. 前置法施工，首先加工、安装和固定胀缝钢筋支架，然后使用手持振捣棒振实胀缝板两侧的混凝土后再摊铺。在混凝土未硬化时，剔除胀缝板上部的混凝土，嵌入 (20~25)mm ×

20mm 的木条,整平表面。

案例(五)

1. (1)"在基层上进行了模板安装"改为"滑模摊铺机不需要安装模板"。

   (2)滑模摊铺高速公路时,应采用单向坡双线基准线,故"单线基准线"应改为"单向坡双线基准线"。

2. (1)采用前置支架法施工。

   (2)传力杆以下的混凝土宜在摊铺前采用手持振捣棒振实。

3. 水泥混凝土搅拌站能满足滑模摊铺机的生产率。

   理由:每台摊铺机生产效率 $Q = 1000 \times 0.24 \times (2.5 + 8.5) \times (100/1000) \times 0.75 = 198 m^3/h$。则两台摊铺机生产效率为:$198 \times 2 = 396 m^3/h < 450 m^3/h$(搅拌站生产能力),所以能满足滑模摊铺机的生产率。

4. (1) k 是指 3m 直尺与路面的最大间隙。

   (2)本题中,平整度检测还可以采用平整度仪。

5. (1)分项工程得分 = $\sum$(实测项目得分×权值)/$\sum$实测项目权值 = 1637/17 = 96.3 分。

   分项工程评分 = 分项工程得分 - 外观缺陷扣分 - 资料不齐扣分 = 96.3 - 1 - 0 = 95.3 分。

   (2)该分项工程的评分 95.3 分 ≥ 75 分,则该分项工程的工程质量等级为合格。

案例(六)

1. 构造物 K:桥头搭板。

2. (1)正确。

   (2)错误。正确做法:下承层是稳定中、粗粒材料,应先将下承层清理干净,并洒铺水泥净浆,再摊铺上层混合料。

   (3)正确。

   (4)错误。正确做法:气候炎热干燥时碾压的含水率可比最佳含水率增加 0.5~1.5 个百分点。

3. 裂缝修复的技术措施:

   ①在裂缝位置灌缝;

   ②在裂缝位置铺设玻璃纤维格栅;

   ③洒铺热改性沥青。

4. C 报告:施工总结报告;D 资料:独立抽检资料。

案例(七)

1. 平均运距为:300 + (9200/2×9200 + 12100/2×12100)/(9200 + 12100) = 300 + 5423.7 = 5723.7m。

2. A 区宜作停机坪,B 区宜作料场。

3. 应在摊铺过程中,用摊铺机的侧向拉杆装置插入拉杆。

4. 应在横向相邻路面摊铺前,钻孔重新植入。

5. ①错误之处是配置了压实机械。

   ②还应配置切缝机、洒水车、吊车、整平梁。

案例(八)

1. A:路肩;B:边沟;C:弯沉仪。

2. 压实的主要作用:

   ①将破碎的路面表面的扁平颗粒进一步破碎。

   ②稳固下层块料,为新铺沥青面层提供一个平整的表面。

   ③使粒料基层压实度满足要求,避免不均匀沉降。

3. (1)有花白遗漏应人工补洒。

   (2)透层油可采用液体沥青、煤沥青。

第 3 章　桥涵工程

考情分析

本章属于重点章节,一共包括 3 个专题。桥涵工程部分是本书中最难理解也是内容最多的一部分。本章中以专题 1 桥梁工程最为重要,专题 2 和专题 3 所占分值比例较低,可以作为次重点复习。在历年考试中,桥梁工程的案例题出题方式较为灵活,因此在学习过程中,应注意结合图形进行理解,不能死记硬背,无论是从学习难度还是从考试出题概率来讲,各位考生都应花费大量时间和精力在本章内容。

扫码领取本章视频课程

近 3 年考试真题分值统计表
（单位:分）

序号	专题名	2022			2021(2)			2021(1)			2020		
		单选	多选	案例	单选	多选	案例	单选	多选	案例	单选	多选	案例
1	桥梁工程	3	2	12	3	2	—	3	2	—	3	2	8
2	涵洞工程	—	—	—	—	—	14	—	—	—	—	—	—
3	桥涵工程质量通病及防治措施	—	—	—	—	—	—	—	—	—	—	—	—
	合计	3	2	12	3	2	14	3	2	0	3	2	8

思维导图

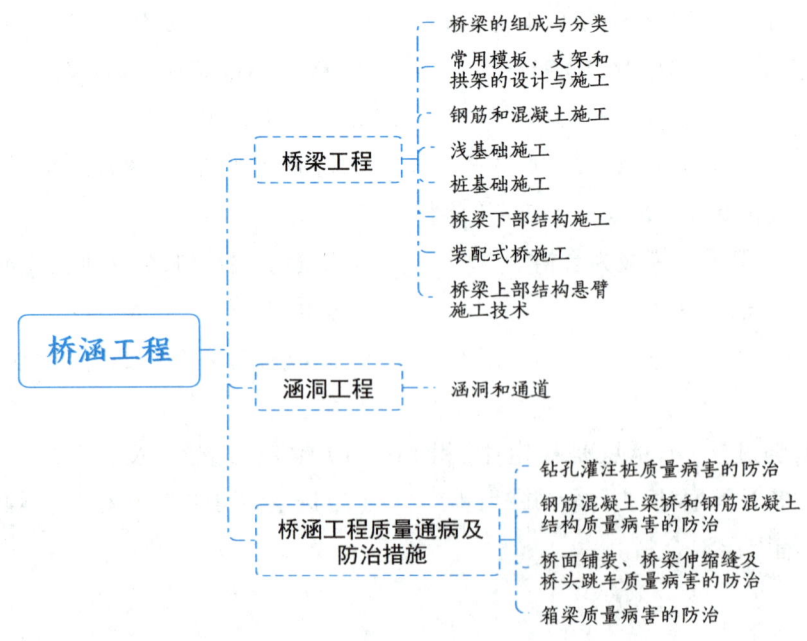

专题 1　桥梁工程

复习提示▷ 本专题在历年考试中考查较多。桥梁的组成与分类，常用模板、支架和拱架，钢筋和混凝土施工一般为选择题考点，预应力混凝土常作为案例题进行考查；桥梁基础部分一般选择题和案例题都有涉及；桥梁的上部结构也是案例题考查的内容。因此，无论是从选择题的角度，还是从案例题的角度，本专题都是复习的重中之重。

[考点 1]　桥梁的组成与分类

（一）桥梁的组成

1.基本组成

桥梁由五个"大部件"和五个"小部件"所组成。所谓五个大部件，是指桥梁承受汽车或其他运载车辆荷载的桥跨上部结构和下部结构。

（1）桥跨结构——又称桥孔结构、上部结构，是线路遇到障碍（如江河、山谷或其他线路等）中断时，跨越这类障碍的结构物。

（2）支座系统——支撑上部结构并传递荷载于桥梁墩台上。

（3）桥墩——在河中或岸上支撑两侧桥跨上部结构的建筑物。

（4）桥台——设在桥的两端，一端与路堤相接。

（5）墩台基础——保证桥梁墩台安全并将荷载传至地基的结构部分。

2.附属设施

五个小部件是指桥面铺装、排水防水系统、栏杆、伸缩缝、灯光照明。

[记忆]　蓝光水面。

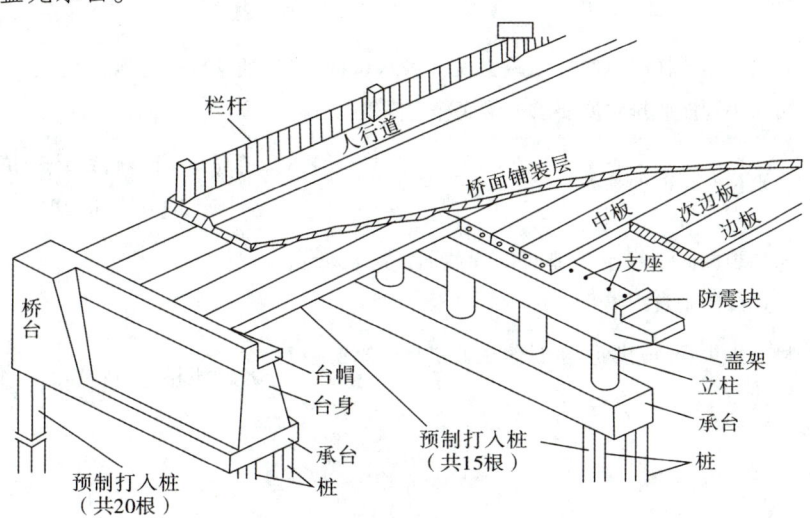

桥梁组成示意图

[提示] 桥跨上部结构包括桥跨结构、支座系统;桥跨下部结构包括桥墩、桥台、墩台基础。

(二)桥梁布置和结构的相关术语

名称	定义	说明
跨度	也称跨径,是指桥梁两相邻墩支座间的距离	表征桥梁技术水平的重要指标
计算跨径	1. 桥跨结构两个支点间的距离。 2. 梁式桥:桥跨两端相邻支座中心之间的距离。 3. 拱式桥:拱轴线两端点之间的水平距离	桥跨结构的力学计算常常使用计算跨径
净跨径	1. 梁式桥:设计洪水位线上相邻两个桥墩(或桥台)之间的净距。 2. 拱式桥:每孔拱跨拱脚截面最低点之间的水平距离	反映桥梁宣泄洪水的能力和通航标准的指标
总跨径	各孔净跨径之和	
标准跨径	1. 公路梁式桥:两相邻桥墩中线间的距离,或桥墩中线与桥台台背前缘间的距离。 2. 拱式桥:其净跨径	铁路桥常以计算跨径作为标准跨径
桥梁全长	1. 有桥台:应为两岸桥台侧墙或八字墙尾端间的距离。 2. 无桥台:应为桥面系长度	对于拱式桥是指其净跨径
桥下净空高度	设计洪水位或设计通航水位至桥跨结构最下边缘之间的距离	该距离应满足安全排洪及通航的要求
桥梁建筑高度	桥上行车路面(或轨顶)与桥跨结构下边缘之间的高差	通常桥梁建筑高度应小于其容许建筑高度,即桥面标高与通航净空顶部标高之差
桥梁容许建筑高度	公路桥面或铁路轨底标高减去设计洪水位标高,再减去通航或排洪所要求的梁底净空高度	通常桥梁建筑高度应小于其容许建筑高度
桥梁高度	低水位至桥面的高差	桥高的不同对桥梁施工的要求也不同,其施工的方法和难度会有很大差异
净矢高	从拱顶截面下缘至相邻两拱脚截面下缘最低点之连线的垂直距离	—
矢跨比	拱桥中拱券(或拱肋)的计算矢高 f 与计算跨径 l 之比(f/l)	反映拱桥受力特性的一个重要指标

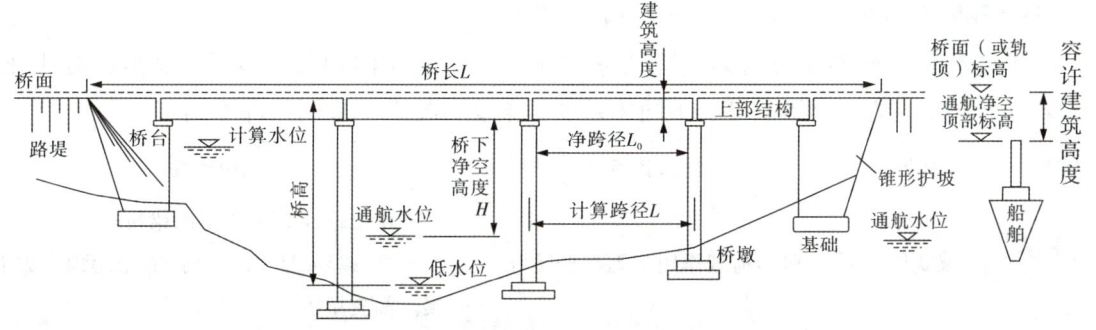

梁式桥术语名词示意图

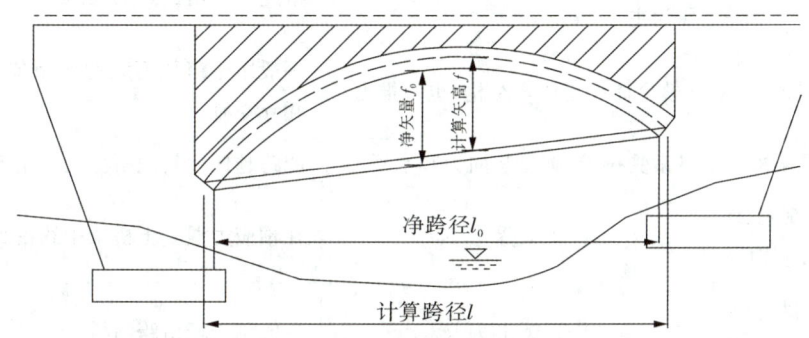

拱式桥术语名词示意图

(三)桥梁的分类

分类标准	内容	说明
按跨径大小	特大、大、中、小桥	1. 多孔跨径的总长(m):$L>1000$(特大桥),$100 \leq L \leq 1000$(大桥),$30<L<100$(中桥),$8 \leq L \leq 30$(小桥)。 2. 单孔跨径(m):$L_x>150$(特大桥),$40 \leq L_x \leq 150$(大桥),$20 \leq L_x<40$(中桥),$5 \leq L_x<20$(小桥)
按桥面位置	上承式桥、中承式桥、下承式桥	根据容许建筑高度的大小和实际需要,可布置在桥跨结构的上面、中间或下面
按用途	公路桥、铁路桥、公路铁路两用桥、农桥、人行桥、运水桥及其他专用桥梁	运水桥包括渡槽
按结构体系	梁式桥、拱式桥、刚架桥、悬索桥四种基本体系	其他还有几种由基本体系组合而成的组合体系等
按跨越方式	跨越河流的桥梁和固定式的桥梁	除此之外,还有跨越其他障碍的如跨线桥和跨越深谷桥梁等,以及开启桥、浮桥、漫水桥等
按施工方法	整体式的和节段式的混凝土桥	前者为现浇,后者为预制
按建筑材料	木桥、钢桥、圬工桥、钢筋混凝土桥和预应力钢筋混凝土桥	圬工桥包括砖、石、混凝土桥

(四)各种类型桥梁的受力特点及适用条件

按结构体系划分,桥梁分为梁式桥、拱桥、刚架桥、悬索桥四种基本体系。其他还有几种由基本体系组合而成的组合体系等。不同体系的桥梁受力特点及适用条件不同。

体系	种类	受力特点	适用条件
基本体系	梁式桥	竖向荷载作用下无水平反力	1.常用于跨径25m以下的梁桥。 2.跨度>25m且≤50m时,需采用预应力混凝土简支梁桥
	拱桥	主要承重结构是拱券或拱肋,以受压为主	常建于地基良好的地区
	刚架桥	整个体系是压弯结构,也有推力	一般用于跨径不大的城市或公路的高架桥和立交桥
	悬索桥	悬索受拉,锚碇受竖向力和水平力	能跨越任何其他桥型无与伦比的特大跨度
组合体系	T形刚架、连续刚构	主梁受弯	在预应力混凝土桥梁中约占50%以上
	梁、拱组合体系	梁受弯、拱承压	一般用于城市跨河桥
	斜拉桥	塔承压、索受拉与梁体承弯	适用于大型、超大型桥梁

1. 基本体系

(1)梁式桥。

梁分简支梁、悬臂梁、固端梁和连续梁等。悬臂梁、固端梁和连续梁都是利用支座上的卸载弯矩去减少跨中弯矩,使梁跨内的内力分配更合理。

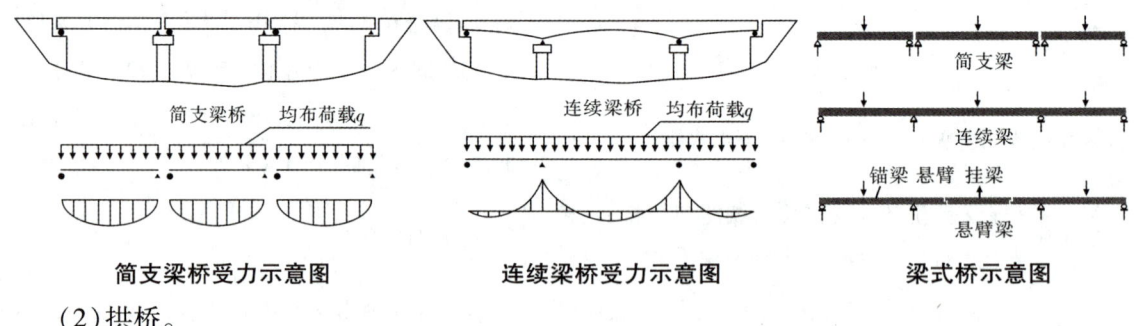

简支梁桥受力示意图　　连续梁桥受力示意图　　梁式桥示意图

(2)拱桥。

拱分单铰拱、双铰拱、三铰拱和无铰拱。拱是有推力的结构,对地基要求较高。

拱桥示意图

（3）刚架桥。

刚架桥是介于梁与拱之间的一种结构体系，它是由受弯的上部梁（或板）结构与承压的下部柱（或墩）整体结合在一起的结构。

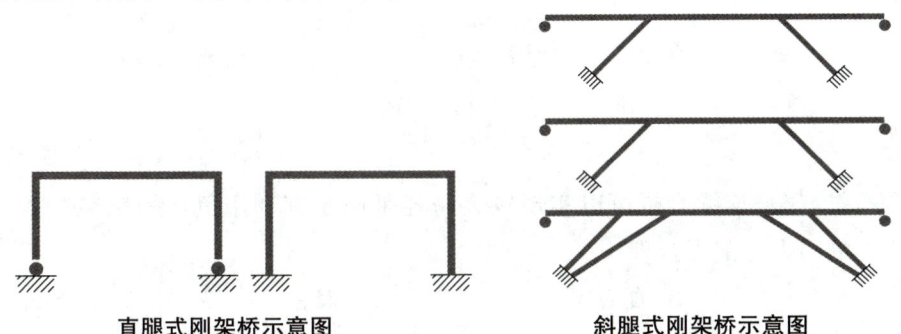

直腿式刚架桥示意图　　斜腿式刚架桥示意图

（4）悬索桥。

悬索桥主要由加劲梁、索、塔、锚碇组成。

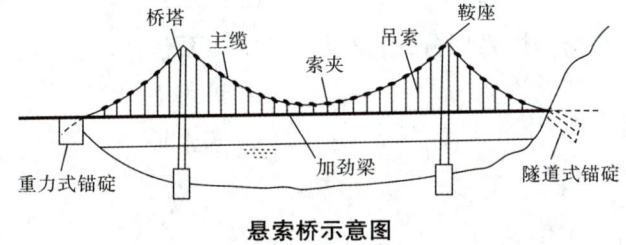

悬索桥示意图

2. 组合体系

（1）T形刚架、连续刚构：由梁和刚架相结合的体系，预应力混凝土结构采用悬臂施工法而发展起来的一种新体系。

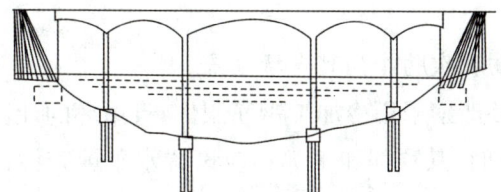

T形刚架、连续刚构示意图

（2）梁、拱组合体系中有系杆拱、桁架拱、多跨拱梁结构等。

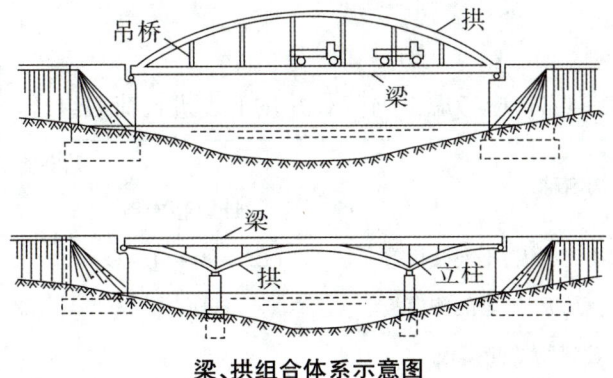

梁、拱组合体系示意图

（3）斜拉桥：梁体用拉索多点拉住，好似多跨弹性支承连续梁，使梁体内弯矩减小，降低了建筑高度。

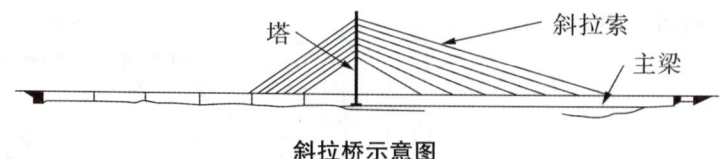

斜拉桥示意图

🌐 **精选真题**

1. [2016年真题]连续梁桥可以实现较大跨径是由于其利用负弯矩来减少（　　）弯矩，从而使梁跨内的内力分配更合理。

　　A. 固定端　　　　B. 自由端　　　　C. 铰接点　　　　D. 跨中

2. [2015年真题]某简支空心板梁桥桥面标高21.75m，板厚60cm，桥面铺装厚12cm，设计洪水位标高16.50m，施工水位标高12.25m，低水位标高7.80m，则该桥梁高度为（　　）m。

　　A. 5.25　　　　　B. 9.50　　　　　C. 13.23　　　　　D. 13.95

3. [2022年真题]按结构体系划分，桥梁结构基本体系包括（　　）。

　　A. 梁式桥　　　　　　　　　　　　B. 拱式桥

　　C. 连续刚构桥　　　　　　　　　　D. 悬索桥

　　E. 斜拉桥

答案：1. D。2. D。3. ABD。

[考点2] 常用模板、支架和拱架的设计与施工

（一）常用模板、支架和拱架的设计

（1）一般要求。

①模板背面应设置主肋和次肋作为其支承系统。

②在模板上设置的吊环严禁采用冷加工钢筋制作，且吊环的计算拉应力应不大于65MPa。

③支架高度大于4.8m时，其顶部和底部均应设置水平剪刀撑，中间水平剪刀撑的设置间距应不大于4.8m。

④支架的高宽比宜小于或等于2，当高宽比大于2时，宜扩大下部架体尺寸或采取其他构造措施。

（2）设计荷载。

计算模板、支架和拱架时，应考虑下列荷载并按下表进行荷载组合。

模板结构名称	荷载组合	
	计算强度用	验算刚度用
梁、板和拱的底模板以及支承板、支架及拱等	①+②+③+④+⑦+⑧	①+②+⑦+⑧
缘石、人行道、栏杆柱、梁、板、拱等的侧模板	④+⑤	⑤
基础、墩台等厚大建筑物的侧模板	⑤+⑥	⑤

①模板、支架自重和拱架自重(永久、竖向);
②新浇筑混凝土、钢筋、预应力筋或其他圬工结构物的重力(永久、竖向);
③施工人员及施工设备、施工材料等的荷载(可变、竖向);
④振捣混凝土时产生的振动荷载(可变、水平向、对小侧模板有影响);
⑤新浇筑混凝土对模板侧面的压力(永久、水平向);
⑥混凝土入模时产生的水平方向的冲击荷载(可变、水平向、对大侧模板有影响);
⑦设于水中的支架所承受的水流压力、波浪力、流冰压力、船只及其他漂浮物的撞击力(永久、竖向);
⑧其他可能产生的荷载,如风荷载、雪荷载、冬季保温设施荷载等(永久、竖向)。

(3)稳定性要求。

结构名称	验算对象	稳定系数
模板及支架	自重和风荷载等作用下的抗倾倒稳定	≥1.3
拱架	整体稳定和局部稳定	≥1.5
	拱顶、拱脚及1/4跨各截面的应力、铁件及节点的应力、分阶段浇筑或砌筑时的强度及稳定性	≥1.3

(4)强度及刚度要求。

结构名称	验算对象	强度及刚度要求
模板	结构表面外露部分	挠度为模板构件跨度的1/400
	结构表面隐蔽部分	挠度为模板构件跨度的1/250
支架、拱架	受载后挠曲的杆件(盖梁、纵梁)	弹性挠度为相应结构跨度的1/400
钢模板	面板	变形为1.5mm
	钢棱和柱箍	变形为$L/500$和$B/500$(L为计算跨径,B为柱宽)

[记忆] 外露银币,死而无憾。

(二)常用模板、支架和拱架的施工

1.模板、支架及拱架的制作安装

结构名称	施工工序	施工要求
模板	制作	1.钢模板宜采用标准化的组合模板。 2.木模的接缝可做成平缝、搭接缝或企口缝;转角处应加嵌条或做成斜角
	安装	1.模板不应与脚手架连接(模板与脚手架整体设计时除外)。 2.模板安装完毕后,应对其平面位置、顶部标高、节点联系及纵横向稳定性进行检查。 3.安装过程中,必须设置防倾覆设施

(续表)

结构名称	施工工序	施工要求
支架、拱架	制作	制作木支架、木拱架时,两相邻立柱的连接接头应尽量分设在不同的水平面上。主要压力杆的纵向连接应使用对接法;次要构件采用搭接法
	安装	1.支架或拱架安装完毕后,应对其平面位置、顶部标高、节点连接及纵、横向稳定性进行全面检查。 2.应通过预压的方式,消除支架地基的不均匀沉降和支架的非弹性变形

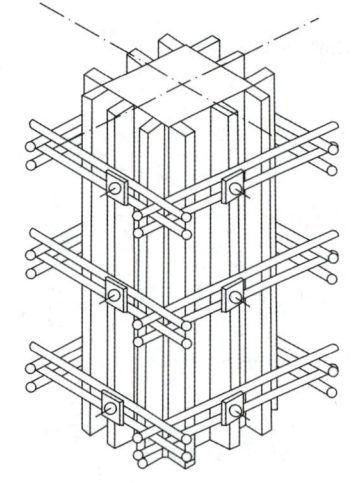 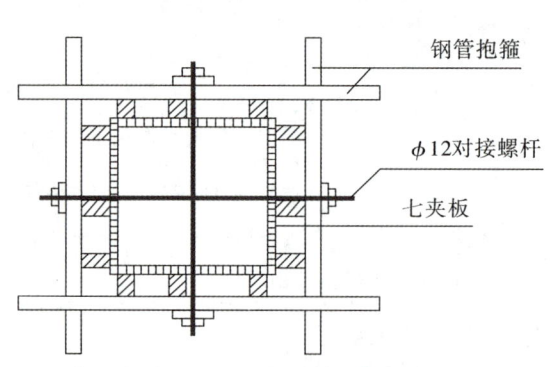

木模板组成示意图

2. 模板、支架及拱架的拆除

（1）拆除期限的原则。

①非承重侧模板一般应在混凝土抗压强度达到 2.5MPa 时方可拆除侧模板。

②芯模和预留孔道内模,应在混凝土强度能保证其表面不发生塌陷和裂缝现象时,方可拔除。

③钢筋混凝土结构的承重模板、支架和拱架,应在混凝土强度能承受其自重荷载及其他可能的叠加荷载时,方可拆除。

④对预应力混凝土结构,其侧模应在预应力钢束张拉前拆除;底模及支架应在结构建立预应力后方可拆除。

⑤现浇混凝土拱券的拱架,拆除期限应符合设计规定;设计未规定时,应在拱券混凝土强度达到设计强度的 85% 后,方可卸落拆除。

（2）拆除的技术要求。

①模板拆除应按设计的顺序进行,设计无规定时,应遵循先支后拆、后支先拆的顺序。

②为便于支架和拱架的拆卸,应根据结构形式、承受的荷载大小及需要的卸落量,在支架和拱架适当部位设置相应的木楔、木马、砂筒或千斤顶等落模设备。

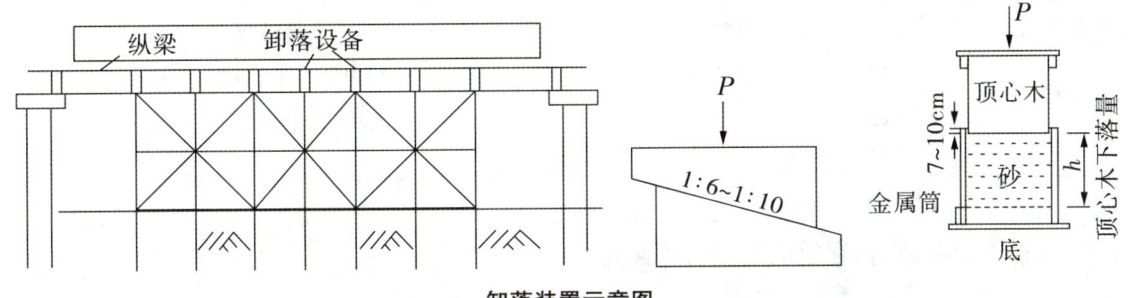

卸落装置示意图

🌐 **精选真题**

1.[2021年真题]关于模板、支架和拱架拆除的说法,正确的有( )。

A.非承重侧模板一般应在混凝土抗压强度达到2.5MPa时拆除

B.芯模和预留孔道内模,应在混凝土强度能保证其表面不发生塌陷和裂缝现象时才可拔除

C.钢筋混凝土结构的承重模板、支架,应在混凝土强度能承受其自重荷载及其他可能的叠加荷载时,才可拆除

D.对预应力混凝土结构,其侧模应在预应力钢束张拉后拆除,底模及支架应在结构建立预应力前拆除

E.现浇混凝土拱券的拱架,设计未规定时,应在拱券混凝土强度达到设计强度的85%后,方可卸落拆除

2.[2019年真题]为便于支架拆卸,选用落模设备考虑的主要因素有( )。

A.施工队伍资质 B.支架结构形式
C.需要的卸落量 D.施工季节
E.承受的荷载大小

3.[2016年真题]连续梁桥上部结构采用支架现浇施工时,确定支架搭设高度应考虑的因素有( )。

A.梁体内模尺寸 B.梁体设计标高
C.支架的弹性变形 D.支架的非弹性变形
E.基础的允许下沉量

答案:1.ABCE。2.BCE。

3.BCDE。连续梁桥上部结构采用支架现浇施工时,支架的弹性、非弹性变形及基础的允许下沉量应满足施工后梁体设计标高的要求。

[考点3] 钢筋和混凝土施工

(一)钢筋

1.一般要求

(1)钢筋检验。

钢筋应具有出厂质量证明书和试验报告单,进场时除应检查其外观和标志外,应按不同的钢种、等级、牌号、规格及生产厂家分批抽取试样进行力学性能检验。

检验方式	分批要求	检验要求
分批检验	由同一牌号、同一炉罐号、同一尺寸的钢筋进行组批	质量≤60t,超过60t的,每增加40t(或不足40t的余数)应增加一个拉伸和弯曲试验试样
混合批检验	由同一牌号、同一冶炼方法、同一浇注方法的不同炉罐号组成	含碳量之差应≤0.02%,含锰量之差应≤0.15%

(2)在工地存放时,存放的时间宜不超过6个月。

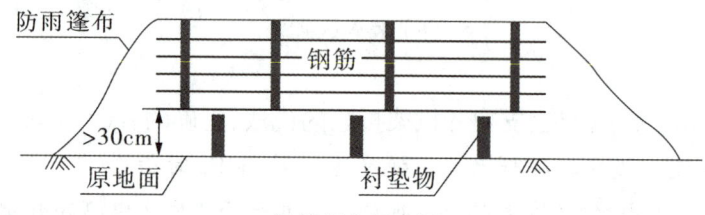

钢筋保存示意图

(3)预制构件的吊环,必须采用未经冷拉的热轧光圆钢筋制作,且其使用时的计算拉应力应不大于65MPa。

[提示] 因冷拉过的热轧光圆钢筋或未冷拉的带肋钢筋,其冷弯性能较差,用作吊环时易发生脆断,特别在冬季气温较低时更甚,因此其拉应力应不大于65MPa。

2.加工

(1)一般要求。

工序		要求
前期准备	表面处理	应洁净、无损伤,带有颗粒状或片状老锈的钢筋不得使用
	调直	钢筋应平直、无局部弯折,成盘的钢筋和弯曲的钢筋在加工前均应调直
加工处理		宜采用数控化机械设备在专用厂房中集中下料和加工,加工后的钢筋,其表面不应有削弱钢筋截面的伤痕

(2)箍筋的末端处理。

①箍筋的末端应做弯钩,弯钩的弯曲直径应大于被箍受力主钢筋的直径。

弯曲部位	钢筋种类	弯曲直径	平直段长度
末端弯钩	HRB300	≥2.5d	一般结构:≥5d
	HRB400	≥5d	有抗震要求的结构:≥10d

注:d为箍筋直径。

②弯钩的形状应符合设计规定,设计未规定时,可按下图(a)、(b)加工;有抗震要求的结构,应按下图(c)加工。

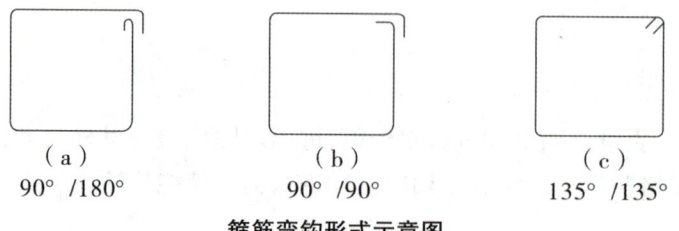

箍筋弯钩形式示意图

(3)钢筋加工的允许偏差应符合下表的规定。

项目	允许偏差(mm)
受力钢筋顺长度方向加工后的全长	±10
弯起钢筋各部分尺寸	±20
箍筋、螺旋筋各部分尺寸	±5

3. 连接

(1)钢筋连接接头的要求。

①连接接头的形式、适用条件及要求。

接头形式	适用条件	接头要求
焊接接头 机械接头	钢筋连接时宜采用	在接头长度区段内,同一根钢筋不得有两个接头
绑扎接头	1.仅当钢筋构造复杂施工困难时可采用。 2.轴心受拉和小偏心受拉构件不应采用	1.绑扎接头的钢筋直径宜≤28mm,轴心受压和偏心受压构件中的受压钢筋可≤32mm。 2.两接头间的距离应不小于1.3倍搭接长度

②受力钢筋的连接接头应设置在内力较小区段,并应错开布置。配置在接头长度区段内的受力钢筋,其接头的截面面积占总截面面积的百分率应符合下表的规定。

接头形式	接头面积最大百分率(%)	
	受拉区	受压区
主钢筋绑扎接头	25	50
主钢筋焊接接头	50	不限制

(2)钢筋焊接接头的要求。

①宜采用闪光对焊,或采用电弧焊、电渣压力焊、气压焊,但电渣压力焊仅可用于竖向钢筋的连接,不得用于水平钢筋和斜筋的连接。

②焊接时,对施焊场地应有适当的防风、雨、雪、严寒的设施。

③电弧焊宜采用双面焊缝,仅在双面焊无法施焊时,方可采用单面焊缝。电弧焊接与钢筋弯曲处的距离应不小于10d(d为钢筋直径),且不宜位于构件的最大弯矩处。

焊缝形式	焊接方式	接头焊缝长度
单面焊缝	搭接焊	≥10d
	帮条焊	
双面焊缝	搭接焊	≥5d
	帮条焊	

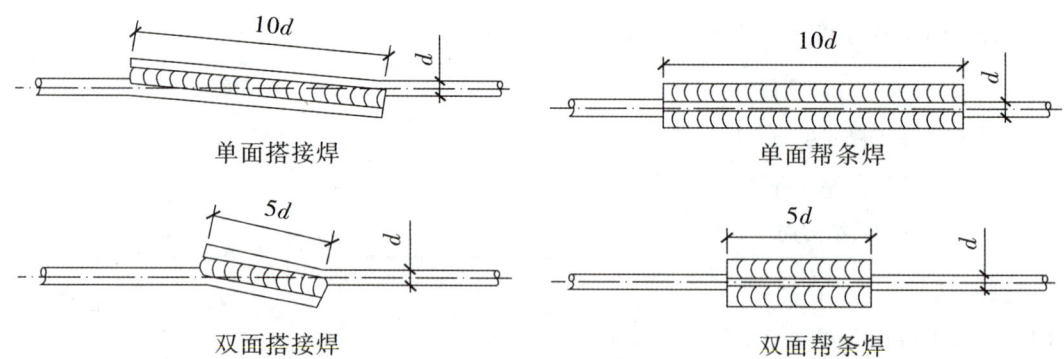

电弧焊焊接示意图

(3)钢筋的机械连接宜采用镦粗直螺纹、滚轧直螺纹或套筒挤压接头,且适用于 HRB400、HRBF400、HRB500 和 RRB400 热轧带肋钢筋。钢筋机械连接件的最小混凝土保护层厚度,应符合设计受力主筋混凝土保护层厚度的规定,且不得小于 20mm;连接件之间或连接件与钢筋之间的横向净距不宜小于 25mm。

[提示] 机械连接接头分为Ⅰ、Ⅱ、Ⅲ三个性能等级,考虑到桥涵结构基本上都要承受动力荷载并有各级抗震要求,所以规定应选用Ⅰ级或Ⅱ级的接头。

(4)绑扎接头的末端距钢筋弯折处的距离,应不小于钢筋直径的 10 倍,接头不宜位于构件的最大弯矩处。

精选真题

[2016 年真题]关于普通钢筋焊接施工的说法,正确的有( )。

A. 接头采用搭接电弧焊时,应使接合钢筋轴线一致

B. 接头搭接双面焊时,两钢筋不得弯折,应直接紧贴焊接

C. 焊接接头应设置在弯矩、剪力较小断面

D. 接头应集中布置在内力较小的同一断面内

E. 单面焊缝的长度不应小于 5d(d 为钢筋直径)

答案:AC。选项 B 错误,钢筋接头采用搭接电弧焊时,两钢筋搭接端部应预先折向一侧,使两接合钢筋轴线一致。选项 D 错误,受力钢筋的连接接头应设置在内力较小区段,并应错开布置。选项 E 错误,接头双面焊缝的长度不应小于 5d,单面焊缝的长度不应小于 10d(d 为钢筋直径)。

4.绑扎与安装

(1)钢筋绑扎宜采取逐点改变绕丝方向的 8 字形方式交错扎结,对直径 25mm 及以上的钢筋,宜采取双对角线的十字形方式扎结。

(2)钢筋与模板之间应设置垫块,垫块的制作厚度不应出现负误差,正误差应不大于 1mm。

(3)钢筋骨架焊接时,相邻的焊缝应采用分区对称跳焊,不得顺方向一次焊成。

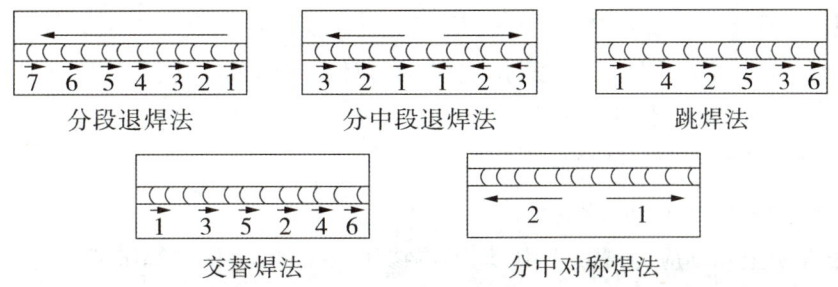

采用不同焊接顺序的对接焊缝示意图

(4)当焊接网的受力钢筋为冷拔低碳钢丝,而另一方向的钢筋间距小于100mm时,网两端边缘的两根钢筋的全部交叉点必须焊接,中间部分的焊点距离可增大至250mm。

(5)灌注桩钢筋骨架外侧应设置控制混凝土保护层厚度的垫块,垫块的间距在竖向应不大于2m,在横向圆周应不少于4处。

(二)混凝土工程

1. 一般规定

(1)在进行试配和质量检测时,混凝土的抗压强度应以边长为150mm的立方体标准试件测定,且应取其保证率为95%。

[提示] 混凝土强度测定值的计算步骤:第一步找到中间值(大小位于中间的),画数轴找到中间值的正负15%的区间。第二步判断,如果其他两个值都在区间范围内,测定值=3个数相加之和/3;如果有一个值在区间范围以外,测定值=中间值;如果其他两个值都在区间范围外,这组试件无效。

(2)对采用蒸汽养护的混凝土,其测试抗压强度的试件应先随构件同条件蒸汽养护,再转入标准条件下养护,累计养护时间应为28天。

(3)公路桥涵混凝土宜使用非碱活性集料。

2. 原材料要求

原材料	材料要求	检验要求
水泥	品种和强度等级应通过混凝土配合比试验选定	应附有合格证明文件,并应按批次进行强度、细度、安定性和凝结时间等性能的检验
细集料	宜采用级配良好、质地坚硬、颗粒洁净的河砂	对外观、筛分、细度模数、有机物含量、含泥量、泥块含量及机制砂的石粉含量等进行检验
粗集料	宜采用质地坚硬、洁净、级配合理、粒形良好、吸水率小的碎石或卵石	对外观、颗粒级配、针片状颗粒含量、含泥量、泥块含量、压碎值指标等进行检验
水	符合国家标准的饮用水	对pH、不溶物、可溶物、氯化物、硫酸盐、碱含量进行检验(采用其他水源或有疑问时)
外加剂	与水泥矿物掺合料之间具有良好的相容性	经具备相关资质的检测机构检验并附有检验合格证明
掺合料	品质稳定,来料均匀	检验产品并出具产品合格证书

3. 配合比

(1)混凝土的配合比应以质量比表示,并应通过计算和试配选定。

[提示] 混凝土所用的各种原材料质量差异很大,故配合比除要按规定进行设计计算外,更重要的是需要通过实际配制试验确定。

(2)混凝土中掺入外加剂时的要求。

①在钢筋混凝土和预应力混凝土中,均不得掺用氯化钙、氯化钠等氯盐。

②减水剂宜采用聚羧酸类减水剂。

③各种外加剂中的氯离子总含量宜不大于混凝土中胶凝材料总质量的 0.02%,硫酸钠含量宜不大于减水剂干重的 15%。

(3)泵送混凝土的配合比要求。

①水泥宜选用硅酸盐水泥、普通硅酸盐水泥、矿渣硅酸盐水泥或粉煤灰硅酸盐水泥。

②细集料宜采用中砂,且含有不少于 15% 通过 300μm 筛孔的颗粒;砂率宜为 35%～45%。

③粗集料宜采用连续级配,其针片状颗粒宜不大于 10%。

④掺用泵送剂或减水剂,且宜掺用矿物掺合料。

🌐 精选真题

[2019 年真题] 泵送混凝土中不适合采用的外掺剂或掺合料是(　　)。

A. 减水剂　　　　　　　　　　B. 速凝剂

C. 粉煤灰　　　　　　　　　　D. 活性矿物掺合料

答案:B。

4. 拌制

(1)混凝土的配料宜采用自动计量装置,配料数量的允许质量偏差应符合下表的规定。

材料类别	允许偏差(%)	
	现场拌制	预制场或集中搅拌站拌制
水泥、干燥状态的掺合料	±2	±1
粗、细集料	±3	±2
水、外加剂	±2	±1

(2)混凝土应采用机械拌制。

(3)混凝土拌合物应搅拌均匀、颜色一致,不得有离析和泌水现象。

[提示] 检查混凝土拌合物均匀性时,应在搅拌机的卸料过程中,从卸料流的 1/4～3/4 之间部位取试样进行试验。

(4)混凝土拌合物的坍落度及其损失,宜在搅拌地点和浇筑地点分别取样检测,每一工作班或每一单元结构物应不少于两次,评定时应以浇筑地点的测值为准。

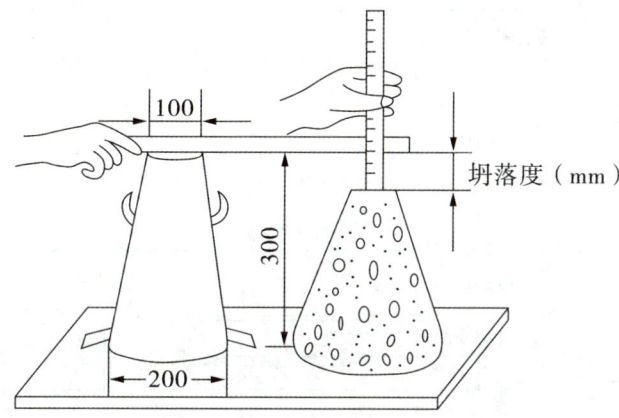

混凝土坍落度测试方法示意图（单位：mm）

5. 运输

混凝土运至浇筑地点后发生离析、严重泌水或坍落度不符合要求时，应进行第二次搅拌，二次搅拌时不宜加水，确有必要时，可同时加水、相应的胶凝材料和外加剂并保持其原水胶比不变；二次搅拌仍不符合要求时，不得使用。

[提示] 混凝土在运输过程中出现离析等现象时，允许进行二次搅拌，但不能采用改变水胶比的办法进行处理，因为这样会降低混凝土的强度等性能。

6. 浇筑

（1）自高处向模板内倾卸混凝土时，应防止混凝土离析。直接倾卸时，其自由倾落高度宜不超过2m；超过2m时，应通过串筒、溜管（槽）或振动溜管（槽）等设施下落；倾落高度超过10m时，应设置减速装置。

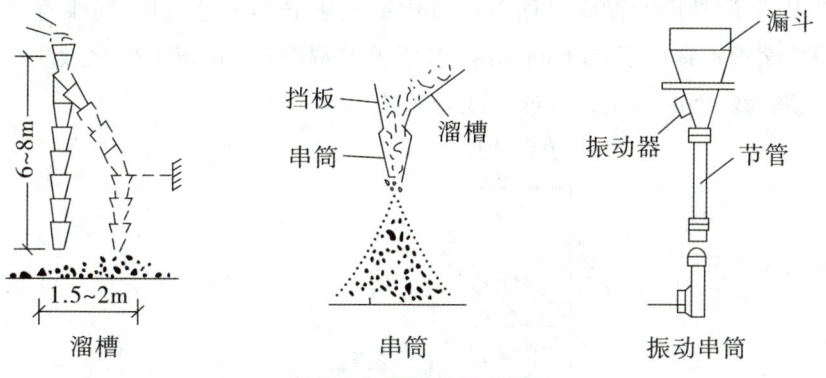

混凝土下落设施示意图

（2）混凝土应按一定的厚度、顺序和方向分层浇筑，且应在下层混凝土初凝或能重塑前浇筑完成上层混凝土；上下层同时浇筑时，上层与下层的前后浇筑距离应保持1.5m以上；在倾斜面上浇筑混凝土时，应从低处开始逐层扩展升高，并保持水平分层。混凝土分层浇筑厚度宜不超过下表的规定。

振捣方式		浇筑层厚度(mm)
采用插入式振动器		300
采用附着式振动器		300
采用表面振动器	无筋或配筋稀疏时	250
	配筋较密时	150

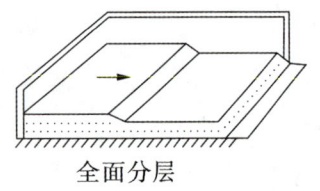 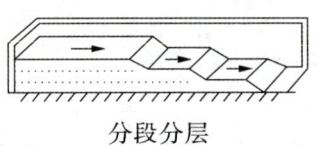 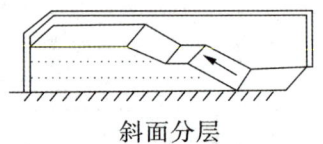

全面分层　　　　　　分段分层　　　　　　斜面分层

混凝土的浇筑方案示意图

（3）混凝土的浇筑应连续进行，因故中断间歇时，其间歇时间应小于前层混凝土的初凝时间或能重塑时间。

（4）施工缝的位置应在混凝土浇筑之前确定，宜留置在结构受剪力和弯矩较小且便于施工的部位，并按下列要求进行处理。

①施工缝处混凝土表面的光滑表层、松弱层应予以凿除。对施工缝处混凝土的强度，当采用水冲洗凿毛时，应达到 0.5MPa；人工凿除时，应达到 2.5MPa；采用风动机凿毛时，应达到 10MPa。

②经凿毛处理后的混凝土面，新混凝土浇筑前，应采用洁净水冲洗干净。

③对重要部位及有抗震要求的混凝土结构或钢筋稀疏的钢筋混凝土结构，宜在施工缝处补插适量的锚固钢筋，补插的锚固钢筋直径可比结构主筋小一个规格，间距宜不小于150mm，插入和外露的长度均不宜小于300mm；有抗渗要求的混凝土，其施工缝宜做成凹形、凸形或设置止水带；施工缝为斜面时宜浇筑成或凿成台阶状。

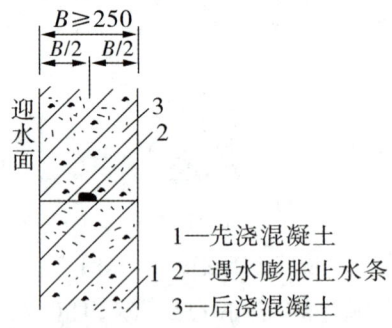

1—先浇混凝土
2—遇水膨胀止水条
3—后浇混凝土

施工缝处理示意图

[提示] 对施工缝的处理：凿毛清润刷止（先凿毛，接着用水清洗浮渣，如果是垂直施工缝刷水泥净浆，如果是水平施工缝铺水泥砂浆，对于有抗渗要求的要设置止水带）。

🌐 **精选真题**

[2017年真题]承台混凝土浇筑直接倾卸高度超过2m时,应通过( )等设施下落。

A. 串筒 B. 滑槽

C. 溜槽 D. 振动溜管

E. 宽口料斗

答案:ACD。

7. 养护

(1)混凝土的养护严禁采用海水。混凝土的洒水保湿养护时间一般为7天。当气温低于5℃时,应采取保温养护措施,不得向混凝土表面洒水。

(2)混凝土处于冻融循环作用的环境时,宜在结冰期到来4周前完成浇筑施工,且在混凝土强度未达到设计强度等级的80%前不得受冻,否则应采取技术措施,防止发生冻害。

8. 大体积混凝土、抗冻混凝土、抗渗混凝土和自密实混凝土

类型	原材料	配合比	养护
大体积混凝土	1.宜选用低水化热和凝结时间长的水泥品种。 2.粗集料宜采用连续级配,细集料宜采用中砂。 3.外加剂宜采用缓凝剂、减水剂。 4.掺合料宜采用粉煤灰、粒化高炉矿渣粉等	配合比设计及质量评定可按60天龄期的抗压强度控制	1.内部通水降温时,进出口水的温差≤10℃,且水温与内部混凝土的温差≤20℃。 2.硅酸盐水泥、普通硅酸盐水泥养护时间≥14天,其他≥21天
抗冻混凝土	1.宜选用硅酸盐水泥或普通硅酸盐水泥,不宜使用火山灰质硅酸盐水泥。 2.粗集料宜选用连续级配	除了符合混凝土一般规定外,还应进行抗冻融性能试验	养护时间≥14天
抗渗混凝土	1.宜采用普通硅酸盐水泥。 2.粗集料宜选用连续级配。 3.细集料宜采用中砂	1.胶凝材料总量宜≥320kg/m³。 2.砂率宜为35%~45%	养护时间≥14天
自密实混凝土	1.宜选用硅酸盐水泥或普通硅酸盐水泥。 2.粗集料宜采用连续级配或采用两个及以上单粒粒级组成的连续级配。 3.细集料宜采用中砂。 4.矿物掺合料宜采用粉煤灰、粒化高炉矿渣粉和硅灰	1.宜采用绝对体积法。 2.水胶比宜小于0.45,胶凝材料用量宜为400~550kg/m³。 3.砂率宜为46%~52%。 4.用水量宜为150~200kg/m³。 5.宜掺入高效减水剂或高性能减水剂	养护时间≥14天

🌐 **精选真题**

[2021年真题]桥梁大体积混凝土施工中,在混凝土内部设置冷却水管,并进行循环水冷却养护时,水温与内部混凝土的温差宜( )℃。

A. ≤20　　　　　　B. ≤25　　　　　　C. ≤30　　　　　　D. ≤35

答案:A。

9.高强度混凝土和高性能混凝土

类型	原材料	配合比	养护
高强度混凝土	1.宜选用硅酸盐水泥或普通硅酸盐水泥。 2.细集料宜选用质地坚硬、级配良好的中砂。 3.粗集料宜选用质地坚硬、级配良好、无风化颗粒的碎石。 4.掺合料可选用粉煤灰、粒化高炉矿渣粉和硅灰等。	高强度混凝土的水泥用量宜≤500kg/m³,胶凝材料总量宜≤600kg/m³	保湿养护时间≥7天
高性能混凝土	1.宜选用品质稳定、标准稠度需水量低、强度等级不低于42.5的硅酸盐水泥或普通硅酸盐水泥。 2.细集料宜选用级配良好、质地均匀坚固、吸水率低、空隙小、细度模数2.6~3.2的洁净天然中粗河砂,或符合要求的机制砂,不得使用山砂和海砂。 3.粗集料宜选用质地均匀坚硬、粒形良好、级配合理、线胀系数小的洁净碎石或卵石。 4.外加剂应选用高性能减水剂、高效减水剂或复合减水剂,并应选择减水率高、坍落度损失小、适量引气、与水泥之间具有良好的相容性、能明显改善或提高混凝土耐久性能且质量稳定的产品。	对胶凝材料总量应进行控制,C40以下:≤400kg/m³;C40~C50:≤450kg/m³;C60及以上的非泵送:≤500kg/m³;C60及以上的泵送:≤530kg/m³;且胶凝材料浆体体积≤混凝土体积的35%	常温下养护应≥14天,气温较低时应适当延长

🌐 **精选真题**

[2018年真题]关于高性能混凝土使用的减水剂性能的要求,错误的是( )。

A.减水率低　　　　　　　　　　　　B.坍落度损失小
C.能明显改善混凝土耐久性能　　　　D.与水泥相容性好

答案:A。

(三)预应力混凝土工程

1.预应力筋及制作

(1)进场验收。

种类	检验批	取样数量	检验内容
钢丝	≤60t	检验批的5%且不少于5盘	表面质量
		上述合格中的5%且不少于3盘	抗拉、弯曲、伸长率
钢绞线	≤60t	检验批中的3盘	表面质量、直径偏差、力学性能

(续表)

种类	检验批	取样数量	检验内容
螺纹钢筋	≤100t	逐根	表面质量
		上述合格中的2根	拉伸

(2)进场后在室外的存放时间不宜超过6个月,宜存放在干燥、防潮、通风良好、无腐蚀气体和介质的仓库内。

(3)预应力筋制作时的下料要求。

①下料长度应通过计算确定,计算时应考虑结构的孔道长度或台座长度、锚夹具厚度、千斤顶长度、镦头预留量、冷拉伸长值、弹性回缩值、张拉伸长值和张拉工作长度等因素。

②钢丝束两端采用镦头锚具时,宜采用等长下料法对钢丝进行下料。

③预应力筋的下料,应采用切断机或砂轮锯切断,严禁采用电弧切割。

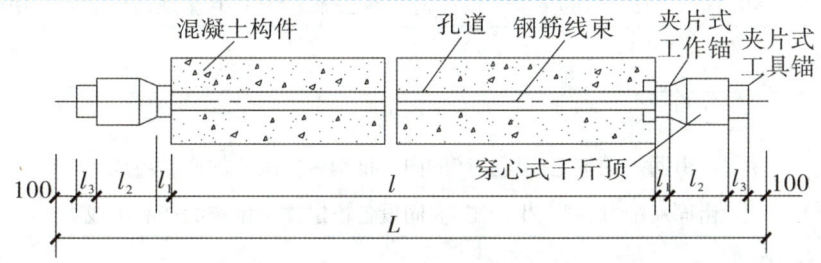

预应力筋下料长度示意图

l—孔道长度;l_1—工作锚厚度;l_2—千斤顶长度;l_3—工具锚厚度;L—下料长度

[提示] 先张法考虑的是台座的长度+工作所需要的长度,后张法考虑的是孔道长度+工作所需要的长度。需注意,如果先张法有连接器,下料长度应该是连接器中心到连接器中心的长度。

2.锚具、夹具和连接器

(1)锚具应满足分级张拉、补张拉以及放松预应力的要求。

(2)夹具应具有良好的自锚性能、松锚性能和安全的重复使用性能。可重复使用的次数不应少于300次。

(3)锚具、夹具和连接器进场检验。

检验项目	抽检数量
外观检查	2%的锚具且不少于10套
尺寸检验	2%的锚具且不少于10套
硬度检验	3%的锚具且不少于5套
静载锚固性能试验	3个预应力筋-锚具组装件

[提示] 对于特大桥、大桥和重要桥梁,要做三个方面的检查或试验:外观检查、硬度检查和静载锚固性能试验。对中小桥梁可仅进行外观和硬度检查。

🌐 精选真题

[2021年真题] 关于预应力钢筋和金属管道存放的说法,正确的是( )。

A. 进场后如需长时间存放,必须安排定期的外观检查

B. 室外存放时,时间不宜超过12个月

C. 如直接堆放在地面上,地面应先进行硬化

D. 存放的仓库内若有腐蚀性气体,应设挡板隔离

答案:A。

3. 管道

(1)管道性能。

种类	壁厚(mm)	要求
刚性管道	≥2	平滑钢管,且具有光滑的内壁并可被弯曲成适当的形状而不出现卷曲或被压扁
半刚性管道	≥0.3	波纹状的金属管或高密度聚乙烯塑料管,且金属波纹管宜采用镀锌钢带制作

(2)进场验收。

种类	组批	数量
金属波纹管	由同一钢带生产厂生产的同一批钢带所制造的产品组成	≤50000m
塑料波纹管	由同一配方、同一生产工艺、同设备稳定连续生产的产品组成	≤10000m

4. 混凝土浇筑

浇筑混凝土时,宜根据结构的不同形式选用插入式、附着式或平板式等振动器进行振捣。对箱梁腹板与底板及顶板连接处的承托、预应力筋锚固区以及其他钢筋密集部位,应采取有效措施加强振捣。

5. 施加预应力

张拉用的千斤顶与压力表应配套标定、配套使用,标定应在经国家授权的法定计量技术机构定期进行,标定时千斤顶活塞的运行方向应与实际张拉工作状态一致。

当处于下列情况之一时,应重新进行标定:

(1)使用时间超过6个月;

(2)张拉次数超过300次;

(3)使用过程中千斤顶或压力表出现异常情况;

(4)千斤顶检修或更换配件后。

[记忆] 六月三更,异常更换。

6. 先张法

(1)先张法预应力筋的张拉程序应符合设计规定;设计未规定时,其张拉程序可按下表的规定进行。

预应力筋种类		张拉程序
钢丝、钢绞线	夹片式等具有自锚性能的锚具	低松弛预应力筋:0→初应力→σ_{con}(持荷 5min 锚固)
	其他锚具	0→初应力→$1.05\sigma_{con}$(持荷 5min)→0→σ_{con}(锚固)
螺纹钢筋		0→初应力→$1.05\sigma_{con}$(持荷 5min)→$0.9\sigma_{con}$→σ_{con}(锚固)

(2)张拉时,预应力筋的断丝数量不得超过下表的规定。

预应力筋种类	检查项目	控制数
钢丝、钢绞线	同一构件内断丝数不得超过钢丝总数的百分比	1%
螺纹钢筋	断筋	不容许

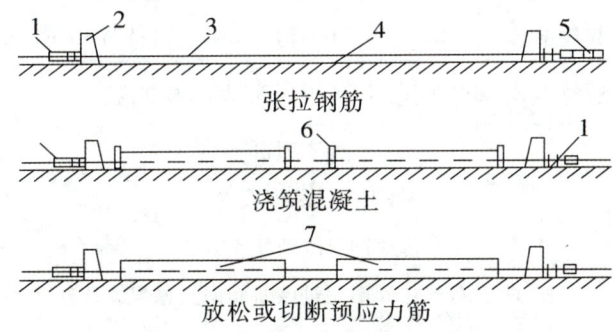

先张法施工程序示意图

1—锚具;2—台座;3—预应力筋;4—台面;5—张拉千斤顶;6—模板;7—预应力混凝土构件

(3)对于热轧带肋钢筋不允许断筋。

(4)预应力筋张拉完毕后,其位置与设计位置的偏差应不大于 5mm。

(5)预应力筋放张时,构件混凝土的强度和弹性模量(或龄期)应符合设计规定;设计未规定时,混凝土的强度应不低于设计强度等级值的 80%,弹性模量应不低于混凝土 28 天弹性模量的 80%。当采用混凝土龄期代替弹性模量控制时应不少于 5 天。

(6)预应力筋放张后,对钢丝和钢绞线,应采用机械切割的方式进行切断;对螺纹钢筋,可采用乙炔-氧气切割。

◈ **精选真题**

[2020 年真题]关于先张法预应力张拉操作时,热轧带肋钢筋张拉程序的说法,正确的是(   )。

A.0→初应力→$1.03\sigma_{con}$(锚固)

B.0→初应力→σ_{con}(持荷 5min 锚固)

C.0→初应力→$1.05\sigma_{con}$(持荷 5min)→0→σ_{con}(锚固)

D.0→初应力→$1.05\sigma_{con}$(持荷 5min)→$0.9\sigma_{con}$→σ_{con}(锚固)

答案:D。

7. 后张法

（1）张拉时，结构或构件混凝土的强度、弹性模量（或龄期）应符合设计规定；设计未规定时，混凝土的强度应不低于设计强度等级值的 80%，弹性模量应不低于混凝土 28 天弹性模量的 80%，当采用混凝土龄期代替弹性模量控制时应不少于 5 天。

（2）后张预应力筋的张拉程序应符合设计规定；设计未规定时，可按下表的规定进行。

锚具和预应力筋类别		张拉程序
夹片式等具有自锚性能的锚具	钢绞线束、钢丝束	低松弛预应力筋：0→初应力→σ_{con}（持荷 5min 锚固）
其他锚具	钢绞线束	0→初应力→1.05σ_{con}（持荷 5min）→σ_{con}（锚固）
	钢丝束	0→初应力→1.05σ_{con}（持荷 5min）→0→σ_{con}（锚固）
螺母锚固锚具	螺纹钢筋	0→初应力→σ_{con}（持荷 5min）→0→σ_{con}（锚固）

（3）后张预应力筋断丝及滑移的数量不得超过下表的控制数。

类别	检查项目	控制数
钢丝束、钢绞线束	每束钢丝断丝或滑丝	1 根
	每束钢绞线断丝或滑丝	1 丝
	每个断面断丝之和不超过该断面钢丝总数的百分比	1%
螺纹钢筋	断筋或滑移	不容许

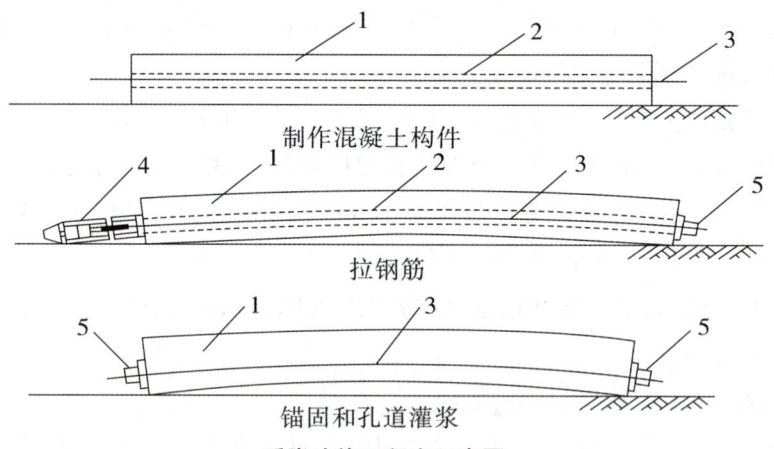

后张法施工程序示意图
1—混凝土构件；2—预留孔道；3—预应力筋；4—千斤顶；5—锚具

（4）对夹片式锚具，锚固完毕并经检验确认合格后方可切割端头多余的预应力筋，切割时应采用砂轮锯，严禁采用电弧进行切割，同时不得损伤锚具。

（5）切割后预应力筋的外露长度应不小于 30mm，且应不小于 1.5 倍预应力筋直径。

🌐 精选真题

[2022 年真题] 采用夹片式带有自锚性能的锚具，其后张法张拉程序正确的是（　　）。

A. 0→初应力→1.05σ_{con}→σ_{con}（锚固）

B. $0 \to 初应力 \to 1.05\sigma_{con}(持荷5min) \to \sigma_{con}(锚固)$

C. $0 \to 初应力 \to \sigma_{con}(持荷5min锚固)$

D. $0 \to 初应力 \to \sigma_{con}(持荷3min锚固)$

答案：C。

8. 后张孔道压浆及封锚

(1)预应力筋张拉锚固后，孔道应尽早压浆，且应在48h内完成。

(2)矿物掺合料的品种宜为Ⅰ级粉煤灰、粒化高炉矿渣粉或硅灰。

(3)压浆时，对曲线孔道和竖向孔道应从最低点的压浆孔压入。

(4)孔道压浆压力及要求。

孔道类型	压力(MPa)	要求
水平或曲线孔道	0.5~0.7	1.压浆的充盈度应达到孔道另一端饱满且排气孔排出与规定流动度相同的水泥浆为止。
超长孔道	≤1.0	2.关闭出浆口后，宜保持一个不小于0.5MPa的稳压期，且保持时间宜为3~5min。
竖向孔道	0.3~0.4	

(5)当环境温度高于35℃时，压浆宜在夜间进行。

🌐 **精选真题**

[2017年真题] 关于预应力管道的说法，错误的是( )。

A.所有管道均应设压浆孔

B.应在管道最低点设排气孔

C.必要时在管道最低点设排水孔

D.管道应采用定位钢筋固定安装

答案：B。所有管道均应在每个顶点设排气孔，需要时在每个低点设排水孔，在每个顶点和两端设检查孔。

9. 无黏结预应力筋

无黏结预应力筋的下料长度应经计算确定。下料宜采用砂轮锯成束切割，且宜采用先粗后精、略长于计算长度的二次下料法。

10. 体外预应力束

体外预应力束的端部应垂直于承压板，穿束时应取保护措施，严禁在混凝土面上拖拽预应力筋，防止损坏其保护层而减弱防腐能力。

[考点 4] 浅基础施工

(一)桥梁基础概述

桥梁基础工程方案主要取决于其地基土的工程性质、水文地质条件、荷载特性、桥梁结构形式及使用要求等因素，基础工程设计类型目前常采用明挖扩大基础、桩基础、沉井基础等。桥梁基础可以根据埋置深度及施工工艺特点将其分为浅基础(深度通常在5m以内)和深基础(深度通常在5m以上)。

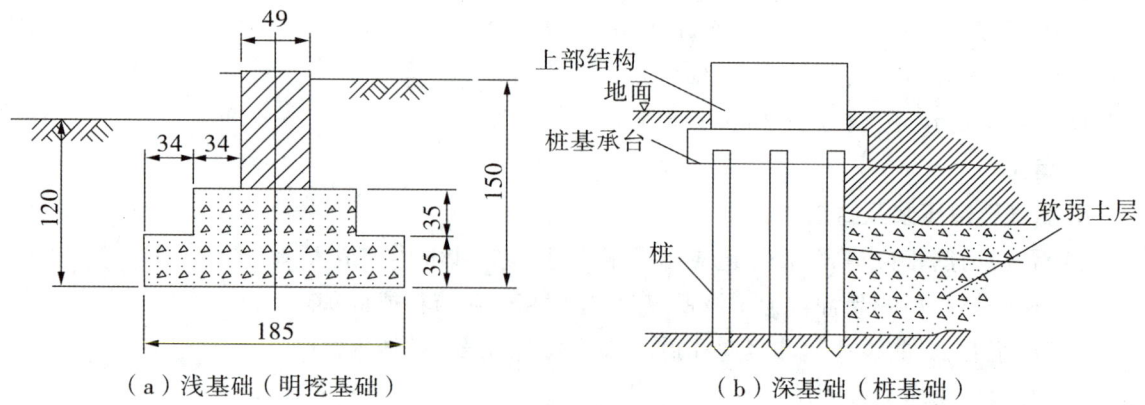

(a) 浅基础(明挖基础)   (b) 深基础(桩基础)

浅基础与深基础示意图

(二)浅基础施工

浅基础也称明挖基础或扩大基础,是指在原地面直接开挖修筑的一种桥涵基础,一般以片石(块石)、片石混凝土、素混凝土或钢筋混凝土建造。桥梁墩(台)常用的浅基础的平面形式有矩形、圆端形、圆形、八角形和T形等。

1. 浅基础施工工艺流程

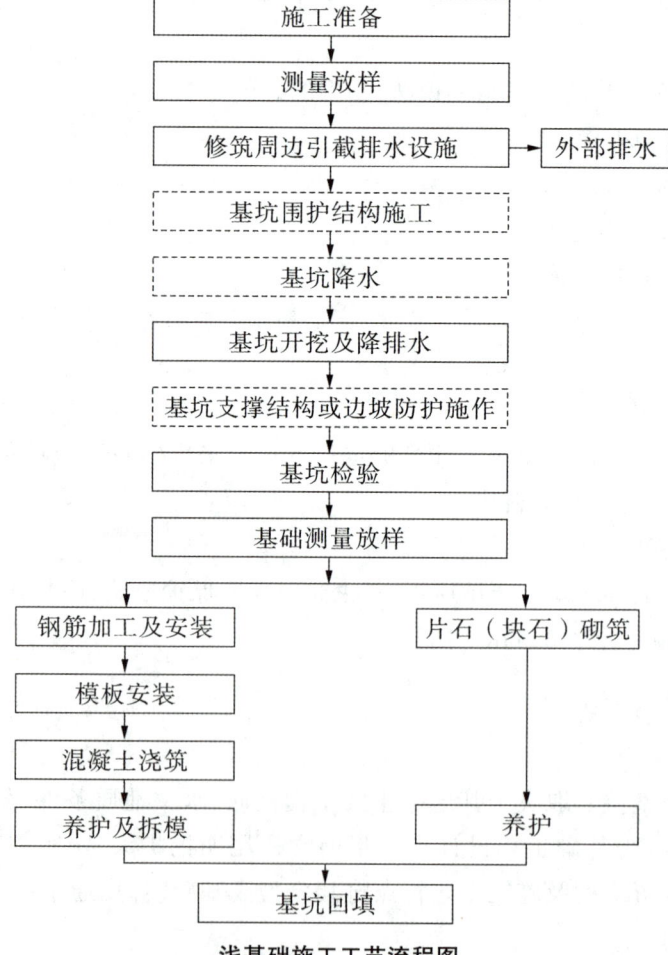

浅基础施工工艺流程图

2. 基坑的一般规定

当基坑深度较小且坑壁土层稳定时,可直接放坡开挖;坑壁土层不易稳定且有地下水影响,或放坡开挖场地受到限制,或放坡开挖工程量过大时,应按设计要求对坑壁进行支护,设计未要求时,应结合实际情况选择适宜的坑壁支护方案,并应进行支护的专项设计。

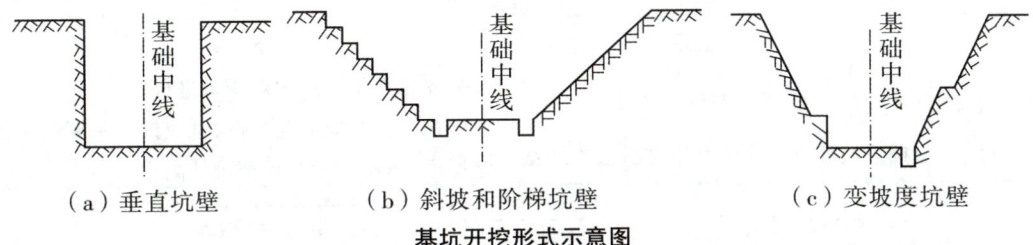

(a) 垂直坑壁　　　(b) 斜坡和阶梯坑壁　　　(c) 变坡度坑壁

基坑开挖形式示意图

3. 土石围堰

围堰类型	适用范围	施工要求
土围堰	水深1.5m以内,流速0.5m/s以内,河床土质渗水性较小且满足泄洪要求	筑堰材料宜采用黏性土或砂夹黏土,填筑应自上游开始至下游合龙,超出水面之后应进行夯实
土袋围堰	水深在3m以内,流速在1.5m/s以内,河床土质渗水性较小且满足泄洪要求	堆码时土袋的上下层和内外层应相互错缝,搭接长度宜为1/3~1/2,堆码应密实平整
竹笼、木笼、铅丝笼及钢笼围堰	水深在4m以内,流速较大,且能满足泄洪要求时,可筑竹笼、木笼或铅丝笼围堰;水深超过4m时可筑钢笼围堰	围堰的层数宜根据水深、流速、基坑大小及防渗要求等因素确定;宽度宜为水深的1.0~1.5倍
模袋围堰	水深在5m以内,流速在3.0m/s以内,且河床较平缓	围堰沉降稳定后方可进行基坑的排水,排水时应控制水位降速

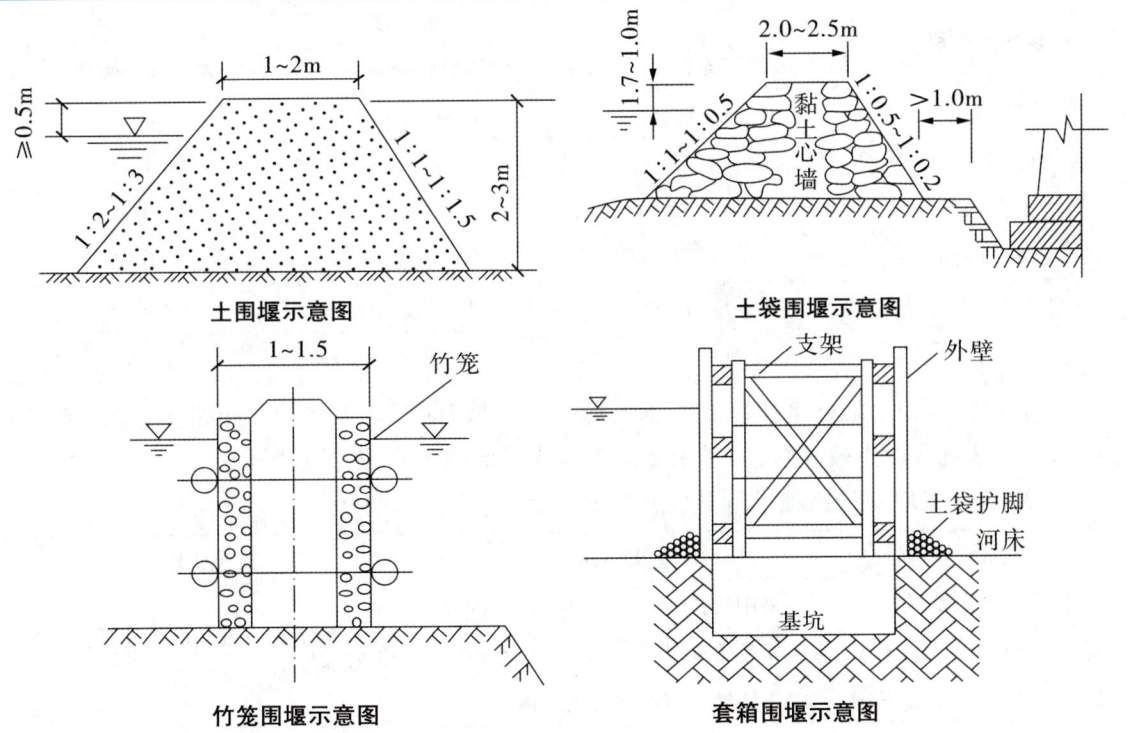

土围堰示意图　　　　土袋围堰示意图

竹笼围堰示意图　　　　套箱围堰示意图

[提示] 木笼、钢笼一般做成套箱,故亦称为套箱围堰。套箱是一种无底的围套,内设木、钢支撑组成支架。

4. 基坑开挖

(1) 基坑护道宽度及施工要求。

基坑深度(m)	护道宽度	施工要求
≤4	≥1m	1. 宜安排在枯水或少雨季节进行。
>4	按边坡稳定计算的结果进行适当加宽	2. 机械开挖时应避免超挖,宜在挖至基底前预留一定厚度,再由人工开挖至设计高程

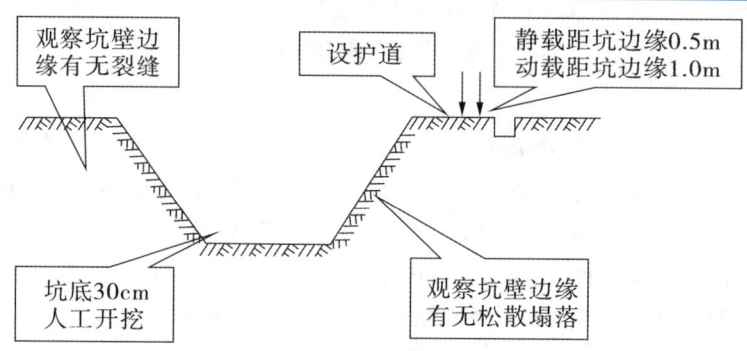

基坑开挖示意图

(2) 不支护坑壁进行基坑开挖的施工要求。

①当为无水基坑且土层构造均匀时,基坑坑壁坡度可按下表确定;当土质较差有可能使坑壁不稳定而引起坍塌时,基坑坑壁坡度应适当缓于下表的坡度。

坑壁土类别	坑壁坡度		
	坡顶无荷载	坡顶有静荷载	坡顶有动荷载
砂类土	1:1	1:1.25	1:1.5
卵石、砾类土	1:0.75	1:1	1:1.25
粉质土、黏质土	1:0.33	1:0.5	1:0.75
极软岩	1:0.25	1:0.33	1:0.67
软质岩	1:0	1:0.1	1:0.25
硬质岩	1:0	1:0	1:0

②当有地下水时,地下水位以上的基坑部分可放坡开挖;地下水位以下部分,若土质易坍塌或水位在基坑底以上较高时,应采用加固土体或降低地下水位等方法开挖。

(3) 对坑壁采取支护措施进行基坑开挖的要求。

基坑类型	支护结构	支护结构要求
较浅且渗水量不大	采用竹排、木板、混凝土板或钢板等	支护结构应进行设计计算,支护结构受力过大时应加设临时支撑
深度≤4m 且渗水量不大	采用槽钢、H 型钢或工字钢等	
地下水位较高,深度>4m	采用锁口钢板桩或锁口钢管桩围堰	

(4)基坑坑壁采用喷射混凝土、锚杆喷射混凝土、预应力锚索和土钉支护等方式进行加固时,其施工应符合下列规定:

①对基坑开挖深度小于10m的较完整中风化基岩,可直接喷射混凝土加固坑壁。

②采用锚杆挂网喷射混凝土加固坑壁,孔深小于或等于3m时,宜采用先注浆后插入锚杆的施工工艺;孔深大于3m时,宜先插入锚杆后注浆。注浆管应插至距孔底50~100mm处,并随浆液的注入逐渐拔出,注浆的压力宜不小于0.2MPa。

5. 基坑降排水

(1)集水坑排水要求。

①基坑开挖时,宜在坑底基础范围之外设置集水坑并沿坑底周围开挖排水沟,使水流入集水坑内,排出坑外。集水坑的尺寸宜视渗水量的大小确定。

②排水设备的能力宜为总渗水量的1.5~2.0倍。

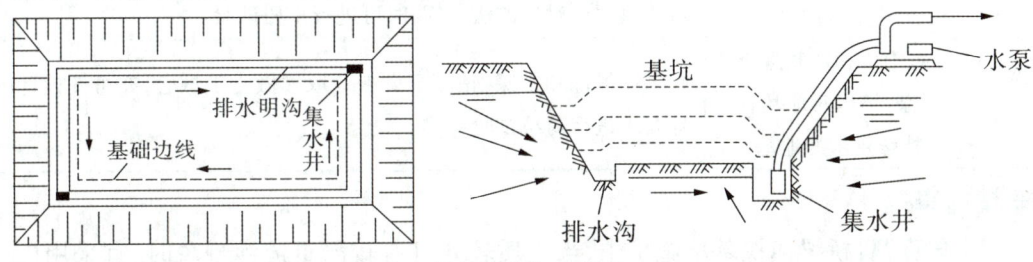

集水坑排水示意图

(2)井点降水法排水要求。

①井点降水法宜用于粉砂、细砂、地下水位较高、有承压水、挖基较深、坑壁不易稳定的土质基坑,在无砂的黏质土中不宜采用。

②井点降水曲线应低于基底设计高程或开挖高程至少0.5m。

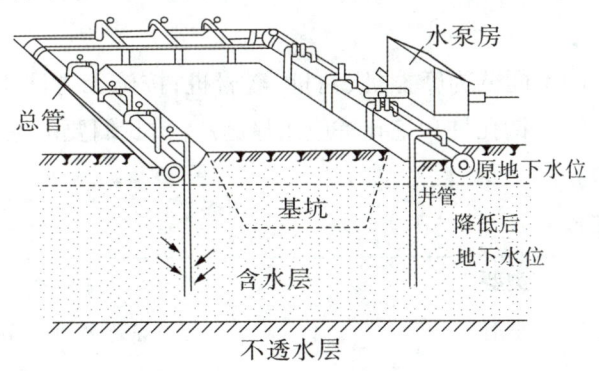

井点降水法示意图

(3)止水帷幕法防渗要求。

①帷幕防渗层的厚度应满足基坑防渗的要求,止水帷幕的渗透系数宜小于10×10^{-6}mm/s。

②采用防水土工膜在围堰外侧铺底防渗时,土工膜应从围堰外侧的水位以上铺起,并超过堰脚不小于3m。铺底土工膜上应满压不小于300mm厚的砂土袋。

6.基底处理及检验

项目	地基类型	要求
基底处理	粗粒土和巨粒土地基	应将其承重面平整夯实
	岩层基底	1.风化岩层应在挖至设计高程并满足地基承载力要求后尽快封闭。 2.坚硬的倾斜岩层宜将岩层面凿平;倾斜度较大无法凿平时,可按设计要求凿成多级台阶,台阶的宽度宜≥0.3m
	多年冻土地基	基础位于多年冻土层(即永冻土)上时,基底之上应设置隔温层或保温层材料,其铺筑宽度应在基础外缘加宽1m
	岩溶地基	干溶洞可用砂砾石、碎石、干砌或浆砌片石、灰土、混凝土等回填密实
	泉眼地基	可用有螺口的钢管紧密打入泉眼,盖上螺帽并拧紧,阻止泉水流出;或向泉眼内压注速凝的水泥砂浆,再打入木塞堵眼
基底检验	小桥涵的地基	可用直观或触探方法,必要时可进行土质试验
	大、中桥和地基土质复杂、结构对地基有特殊要求的地基	宜采用触探和钻探(钻深至少4m)取样做土工试验,亦可按设计的特殊要求进行荷载试验

🌐 精选真题

[2015年真题]桥梁浅挖基坑施工中,当土质较差且有较严重流沙现象时,宜采用( )排水。

A.井点 B.集水坑 C.板桩法 D.帷幕法

答案:A。

[考点 5] 桩基础施工

(一)桩基础的分类

桩基础按承受作用的不同分为摩擦桩、柱桩、嵌岩桩;按施工方法不同又可分为钻孔灌注桩、挖孔灌注桩、打入桩等。钻孔桩和挖孔桩应用最为广泛,我们要掌握这两种桩的施工方法。

(二)钻孔灌注桩施工

1.钻孔前的准备工作

项目	类型	要求
场地	旱地	应清除杂物,换除软土,整平夯实
	陡坡	可用枕木、型钢等搭设施工平台
	浅水	宜采用筑岛法施工
	深水	可搭设施工平台
机电设备	电力	应架设好电力线路,配备合适的变压器
	柴油机	应购置与设备动力相匹配的柴油机和充足的燃油
建筑材料	水泥、砂、石、钢筋	必须进行验收,不合格者不得使用

2.钻孔灌注桩施工工艺流程

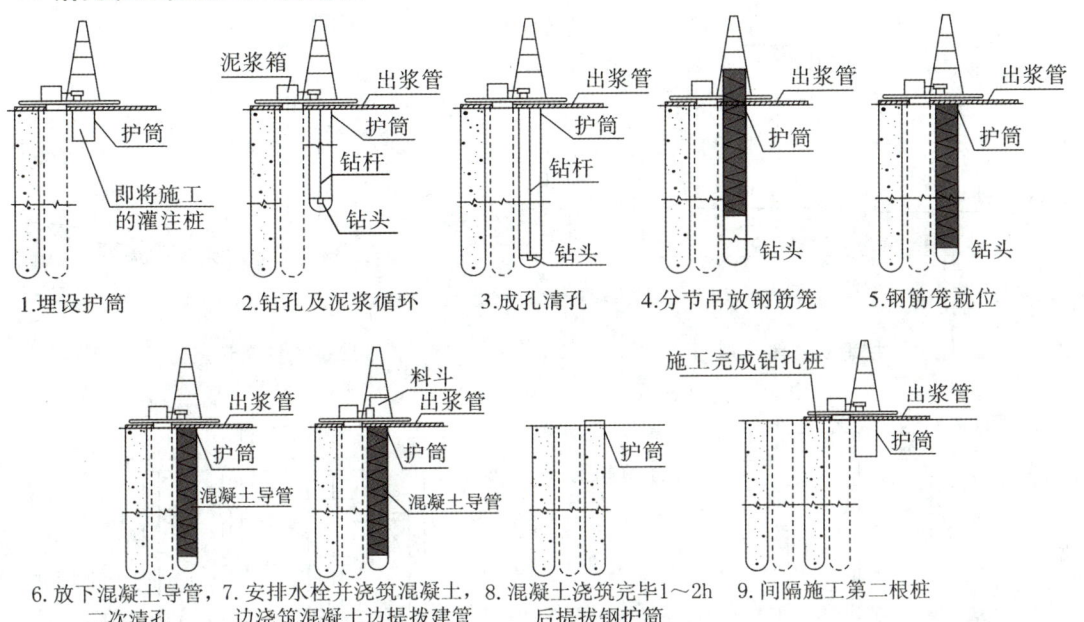

钻孔灌注桩施工工艺流程示意图

（1）埋设护筒。

①护筒的种类及作用。

护筒种类	作用	说明
钢护筒	1.固定钻孔位置。 2.对钻头起导向作用。 3.保护孔口，防止孔口土层坍塌。 4.稳固孔壁	1.护筒宜采用钢板卷制。 2.在陆上或浅水区筑岛处的护筒，内径应大于桩径至少20cm，壁厚应能使护筒保持圆筒状且不变形
钢筋混凝土护筒		

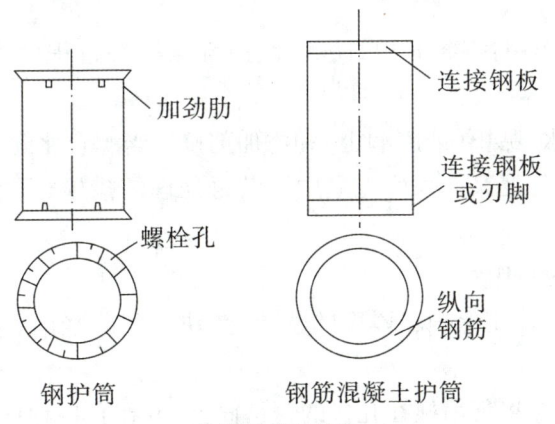

护筒种类示意图

②护筒的埋设方法。

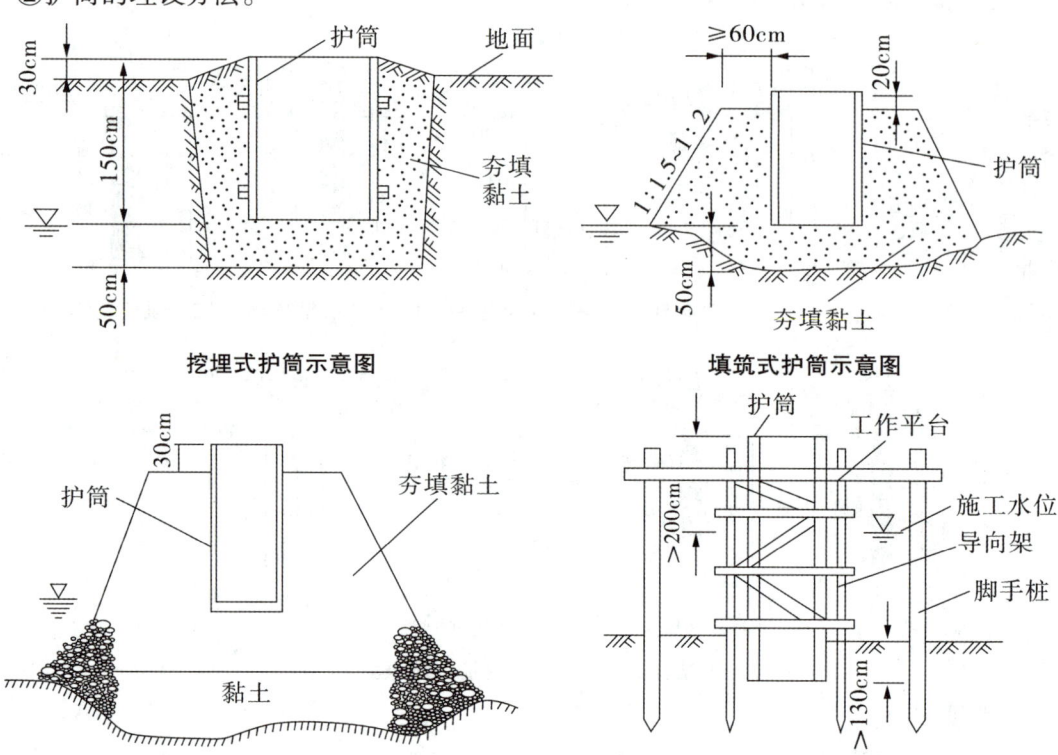

挖埋式护筒示意图　　　填筑式护筒示意图

围堰筑岛护筒示意图　　　深水护筒示意图

◉ 精选真题

[2020年真题]钻孔灌注桩施工中,埋放护筒的作用是(　　)。

A.固定钻机　　　　　　　　B.保护孔口地面

C.截断地下水　　　　　　　D.保证孔的垂直度

答案:B。

(2)制备泥浆。

①泥浆在钻孔中的作用:保护孔壁,防止塌孔;泥浆循环过程中可携带钻渣;对钻头冷却润滑。

②钻孔泥浆一般由水、黏土(或膨润土)和添加剂按适当配合比配制而成。

③施工完成后,废弃的泥浆应采取先集中沉淀再处理的措施,严禁随意排放,污染环境和水域。

(3)钢筋骨架(笼)的制作。

①应在骨架外侧设置控制保护层厚度的垫块,垫块的间距竖向不应大于2m,横向圆周不应少于4处。

②安装钢筋骨架时,应将其吊挂在孔口的钢护筒上,或在孔口地面上设置扩大受力面积的装置进行吊挂,不得直接将钢筋骨架支撑在孔底。

(4)钻孔施工。

①正、反循环施工。

类型	泥浆流向	特点
正循环	泥浆池→泥浆泵笼头→钻杆中心→钻头→孔内→孔顶→沉淀池→泥浆池	1. 优点：钻进与排渣同时进行，钻进速度较快。 2. 缺点：需设置泥浆池、沉淀池，占地较多，设备较复杂
反循环	泥浆池→孔内→钻头→钻杆中心→沉淀池/泥浆池	钻杆内泥水上升速度较正循环快，净化后的泥浆可循环使用

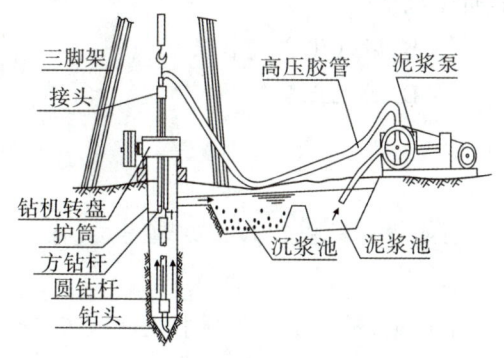

正循环钻结构示意图　　正循环回转钻机成孔工艺原理示意图

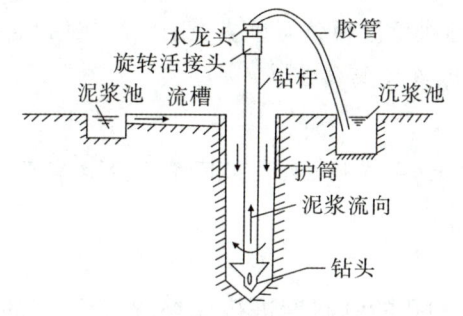

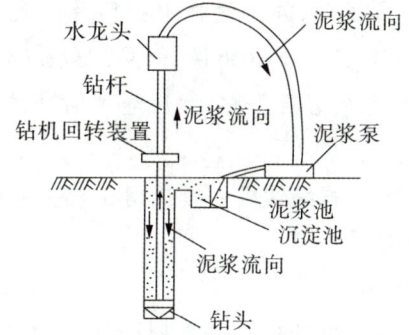

反循环钻结构示意图　　反循环回转钻机成孔工艺原理示意图

[提示] 注意识图，另外区分正反循环泥浆的循环路径：正吹反吸。

②冲击钻进过程中，孔内水位应高于护筒底50cm以上，掏取钻渣和停钻时，应及时向孔内补水，保持水头高度。

③采用全护筒法钻进时，钻机应安装平正，压进的首节护筒应竖直。

④采用旋挖钻机钻孔时，应保证泥浆面始终不低于护筒底部50cm以上。钻头的升降速度宜控制在0.75～0.80m/s。

🌐 精选真题

1. [2021年真题]特别适合在有孤石的砂砾石层、漂石层、硬土层中使用的钻机是(　　)。
   A. 回旋钻机　　　B. 冲击钻机　　　C. 旋挖钻机　　　D. 潜水钻机

2. [2017年真题]关于桥梁桩基使用冲击钻成孔的说法，正确的是(　　)。
   A. 不适合于有孤石的砂砾石层
   B. 开始钻进宜快不宜慢
   C. 钻进过程中一定要保持护筒内的水头

D. 遇有倾斜岩层,不得采用冲击钻钻进

3. [2016年真题]桥梁桩基础正循环回转钻孔施工中,护壁泥浆循环路径包括:①桩孔内;②钻杆中心;③钻头口;④泥浆泵笼头;⑤泥浆沉淀池。则泥浆循环的正确顺序是( )。

A. ①→②→③→④→⑤
B. ④→②→③→①→⑤
C. ②→③→④→①→⑤
D. ⑤→①→③→②→④

4. [2017年真题]旋挖钻机一般适用的地质层包括( )。

A. 黏土层
B. 微风化玄武岩层
C. 微风化花岗岩层
D. 淤泥土层
E. 碎石土层

答案：

1. B。冲击钻成孔灌注桩适用于黄土、黏性土或粉质黏土和人工杂填土层,特别适合于在有孤石的砂砾石层、漂石层、硬土层、岩层中使用。

2. C。选项 A 错误,冲击钻成孔灌注桩适用于黄土、黏性土或粉质黏土和人工杂填土层,特别适合于在有孤石的砂砾石层、漂石层、硬土层、岩层中使用。选项 B 错误,开始钻进宜慢不宜快。选项 C 正确,施工过程中护筒及时跟进,护筒内的水头一定要保持,泥浆指标随时检查控制,不可马虎。选项 D 错误,岩层一般是倾斜,与钻机解除面位置垂直,此处位置通过回填卵石反复冲钻,直到岩层平整,然后继续钻进,防止卡钻、孔位倾斜等。

3. B。

4. ADE。旋挖钻机一般适用于黏土、粉土、砂土、淤泥质土、人工回填土及含有部分卵石、碎石的地层。

(5)清孔。

①钻孔深度达到设计高程后,应对孔径、孔深和孔的倾斜度进行检查,符合下表的要求后方可清孔。

项目	规定值或允许偏差
孔的中心位置	群桩:100mm;单排桩:50mm
孔径	不小于设计桩径
倾斜度	钻孔:<1%;挖孔:<0.5%
孔深	1. 摩擦桩:不小于设计规定。 2. 支承桩:比设计深度超深不小于0.05m
沉淀厚度	1. 摩擦桩: ①符合设计规定。 ②设计未规定时,对于直径≤1.5m 的桩,≤200mm;对于直径>1.5m 或桩长>40m 或土质较差的桩,≤300mm。 2. 支承桩:符合设计规定;设计未规定时,≤50mm
清孔后泥浆指标	相对密度:1.03~1.10。黏度:17~20Pa·s。含砂率<2%。胶体率>98%

②清孔的方法。

方法	适用范围	说明
抽浆清孔法	适用于各种方法钻孔的柱桩和摩擦桩	一般用反循环钻机、空气吸泥机、水力吸泥机或离心吸泥泵等进行
换浆清孔法	适用于正循环钻孔法的摩擦桩	钻孔完成后,提升钻锥距孔底10~20cm,继续循环,以相对密度较低(1.1~1.2)的泥浆压入
掏渣清孔法	仅适用于机动推钻、冲抓、冲击钻孔的各类土层摩擦桩	当要求清孔质量较高时,可使用高压水管插入孔底逐渐降低
喷射清孔法	只宜配合其他清孔法使用	在灌注混凝土前对孔底进行高压射水或射风数分钟,使剩余少量沉淀物漂浮后,立即灌注水下混凝土

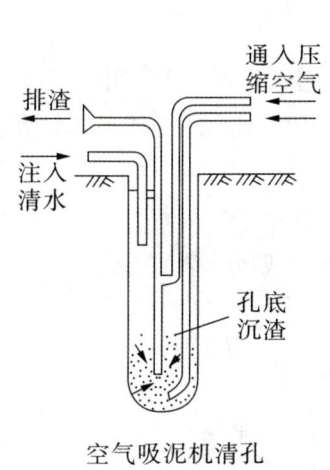
空气吸泥机清孔

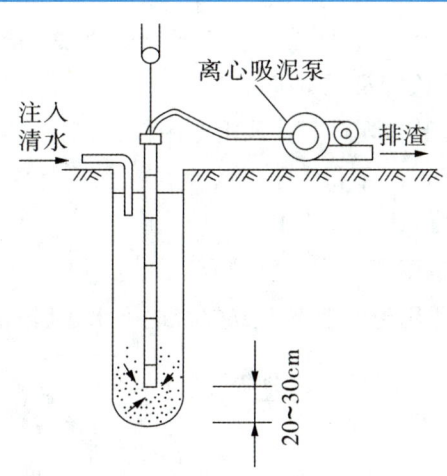
离心吸泥机清孔

抽浆清孔法示意图

[提示] 清孔的方法可以考案例题,口诀:抽换掏喷砂。另外,清孔的质量包括两方面:泥浆性能指标和孔底沉淀厚度。

(6)钢筋骨架及导管吊装。

①清孔结束后,随即吊放钢筋骨架,入孔一般用吊机。无吊机时,可采用钻机钻架、灌注塔架。起吊应按骨架长度的编号入孔。钢筋骨架应及时、准确地吊放、焊接、就位、牢固定位。

②水下混凝土一般用钢导管灌注,导管内径为200~350mm,视桩径大小而定。导管使用前应进行水密承压和接头抗拉试验,严禁用压气试压。进行水密试验的水压不应小于孔内水深1.3倍的压力,也不应小于导管壁和焊缝可能承受灌注混凝土时最大内压力p的1.3倍。

(7)水下混凝土的灌注。

①灌注时间不得长于首批混凝土初凝时间;否则应掺入缓凝剂。

②在灌注过程中,导管的埋置深度宜控制在2~6m。

③为防止钢筋骨架上浮,当灌注的混凝土顶面距钢筋骨架底部1m左右时,宜降低混凝土

的灌注速度。当混凝土拌合物上升到骨架底口 4m 以上时,宜提升导管,使其底口高于骨架底部 2m 以上,即可恢复正常灌注速度。

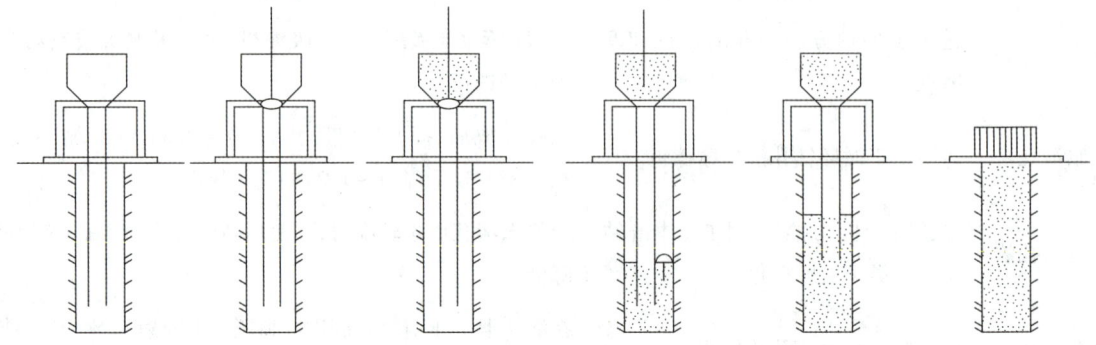

(a)安装导管 (b)安放隔水栓/板 (c)灌注首批混凝土 (d)下放隔水栓/提升隔水板 (e)连续灌注混凝土,提升导管 (f)灌注完毕,拔出护筒

水下混凝土灌注示意图

(8)质量检验及质量标准。

孔径、孔形和倾斜度宜采用专用仪器测定,当缺乏专用仪器时,可采用外径为钻孔桩钢筋笼直径加 100mm(不得大于钻头直径)、长度为 4~6 倍外径的钢筋检孔器吊入钻孔内检测。

(三)挖孔灌注桩施工

1. 适用范围

挖孔桩适用于无地下水或少量地下水,且较密实的土层或风化岩层。

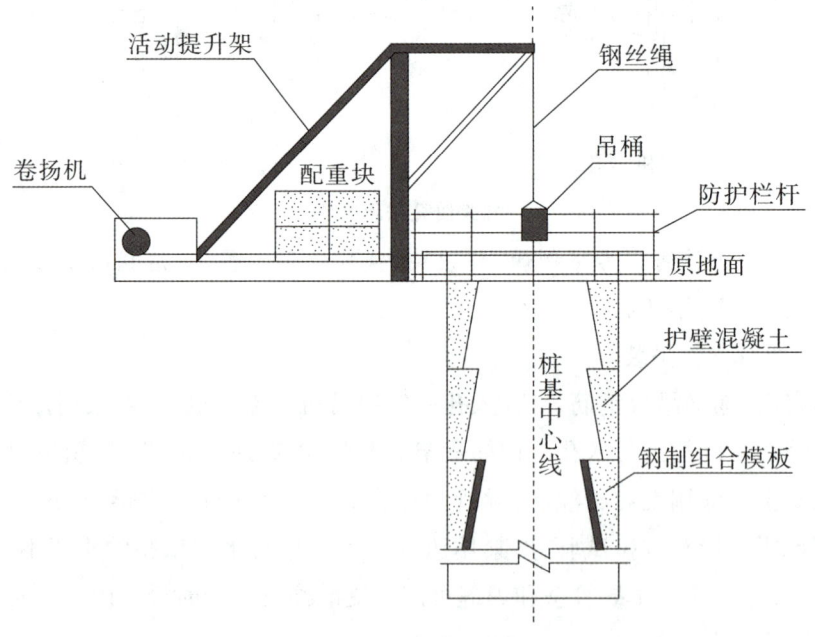

人工挖孔桩构造示意图

2. 安全要求

(1)井孔内设防水带罩灯泡照明,电压为安全电压,电缆为防水绝缘电缆。

(2)孔深大于 10m 时,必须采取机械强制通风措施。

(3)孔内遇到岩层需爆破时,应专门设计,宜采用浅眼松动爆破法,并应严格控制用药量,在炮眼附近加强支护。孔深大于5m时,必须采用电雷管爆破。桩孔内爆破后应先通风排烟15min并经检查确认无有害气体后,施工人员方可进入孔内继续作业。

🌐 **精选真题**

1.[2016年真题]挖孔桩孔内有岩层需要爆破时,应采用(　　)爆破。

A.药壶炮　　　　B.猫洞炮　　　　C.深孔炮　　　　D.浅眼炮

2.[2018年真题]关于挖孔桩基础施工安全控制要求的说法,正确的有(　　)。

A.孔内挖土人员的头顶部应设置护盖

B.所有人工挖孔桩必须采用混凝土护壁

C.起吊设备必须有限位器、防脱钩器等装置

D.人工挖孔超过10m深,应采用机械通风

E.相邻两孔中,一孔进行浇筑混凝土作业时,另一孔内不得有人员

答案:1.D。

2.ACDE。选项B错误,挖孔较深或有渗水时,必须采取孔壁支护及排水、降水等措施,严防塌孔。在较好土层,人工挖孔桩桩孔不采用混凝土护壁时,必须使用工具式的安全防护笼进行施工。

3.施工要求

(1)孔口处应设置高出地面不小于300mm的护圈,并应设置临时排水沟。

(2)相邻两孔不得同时开挖,宜间隔交错跳挖。

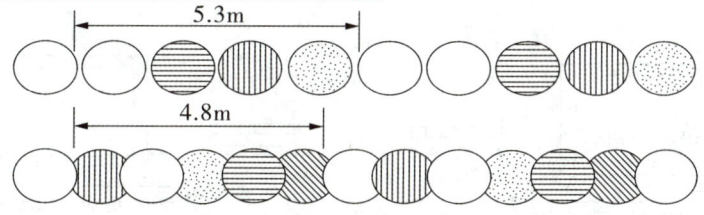

挖孔桩跳孔开挖示意图

(3)采用混凝土护壁支护的桩孔必须挖一节浇筑一节护壁,护壁的节段高度必须按施工技术方案执行,严禁只挖不及时浇筑护壁的冒险作业。护壁外侧与孔壁间应填实,不密实或有空洞时,应采取措施进行处理。

(4)桩孔直径应符合设计规定,孔壁支护不得占用桩径尺寸。

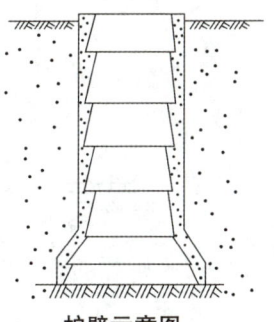

护壁示意图

🌐 **精选真题**

[2021年真题]关于挖孔灌注桩施工技术要求的说法,正确的是(　　)。

A.孔口处应设置高出地面不小于300mm的护圈

B.挖孔施工时,相邻两孔可同时开挖

C.采用混凝土护壁支护的桩孔,全部挖完后再护壁

D. 桩孔直径应符合设计规定,孔壁支护可以占用桩径尺寸

答案:A。

(四)沉井施工

1. 沉井的组成

沉井主要由井壁、刃脚、隔墙、井孔、凹槽、射水管、封底和盖板等部分组成。

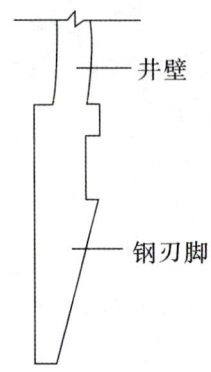

钢板刃脚示意图

2. 沉井的施工工艺

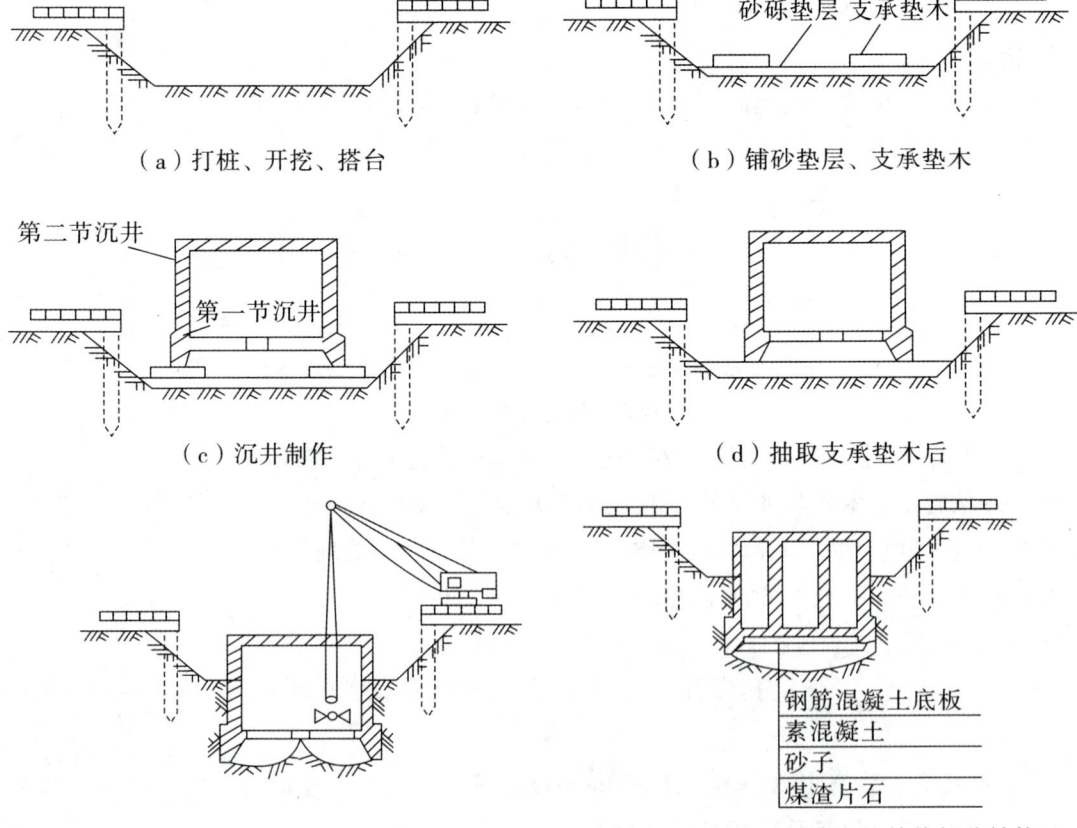

沉井施工主要程序示意图

[考点6] 桥梁下部结构施工

(一)承台施工

1.围堰及开挖方式的选择

承台位置	开挖要求
处于干处	一般直接采用明挖基坑,在其上安装模板,浇筑承台混凝土
位于水中	一般先设围堰将群桩围在堰内,然后用混凝土封底,凝结后,将水抽干,各桩处于干处时,再安装承台模板,在干处灌注承台混凝土
位于河床以上的水中	采用有底吊箱或其他方法在水中将承台模板支撑和固定;承台模板安装完毕后抽水,堵漏,即可在干处灌注承台混凝土

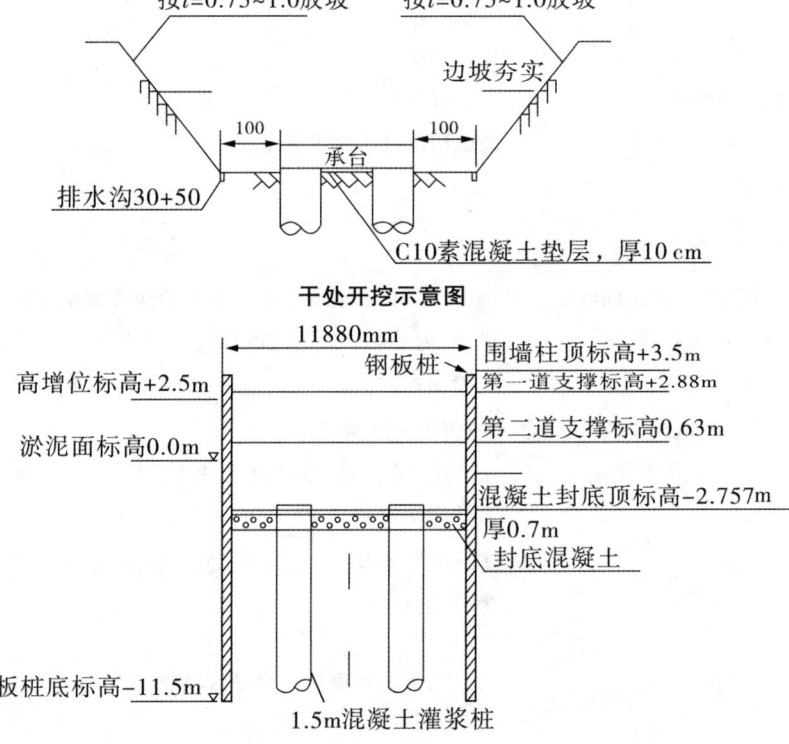

干处开挖示意图

水中开挖示意图

2.承台底的处理

承台类型	地质条件	处理措施	处理标准
低桩承台	土质有足够的承载力,无地下水或能排干水	可按天然地基土修筑基础	—
	土质为松软土,且能排干水	挖除松软土,换填10~30cm厚砂砾土垫层	使其符合基底的设计标高并整平
高桩承台	河床为松软土	可在板桩围堰内填入砂砾至承台底面标高	要求能承受灌注封底混凝土的重量

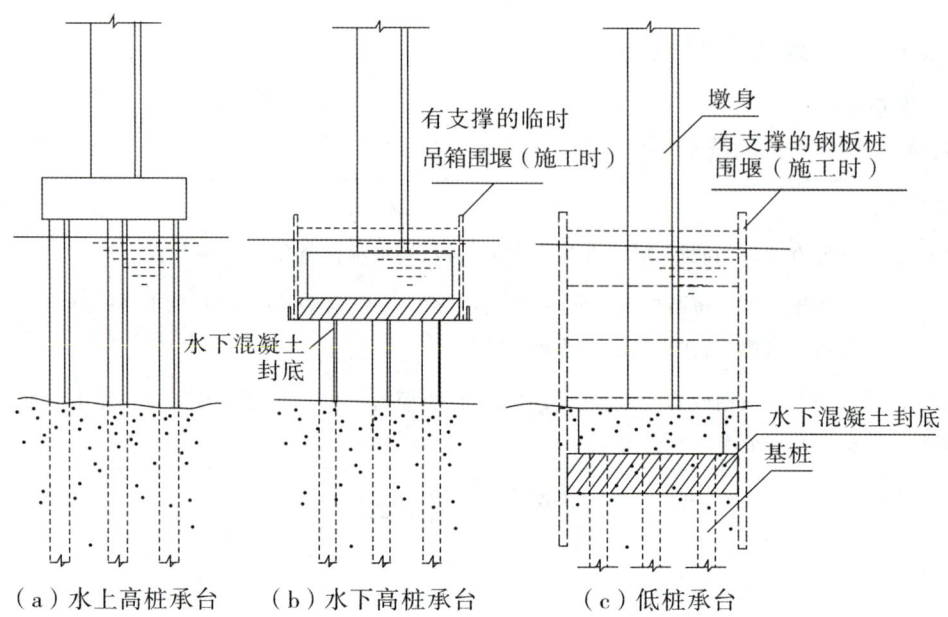

(a) 水上高桩承台　　(b) 水下高桩承台　　(c) 低桩承台

高桩和低桩承台示意图

(二) 墩、台施工

墩台类型	施工方法	内容
整体式墩台	采用混凝土及钢筋混凝土现场施工	混凝土及钢筋混凝土墩台施工前应在基础顶面放出墩、台中线和墩、台内外轮廓线的准确位置
	采用片石混凝土或片石混凝土砌体现场施工	1. 采用片石混凝土时,混凝土中允许填充粒径大于150mm的石块(片石或大卵石)。 2. 采用片石混凝土砌体时,石块含量可增加到砌体体积的50%~60%,石块净距可减为40~60mm
装配式桥墩	拼装法	工厂制作墩身时,要尽可能使分块大、接缝小,按照设计要求定型生产为宜
高桥墩施工	单面整体提升模板法	可分为拼装式模板和自制式模板
	提升模板施工法 翻模法	1. 优点:制造简单、构件种类少,大小可按施工能力灵活选用,混凝土接缝较易处理,施工速度快。 2. 缺点:要依靠塔吊等起重设备提升
	爬模法	可分为倒链手动爬模、电动爬架拆翻模和液压爬升模
	滑动模板法	1. 宜采用低流动度或半干硬性混凝土。 2. 浇筑应分层、分段进行。 3. 应采用插入式振动器振捣。 4. 混凝土脱模时强度宜为0.2~0.5MPa。 5. 为加快模板提升时间,可掺入一定数量的早强剂

(三)墩、台帽施工

(1)梁桥墩、台帽支座处一般均布设1~3层钢筋网。

(2)模板安装时,顶面可比支座垫石顶面约低5mm,以便垫石顶面抹平。

🌐 **精选真题**

[2020年真题]关于滑升模板浇筑桥墩混凝土的说法,正确的有( )。

A. 宜采用高流动度混凝土

B. 浇筑应分层分段进行

C. 应采用插入式振动器振捣

D. 为加快模板提升时间,可掺入一定数量的早强剂

E. 宜采用半干硬性混凝土

答案:BCDE。

[考点 7] 装配式桥施工

1. 一般要求

(1)装配式桥的构件在脱底模、移运、存放和吊装时,混凝土的强度应不低于设计规定的吊装强度;设计未规定时,应不低于设计强度的80%。

(2)分段拼装梁的接头混凝土或砂浆,其强度应不低于构件的设计强度;不承受内力的构件的接缝砂浆,其强度应不低于M10。

2. 构件预制台座的施工

(1)预制台座的间距应能满足施工作业的要求。台座表面应光滑、平整,在2m长度上平整度的允许偏差应不超过2mm,且应保证底座或底模的挠度不大于2mm。

(2)当后张预应力混凝土梁预计的上拱度值较大时,可考虑在预制台座上设置反拱。

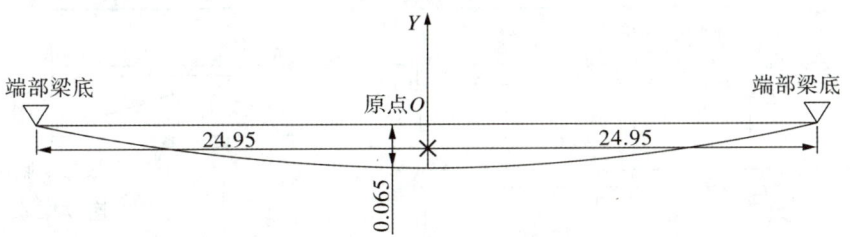

台座预拱度坐标示意图(尺寸单位:m)

3. 构件的场内移运、存放及运输施工

类别	施工要求
场内移运	1. 从预制台座上移出梁、板仅限一次,不得在孔道压浆前多次倒运。 2. 后张预应力混凝土梁、板在预制台座上进行孔道压浆后再移运的,移运时其压浆浆体的强度应不低于设计强度的80%。 3. 构件的吊环必须采用未经冷拉的HPB300钢筋制作,且吊环应顺直。吊绳与起吊构件的交角<60°时,应设置吊架或起吊扁担,使吊点垂直受力

类别	施工要求
存放	1. 存放台座应坚固稳定,且宜高出地面200mm以上。 2. 梁、板构件存放时,支点处应采用垫木和其他适宜的材料进行支承,不得直接支承在坚硬的台座上。 3. 预应力混凝土梁、板的存放时间不宜超过3个月,特殊情况不超过5个月。 4. 当构件多层叠放时,层与层之间应以垫木隔开,上下层垫木应在同一条竖直线上;大型构件叠放的高度宜为2层,应不超过3层,小型构件宜为6~10层
运输	1. 板式构件运输时,宜采用特制的固定架稳定构件。 2. 梁的运输应按高度方向竖立放置,并应有防止倾倒的固定措施;装卸梁时,必须在支撑稳妥后,方可卸除吊钩。 3. 采用平板拖车或超长拖车运输大型构件时,车长应能满足支点间的距离要求,支点处应设活动转盘防止搓伤构件混凝土。 4. 水上运输构件时,应有相应的封舱加固措施

4. 简支梁、板的安装及安全要求

设备类型	安装要求	安全技术要求
架桥机	安装作业时,其抗倾覆稳定系数应≥1.3;过孔时,抗倾覆稳定系数应≥1.5	1. 安装施工期间及架桥机移动过孔时,严禁行人、车辆和船舶在作业区域的桥下通行。 2. 梁、板就位后,应及时设置构件临时固定设施。 3. 同一孔跨的梁、板,其预制施工的龄期差宜≤10天。有预留孔道的,其中心应在同一轴线上,偏差应≤4mm。 4. 横向湿接缝,应在一孔梁、板全部安装完成后方可进行施工
吊机	采用1台吊机起吊,应在吊点位置的上方设置吊架或起吊扁担;采用2台吊机抬吊,应统一指挥、协调一致,使构件的两端同时起吊、同时就位	

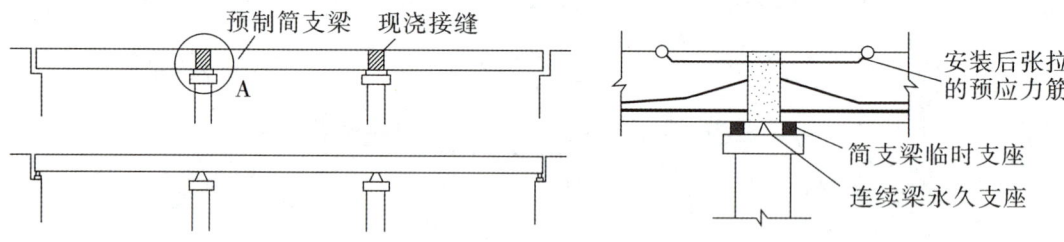

简支梁及其节点示意图

🌐 **精选真题**

1. [2022年真题]预应力混凝土梁的封端施工,混凝土强度应符合设计规定,并应严格控制梁体(　　)。

　　A. 高度　　　　　　B. 长度　　　　　　C. 宽度　　　　　　D. 体积

2. [2021年真题]关于桥梁预制构件存放的说法,正确的有(　　)。

　　A. 存放台座宜高出地面200mm以上

　　B. 直接支承在坚硬台座上时应注意支撑稳固

C. 预应力混凝土梁、板的存放时间不宜超过3个月

D. 箱型梁叠放时不应超过3层

E. 多层叠放时,上下层垫木不得在同一条竖直线上

答案: 1. B。预应力混凝土梁的封端应采用无收缩混凝土,其强度应符合设计规定,并应严格控制梁体长度。

2. ACD。

[考点 8] 桥梁上部结构悬臂施工技术

(一)悬臂拼装施工

1. 悬臂拼装施工方法

拼装方法	施工工序	特点
长线法	预制台座建造→台座立面、平面线形调整→外模安装→刷隔离剂、堵缝→安装底腹板普通钢筋及预应力管道→内模安装→安装普通钢筋及预应力管道→混凝土浇筑及养护→拆除模板→台座立面、平面线形调整(预制下一节段)	1. 优点:由于台座固定可靠,成桥后梁体线性较好。 2. 缺点:占地较大,地基要求坚实,混凝土的浇筑和养护移动分散
短线法	台车及模板系统加工→端模、底模及外侧模安装→匹配梁段定位→钢筋骨架吊装→内模就位→固定端模复测→混凝土浇筑及养护→拆除模板→匹配梁段转运存放→新浇筑梁段移至匹配梁位置→匹配梁段定位(下一块段施工)	1. 优点:场地较小,浇筑模板及设备基本需要移机,可调的底、侧模便于平竖曲线梁段的预制。 2. 缺点:精度要求高,施工要求严,施工周期较长

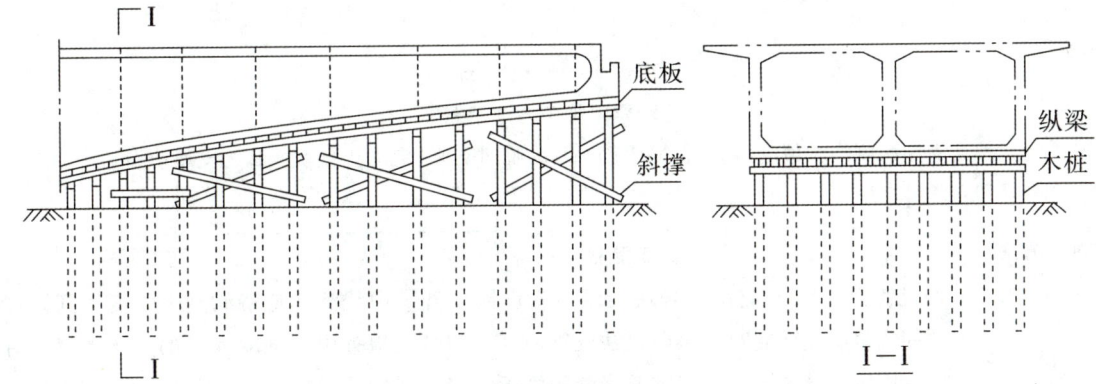

长线法预制箱梁示意图

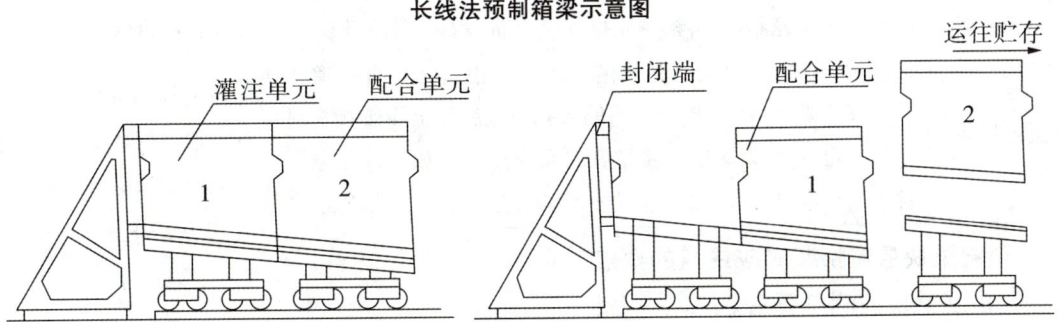

短线法预制箱梁示意图

2. 梁段的拼接施工

（1）0号块梁段。

为了确保连续梁分段悬拼施工的平衡和稳定，常将T构支座临时固结，必要时在墩两侧加设临时支架以满足悬拼的施工需要。

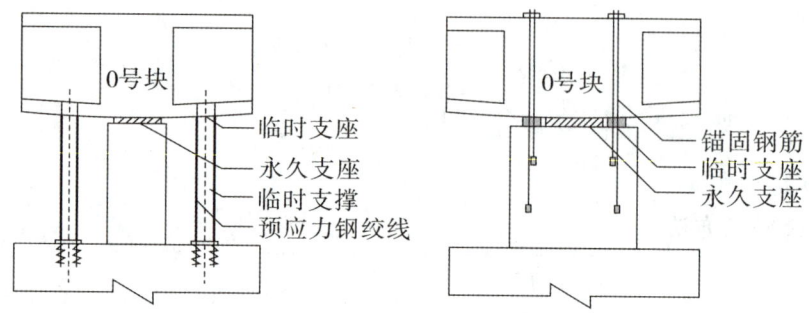

0号块梁段施工方法示意图

（2）1号块梁段。

1号块梁段是紧邻0号块梁段两侧的第一箱梁节段，也是悬拼T构桥的基准梁段，是全跨安装质量的关键，一般采用湿接缝连接。

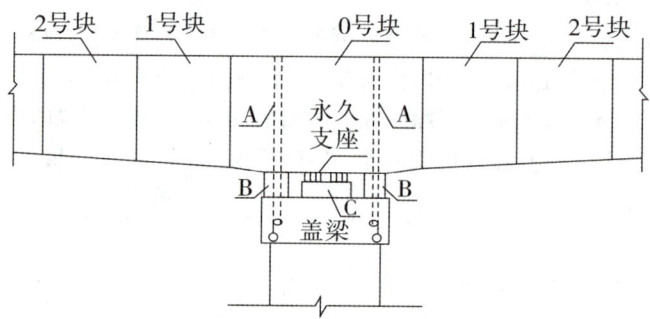

1号块梁段施工方法示意图

A为支座两侧临时预应力筋（锚固钢筋）；B为临时支座（混凝土垫块）；C为支座垫石

（3）梁段的拼接方法。

拼接方法	施工流程	施工要求
湿接缝连接	吊机就位→提升、起吊1号块梁段→安设铁皮管→中线测量→丈量湿接缝的宽度→调整铁皮管→高程测量→检查中线→固定1号块梁段→安装湿接缝的模板→浇筑湿接缝混凝土→湿接缝养护、拆模→张拉预应力筋→下一梁段拼装	应待混凝土强度达到设计强度等级的70%以上（有要求按要求处理，但不能低于设计强度等级的70%）
胶接缝拼装	吊机就位→起吊梁段→初步定位试拼→检查并处理管道接头→移开梁段→穿临时预应力筋入孔→接缝面上涂胶接材料→正式定位、贴紧梁段→张拉临时预应力筋→放松起吊索→穿永久预应力筋→张拉预应力筋后移挂篮→下一梁段拼装	涂胶前应就位试拼。胶粘剂一般采用环氧树脂，使用前应经过试验

3. 预制梁块悬臂拼装时应注意的要点

（1）预制梁块的测量要求。

①箱梁标高控制点和挠度观测点,在箱梁顶面埋置4~6个。
②在预制梁段上标出梁号、中轴线、横轴线。
(2)预制块件的悬臂拼装可依据设备和现场条件选用。

现场条件	设备选用要求
陆地上或在便桥上	可采用自行式吊车、门式吊车进行拼装
水中桥跨	可采用水上浮吊进行安装
高墩身的桥跨	可利用各种吊机进行高空悬拼施工

(3)采用悬臂吊机、缆索、浮吊悬拼安装时,应按施工荷载进行强度、刚度、稳定性验算,使安全系数大于2.0。
(4)对于非0号、1号块件的拼装,一般应在接缝上设置定位榫齿或钢定位器。

(二)悬臂浇筑施工

1.适用范围及特点

悬臂浇筑施工适用于大跨径的预应力混凝土悬臂梁桥、连续梁桥、T形刚构桥、连续刚构桥。其特点是无须建立落地支架,无须大型起重与运输机具,主要设备是一对能行走的挂篮。

2.施工准备

(1)挂篮设计及加工。
①分类。

分类角度	内容
按结构	桁架式、三角斜拉带式、预应力束斜拉式、斜拉自锚式
按行走方式	滑移式、滚动式
按平衡方式	压重式、自锚式

②组成:主桁架、锚固、平衡系统及吊杆、纵横梁等。
③挂篮试拼后,必须进行荷载试验。

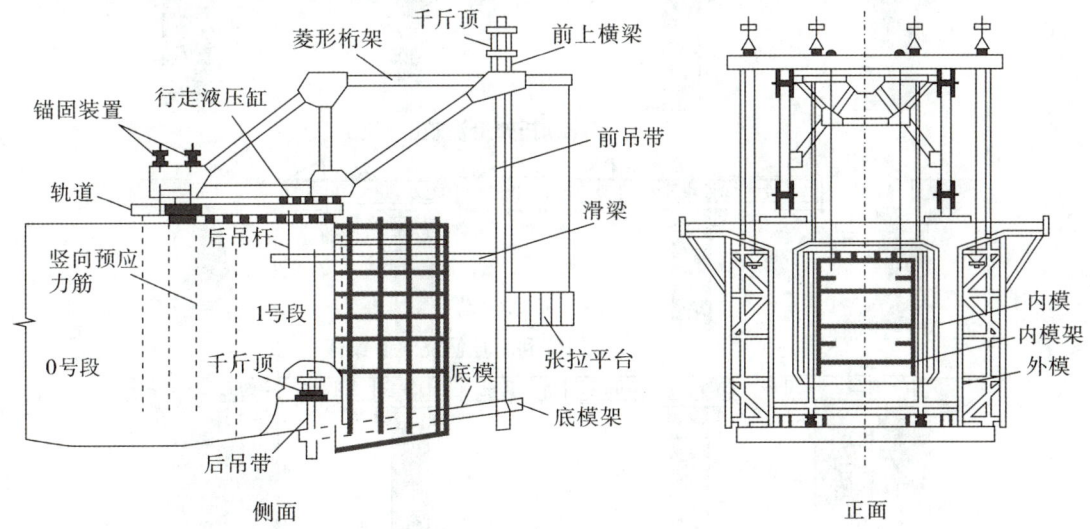

悬臂浇筑挂篮构造示意图

(2)0号、1号块的施工。

对于0号、1号块挂篮一般采用扇形托架浇筑。扇形托架可由万能杆件、贝雷片或其他装配式杆件组成,托架可支撑在桥墩基础承台上或墩身上。托架除须满足承重强度要求外,还须具有一定的刚度。

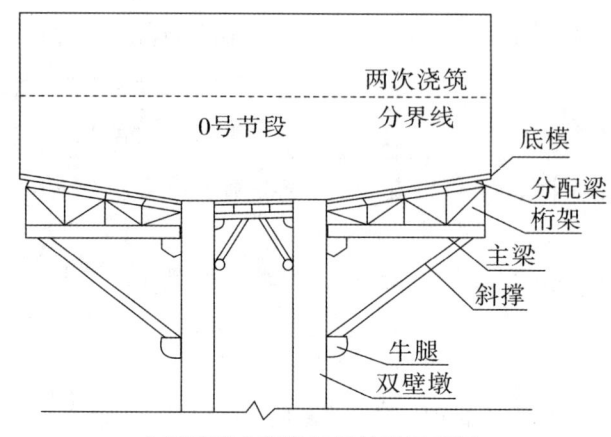

0号混凝土浇筑托架结构示意图

(3)临时固结。

临时固结一般采用在支座两侧临时加预应力筋,梁和墩顶之间浇筑临时混凝土垫块。将梁固结在桥墩上,使梁具有一定的抗弯能力。在条件成熟时,再采用静态破碎方法,解除固结。

3.悬臂浇筑施工程序

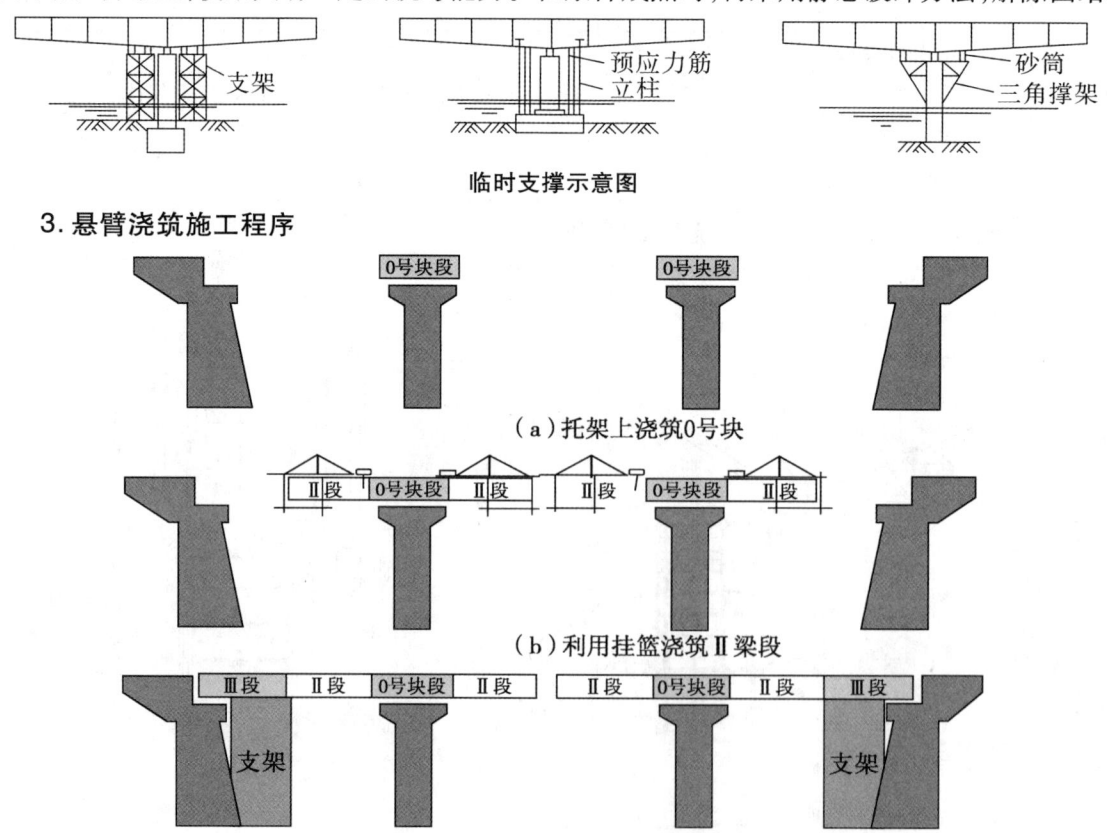

临时支撑示意图

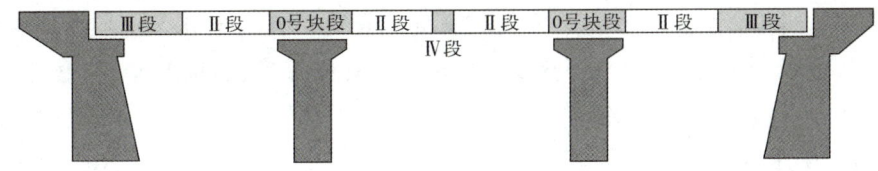

(d)浇筑Ⅳ梁段合龙

悬臂浇筑施工程序示意图

4. 悬臂浇筑施工注意要点

(1) 0号块梁段长度一般为5~20m,悬浇分段长度一般为3~5m。

(2)挂篮桁架行走和浇筑混凝土时的稳定系数均不得小于2.0。

(3)挂篮试压的最大荷载一般可按最大悬浇梁段质量的1.3倍考虑。挂篮试压通常采用水箱加压法、试验台加压法及砂袋法。

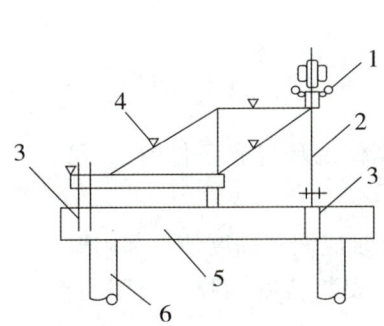

挂篮水箱试压示意图

1—压力表千斤顶;2—拉杆;3—预埋钢筋;
4—观测点;5—承台;6—桩

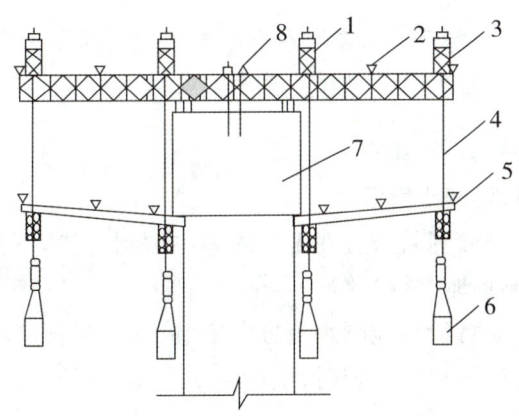

菱形挂篮试验台试压示意图

1—横桁架;2—观测点;3—纵桁架;4—吊杆;
5—底篮;6—水箱;7—墩顶梁段;8—后锚固

🌐 精选真题

1. [2021年真题]挂篮悬臂浇筑施工方法适用的桥梁类型是( )。

A. T形刚构桥　　　　　　　　B. 简支T梁桥

C. 空心板梁桥　　　　　　　　D. 预制箱梁桥

2. [2021年真题]关于桥梁悬臂浇筑挂篮施工要求的说法,正确的是( )。

A. 挂篮与悬浇梁段混凝土的重量比宜不大于0.8

B. 挂篮的最大变形不大于50mm

C. 挂篮在浇筑混凝土状态时的抗倾覆安全系数不小于2

D. 挂篮行走时的抗倾覆安全系数不应小于1.5

3. [2020年真题]关于预制梁块悬臂拼装使用胶粘剂的说法,正确的是( )。

A. 采用人工拌合　　　　　　　B. 涂抹厚度不小于3mm

C. 涂抹覆盖不少于半个匹配面　D. 应在梁体的全断面挤出

答案: 1. A。

2. C。选项 A 错误,挂篮与悬浇梁段混凝土的重量比不宜大于 0.5。选项 B 错误,挂篮的最大变形(包括吊带变形的总和)应不大于 20mm。选项 C 正确、选项 D 错误,挂篮在浇筑混凝土状态和行走时的抗倾覆安全系数、自锚固系统的安全系数、斜拉水平限位系统的安全系数及上水平限位的安全系数均不应小于 2。

3. D。选项 A 错误,胶粘剂宜采用机械拌合。选项 BC 错误,胶粘剂应涂抹均匀,覆盖整个匹配面,涂抹厚度不宜超过 3mm。选项 D 正确,胶粘剂应在梁体的全断面挤出,且胶接缝的挤压应在 3h 以内完成。

专题 2　涵洞工程

复习提示▷ 本专题在历年考试中选择题和案例题均有考查。要求了解各种涵洞的施工工序,掌握涵洞施工的有关技术要求。

[考点]　涵洞和通道

1. 混凝土管涵

(1)管涵管节宜在工厂内集中预制,仅当不具备集中制作的环境和条件时,方可在工地设置预制场地进行制作。

(2)各管节应顺水流方向安装平顺,当管壁厚度不一致时应调整高度使下部内壁齐平。

(3)插口管安装时,接口应平直,环形间隙应均匀,并应安装特制的胶圈或用沥青、麻絮等防水材料填塞。

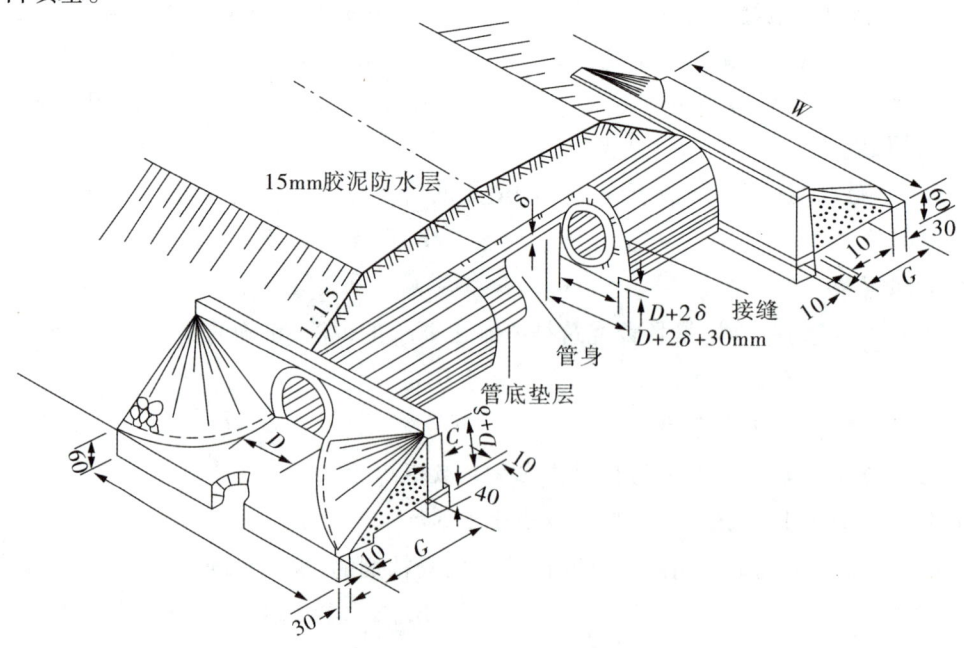

圆管涵示意图(尺寸单位:cm)

2. 拱涵、盖板涵

（1）就地浇筑的拱涵和盖板涵，宜采用钢模板或胶合板模板。

（2）预制构件的混凝土强度应达到设计强度的85%后，方可搬运安装（设计有要求的应从其规定）。

（3）拱座与拱券、拱券与拱券的拼装接触面，应先拉毛或凿毛（沉降缝处除外），安装前应浇水湿润，再以M10水泥砂浆砌筑。

（4）先拆除拱架再进行填土时：拱券和护拱砌筑砂浆或混凝土强度应符合设计规定，设计未规定时，应达到设计强度的85%后，方可拆除拱架，且在拱架拆除时应先完成拱脚以下部分回填土的填筑；达到设计强度的100%后，方可进行拱顶填土。

（5）在拱架未拆除的情况下进行拱顶填土时，拱券砌筑砂浆或混凝土强度应符合设计规定，设计未规定时，应达到设计强度的85%后，可进行拱顶填土，但在拱券强度达到设计强度的100%后，方可拆除拱架。

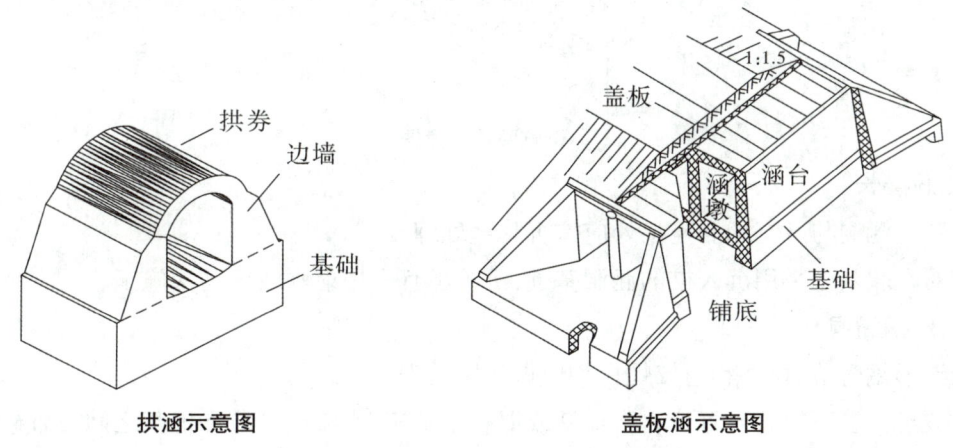

拱涵示意图　　　　　　盖板涵示意图

3. 箱涵

（1）预制钢筋混凝土箱涵节段设计无要求时，预制构件的混凝土强度达到设计强度的85%时，方可吊运、安装。

（2）就地浇筑的箱涵可视具体情况分阶段施工，且宜先进行底板和梗肋的混凝土浇筑，再完成剩余部分的混凝土浇筑。

（3）混凝土强度达到设计强度的85%时，方可拆除支架；达到设计强度的100%后，方可进行涵顶回填（设计有要求的应从其规定）。

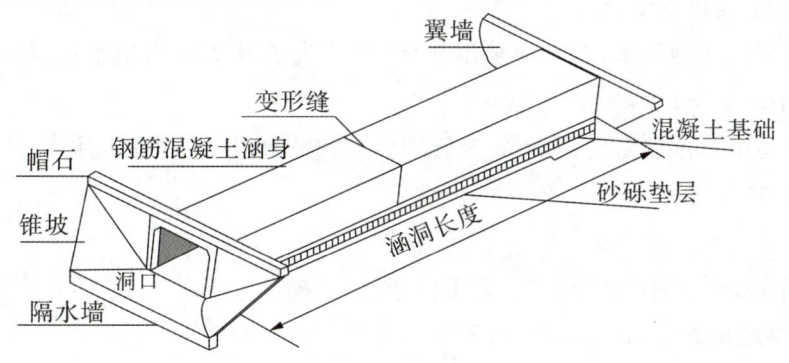

箱涵示意图

4. 倒虹吸管

（1）倒虹吸管宜采用钢筋混凝土或混凝土圆管，进出水口必须设置竖井及防淤沉淀井。

（2）施工时管节接头及进出水口砌缝应特别严格，不漏水。

（3）进出水口应在完工后及时上盖，并应按设计要求及时安装防堵塞装置。

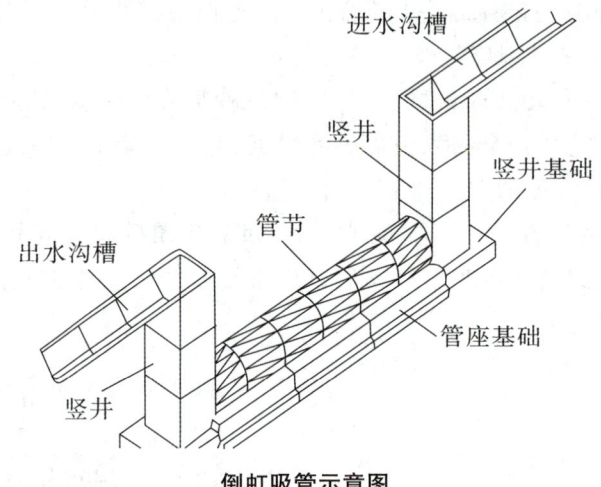

倒虹吸管示意图

5. 涵洞接长

（1）新建涵洞与既有涵洞连接处应按沉降缝处理。

（2）对在软基上采用沉入桩的涵洞基础，沉桩不宜采用射水或振动法施工。

6. 波形钢涵洞

（1）波形钢管节、块件和连接螺栓均应做防腐处理。

（2）波形钢管不得直接置于岩石地基或混凝土基座上，应在管节和地基之间设置砂砾垫层或其他适宜材料。

（3）波形钢管涵宜设置预拱度，但管涵中心的高程应不高于进水口的高程。

7. 顶进施工

（1）顶进作业宜在地下水位降至基底以下 0.5~1.0m 时进行，且宜避开雨期施工，必须在雨期施工时应做好防洪及防雨排水工作。

（2）顶进作业宜连续进行，不宜长期停工。

8. 通道的防水与排水设施

（1）当基坑底低于地下水位时，应采用井点法或其他排水方法将地下水位降低至桥涵底部防水层以下不小于 0.3m 处。

（2）排水管道或排水总管每隔 50m 及转弯处均应设检查井，井底应设沉淀池。管道的纵坡应不小于 0.5%。

◉ 精选真题

1. [2018 年真题] 关于圆管涵施工要求的说法，正确的是（　　）。

A. 管节不得现场就地制造

B. 当管壁厚度不一致时,应调整高度使内壁持平

C. 管接口处不得使用沥青填塞

D. 每节管底出现反坡的坡度应小于3°

2. [2021年真题·案例节选]

背景资料

某二级公路一标段共12座涵洞工程,包括箱涵及盖板涵等结构形式,其中某座盖板涵设计示意图如下图所示。

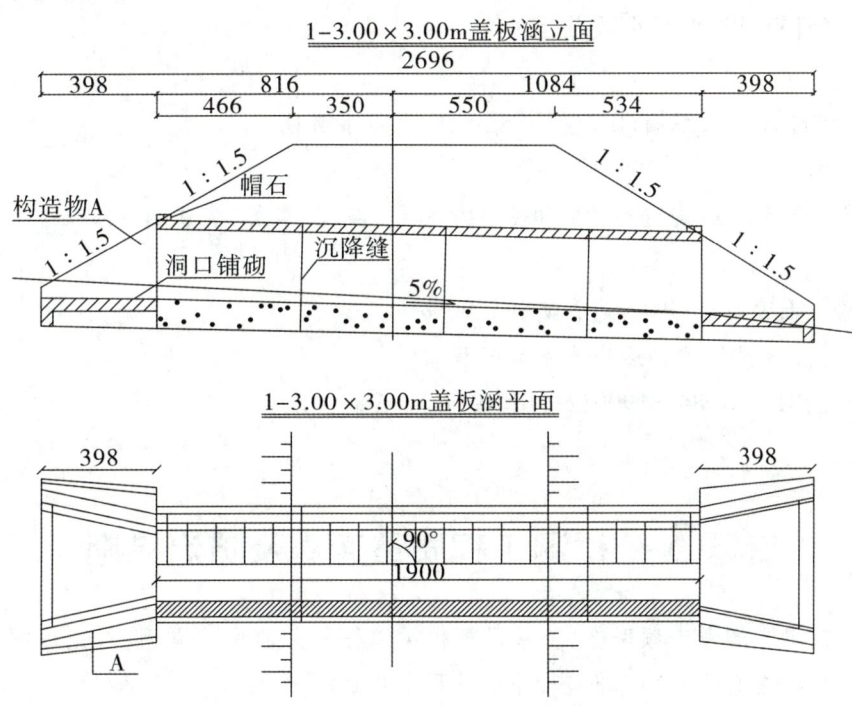

盖板涵设计示意图(图中尺寸以cm计)

施工单位确定了盖板涵的主要施工工序如下:测量放线→基坑开挖→现浇混凝土基础→浆砌墙身→(B)→提前预制盖板并吊装→出入口浆砌→(C)→涵洞回填及加固。

施工中发生如下事件:

事件二:针对各类涵洞,部分施工做法如下:

①预制盖板等成品混凝土强度达到设计强度的85%时,方可搬运安装,安装后预制构件上的吊装孔应以砂浆填塞。

②现浇箱涵分两阶段施工,先进行梗肋混凝土的浇筑,然后再完成剩余部分的混凝土浇筑。

③涵洞台背回填填料宜采用透水性材料,透水性材料不足时,可采用石灰土或水泥稳定土回填。

④涵洞洞身两侧回填,应同时、水平、分层、对称地进行填筑,压实度不应小于90%。

事件三:盖板涵施工过程中监理工程师检查了混凝土和砂浆强度、结构尺寸、长度、跨径、

相邻板块最大高差、顶面高程、盖板支承中心偏位、涵底铺砌厚度、砌体平整度等项目。工程合格后,根据《公路工程标准施工招标文件》中规定的计量要求完成了涵洞的计量工作。

问题:

(1)写出盖板涵设计示意图中构造物 A 的名称,并写出盖板涵施工工序 B、C 的名称。

(2)逐条判断事件二中的施工做法是否正确,若不正确写出正确做法。

(3)事件三中盖板涵质量检查还需检查哪两项主要项目?

(4)盖板涵设计示意图中,盖板涵计量工程量为多少米?分别说明图中洞口铺砌和帽石是否单独计量。(计算结果保留小数点后 3 位)

答案:1. B。

2.(1)构造物 A 为八字墙;B 为现浇板座;C 为防水层施工。

(2)①正确。

②不正确。正确做法:先进行底板和梗肋的混凝土浇筑,然后再完成剩余部分的混凝土浇筑。

③正确。

④不正确。正确做法:压实度不应小于96%。

(3)还需检查轴线偏位和涵底流水面高程。

(4)工程量:816 + 1084 = 1900(cm) = 19(m);不单独计量。

专题3　桥涵工程质量通病及防治措施

复习提示▷ 本专题考查频率低,要求了解桥梁工程质量通病的原因,对比理解相应的防治措施。本专题可能在案例题中以问答、补充类形式考查。

[考点 1] 钻孔灌注桩质量病害的防治

断桩的产生原因与防治措施。

产生原因	防治措施
1. 混凝土坍落度小,离析或石料粒径过大,导管直径较小。	1. 坍落度控制在 18~22cm,尽量用大直径导管。
2. 因测量及计算错误,致使导管底口距孔底距离较大,使首批灌注的混凝土不能埋住导管。	2. 下导管时,底口距孔底的距离控制在 25~40cm 之间,且首批混凝土灌注后能埋住导管至少 1.0m。
3. 导管提拔过量。	3. 认真计算提拔导管的长度,严禁不经测量和计算而盲目提拔导管。
4. 提拔导管时,钢筋笼卡住导管。	4. 钢筋笼制作采用对焊。采用搭接焊时,焊缝不要在钢筋笼内形成错台。
5. 导管接口渗漏致使泥浆进入导管内,在混凝土内形成夹层。	5. 导管使用前,要对导管进行检漏和抗拉力试验。
6. 导管埋置深度过深,无法提起或将导管拔断。	6. 导管埋置深度一般控制在 2.0~6.0m 的范围内。
7. 机械故障、停电、塌孔、材料供应不足等	7. 关键设备要有备用,材料要准备充足

🌐 精选真题

[2014年真题] 为防止导管堵塞,钻孔灌注桩水下混凝土的坍落度合适的值是( )cm。

A. 10　　　　　　B. 15　　　　　　C. 20　　　　　　D. 25

答案:C。

[考点 2] 钢筋混凝土梁桥和钢筋混凝土结构质量病害的防治

质量问题	产生原因	防治措施
钢筋混凝土梁桥预拱度偏差	1. 现浇梁:计算得到的预拱度往往与实际发生的有一定的差距。 2. 预制梁:假定条件与实际情况不一致,造成预拱度的偏差;理论计算与实际本身存在细微偏差;施工工艺造成偏差	1. 提高支架基础、支架及模板的施工质量以及按要求设置支架预拱度。 2. 加强施工控制,及时调整预拱度误差。 3. 严格控制张拉时的混凝土强度,预制梁还需要控制混凝土的弹性模量。 4. 要严格控制预应力筋在结构中的位置,波纹管的安装定位应准确;控制张拉时的应力值,并按要求的时间持荷。 5. 钢绞线伸长值的计算应采用同批钢绞线弹性模量的实测值。预制梁存梁时间不宜过长
钢筋混凝土结构构造裂缝	1. 水泥质量差,集料含泥料大或为风化性材料。 2. 混凝土搅拌和运输时间过长。 3. 模板移动鼓出。 4. 基础与支架的强度、刚度、稳定性不够,引起支架下沉、不均匀下沉、脱模过早。 5. 接头处理不当。 6. 养护问题。 7. 在混凝土高度突变及钢筋保护层较薄部位振捣或析水过多。 8. 大体积混凝土未采用缓凝和降低水泥水化热的措施。 9. 水灰比大	1. 选用优质水泥及集料。 2. 避免混凝土搅拌或运输时间过长。 3. 加强模板施工质量,避免模板移动、鼓出等。 4. 基础与支架应有较好的强度、刚度、稳定性并采用预压措施;避免出现支架下沉、模板的不均匀沉降和脱模过早等。 5. 加强养护,及时养护。 6. 振捣充分。 7. 采用降低混凝土水化热、推迟水化热峰值出现的措施。 8. 合理设计混凝土的配合比

🌐 精选真题

[2017年真题] 钢筋混凝土结构构造裂缝形成的原因不包括( )。

A. 集料含泥量过大　　　　　　　　B. 混凝土搅拌及运输时间长

C. 采用了水胶比大的混凝土　　　　D. 采取了推迟水化热峰值出现的措施

答案:D。

[考点 3] 桥面铺装、桥梁伸缩缝及桥头跳车质量病害的防治

质量问题	产生原因	防治措施
桥面铺装病害	1. 梁体预拱度过大。 2. 混凝土质量差。 3. 桥头跳车和伸缩缝破坏引起的连锁破坏。 4. 桥梁结构的大变形引起沥青混凝土铺装层的破坏。 5. 水害引起沥青混凝土铺装的破坏。 6. 铺装防水层破损导致桥面铺装的破坏	1. 常规破坏同路面通病防治。 2. 加强对主梁的预拱度控制,避免预拱度过大。 3. 加强施工质量控制,严格控制钢筋网的安装。 4. 提高桥面防水混凝土的强度,避免防水混凝土层破坏。 5. 严格按桥面排水设计进行施工;优化混凝土配合比,选用优质集料,提高施工和养护质量
桥梁伸缩缝病害	1. 设计因素:伸缩设计量不足,以致伸缩缝选型不当等。 2. 施工因素:伸缩装置两侧填充混凝土强度、养护时间、黏结性和平整度未能达到设计标准且安装不合格;锚固件焊接内在质量等。 3. 管理维护因素:填充到伸缩缝内的外来物未能及时清除等	1. 精心设计,选择合理的伸缩装置。 2. 严格按施工工序和工艺标准的要求施工。 3. 提高锚固件焊接施工质量。 4. 确保填缝混凝土的振捣密实,使混凝土达到设计强度标准,及时养护,无空隙、空洞。 5. 避免伸缩装置两侧的混凝土与桥面系的相邻部位结合不紧密
桥头跳车	1. 台后地基强度与桥台地基强度不同、填料自然固结压缩。 2. 桥头路堤及堆坡范围内地表填前处理不彻底。 3. 台后填土材料不当,或填土含水量过大,压实度达不到标准。 4. 路面水渗入路基,使路基土软化,水土流失造成桥头路基引道下沉。 5. 软基路段台前预压长度不足,软基路段桥头堆载预压卸载过早,软基路段桥头处软基处理深度不到位	1. 采用先进的台后填土施工工艺。选用合适的压实机具,台后及时回填,压实度达到要求。 2. 改善地基性能,提高地基承载力,减少差异沉降。 3. 有针对性地选择后台填料,提高桥头路基压实度。 4. 做好桥头路堤的排水、防水工程,设置桥头搭板。 5. 优化设计方案,采用新工艺加固路堤

[考点 4] 箱梁质量病害的防治

质量问题	产生原因	防治措施
箱梁两侧腹板混凝土厚度不均	1. 箱梁模板设计不合理。 2. 模板强度不足,或箱梁内模未固定牢固,使内、外模相对水平位置发生偏差。 3. 内模由于刚度不够,在浇筑混凝土时发生变形。 4. 混凝土未对称浇筑,单侧压力过大,使内模偏向另一侧	1. 内模要坚固,刚度符合规范要求。 2. 将箱梁内模固定牢固,使其上下左右均不能移动。 3. 内模与外模在两侧腹板部位设置支撑。 4. 浇筑腹板混凝土时,两侧应对称进行

(续表)

质量问题	产生原因	防治措施
悬臂浇筑钢筋混凝土箱梁的施工（挠度）控制	节段悬臂浇筑施工时，立模标高的计算采用的参数与实际有差异，计算公式为经验公式	1. 挂篮进行加载试验，消除非弹性变形。 2. 在0号块箱梁顶面建立相对坐标系，以此相对坐标控制立模标高值。 3. 控制温度。 4. 挠度观测。 5. 应力观测

强化练习

一、单项选择题

1. 关于模板、支架的说法，正确的是（　　）。
   A. 在模板上设置的吊环应采用HRB400级钢筋，严禁采用冷加工钢筋制作
   B. 吊环的拉应力应不大于50MPa
   C. 梁、板等结构的底模板宜根据需要设置预拱度
   D. 支架在安装完成后方可进行下一工序

2. 关于钢筋混凝土结构模板拆除期限的说法，错误的是（　　）。
   A. 承包人应在拟定拆模时间的12h以前，取得监理工程师同意
   B. 非承重侧模板应在混凝土抗压强度达到2.5MPa且能保证其表面及棱角不致因拆模而受损坏时方可拆除
   C. 承重模板应在混凝土结构能承受其自重及其他可能的叠加荷载时方可拆除
   D. 预应力混凝土结构的侧模、底模及支架应在张拉预应力后方可拆除

3. 关于灌注桩钢筋骨架的制作、运输与安装的说法，错误的是（　　）。
   A. 制作时应采取必要措施，保证骨架的刚度，主筋的接头应错开布置
   B. 大直径长桩的钢筋骨架宜在胎架上分段制作，且宜编号，安装时应按编号顺序连接
   C. 应在骨架外侧设置控制混凝土保护层厚度的垫块，垫块的间距在竖向不应大于4m
   D. 骨架的顶端应设置吊环

4. 关于大体积混凝土施工的说法，错误的是（　　）。
   A. 宜选用低水化热和凝结时间长的水泥品种
   B. 大体积混凝土进行配合比设计及质量评定时，可按28天龄期的抗压强度控制
   C. 大体积混凝土的浇筑宜在气温较低时进行，但混凝土的入模温度应不低于5℃
   D. 在混凝土内部通水降温时，进出口水的温差宜小于或等于10℃，且水温与内部混凝土的温差宜不大于20℃

5. 关于扩大基础明挖基坑施工的说法，正确的是（　　）。
   A. 深基坑四周距基坑边缘不小于0.5m处应设立钢管护栏、挂密目式安全网
   B. 基坑开挖时，周边1m范围内不得堆载和停放设备
   C. 基坑深度小于或等于4m时护道的宽度

应按边坡稳定计算的结果进行适当加宽

D. 采用机械开挖时,宜挖至设计高程;如超挖,则应将松动部分清除,并应对基底进行处理

6. 采用锚杆挂网喷射混凝土加固坑壁,孔深小于或等于( )m时,宜采用先注浆后插入锚杆的施工工艺。
   A. 1　　　　　　B. 2
   C. 3　　　　　　D. 4

7. 关于基坑降排水施工的说法,正确的是( )。
   A. 集水坑排水可适用于严重流沙
   B. 井点降水法宜用于粉砂、细砂、无砂的黏质土
   C. 井点降水曲线应低于基底设计高程或开挖高程至少 0.2m
   D. 井点类别的选择,宜按土层的渗透系数、要求降低水位的深度以及工程特点确定

8. 关于护筒的说法,正确的是( )。
   A. 在陆上或浅水区筑岛处的护筒,其内径应大于桩径至少 300mm
   B. 护筒高度宜高出地面 0.3m,同时应高于桩顶设计高程 2.0m
   C. 护筒宜采用钢板卷制
   D. 在有潮汐影响的水域,护筒顶应高出施工期最高潮水位 1.0~2.0m

9. 关于导管法灌注水下混凝土的说法,错误的是( )。
   A. 混凝土宜采用钢导管灌注,导管内径宜为 200~350mm
   B. 导管使用前应进行水密承压和接头抗拉试验
   C. 水泥应采用矿渣水泥
   D. 混凝土拌合物坍落度宜为 160~220mm

10. 装配式桥的构件在脱底模、移运、存放和吊装时,混凝土的强度应不低于设计规定的吊装强度;设计未规定时,应不低于设计强度的( )。
    A. 70%　　　　　B. 75%
    C. 80%　　　　　D. 85%

11. 关于简支梁、板安装的说法,错误的是( )。
    A. 梁、板就位后,应及时设置保险垛或支撑将构件临时固定
    B. 采用架桥机安装时,其抗倾覆稳定系数应不小于 1.3
    C. 梁、板之间的横向湿接缝,应在一孔梁、板全部安装完成后方可进行施工
    D. 安装在同一孔跨的梁、板,其预制施工的龄期差不宜超过 4 天

12. 关于悬臂拼装的说法,错误的是( )。
    A. 节段的脱模时间应符合设计规定;设计未规定时,应在混凝土强度达到设计强度的 75% 后方可脱模并拆除
    B. 胶粘剂进场后应进行力学性能及作业性能的抽检
    C. 施工前应按施工荷载对起吊设备进行强度、刚度和稳定性验算,其安全系数应不小于 2.0
    D. 胶粘剂应涂抹均匀,覆盖整个匹配面,涂抹厚度不宜超过 5mm

13. 圆管涵施工主要工序是( )。
    A. 基坑开挖→管座基础施工→安装圆管→出入口浆砌→防水层施工
    B. 基坑开挖→管座基础施工→防水层施工→安装圆管→出入口浆砌
    C. 基坑开挖→防水层施工→安装圆管→出入口浆砌→管座基础施工
    D. 基坑开挖→管座基础施工→出入口浆砌→安装圆管→防水层施工

14. 下列不属于产生桥头跳车的原因是( )。
   A. 台后地基在路堤荷载作用下固结压缩
   B. 回填土压实度不够
   C. 软基路段台前预压长度不足
   D. 梁体拱度过大

15. 拱桥的承重结构以( )为主。
   A. 受拉   B. 受压
   C. 受弯   D. 受扭

16. 当验算模板及其支架在自重和风荷载等作用下的抗倾倒稳定时,验算倾覆的稳定系数不得小于( )。
   A. 1.3   B. 1.5
   C. 1.8   D. 2.0

17. 验算桥梁支架及拱架的刚度时,要求其受载后挠曲杆件的弹性挠度为相应结构跨度的( )。
   A. 1/500   B. 1/400
   C. 1/300   D. 1/250

18. 总跨径是指多孔桥梁中各孔( )。
   A. 净跨径的总和 B. 计算跨径的总和
   C. 标准跨径的总和 D. 经济跨径的总和

19. 对支架进行预压时,预压荷载可以为支架所承受荷载的( )倍。
   A. 1.00   B. 1.08
   C. 1.20   D. 1.30

20. 关于普通钢筋加工制作的说法,正确的是( )。
   A. 钢筋应平直,无局部弯折,成盘的钢筋和弯曲的钢筋均应调直才能使用
   B. 轴心受拉和小偏心受拉构件可采用绑扎接头
   C. 电渣压力焊可用于竖向钢筋的连接,也可用作水平钢筋和斜筋的连接
   D. 电弧焊宜采用单面焊缝

21. 张拉千斤顶的额定张拉力宜为所需张拉力的( )倍。
   A. 0.8   B. 1.0
   C. 1.1   D. 1.5

22. 预应力筋采用应力控制方法张拉且设计无规定时,实际伸长值与理论伸长值的差值应控制在( )以内。
   A. 4%   B. 5%
   C. 6%   D. 8%

23. 当桩孔内有承压水时,护筒顶应高于稳定后的承压水位( )m以上。
   A. 0.5   B. 1.0
   C. 1.5   D. 2.0

24. 关于正、反循环钻机施工特点的说法,正确的是( )。
   A. 正循环钻机钻渣容易堵塞管路
   B. 正循环孔壁坍塌的可能性大
   C. 反循环施工需设置泥浆槽、沉淀池等,施工占地较多
   D. 反循环钻机钻进与排渣效率较高

25. 导管使用前应进行水密承压和接头抗拉试验,进行水密试验的水压应不小于导管壁和焊缝可能承受灌注混凝土时最大内压力p的( )倍。
   A. 1.1   B. 1.2
   C. 1.3   D. 1.5

26. 关于灌注水下混凝土的说法,错误的是( )。
   A. 水下混凝土的灌注时间不得超过首批混凝土的初凝时间
   B. 首批灌注混凝土的数量应能满足导管首次埋置深度1.0m以上的需要
   C. 在灌注过程中,导管的埋置深度最大不超过6m
   D. 灌注桩桩顶高程应比设计高程高出不

小于 0.5m

27. 锚具进场,进行外观检查验收时的抽检比例是( )。
   A. 抽取 1% 且不少于 5 套样品
   B. 抽取 2% 且不少于 10 套样品
   C. 抽取 3% 且不少于 6 套样品
   D. 抽取 5% 且不少于 10 套样品

28. 挂篮的最大变形(包括吊带变形的总和)应不大于( )mm。
   A. 5
   B. 10
   C. 15
   D. 20

29. 关于倒虹吸管施工的说法,错误的是( )。
   A. 倒虹吸管宜采用钢筋混凝土或混凝土圆管
   B. 填土覆盖后应做灌水试验
   C. 倒虹吸管的进出水口应在竣工后及时盖上
   D. 要求防渗漏的倒虹吸涵管须做渗漏试验

30. 关于刚架桥的说法,正确的是( )。
   A. 它是由梁和刚架相结合而成的体系
   B. 刚架桥是介于梁与拱之间的一种结构
   C. 一般用于跨径较大的公路桥中
   D. 刚架桥无水平推力

31. 桥下净空高度是指( )。
   A. 设计洪水位或通航水位与桥跨结构最下缘之间的距离
   B. 设计洪水位或通航水位与桥跨结构最上缘之间的距离
   C. 设计洪水位或通航水位与最低水位之间的距离
   D. 设计洪水位或通航水位与测时水位之间的距离

32. 高强度混凝土的水泥用量不宜大于( )kg/m³。

   A. 350
   B. 450
   C. 500
   D. 600

33. 预应力张拉用的千斤顶与压力表,不需要重新进行标定的情形是( )。
   A. 使用时间达到 3 个月
   B. 张拉次数超过 300 次
   C. 千斤顶检修后
   D. 更换新压力表

34. 桥梁混凝土浇筑时,若施工缝为斜面,则施工缝应( )。
   A. 浇筑或凿成台阶状
   B. 设置止水带
   C. 及时修整抹光
   D. 补插拉杆

35. 桥梁水平钢筋的连接不可采用( )。
   A. 电弧焊
   B. 电渣压力焊
   C. 气压焊
   D. 闪光对焊

36. 关于深水承台施工注意要点的说法,错误的是( )。
   A. 深水桩基础的承台必须进行温控防裂措施
   B. 采用导管法时要注意扩散范围,经验值可取 5m
   C. 对围堰封底应全断面一次连续浇筑完成,并在整个封底混凝土初凝前浇筑完成
   D. 混凝土浇筑应一次连续完成

37. 关于钢筋骨架焊接的说法,正确的是( )。
   A. 拼装放样时应考虑焊接变形的预留拱度
   B. 骨架焊接时,不同直径钢筋的底面应齐平
   C. 施焊顺序宜由两边到中间对称地进行
   D. 相邻的焊缝应顺方向一次焊成

38. 关于预应力钢绞线进场检测验收的说法,

正确的是( )。

A. 每批进行拉力和冷弯试验

B. 每批进行抗拉强度和弯曲试验

C. 每批进行长度与直径偏差及力学性能试验

D. 每批进行表面质量、直径偏差和力学性能试验

39. 在对预应力筋进行拉伸试验中,应同时测定其( )。

A. 硬度　　　　B. 抗剪强度

C. 密度　　　　D. 弹性模量

40. 通过设计和试配确定的配合比,应经批准后方可使用,且应在混凝土拌制前将理论配合比换算为( )。

A. 设计配合比　　B. 修正配合比

C. 施工配合比　　D. 工地配合比

41. 在预应力混凝土构件制作的后张法张拉施工中,对预应力筋张拉时,构件混凝土强度应符合设计要求;当设计无要求时,其强度应保证( )。

A. 不应低于极限强度值的80%

B. 不应低于标准强度值的80%

C. 不应低于平均强度等级值的80%

D. 不应低于设计强度等级值的80%

42. 关于后张法预应力筋张拉操作的说法,错误的是( )。

A. 对钢束长度小于20m的直线预应力筋可在一端张拉

B. 端头多余的预应力筋,可采用电弧切割

C. 预应力筋的外露长度不应小于30mm,且不应小于1.5倍预应力筋直径

D. 对夹片式锚具,锚固后夹片顶面应平齐,其相互间的错位不宜大于2mm,且露出锚具外的高度不应大于4mm

43. 关于预应力压浆的说法,正确的是( )。

A. 宜按先上层后下层的顺序进行压浆

B. 对后张预制构件,可以安装就位稳定后,再进行孔道压浆

C. 浆液自拌制完成至压入孔道的延续时间不宜超过2h

D. 不得采用以铝粉为膨胀源的膨胀剂或总碱量0.75%以上的高碱膨胀剂

44. 基坑开挖中,喷射混凝土加固适用于( )条件。

A. 地基土质较好

B. 渗水量较大

C. 地基土质较差

D. 开挖深度受到限制

45. 波形钢管涵宜设置( ),大小应根据地基可能产生的下沉量、涵底纵坡和填土高度等因素综合确定。

A. 预拱度　　　B. 沉降缝

C. 防水层　　　D. 台阶

46. 为防止钻孔灌注桩断桩,在灌注过程中,导管的埋置深度一般控制在( )m的范围内,防止导管埋置深度过深。

A. 1~2　　　　B. 2~3

C. 2~6　　　　D. 6~8

47. 采用导管法灌注水下混凝土前,应对导管做( )。

A. 抗剪和抗拉试验

B. 水密和抗压试验

C. 水密承压和抗拉试验

D. 闭水和抗弯试验

48. 预应力筋张拉的实际伸长值 $\Delta L_s = \Delta L_1 + \Delta L_2$,其中 ΔL_2 指的是( )。

A. 初应力以下的实测伸长值

B. 初应力以下的推算伸长值

C. 从初应力至最大张拉应力间的实测伸

长值

D. 从初应力至最大张拉应力间的推算伸长值

49. 关于构件的场内移运,不符合规定的是( )。
A. 施加预应力后可将其从预制台座吊至场内的存放台座再进行孔道压浆
B. 梁、板在孔道压浆前可多次倒运
C. 吊移过程中不得对梁、板产生任何冲击和碰撞
D. 后张预应力混凝土梁、板在孔道压浆后进行移运的,其压浆浆体强度应不低于设计强度的80%

50. 先简支安装梁的施工,在一片梁中各临时支座顶面的相对高差不应大于( )mm。
A. 2 B. 4
C. 5 D. 10

51. 关于箱梁混凝土预应力初张拉的要求,正确的是( )。
A. 抗压强度达到设计强度的1/3以上、弹性模量不低于设计值的50%
B. 抗压强度达到设计强度的1/3以上、弹性模量不高于设计值的50%
C. 抗压强度及弹性模量达到设计强度的10%以上
D. 抗压强度及弹性模量达到设计强度的80%以上

52. 顶面模板应在混凝土抗压强度达到设计强度的( )后方可拆除。
A. 50% B. 70%
C. 75% D. 80%

53. 在悬拼法施工中,施工前应按施工荷载对起吊设备进行强度、刚度和稳定性验算,其安全系数应不小于( )。

A. 1.5 B. 1.8
C. 2.0 D. 2.5

54. 关于悬臂浇筑施工的说法,错误的是( )。
A. 挂篮试拼后,必须进行荷载试验
B. 临时固结在条件成熟时,需采用动态破碎的方法解除固结
C. 挂篮桁架在已完成的梁段上行走时,应于后端压重稳定
D. 悬臂浇筑前端顶底板的标高,应根据挂篮前端的垂直变形及预拱度设置

55. 按构造形式不同,涵洞分为( )、拱涵、盖板涵、箱涵等。
A. 圆管涵 B. 圆形涵
C. 卵形涵 D. 波纹钢管涵

56. 关于桥涵及结构物回填施工的说法,正确的是( )。
A. 桥台台背应采用倾填的方法回填
B. 桥台台背回填宜采用不透水的黏土作填料
C. 桥台台背和锥坡的回填不能同步进行
D. 挡土墙墙背回填结束后,顶部应及时封闭

二、多项选择题

1. 明挖基坑边坡坡率确定的依据有( )。
A. 地质条件 B. 基坑深度
C. 施工方法 D. 地下水
E. 基坑尺寸

2. 关于桥梁挖孔桩基础施工的说法,正确的有( )。
A. 施工现场应配备气体浓度检测仪器
B. 孔深超过15m时作业人员在孔内连续作业不得超过2h
C. 孔深超过15m时作业人员应利用电动卷扬机上下桩孔
D. 进入桩孔施工前应先通风10min以上

E. 岩溶地区和采空区不宜采用人工挖孔施工

3. 钻孔灌注桩施工的主要工序有( )。
   A. 埋设护筒
   B. 钻孔
   C. 制备泥浆
   D. 清底
   E. 浇筑护壁

4. 关于预制拱券和盖板安装的说法,正确的有( )。
   A. 预制盖板没有上下面的方向之分
   B. 预制构件的混凝土强度应达到设计强度的85%后可搬运安装,设计有规定时应从其规定
   C. 安装前,应检查构件及拱座、涵台的尺寸
   D. 安装后,拱券和盖板上的吊装孔,应以黏土填塞密实
   E. 拱座与拱券、拱券与拱券的拼装接触面,应先拉毛或凿毛(沉降缝处除外),安装前应浇水湿润,再以M10水泥砂浆砌筑

5. 计算设于水中的支架强度和稳定时,应考虑的荷载有( )。
   A. 波浪力
   B. 水流压力
   C. 流冰压力
   D. 船只及漂流物的冲击力
   E. 土压力

6. 关于模板、支架和拱架拆除的说法,正确的有( )。
   A. 模板拆除应按先支先拆、后支后拆的顺序,拆时严禁抛扔
   B. 墩、台模板宜在其上部结构施工前拆除
   C. 拆除梁、板等结构的承重模板时,应在横向同时、纵向对称均衡卸落
   D. 简支梁、连续梁宜从跨中向支座依次循环卸落
   E. 悬臂梁结构的模板宜从悬臂端开始

7. 关于桥梁混凝土施工的说法,正确的有( )。
   A. 大体积混凝土按60天龄期测定抗压强度
   B. 钢筋混凝土结构应优先选用氯盐类混凝土外加剂
   C. 混凝土抗压强度评定试件应采用标准条件养护
   D. 应在搅拌地点与浇筑地点分别取样检测混凝土拌合物的坍落度
   E. 泵送混凝土试配的坍落度值应为入泵时的坍落度

8. 关于先张法施工的说法,正确的有( )。
   A. 预应力筋的安装宜自上而下进行
   B. 同时张拉多根预应力筋时,应预先调整其初应力,使相互之间的应力一致
   C. 张拉时,同一构件内预应力钢丝、钢绞线的断丝数量不得超过总数的1%,同时对于螺纹钢筋断筋不超过1根
   D. 预应力筋张拉完毕后,其位置与设计位置的偏差不得大于5mm,同时不应大于构件最短边长的4%
   E. 当采用混凝土龄期代替弹性模量控制时应不少于5天

9. 关于后张法施工的说法,正确的有( )。
   A. 对长度大于60m的管道,宜通过计算确定其面积比是否可以进行正常的压浆作业
   B. 所有管道均应在每个顶点设排气孔及需要时在每个低点设排水孔
   C. 采用胶管抽芯法制孔时,抽芯时间应通过试验确定,以混凝土抗压强度达到0.4~0.8MPa时为宜
   D. 预应力张拉之前,宜对所有孔道进行摩阻测试

E. 预应力筋张拉锚固后,孔道应尽早压浆,且应在24h内完成

10. 下列情形中,可选用坑壁不加支撑的基坑有( )。

   A. 地下水位低于基底
   B. 放坡开挖场地受到限制时
   C. 干涸无水河滩、河沟中
   D. 有水经改河或筑堤能排除地表水的河沟中
   E. 坑壁坡不稳定并有地下水时

11. 关于挂篮悬臂浇筑施工的说法,正确的有( )。

   A. 墩顶梁段宜全断面一次浇筑完成
   B. 悬臂浇筑施工应对称、平衡地进行,两端悬臂上荷载的实际不平衡偏差不宜超过梁段重的1/3
   C. 应从悬臂端开始,向已完成梁段推进分层浇筑
   D. 悬臂浇筑施工时,立模高程的误差应不大于±5mm
   E. 立模轴线的偏位应不大于10mm

12. 下列情形中,可能会导致钻孔灌注桩断桩的有( )。

   A. 集料集配差,混凝土和易性差
   B. 盲目提拔导管使导管提拔过量
   C. 导管接口渗漏致使泥浆进入导管
   D. 中断间歇时间过长超过混凝土初凝时间
   E. 混凝土坍落度和石料粒径过小

13. 支架安装时,施工预拱度应考虑的因素有( )。

   A. 模板、支架承受施工荷载引起的弹性变形
   B. 由于杆件接头的挤压和卸落装置压缩产生的非弹性变形

   C. 地基在受载后的沉降变形
   D. 梁体自身的收缩、徐变产生的变形
   E. 梁体自重及汽车荷载作用下的变形

14. 泵送混凝土的水泥宜选用( )。

   A. 普通硅酸盐水泥
   B. 矿渣硅酸盐水泥
   C. 粉煤灰硅酸盐水泥
   D. 火山灰质硅酸盐水泥
   E. 硅酸盐水泥

15. 预应力混凝土浇筑时,宜根据结构或构件的不同形式选用的振动器形式有( )。

   A. 往复式   B. 行星式
   C. 插入式   D. 附着式
   E. 平板式

16. 锚具夹具进场时,除型号、规格外,还需进行( )验收。

   A. 外观检查
   B. 硬度检验
   C. 静载锚固性能试验
   D. 伸长率
   E. 强度

17. 关于构件的预制台座的说法,错误的有( )。

   A. 预制台座应采用适宜的材料和方式制作,且应保证其坚固、稳定、不沉陷
   B. 台座表面应光滑,在3m长度上平整度的允许偏差应不超过2mm,且应保证底座的挠度不大于2mm
   C. 预制台座的间距应能满足施工作业的要求
   D. 预制台座的地基应具有足够的承载能力和稳定性
   E. 当用于预制后张预应力混凝土梁、板时,宜对台座中间的地基进行特殊加固处理

18. 施工单位在进行墩台砌筑施工时,应注意的施工要点有( )。
   A. 砌块在使用前必须浇水湿润
   B. 砌筑基础的第一层砌块时,如基底为土质,应将基底表面清洗、润湿后,再坐浆砌筑
   C. 各砌层应先砌外圈定位行列,然后砌筑里层
   D. 外圈砌块应与里层砌块交错连成一体
   E. 砌块间应砂浆饱满、黏结牢固,不得直接贴靠或脱空

19. 涵洞的附属工程主要包括( )。
   A. 洞口   B. 洞身
   C. 人工水道   D. 锥形护坡
   E. 铺砌

20. 混凝土管涵的制作可采用的方法有( )。
   A. 振动制管法   B. 离心法
   C. 悬辊法   D. 拉伸法
   E. 立式挤压法

21. 关于混凝土养护的说法,正确的有( )。
   A. 混凝土浇筑完成后,应在其收浆后尽快予以覆盖并洒水保湿养护
   B. 混凝土洒水保湿养护的时间应不少于14天
   C. 当气温低于5℃时,不得向混凝土表面洒水
   D. 当环境水具有侵蚀作用时,应保证混凝土在10天以内且强度达到设计强度的70%前,不受水的侵袭
   E. 混凝土处于冻融循环作用的环境时,宜在结冰期前2周完成浇筑

22. 关于地基处理与支架模板施工的说法,正确的有( )。
   A. 处理形式有地基换填压实
   B. 支架应根据荷载大小确定是否需要预压
   C. 支架预拱度一般按二次抛物线设置
   D. 高度超过5m的支架,应对其稳定性进行安全论证
   E. 支架预拱度设置时应考虑张拉上拱的影响

23. 悬臂浇筑段前端底板和桥面的标高,应根据( )设置。
   A. 挂篮前端的垂直变形
   B. 预拱度
   C. 施工人员的影响
   D. 温度的影响
   E. 施工中已浇筑段的实际高度

24. 桥梁的桥面系包括桥面铺装(或称行车道铺装)及( )等。
   A. 排水防水系统   B. 栏杆
   C. 伸缩缝   D. 桥头搭板
   E. 灯光照明

25. 关于预应力混凝土箱梁施工的说法,错误的有( )。
   A. 场地内的道路、料场等应硬化处理
   B. 宜采取水平分层、斜向推进的方式浇筑
   C. 箱梁混凝土浇筑完成后,应及时进行覆盖和养护
   D. 采用架桥机安装作业时,其抗倾覆稳定系数不应小于1.5
   E. 架桥机过孔时,抗倾覆稳定系数不应小于1.3

26. 关于桥梁"桥头跳车质量通病"防治措施的说法,正确的有( )。
   A. 路堤施工留有必要的自然固结沉降期
   B. 加大台背填土的含水量
   C. 桥台基坑采用大型压实机械压实
   D. 做好桥头路堤的排水、防水工程
   E. 设置桥头搭板

三、实务操作和案例分析题

案例（一）

背景资料

某大桥主桥为四跨一联的预应力混凝土连续箱梁桥，最大跨径 120m，主桥墩柱高度为 16~25m，各梁段高度为 2.7~5.6m。主桥 0 号、1 号梁段采用搭设托架浇筑施工，其余梁段采用菱形桁架式挂篮按"T"形对称悬臂浇筑。

事件一：施工单位在另一同类桥梁（最大梁段重量和截面尺寸与本桥均相同）施工中已设计制作了满足使用要求的菱形桁架式挂篮，单侧挂篮结构及各组成部件如下图所示，经技术人员验算校核，该挂篮满足本桥施工所要求的强度和刚度性能，且行走方便，便于安装拆卸，按程序检查验收合格后用于本桥施工。

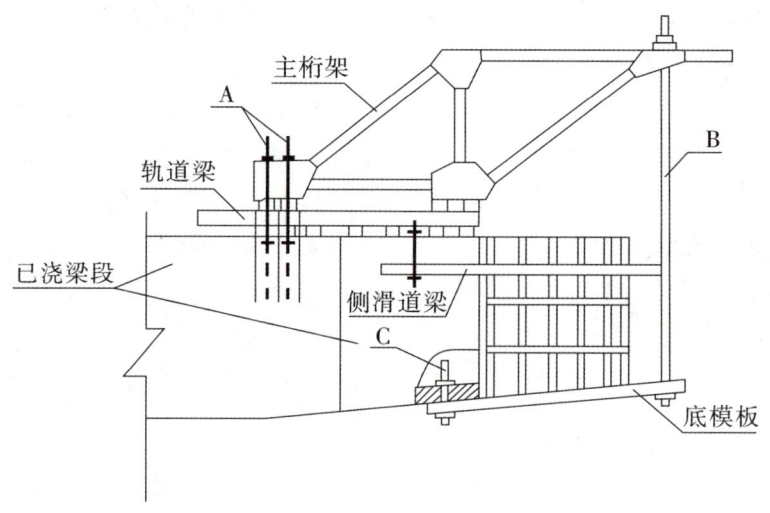

挂篮系统示意图

事件二：施工单位在施工组织设计中，制定的主桥挂篮悬臂浇筑施工工序：①挂篮组拼就位→②安装箱梁底模及外侧模板→③安装底板、腹板钢筋及底板预应力管道→④→⑤安装内侧模、顶模及腹板内预应力管道→⑥安装顶板钢筋及顶板预应力管道→⑦浇筑腹板及顶板混凝土→⑧→⑨穿预应力钢丝束→⑩→⑪封锚及预应力管道压浆→⑫挂篮前移就位。

事件三：施工单位编写了挂篮悬臂浇筑安全专项施工方案，制定了详细的安全技术措施，设置了合格的登高梯道、高处作业平台及护栏，做好个人安全防护，施工前组织有关人员进行安全技术交底。

问题：

1. 写出上图挂篮系统中 A、B、C 各部件的名称。按平衡方式划分，该挂篮属于哪一种类型？
2. 在事件一中，挂篮还应完成哪些主要程序后方可投入施工？
3. 写出事件一中挂篮为满足使用与安全要求还应具备的主要性能。
4. 写出事件二中工序④、⑧、⑩的名称。

5. 在事件三中应设置何种形式的人行登高梯道？从事挂篮悬臂浇筑的施工作业人员应采取哪些主要的高处作业个人安全防护措施？

案例（二）

背景资料

某桥上部为 3×25m 预应力钢筋混凝土连续箱梁，下部为圆柱式墩，桩基础。桥面宽度为 8.5m，桥面纵坡 3.5%，双向横坡 1.5%，桥梁高度 24m。地基土层从上到下依次为杂填土、砂岩。施工过程中发生了如下事件：

事件一：项目经理部决定采用盘扣式支架搭设满堂支架浇筑连续箱梁，支架搭设高度 24m、宽度 9m，并按规定设置纵、横、平面斜杆，经支架设计验算确定了布置间距并委托第三方验算。专项施工方案编制完成后，经项目总工程师签字并加盖项目经理部公章，报总监理工程师签字盖章后即组织施工。

事件二：项目经理部按照专项施工方案完成地基处理，支架搭设，模板、钢筋和预应力管道安装，经监理工程师现场对模板、钢筋和预应力管道检查验收后浇筑箱梁底板和腹板混凝土。

事件三：箱梁混凝土分两次浇筑，第一次浇筑底板和腹板，第二次浇筑顶板。第一次浇筑混凝土时纵向由高处向低处浇筑，横向对称浇筑，气温最高达 32℃，经过 30h 完成混凝土浇筑。待第一次浇筑混凝土完成开始洒水养护时，发现先浇筑部分混凝土顶面出现裂缝。

事件四：本桥箱梁为 C40 混凝土，低松弛钢绞线，夹片式锚具。施工单位在张拉压浆过程中采取了如下做法：

(1) 预应力张拉程序为：$0 \rightarrow \sigma_{con}$（持荷 5min 锚固）；

(2) 在水泥浆中加入铝粉膨胀剂；

(3) 压浆自高处向低处进行。

问题：

1. 事件一中，支架工程是否属于超过一定规模的危大工程？专项施工方案实施前还应完善哪些手续？

2. 事件二中，浇筑混凝土之前遗漏了哪些验收程序和工序？

3. 说明事件三中混凝土产生裂缝的主要原因。

4. 逐条判断事件四中施工单位的做法是否正确，若不正确写出正确做法。

案例(三)

背景资料

某公司承建一座跨河桥梁,该桥由主桥、南引桥和北引桥组成,分东、西双幅分离式结构,主桥中跨下为通航航道,施工期间航道不中断。主桥的上部结构采用三跨式预应力混凝土连续刚构,跨径组合为75m+120m+75m;南、北引桥的上部结构均采用等截面预应力混凝土连续箱梁,跨径组合为(30m×3)×5;下部结构墩柱基础采用混凝土钻孔灌注桩,重力式U形桥台;桥面系护栏采用钢筋混凝土防撞护栏;桥宽35m,横断面布置采用0.5m(护栏)+15m(车行道)+0.5m(护栏)+3m(中分带)+0.5m(护栏)+15m(车行道)+0.5m(护栏);河床地质自上而下为厚3m微风化岩层、厚5m砂土层、厚2m砂层、厚6m卵砾石层等;河道最高水位(含浪高)高程为19.5m,水流流速为1.8m/s。桥梁立面布置如下图所示。

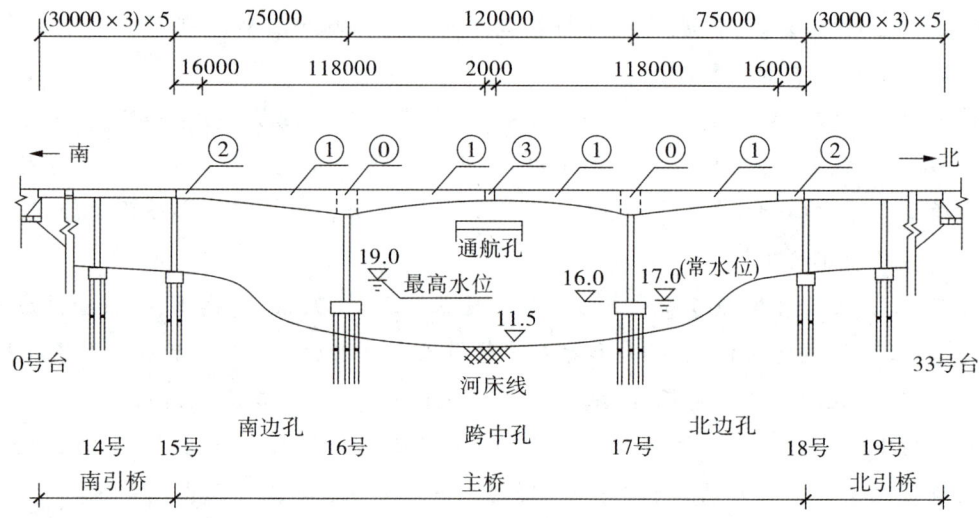

桥梁立面布置及主桥上部结构施工区段划分示意图(高程单位:m;尺寸单位:mm)

项目部编制的施工方案有如下内容:

(1)根据主桥结构特点及河道通航要求,拟定主桥上部结构的施工方案。为满足施工进度计划要求,施工时将主桥上部结构划分成0、1、2、3等施工区段,其中,施工区段0的长度为14m,施工区段1每段施工长度为4m,采用同步对称施工原则组织施工,主桥上部结构施工区段划分如上图所示。

(2)由于河道有通航要求,在通航孔施工期间采取安全防护措施,确保通航安全。

(3)根据桥位地质、水文、环境保护、通航要求等情况,拟定主桥水中承台的围堰施工方案,并确定了围堰的顶面高程。

问题:

1. 列式计算该桥多孔跨径总长;根据计算结果指出该桥所属的桥梁分类。

2. 施工方案(1)中,分别写出主桥上部结构连续刚构及施工区段2最适宜的施工方法;列式计算主桥16号墩上部结构的施工次数(施工区段2、3除外)。

3. 结合上图及施工方案(1),指出主桥"南边孔、跨中孔、北边孔"先后合龙的顺序(用"南边孔、跨中孔、北边孔"及箭头"→"作答;当同时施工时,请将相应名称并列排列);施工区段3的施工时间应选择一天中的什么时候进行?

4. 施工方案(2)中,在通航孔施工期间应采取哪些安全防护措施?

5. 施工方案(3)中,主桥第16、17号墩承台施工最适宜的围堰类型是什么?

案例(四)

背景资料

某施工单位承接了二级公路一桥隧相连项目,其中桥梁桥跨布置为65m+120m+65m,3号桥台紧邻隧道进口洞门。隧道全长910m,净宽12m,净高5m,单洞双向两车道,最大埋深100m,进、出口50m范围内埋深均小于20m(属浅埋隧道)。桥跨布置与隧道围岩级别及其长度、掘进速度如下图所示。

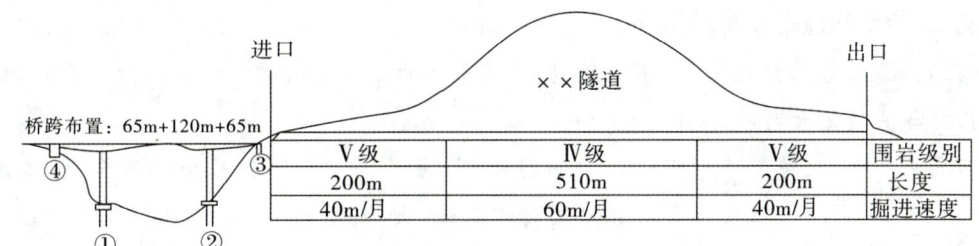

桥隧布置示意图

该项目实施过程中发生了如下事件:

事件一:桥梁为T形刚构,采用挂篮悬臂浇筑,设计文件要求悬臂浇筑须对称平衡。中跨、边跨合龙段长度均为2m,靠近桥台4m梁段采用现浇施工。

事件二:隧道掘进工期为12个月,采用进、出口双向开挖,但最后30m为单向开挖。由于受3号桥台施工限制,决定先由A作业队从出口向进口方向掘进,待3号桥台施工完成后,立即由B作业队从进口掘进,且最后30m决定由B作业队单独完成。

事件三:洞口工程施工包括以下工序:①截水沟施工;②边、仰坡开挖;③套拱及长管棚施工;④边、仰坡防护。

问题:

1. 事件一中,主跨悬臂浇筑施工是否需要在墩梁处采取临时固结措施?说明理由。

2. 事件一中,边跨4m现浇梁段应采用何种方法施工?说明本桥合龙顺序。

3. 事件二中,为保证隧道掘进工期,3号桥台施工最迟应在A作业队掘进开工后多少个月完成?(列式计算,计算结果保留小数点后1位)

4. 写出事件三中洞口工程施工的正确顺序。(用编号表示即可)

案例(五)

背景资料

某特大桥主桥为连续刚构桥,桥跨布置为(75+6×120+75)m,桥址区地层从上往下依次为洪积土、第四系河流相的黏土、亚黏土及亚砂土、砂卵石土、软岩。主桥均采用钻孔灌注桩基础,每墩位8根桩,对称布置。其中1号、9号墩桩径均为φ1.5m,其余各墩桩径为φ1.8m,所有桩长均为72m。

施工中发生如下事件:

事件一:该桥位处主河槽宽度为270m,4号～6号桥墩位于主河槽内,主桥下部结构施工在枯水季节完成,最大水深4.5m。考虑到季节水位与工期安排,主墩搭设栈桥和钻孔平台施工,栈桥为贝雷桥,分别位于河东岸和河西岸,自岸边无水区分别架设至主河槽各墩施工平台,栈桥设计宽度6m,跨径均为12m,钢管桩基础,纵梁采用贝雷桁架、横梁采用工字钢,桥面采用8mm厚钢板,栈桥设计承载能力为60t,施工单位配备有运输汽车、装载机、切割机等设备用于栈桥施工。

事件二:主桥共计16根φ1.5m与56根φ1.8m钻孔灌注桩,均采用同一型号回旋钻机24h不间断施工,钻机钻进速度均为1.0m/h。钢护筒测量定位与打设下沉到位另由专门施工小组负责,钻孔完成后,每根桩的清孔、下放钢筋笼、安放灌注混凝土导管、水下混凝土灌注、钻机移位及钻孔准备共需2天时间(48h)。

为满足施工要求,施工单位调集6台回转钻机,为保证工期和钻孔施工安全,考虑两个钻孔方案。方案一:每个墩位安排2台钻机同时施工;方案二:每个墩位只安排1台钻机施工。

事件三:钻孔施工的钻孔及泥浆循环系统示意图如图1所示,其中D为钻头,E为钻杆,F为钻机回转装置,G为输送管,泥浆循环如图1中箭头所示方向。

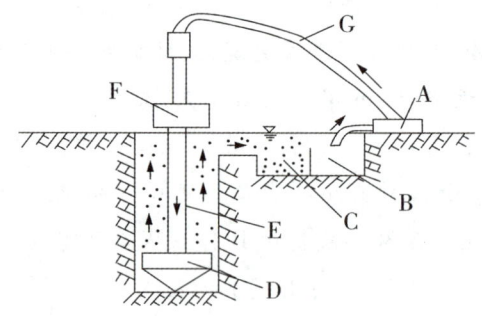

图1 钻孔及泥浆循环系统示意图

事件四:3号墩的1号桩基钻孔及清孔完成后,用测深锤测得孔底至钢护筒顶面距离为74m。水下混凝土灌注采用直径为280mm的钢导管,安放导管时,使导管底口距离孔底30cm,此时导管总长为76m,由1.5m、2m、3m三种型号的节段连接而成。根据《公路桥涵施工技术规范》的要求,必须保证首批混凝土导管埋置深度为1.0m,如图2所示,其中H_1为桩孔底至导管底端距离,H_2为首批混凝土导管埋置深度,H_3为水头(泥浆)顶面至孔内混凝土顶面距离,h_1为导管内混凝土高出孔内泥浆面的距离,且孔内泥浆顶面与护筒顶面标高持平。混凝土密度为

$2.4g/m^3$,泥浆密度为$1.2g/m^3$。

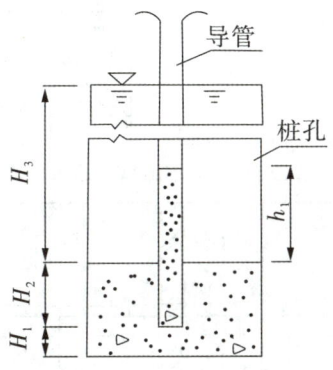

图2 混凝土灌注示意图

事件五:3号墩的1号桩持续灌注3h后,用测深锤测得混凝土顶面至钢护筒顶面距离为47.4m,此时已拆除3m导管4节、2m导管5节。

事件六:某桩基施工过程中,施工单位采取了如下做法:

(1)钻孔过程中,采用空心钢制钻杆。

(2)水下混凝土灌注前,对导管进行压气试压试验。

(3)泵送混凝土中掺入泵送剂或减水剂、缓凝剂。

问题:

1. 事件一中,补充栈桥施工必须配置的主要施工机械设备。结合地质水文情况,本栈桥施工适合采用哪两种架设方法?

2. 针对事件二,不考虑各桩基施工工序搭接,分别计算两种方案主桥桩基础施工的总工期,应该选择哪一种方案施工?

3. 写出图1中设备或设施A、B、C的名称与该回旋钻机的类型。

4. 事件四中,计算h_1(单位:m)与首批混凝土数量(单位:m^3)。(计算结果保留2位小数,π取3.14)

5. 计算并说明事件五中导管埋置深度是否符合《公路桥涵施工技术规范》的规定。

6. 事件六中,逐条判断施工单位的做法是否正确,并改正错误。

案例(六)

背景资料

某公司承建一座桥梁,该桥上部结构为$6 \times 20m$简支预制预应力混凝土空心板梁,每跨设置边梁2片、中梁24片;下部结构为盖梁及$\phi 1000mm$圆柱式墩,重力式U形桥台,基础均采用$\phi 1200mm$钢筋混凝土钻孔灌注桩。桥墩构造如下图所示。

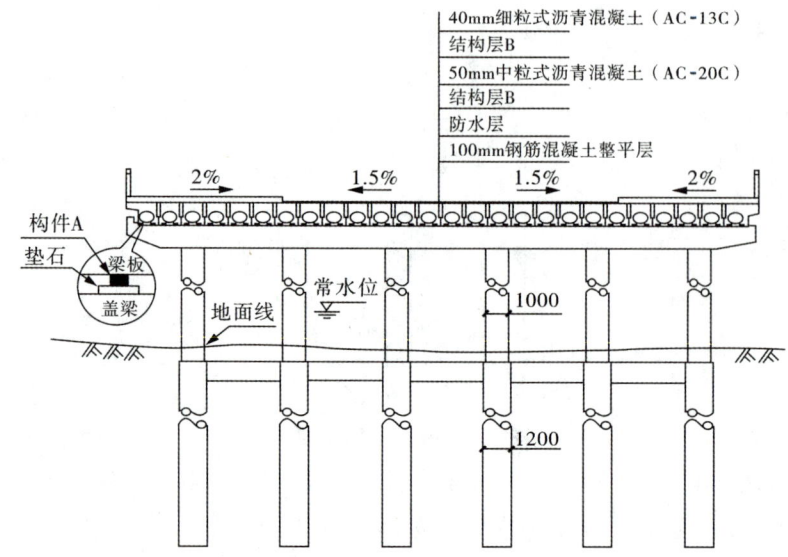

桥墩构造示意图(单位:mm)

开工前,项目部对该桥划分了相应的分部、分项工程和检验批,作为施工质量检查、验收的基础。划分后的分部(子分部)、分项工程及检验批对照表如下表所示。

桥梁分部(子分部)、分项工程及检验批对照表(节选)

序号	分部工程	子分部工程	分项工程	检验批
1	地基与基础	灌注桩	机械成孔	54(根桩)
			钢筋笼制作与安装	54(根桩)
			C	54(根桩)
2	墩台	承台	—	—
		现浇混凝土墩台	—	—
		台背填土	—	—
3		盖梁	D	E
			钢筋	E
			混凝土	E
…	…	…	…	…

问题:

1. 写出图中构件 A 和桥面铺装结构层 B 的名称,并说明构件 A 在桥梁结构中的作用。
2. 列式计算图中构件 A 在桥梁中的总数量。
3. 写出表中 C、D 和 E 的内容。

案例(七)

背景资料

某施工单位甲承接了一座3×30m预应力混凝土先简支后连续梁桥工程,下部构造为重力式桥台和桩柱式桥墩,总体布置如下图所示。

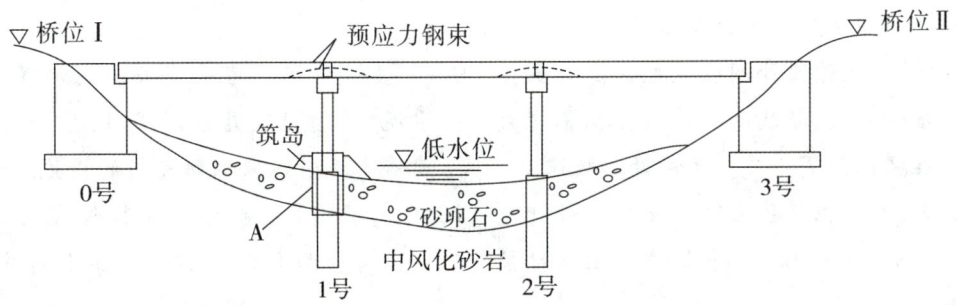

总体布置示意图

地质钻探资料揭示,1号、2号有厚度5~8m不等的砂卵石覆盖层,其强度大于25MPa,卵石平均粒径为20cm,持力层为中风化砂层。

设计要求桩基在低水位期间采用筑岛钻孔法施工。施工单位甲将桩基施工分包给施工单位乙,并签订了安全生产管理协议,明确了双方安全隐患排查中的职责。

桥梁上部结构的主要施工工序包括:①安装临时支座;②拆除临时支座;③安放永久支座;④架设T梁;⑤浇筑T梁接头混凝土;⑥现浇T梁湿接缝混凝土;⑦浇筑横隔板混凝土;⑧张拉二次预应力钢束。

问题:

1. 开展1号墩顶测量放样时,应控制哪两项指标?
2. 图中A是什么临时设施?有何作用?
3. 根据地质条件,宜选用何种类型钻机施工?
4. 对桥梁上部结构主要施工工序进行排序(用圆圈的数字表示)。

参考答案及解析

一、单项选择题

1. C [解析] 选项A错误,在模板上设置的吊环应采用HPB300级钢筋,严禁采用冷加工钢筋制作。选项B错误,每个吊环应按两肢截面计算,在模板自重标准值作用下,吊环的拉应力应不大于65MPa。选项D错误,支架在安装完成后,应对其平面位置、顶部高程、节点连接及纵横向稳定性进行全面检查,符合要求后,方可进行下一工序。故选C。

2. D [解析]对预应力混凝土结构,其侧模应在预应力钢束张拉前拆除;底模及支架应在结构建立预应力后方可拆除。故选D。

3. C [解析]应在骨架外侧设置控制混凝土保护层厚度的垫块,垫块的间距在竖向不应大于2m,在横向圆周不应少于4处。故选C。

4. B [解析]大体积混凝土进行配合比设计及质量评定时,可按60天龄期的抗压强度控制。故选B。

5. B [解析]选项A错误,深基坑四周距基坑边缘不小于1m处应设立钢管护栏、挂密目式安全网。选项C错误,在基坑边缘与荷载之间应设置护道,基坑深度小于或等于4m时护道的宽度应不小于1m;基坑深度大于4m时护道的宽度应按边坡稳定计算的结果进行适当加宽,水文和地质条件较差时应采取加固措施。选项D错误,采用机械开挖时,应避免超挖,宜在挖至基底前预留一定厚度,再由人工开挖至设计高程;如超挖,则应将松动部分清除,并应对基底进行处理。故选B。

6. C [解析]孔深小于或等于3m时,宜采用先注浆后插入锚杆的施工工艺;孔深大于3m时,宜先插入锚杆后注浆。故选C。

7. D [解析]选项A错误,除严重流沙外,一般集水坑排水均可适用。选项B错误,井点降水法宜用于粉砂、细砂、地下水位较高、有承压水、挖基较深、坑壁不易稳定的土质基坑,在无砂的黏质土中不宜采用。选项C错误,井点降水曲线应低于基底设计高程或开挖高程至少0.5m。故选D。

8. C [解析]选项A错误,在陆上或浅水区筑岛处的护筒,其内径应大于桩径至少200mm。选项B错误,护筒高度宜高出地面0.3m或水面1.0~2.0m,同时应高于桩顶设计高程1.0m。选项D错误,在有潮汐影响的水域,护筒顶应高出施工期最高潮水位1.5~2.0m。故选C。

9. C [解析]水泥可采用火山灰水泥、粉煤灰水泥、普通硅酸盐水泥或硅酸盐水泥,采用矿渣水泥时应采取防离析的措施。故选C。

10. C [解析]装配式桥的构件在脱底模、移运、存放和安装时,混凝土的强度应不低于设计规定的吊装强度;设计未规定时,应不低于设计强度的80%。后张预应力混凝土梁、板在孔道压浆后移运的,其压浆浆体强度应不低于设计强度的80%。故选C。

11. D [解析]安装在同一孔跨的梁、板,其预制施工的龄期差不宜超过10天,特殊情况应不超过30天。故选D。

12. D [解析]胶粘剂宜采用机械拌合,且在使用过程中应连续搅拌并保持其均匀性,胶粘剂应涂抹均匀,覆盖整个匹配面,涂抹厚度不宜超过3mm。故选D。

13. A [解析]圆管涵施工主要工序:测量放线→基坑开挖→砌筑圬工基础或现浇混凝土管座基础→安装圆管→出入口浆砌→防水层施工→涵洞回填及加固。故选A。

14. D [解析]选项ABC正确,桥头跳车的主要影响因素:①台后地基强度与桥台地基强度不同,台后地基在路堤荷载作用下固结压缩。②桥台基坑空间狭小,回填土压实度不够。③桥头路堤及堆坡范围内地表填前处理不彻底。④路堤自然固结沉降。⑤台后填土材料不当,或填土含水量过大,压实度达不到标准。⑥路面水渗入路基,使路基土软化,水土流失造成桥头路基引道下沉。⑦软基路段台前预压长度不足,软基路段桥头堆载预压卸载过早,软基路段桥头处软基处理深度不到位,质量不符合设计要求。选项 D 错误,梁体拱度过大属于桥面铺装病害的原因。故选 D。

15. B [解析]拱式体系的主要承重结构是拱肋(或拱箱),以承压为主,一般常建于地基良好的地区。混凝土拱桥一般采用无铰拱体系。故选 B。

16. A [解析]当验算模板及其支架在自重和风荷载等作用下的抗倾覆稳定性时,验算倾覆的稳定系数不得小于 1.3。故选 A。

17. B [解析]支架、拱架受载后挠曲的杆件,其弹性挠度为相应结构跨度的 1/400。结构表面外露的模板,挠度为模板构件跨度的 1/400。结构表面隐蔽的模板,挠度为模板构件跨度的 1/250。钢模板的面板变形为 1.5mm。钢模板的钢棱和柱箍变形为 $L/500$ 和 $B/500$(其中 L 为计算跨径,B 为柱宽)。故选 B。

18. A [解析]总跨径是多孔桥梁中各孔净跨径的总和,也称桥梁孔径,它反映了桥下宣泄洪水的能力。故选 A。

19. B [解析]对支架进行预压时,预压荷载宜为支架所承受荷载的 1.05~1.10 倍,预压荷载的分布宜模拟需承受的结构荷载及施工荷载。故选 B。

20. A [解析]选项 B 错误,轴心受拉和小偏心受拉构件不宜采用绑扎接头。选项 C 错误,电渣压力焊可用于竖向钢筋的连接,但不可用作水平钢筋和斜筋的连接。选项 D 错误,电弧焊宜采用双面焊缝,仅在双面焊无法施焊时,方可采用单面焊缝。故选 A。

21. D [解析]张拉千斤顶的额定张拉力宜为所需张拉力的 1.5 倍,且不得小于 1.2 倍。故选 D。

22. C [解析]预应力筋采用应力控制方法张拉时,应以伸长值进行校核,实际伸长值与理论伸长值的差值应符合设计要求,设计无规定时,实际伸长值与理论伸长值的差值应控制在 6% 以内,否则应暂停张拉,待查明原因并采取措施予以调整后,方可继续张拉。故选 C。

23. D [解析]当桩孔内有承压水时,护筒顶应高于稳定后的承压水位 2.0m 以上。故选 D。

24. D [解析]正循环回转钻孔的特点是钻进与排渣同时连续进行,在适用的土层中钻进速度较快,但需设置泥浆槽、沉淀池等,施工占地较多,且机具设备较复杂。反循环回转钻孔的特点是钻进与排渣效率较高,但接长钻杆时装卸麻烦,钻渣容易堵塞管路。另外,因泥浆是从上向下流动,孔壁坍塌的可能性较正循环法的大,为此需用较高质量的泥浆。故选 D。

25. C [解析]导管使用前应进行水密承压和接头抗拉试验,严禁采用压气试压。进行水密试验的水压应不小于孔内水深 1.3 倍的压力,亦应不小于导管壁和焊缝可能承受灌注混凝土时最大内压力 p 的 1.3 倍。故选 C。

26. C [解析]在灌注过程中,应保持孔内的水头高度。导管的埋置深度宜控制在 2~6m,并应随时测探桩孔内混凝土面的位置,及时调整导管埋深;在确保能将导管顺利提升的前提下,方可根据现场的实际情况适当放宽导管的埋深,但最大埋深应不超过 9m。故选 C。

27. B [解析]锚具夹具和连接器进场时应进行外观检查,即从每批产品中抽取 2% 且不少于 10 套样品,检查其外形尺寸、表面裂纹及锈蚀情况。外形尺寸应符合产品质保书所示的尺寸范围,且表面不得有裂纹及锈蚀。故选B。

28. D [解析]挂篮的最大变形(包括吊带变形的总和)应不大于20mm。故选D。

29. B [解析]填土覆盖前应做灌水试验,符合要求后方可回填土。故选B。

30. B [解析]选项A错误,连续刚构是由梁和刚架相结合的体系。选项C错误,刚架桥施工较复杂,一般用于跨径不大的城市桥或公路高架桥和立交桥。选项D错误,刚架桥整个体系是压弯结构,也是有推力的结构。故选B。

31. A [解析]桥下净空高度是设计洪水位或计算通航水位至桥跨结构最下缘之间的距离。故选A。

32. C [解析]高强度混凝土的配合比应有利于减少温度收缩、干燥收缩和自身收缩引起的体积变形,避免早期开裂,高强度混凝土的水泥用量不宜大于500kg/m³,胶凝材料总量不宜大于600kg/m³。故选C。

33. A [解析]当处于下列情况之一时,应重新进行标定:①使用时间超过6个月;②张拉次数超过300次;③使用过程中千斤顶或压力表出现异常情况;④千斤顶检修或更换配件后。故选A。

34. A [解析]施工缝为斜面时应浇筑或凿成台阶状。故选A。

35. B [解析]钢筋的焊接接头宜采用闪光对焊,或采用电弧焊、电渣压力焊或气压焊,但电渣压力焊仅可用于竖向钢筋的连接,不得用作水平钢筋和斜筋的连接。故选B。

36. B [解析]选项A正确,深水桩基础的承台一般均为大体积钢筋混凝土施工,必须进行温控防裂措施。选项B错误,采用导管法时要注意扩散范围,经验值可取6m。选项C正确,对围堰封底应全断面一次连续浇筑完成,并在整个封底混凝土初凝前浇筑完成。选项D正确,混凝土浇筑应一次连续完成。对于二次浇筑的施工缝,除凿毛外还应增设凹型榫槽,并埋设槽钢或工字钢,以增强其整体性。分层浇筑时,上下层浇筑间隔不能过长,以免后浇的混凝土出现裂缝。故选B。

37. A [解析]选项BC错误,骨架焊接时,不同直径钢筋的中心线应在同一平面上,施焊顺序宜由中间到两边,对称地向两端进行。选项D错误,相邻的焊缝应采用分区对称跳焊,不得顺方向一次焊成。故选A。

38. D [解析]钢绞线进场检测验收时,每批钢绞线应进行表面质量、直径偏差、力学性能试验。故选D。

39. D [解析]在对预应力筋进行拉伸试验中,应同时测定其弹性模量。故选D。

40. C [解析]通过设计和试配确定的配合比,应经批准后方可使用,且应在混凝土拌制前将理论配合比换算为施工配合比。故选C。

41. D [解析]后张法预应力筋张拉时,构件混凝土强度设计无要求时,混凝土的强度应不低于设计强度等级值的80%,弹性模量应不低于混凝土28天弹性模量的80%。故选D。

42. B [解析]切割时应采用砂轮锯,严禁采用电弧进行切割,同时不得损伤锚具。故选B。

43. D [解析]选项A错误,对结构或构件中以上下分层设置的孔道,应按先下层后上层的顺序进行压浆。选项B错误,同一管道的压浆应连续进行,一次完成。选项C错误,浆液自拌制完成至压入孔道的延续时间不宜超过40min。选项D正确,膨胀剂宜采用钙矾石系或复合型膨胀剂,不得采用以铝粉为膨胀源的膨胀剂或总碱量0.75%以上的高碱膨胀剂。故选D。

44. A [解析]在地基土质较好、渗水量较小的情况下,可以用喷射混凝土或锚杆挂网喷射混凝土加固坑壁。故选A。

45. A [解析]波形钢管涵宜设置预拱度,大小应根据地基可能产生的下沉量、涵底纵坡和填土高度等因素综合确定,但管涵中心的高程应不高于进水口的高程。故选A。

46. C [解析]为防止钻孔灌注桩断桩,在灌注过程中,导管的埋置深度一般控制在2~6m的范围内,并应随时测探桩孔内混凝土面的位置,及时调整导管埋深。故选C。

47. C [解析]导管使用前应进行水密承压和接头抗拉试验,严禁用压气试压。故选C。

48. B [解析]在预应力筋张拉的实际伸长值公式中,ΔL_1表示从初应力至最大张拉应力间的实测伸长值(mm);ΔL_2表示初应力以下的推算伸长值(mm),可采用相邻级的伸长值。故选B。

49. B [解析]预制台座上移出梁、板仅限一次,不得在孔道压浆前多次倒运。故选B。

50. A [解析]先简支安装梁施工时,在一片梁中,临时支座顶面的相对高差不应大于2mm。故选A。

51. A [解析]梁体混凝土的抗压强度达到设计强度的1/3以上、弹性模量不低于设计值的50%时,可对部分预应力进行初张拉。故选A。

52. C [解析]一孔梁的混凝土浇筑施工完成后,内模中的侧向模板应在混凝土抗压强度达到2.5MPa后,顶面模板应在混凝土抗压强度达到设计强度的75%后,方可拆除;外模架应在梁体建立预应力后方可卸落。故选C。

53. C [解析]悬拼法施工中,施工前应按施工荷载对起吊设备进行强度、刚度和稳定性验算,其安全系数应不小于2.0,节段起吊安装前,还应进行1.25倍设计荷载的静荷和1.1倍设计荷载的动荷起吊试验。故选C。

54. B [解析]临时固结在条件成熟时,采用静态破碎方法解除固结。故选B。

55. A [解析]按构造形式不同,涵洞分为圆管涵、拱涵、盖板涵、箱涵等。故选A。

56. D [解析]选项A错误,桥台台背应采用水平分层填筑的方法,人工摊铺为主,分层松铺厚度宜小于20cm。选项B错误,桥涵台背、锥坡、护坡及拱上各种填料,宜采用透水性材料,透水性材料不足时,可采用石灰土或水泥稳定土回填。选项C错误,桥台台背和锥坡的回填施工宜同步进行,一次填足并保证压实整修后能达到设计宽度要求。故选D。

二、多项选择题

1. ABC [解析]基坑坑壁坡度宜按地质条件、基坑深度、施工方法等情况确定。故选ABC。

2. ABE [解析]选项C错误,作业人员不得利用卷扬机上下桩孔;护壁上的爬梯应每间隔8m设一处休息平台;孔深超过30m的应配备作业人员升降设备。选项D错误,桩孔内爆破后应先通风排烟15min并经检查确认无有害气体后,施工人员方可进入孔内继续作业。故选ABE。

3. ABCD [解析]钻孔灌注桩施工的主要工序有埋设护筒、制备泥浆、钻孔、清底、钢筋笼制作与吊装以及灌注水下混凝土等。故选 ABCD。

4. BCE [解析] 预制拱圈和盖板的安装应符合下列规定:①拱圈、盖板的预制施工除应符合相关规定外,尚应注意检查盖板上面的方向,对斜交涵洞应注意斜交角的方向,避免发生反向错误。②预制构件的混凝土强度应达到设计强度的 85% 后方可搬运安装,设计有规定时应从其规定。③安装前,检查构件及拱座、涵台的尺寸;安装后,拱圈和盖板上的吊装孔,应以砂浆填塞密实。④拱座与拱圈、拱圈与拱圈的拼装接触面,应先拉毛或凿毛(沉降缝处除外),安装前应浇水湿润,再以 M10 水泥砂浆砌筑。故选 BCE。

5. ABCD [解析] 计算模板、支架或拱架的强度和稳定时,应考虑作用在其上的风力,设于水中的支架尚应考虑所承受的水流压力、波浪力、流冰压力、船只及其他漂浮物的撞击力。故选 ABCD。

6. BCDE [解析] 选项 A 错误,模板、支架的拆除应遵循后支先拆、先支后拆的原则顺序进行。选项 B 正确,墩、台的模板宜在其上部结构施工前拆除。选项 C 正确,拆除梁、板等结构的承重模板时,应在横向同时、纵向对称均衡卸落。选项 D 正确,简支梁、连续梁结构的模板宜从跨中向支座方向依次循环卸落。选项 E 正确,悬臂梁结构的模板宜从悬臂端开始顺序卸落。故选 BCDE。

7. ACD [解析] 选项 B 错误,钢筋混凝土结构的混凝土不得掺用含氯盐外加剂。选项 E 错误,泵送混凝土试配时要求的坍落度值应为入泵时的坍落度加从拌合站至入泵前的预计经时损失值。故选 ACD。

8. BDE [解析] 选项 A 错误,预应力筋的安装宜自下而上进行。选项 C 错误,张拉时同一构件内预应力钢丝、钢绞线的断丝数量不得超过 1%,同时对于螺纹钢筋不容许断筋。故选 BDE。

9. BC [解析] 选项 A 错误,对长度大于 60m 的管道,宜通过试验确定其面积比是否可以进行正常的压浆作业。选项 D 错误,预应力张拉之前,宜对不同类型的孔道进行至少一个孔道的摩阻测试。选项 E 错误,预应力筋张拉锚固后,孔道应尽早压浆,且应在 48h 内完成。故选 BC。

10. ACD [解析] 对于在干涸无水河滩、河沟中,或有水经改河或筑堤能排除地表水的河沟中,在地下水位低于基底,或渗透量少,不影响坑壁稳定,以及基础埋置不深,施工期较短,挖基坑时不影响邻近建筑物安全的施工场所,可考虑选用坑壁不加支撑的基坑。故选 ACD。

11. ACD [解析] 选项 B 错误,悬臂浇筑施工应对称、平衡地进行,两端悬臂上荷载的实际不平衡偏差不得超过设计规定值;设计未规定时,不宜超过梁段重的 1/4。选项 E 错误,悬臂浇筑施工时,立模高程的误差应不大于 ±5mm,立模轴线的偏位应不大于 5mm。故选 ACD。

12. ABCD [解析] 钻孔灌注桩断桩的原因有:①集料级配差,混凝土和易性差而造成离析卡管;混凝土坍落度小;石料粒径过大,导管直径较小。②由于测量及计算错误,致使导管底口距孔底距离较大,使首批灌注的混凝土不能埋住导管。③在导管提拔时,由于测量或计算错误,或盲目提拔导管使导管提拔过量,从而使导管拔出混凝土面,或使导管口处于泥浆或泥浆与混凝土的混合层中。④提拔导管时,钢筋笼卡住导管,在混凝土初凝前无法提起,造成混凝土灌注中断。⑤导管接口渗漏致使泥浆进入导管内,在混凝土内形成夹层。⑥导管埋置深度过深,无法提起或将导管拔断。⑦由于其他意外原因造成混凝土不能连续灌注,中断间歇时间过长超过混凝土初凝时间,致使导管内混凝土初凝堵管或孔内顶面混凝土初凝不能被新灌注混凝土顶升而被顶破。故选ABCD。

13. ABC [解析] 设置的预拱度值应包括结构本身需要的预拱度和施工需要的预拱度两部分。其中,施工预拱度应考虑下列因素:①模板、支架承受施工荷载引起的弹性变形;②受载后由于杆件接头的挤压和卸落装置压缩而产生的非弹性变形;③支架地基在受载后的沉降变形。故选ABC。

14. ABCE [解析] 泵送混凝土所采用的水泥宜选用硅酸盐水泥、普通硅酸盐水泥、矿渣硅酸盐水泥和粉煤灰硅酸盐水泥。故选ABCE。

15. CDE [解析] 浇筑混凝土时,宜根据结构或构件的不同形式选用插入式、附着式或平板式等振动器进行振捣。故选CDE。

16. ABC [解析] 锚具、夹具和连接器进场时,除应按出厂合格证和质量证明书核查锚固性能类别、型号、规格及数量外,还应进行外观检查、硬度检验、静载锚固性能试验。故选ABC。

17. BE [解析] 选项B错误,台座表面应光滑、平整,在2m长度上平整度的允许偏差应不超过2mm,且应保证底座或底模的挠度不大于2mm。选项E错误,当用于预制后张预应力混凝土梁、板时,宜对台座两端及适当范围内的地基进行特殊加固处理。故选BE。

18. ACDE [解析] 选项B错误,砌筑基础的第一层砌块时,如基底为土质,可直接坐浆砌筑。故选ACDE。

19. CDE [解析] 涵洞的组成部分有洞身和洞口。涵洞的附属工程包括锥形护坡、人工水道、铺砌、路基边坡铺砌等。故选CDE。

20. ABCE [解析] 管涵的管节宜在工厂内集中制作,仅当不具备集中制作的环境和条件时,方可在工地设置预制场地进行制作。管节可采用振动制管法、离心法、悬辊法或立式挤压法等方法进行制作,采用振动法制作管节时,应采取有效措施防止内外模板产生移位,保证管壁的厚度均匀。故选ABCE。

21. ACD [解析] 选项B错误,混凝土的洒水保湿养护时间应不少于7天,对重要工程或有特殊要求的混凝土,应根据环境湿度、温度、水泥品种以及掺用的外加剂和掺合料等情况,酌情延长养护时间,并应使混凝土表面始终保持湿润状态。选项E错误,混凝土处于冻融循环作用的环境时,宜在结冰期到来4周前完成浇筑施工,且在混凝土强度未达到设计强度等级的80%前不得受冻,否则应采取技术措施,防止发生冻害。故选ACD。

22. ACE [解析] 选项B错误,支架应根据技术规范的要求进行预压,以收集支架、地基的变形数据,作为设置预拱度的依据。选项D错误,对高度超过8m的支架,应对其稳定性进行安全论证,确认无误后方可施工。故选ACE。

23. AB [解析] 悬臂浇筑段前端底板和桥面的标高,应根据挂篮前端的垂直变形及预拱度设置。故选AB。

24. ABE [解析] 桥梁一般由上部结构、下部结构、支座系统和附属设施四个基本部分组成。其中,桥梁附属设施包括桥面系、伸缩缝、桥头搭板和锥形护坡等,桥面系包括桥面铺装、排水防水系统、栏杆、灯光照明等。故选 ABE。

25. DE [解析] 选项 D 错误,采用架桥机安装作业时,其抗倾覆稳定系数不应小于 1.3。选项 E 错误,架桥机过孔时,起重小车应位于对稳定最有利的位置,且抗倾覆稳定系数不应小于 1.5。故选 DE。

26. ADE [解析] 桥头跳车的防治措施:①改善地基性能,提高地基承载力;②桥台基坑采用合适的小型压实机械夯实,选用优质回填料;③地表做好填前处理,清除地表不适宜填筑路堤的表土;④留有必要的自然固结沉降期;⑤台后填料选择透水性砂砾料或石灰、水泥改善料,控制填土含水量,提高桥头路基压实度;⑥做好桥头路堤的排水、防水工程,设置桥头搭板;⑦保证足够的台前预压长度。故选 ADE。

三、实务操作和案例分析题

案例(一)

1. (1) A 为锚固钢筋(锚固系统)、B 为前吊带、C 为底模后吊带。
   (2) 该挂篮属于自锚式挂篮。
2. 还应完成组拼验收、预压(荷载或静载)试验、监理审批;报主管部门登记备案。
3. 还应具备稳定性,锚固可靠,高程可调。
4. ④浇筑底板混凝土及养护;⑧混凝土养护;⑩张拉预应力钢丝束。
5. (1) 应设置"之"字形的登高人行梯道。
   (2) 戴安全帽、系安全带、穿防滑鞋。

案例(二)

1. (1) 事件一中支架现浇施工属于超过一定规模的危大工程。
   (2) 专项施工方案实施前还应完善的手续:施工单位(或公司,或企业)技术负责人(或总工)签字(或审批)并加盖单位公章,报总监理工程师审批后,再组织专家论证(或评审)。
2. 遗漏的验收程序和工序:支架地基处理完后的检测验收;支架拼装完后的验收;支架预压。
3. 混凝土顶面产生裂缝的主要原因:
   ①从高处向低处浇筑混凝土,养护不及时。
   ②浇筑时间过长,根据规范规定,高于 25℃ 时 C30 以上混凝土浇筑时间不应大于 150min。
4. (1) 不正确。正确做法:$0 \to$ 初应力 $\to \sigma_{con}$(持荷 5min 锚固)。
   (2) 不正确。正确做法:宜加钙矾石系或复合型膨胀剂。
   (3) 不正确。正确做法:应该由低处往高处压浆。

案例(三)

1. (1) 该桥多孔跨径总长:$(30 \times 3) \times 5 \times 2 + 75 + 120 + 75 = 1170(m)$。
   (2) 该桥属于特大桥。
2. (1) 主桥上部结构连续刚构最适宜的施工方法是悬臂法,施工区段 2 最适宜的施工方法是支架法。
   (2) 主桥 16 号墩上部结构施工区段的施工次数:
   ①单幅:$(118 - 14)/4/2 + 1 = 13 + 1 = 14$(次);
   ②双幅:$14 \times 2 = 28$(次)。
3. (1) 主桥"南边孔、跨中孔、北边孔"先后合龙的顺序:南边孔、北边孔→跨中孔。
   (2) 施工区段 3 的施工时间应选择在一天中气温最低的时候进行。
4. 在通航孔施工期间应采取的安全防护措施有:
   (1) 通航孔的两边应加设护桩、防撞设施、安全警示标志、反光标志、夜间警示灯；
(2)挂篮作业平台上必须铺满脚手板，平台下应设置水平安全网。

5. 主桥第16、17号墩承台施工最适宜的围堰类型是钢板桩围堰。

案例（四）

1. 不需要。理由：该题干已经说明是T形刚构，所以梁与墩之间是没有支座的，是连接在一起的，故无须做临时固结。

2. (1)支架法施工。
   (2)设计无要求时，一般先边跨，后次中跨，再中跨。

3. A或B作业队施工完隧道需要：200/40 + 510/60 + 200/40 = 18.5月。
   最后的30m单向开挖需要：30/60 = 0.5月。
   设A作业队开挖X个月，B作业队开始挖掘进口，也就是3号桥台施工完毕。
   $12 = X + 0.5 + (18.5 - X - 0.5)/2$，求得$X = 5$月。

4. 正确顺序：①②④③。

案例（五）

1. (1)栈桥施工必须配置的施工机械设备还有起重机、振动锤、电焊机。
   (2)本栈桥施工适合采用悬臂推出法、履带吊机架设法。

2. 应选第一种方案施工。分析过程如下：一共9个墩，单机作业一根桩钻孔耗时72÷1 = 72h（3天），从清孔到成桩需要2天（48h），所以一根桩从钻孔到成桩共需要5天。
   方案一：每个墩安排2台，有6台回转钻机，故3个墩位可同时施工，则总工期为5天×8根÷2台×(9÷3) = 60(天)。
   方案二：每个墩安排1台，故6个墩位可同时施工，则总工期为5天×8根×2 = 80

（天），此时第二次有3台闲置。

3. A—泥浆机，B—泥浆池，C—沉淀池。该回转钻机是正循环回转钻机。

4. ① $h_1 = (74 - 0.3 - 1) \times 1.2 \div 2.4 = 36.35$（m）；
   ② 首批混凝土灌注量 = $[3.14 \times 1.8^2 \times (0.3 + 1) + 3.14 \times 0.28^2 \times 36.35]/4 = 5.54(m^3)$。

5. 导管埋置深度 $h = (74 - 47.4 - 0.3) - (3 \times 4 + 2 \times 5) = 4.3(m)$。规范规定导管埋置深度应为2~6m。故符合规范规定。

6. (1)正确。
   (2)不正确。改正：水下混凝土灌注前，对导管进行水密承压试验和接头抗拉试验，严禁用压气试压试验。
   (3)正确。

案例（六）

1. (1)A—支座；B—黏层油。
   (2)A的作用：传递荷载，保证桥跨有一定变位。

2. 构件A的数量：$26 \times 4 \times 6 = 624$（个）。

3. C为水下灌注混凝土；D为模板安装；E为5个。

案例（七）

1. 控制两项指标：墩顶坐标（或位置，或轴线，或偏位）和高程（或标高）。

2. (1)A为钢护筒。
   (2)作用是起稳定孔壁（或防止塌孔）、保护孔口地面、固定桩孔位置、钻头导向等。

3. 宜选用冲击钻机（或冲抓钻机，或旋转钻机）。

4. 上部结构主要施工工序如下：①→④→⑦→⑥→⑤→⑧→③→②（或①→③→④→⑦→⑥→⑤→⑧→②）。

第 4 章　隧道工程

考情分析

本章属于重点章节,其主要内容是隧道工程,包括 3 个专题。本章中公路隧道施工较为重要,应当重点复习,隧道围岩分级与隧道构造、隧道地质超前预报和监控量测技术的出题方式以选择题为主,可作为次重点复习。在历年真题中,隧道施工部分考核书本内容不多,原因是教材在隧道施工部分内容讲解少,以考核隧道施工进度为主的管理内容居多。

扫码领取本章视频课程

近 3 年考试真题分值统计表　　　　　　　　　　　　　（单位:分）

序号	专题名	2022			2021(2)			2021(1)			2020		
		单选	多选	案例	单选	多选	案例	单选	多选	案例	单选	多选	案例
1	隧道围岩分级与隧道构造	1	—	4	—	2	—	—	—	—	2	2	—
2	隧道地质超前预报和监控量测技术	—	—	4	1	—	—	—	—	—	—	—	—
3	公路隧道施工	1	2	4	1	—	13	2	2	18	—	—	—
	合计	2	2	12	2	2	13	2	2	18	2	2	0

思维导图

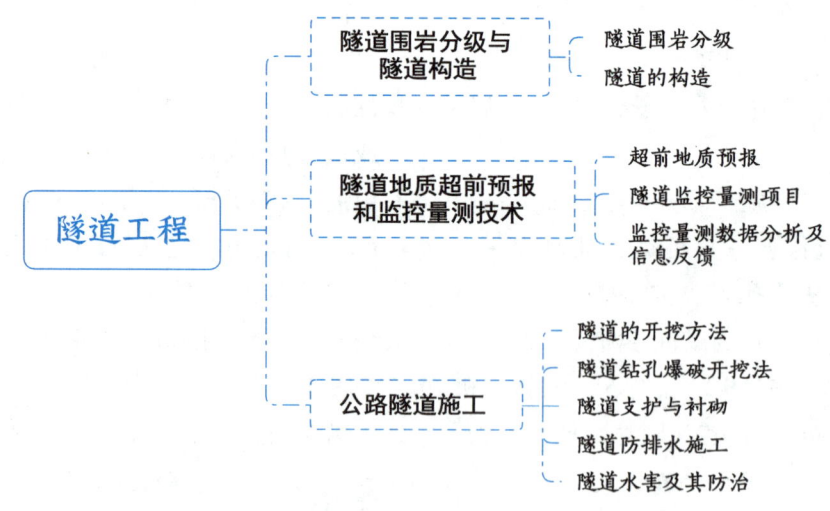

专题 1　隧道围岩分级与隧道构造

复习提示▷本专题中围岩分级是选择题与案例题考点,要求掌握隧道围岩分级的内容,在案例题中能根据题干描述判定围岩等级。隧道的构造是选择题考点,需要掌握隧道的构造组成。

[考点 1] 隧道围岩分级

(一)初步分级

根据岩石的坚硬程度和岩体完整程度两个基本因素的定性特征和定量的岩体基本质量指标 BQ,综合进行初步分级。

1. 确定岩石坚硬程度

依据岩石单轴饱和抗压强度 σ_c,查下表确定岩石坚硬程度。

σ_c(MPa)	>60	30~60	15~30	5~15	<5
坚硬程度	坚硬岩	较坚硬岩	较软岩	软岩	极软岩

2. 确定岩体完整程度

依据岩体完整性系数 K_v,查下表确定岩体完整程度。

K_v	>0.75	0.55~0.75	0.35~0.55	0.15~0.35	<0.15
完整程度	完整	较完整	较破碎	破碎	极破碎

3. 确定围岩基本质量指标 BQ

依据围岩或土体主要定性特征和 BQ 值,查下表确定围岩分级。

围岩级别	围岩或土体主要定性特征	围岩基本质量指标 BQ 或修正的围岩基本质量指标 $[BQ]$
Ⅰ	坚硬岩,岩体完整,巨整体状或巨厚层状结构	>550
Ⅱ	坚硬岩,岩体较完整,块状或厚层状结构; 较坚硬岩,岩体完整,块状整体结构	451~550
Ⅲ	坚硬岩,岩体较破碎,巨块(石)碎(石)状镶嵌结构; 较坚硬岩或较软硬岩层,岩体较完整,块状或中厚层状结构	351~450
Ⅳ	坚硬岩,岩体破碎,碎裂结构; 较坚硬岩,岩体较破碎~破碎,镶嵌碎裂结构; 较软岩或软硬岩互层,且以软岩为主,岩体较完整~较破碎,中薄层状结构 土体: 1. 压密或成岩作用的黏性土及砂土。 2. 黄土(Q_1、Q_2)。 3. 一般钙质、铁质胶结的碎石土、卵石土、大块石土	251~350 —

(续表)

围岩级别	围岩或土体主要定性特征	围岩基本质量指标 BQ 或修正的围岩基本质量指标 [BQ]
V	较软岩,岩体破碎; 软岩,岩体较破碎～破碎; 极破碎各类岩体,碎、裂状、散体结构	≤250
VI	软塑状黏性土及潮湿、饱和粉细砂层、软土等	—

注：本表不适用于特殊条件的围岩分级，如膨胀性围岩、多年冻土等。

[记忆] 隧道围岩分级如下图所示。

软塑状黏性土 潮湿、饱和粉细砂层 软土	较软岩,破碎 软岩,较破碎 极破碎	坚硬,破碎 较坚硬,较破碎	坚硬,较破碎 较坚硬,较完整	坚硬,较完整 较坚硬,完整	坚硬,完整
VI	V	IV	III	II	I
	250	350	450	550	

(二) 详细分级

对围岩进行详细定级时，如遇下列情况之一，应对岩体基本质量指标 BQ 进行修正：

(1) 有地下水。

(2) 围岩稳定性受软弱结构面影响，且由一组起控制作用。

(3) 存在高初始应力。

🌐 **精选真题**

1. [2019 年真题] 隧道围岩分级一般采用两步分级的综合评判方法，其初步分级考虑的基本因素是(   )。

　　A. 岩石的坚硬程度和地下水　　　　B. 岩体的完整程度和初始应力

　　C. 岩石的坚硬程度和岩体的完整程度　　D. 岩体的完整程度和地下水

2. [2021 年真题] 隧道围岩分级时，确定岩体基本质量指标 BQ 值需考虑的因素有(   )。

　　A. 地下水　　　　　　　　　　　B. 岩石的坚硬程度

　　C. 主要软弱结构面　　　　　　　D. 岩体完整程度

　　E. 初始地应力

3. [2018 年真题·案例节选]

背景资料

某山岭隧道为单洞双向两车道公路隧道，其起讫桩号为 K68+238～K69+538，隧道长 1300m。该隧道设计图中描述的地质情况为：K68+238～K68+298 段以及 K69+498～K69+538 段为洞口浅埋段，地下水不发育，出露岩体极破碎，呈碎、裂状；K68+298～K68+598 段和 K69+008～K69+498 段，地下水不发育，岩体为较坚硬岩，岩体较破碎，裂隙较发育且有夹泥，其中 K68+398～K68+489 段隧道的最小埋深为 80m；K68+598～K69+008 段，地下水不发育，岩体为较坚硬岩，岩体较为完整，呈块状体或中厚层结构，裂隙面内夹软塑状黄泥。

问题：判断隧道各段围岩的级别。

答案:1. C。 2. BD。

3. K68+238~K68+298 段、K69+498~K69+538 段,为 V 级围岩。K68+298~K68+598 段、K69+008~K69+498 段,为 Ⅳ 级围岩。K68+598~K69+008 段,为 Ⅲ 级围岩。

[考点 2] 隧道的构造

(一)隧道衬砌材料

隧道衬砌材料通常采用混凝土、钢筋混凝土、喷射混凝土、锚杆混凝土、锚杆与喷锚支护、石料和装配式材料。

(二)隧道洞身衬砌类型

隧道洞身衬砌类型有直墙式衬砌、曲墙式衬砌、矩形断面衬砌、喷射混凝土衬砌、喷锚衬砌及复合式衬砌。

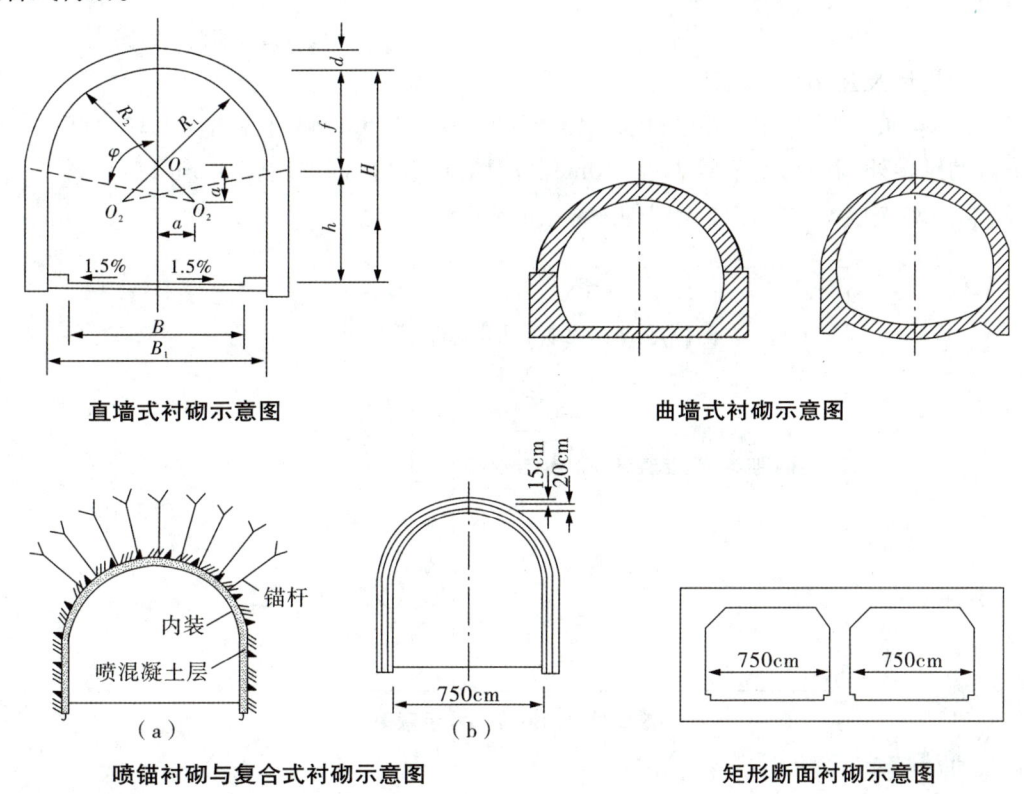

直墙式衬砌示意图　　　　　　曲墙式衬砌示意图

喷锚衬砌与复合式衬砌示意图　　矩形断面衬砌示意图

(三)洞门

1. 洞门形式

目前,使用较多的洞门形式有端墙式、翼墙式、柱式、台阶式、环框式、削竹式、喇叭口式。其中削竹式和喇叭口式均属于环框式的演变。

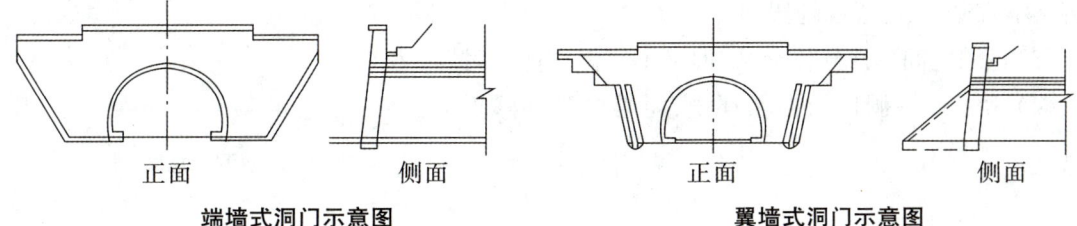

端墙式洞门示意图　　　　　　翼墙式洞门示意图

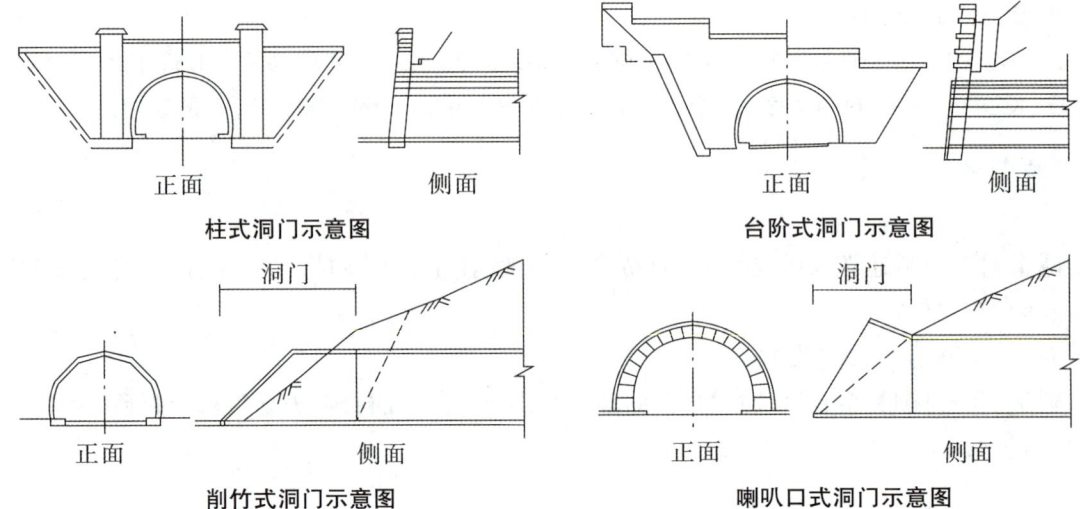

柱式洞门示意图　　　　　台阶式洞门示意图

削竹式洞门示意图　　　　喇叭口式洞门示意图

2. 洞门构造及基础设置规定

（1）洞口仰坡坡脚至洞门墙背的水平距离不应小于1.5m，洞门端墙与仰坡之间的水沟的沟底至衬砌拱顶外围的高度不应小于1.0m，洞门墙顶应高出仰坡坡脚0.5m以上。

（2）洞门墙应根据实际需要设置伸缩缝、沉降缝和泄水孔。

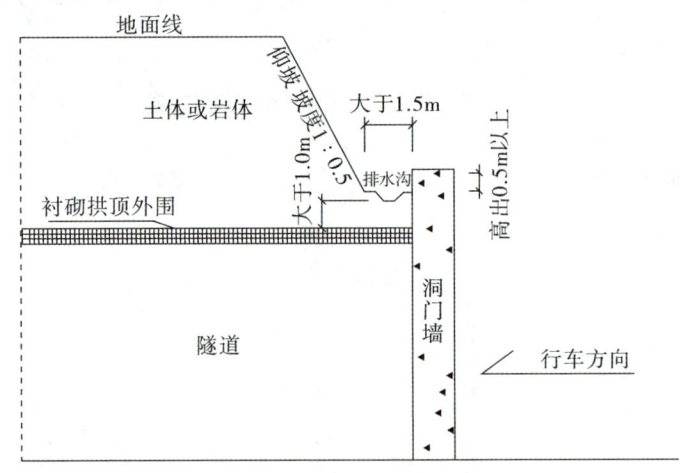

隧道洞门构造及尺寸示意图

（四）明洞构造及类型

1. 明洞的设置

（1）洞顶覆盖层较薄，不宜大开挖修建路堑又难以用暗挖法修建隧道的地段。

（2）洞口受不良地质边坡塌方、岩堆、落石、泥石流等危害又不宜避开、清理的地段。

（3）道路之间形成立体交叉，但又不宜做立体桥时。

（4）为了保持洞口的自然环境，而需要延伸隧道洞口时。

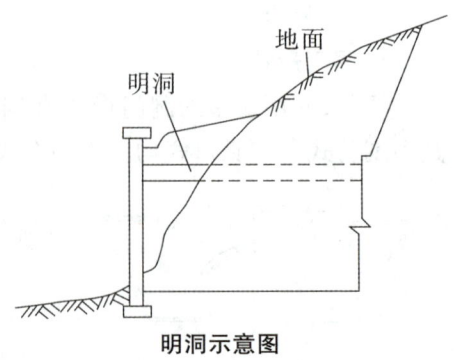

明洞示意图

2.明洞的结构类型

类型	组成	内容
拱式明洞	内外墙身由混凝土结构或钢筋混凝土结构组成	整体性较好,能承受较大的垂直压力和侧压力,对地基要求较高。必要时可加设仰拱
棚式明洞	由顶盖和内外边墙组成	适用于路线外边坡有小量塌落,地基承载力不足,且受地形、地质条件的限制,难以修建拱式明洞时。外边墙可采用墙式、刚架式、柱式结构
箱式明洞（特殊）	整体全部用钢筋混凝土制成的方形	一般适用于明洞净高、建筑高度受到限制,地基较弱的地方

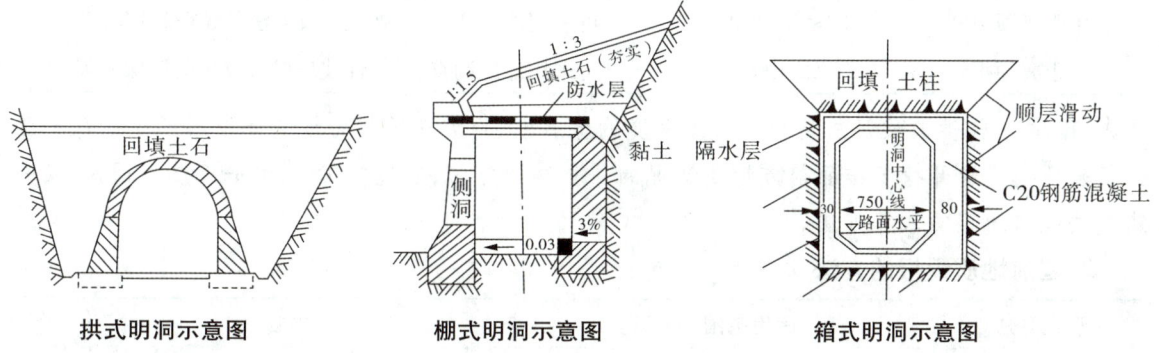

拱式明洞示意图　　　棚式明洞示意图　　　箱式明洞示意图

🌐 **精选真题**

1.[2022年真题]关于公路隧道结构构造的说法,正确的是(　　)。
A.拱式明洞主要由顶盖和内外边墙组成
B.公路隧道结构构造由主体构造物和附属构造物组成
C.洞门墙须设置胀缝、施工缝和泄水孔
D.隧道洞门属于附属构造物

2.[2015年真题]明洞主要分为拱式明洞和(　　)明洞两类。
A.端墙式　　　B.棚式　　　C.环框式　　　D.遮光式

答案：1.B。选项A错误,拱式明洞主要由顶拱和内外边墙组成混凝土或钢筋混凝土结构,整体性较好,能承受较大的垂直压力和侧压力。选项B正确、选项D错误,公路隧道结构构造由主体构造物和附属构造物两大类组成。主体构造物通常指洞身衬砌和洞门构造物,附属构造物是主体构造物以外的其他建筑,是为了运营管理、维修养护、给水排水、供蓄发电、通风照明通信、安全等而修建的构造物。选项C错误,洞门墙应根据实际需要设置伸缩缝、沉降缝和泄水孔,以防止洞门变形。

2.B。

专题 2　隧道地质超前预报和监控量测技术

复习提示▷ 本专题中超前地质预报是选择题的重要考点,要求掌握隧道地质超前预报的方法及适用条件。隧道监控量测项目可能会在案例题中考查,要求掌握监控量测中的预警分级。

[考点 1] 超前地质预报

1. 超前地质预报的分类

按预报长度分类	预报长度 $L(\text{m})$	说明
短距离预报	$L<30$	可采用地质调查法、地质雷达法及超前钻探法等
中距离预报	$30 \leqslant L < 100$	可采用地质调查法、弹性波反射法及超前钻探法等
长距离预报	$L \geqslant 100$	可采用地质调查法、弹性波反射法及超前钻探法等

[提示]　弹性波反射法是利用人工激发的地震波、声波在不均匀地质体中所产生的反射波特征来预报隧道开挖工作面前方地质情况的一种物探方法,它包括 TSP、水平声波剖面法、负视速度法和陆地声呐法等方法。

2. 超前地质预报的方法

预报方法		适用范围	内容
地质调查法		适用于各种地质条件	隧道地表补充地质调查资料和隧道内地质扫描
物探法	TSP	适用于各种地质条件	1. 软弱破碎地层或岩溶发育区的有效探测距离宜取 100m 左右,不宜超过 150m。 2. 每次预报距离宜为 100~150m。 3. 连续预报时前后两次应重叠 10m 以上
	水平声波剖面法	适用于中距离预报断层破碎带、洞穴、采空区等	1. 软弱破碎地层或岩溶发育区的有效探测距离宜取 20~50m,不宜超过 70m。 2. 岩体完整的硬岩地层的有效探测距离宜取 50~70m,不宜超过 100m。 3. 连续预报时前后两次应重叠 10m 以上
	地质雷达法	适用于岩溶、采空区、空洞、断层破碎带、软弱夹层等不均匀地质体	1. 坚硬岩地层的有效探测距离宜取 20~30m。 2. 泥质和软弱破碎地层、潮湿含水层或岩溶不发育区的有效探测距离宜取 10~20m。 3. 连续预报时前后两次宜重叠 5m 以上
超前钻探法		适用于富水构造破碎带、富水岩溶发育地段、煤系或油气地层、瓦斯发育区、采空区以及重大物探异常地段和水下隧道	宜采用中距离($30\text{m} \leqslant L<100\text{m}$)钻探,必要时可采用长距离($L \geqslant 100\text{m}$)钻探,连续钻探时前后两次宜重叠 5~8m

预报方法		适用范围	内容
超前导洞法	平行超前导洞	适用于岩溶发育可能性较大地段，或可能存在人为坑道、采空区地段	两座并行隧道可根据先行开挖的隧道预测后开挖隧道的地质条件
	主洞超前导洞		

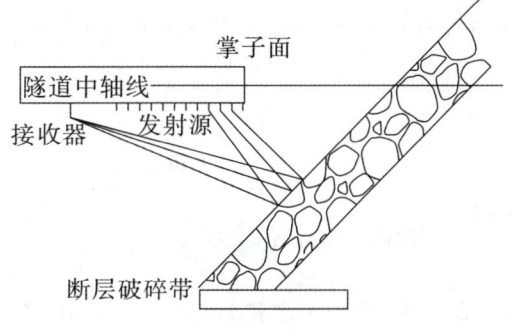

TSP 示意图

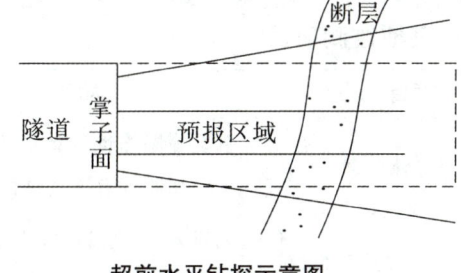

超前水平钻探示意图

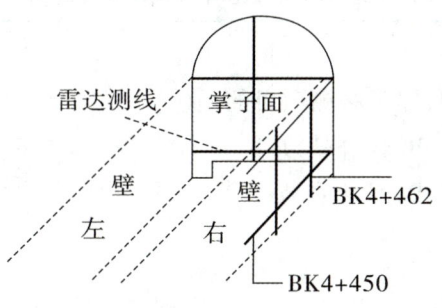

地质雷达法示意图

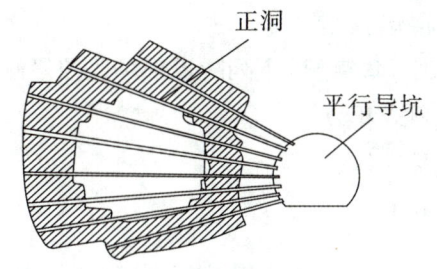

平行导洞示意图

◈ 精选真题

[2021年真题]关于隧道地质超前预报的说法，正确的是（　　）。

A. 软弱地层中 TSP 法每次预报的距离宜为 10~20m

B. 采用地质雷达法预报时，每次预报的距离宜为 100~150m

C. 超前水平钻探每循环钻孔长度应不低于 30m

D. 富含瓦斯的煤系地层必须采用物探法进行探测

答案：C。

[考点 2]　隧道监控量测项目

1. 现场量测项目

项目	内容	测点要求
必测项目	洞内、外观察；周边位移；拱顶下沉；地表下沉；拱脚下沉	各测点宜在靠近掌子面、不受爆破影响范围内尽快安设，初读数应在每次开挖后 12h 内、下一循环开挖前取得，最迟不得超过 24h

项目	内容	测点要求
选测项目	钢架内力及外力；围岩体内位移（洞内设点）；围岩体外位移（地表设点）；围岩压力；两层支护间压力；锚杆轴力；支护、衬砌内应力；围岩弹性波速度；爆破震动；渗水压力、水流量；地表下沉；地表水平位移	测点埋设时间宜根据实际需要确定

[记忆] 必测项目：内外周边两供地。

2. 其他监测项目

项目	内容	说明
有害气体监测	对含甲烷等爆炸性气体的天然气、石油气、沼气、瓦斯等有害气体监测	应由专业监测单位实施
建（构）筑物监测	包括沉降监测、倾斜监测、裂缝监测及振动监测等内容	根据设计要求和工程需要对隧道施工影响范围内周边建（构）筑物进行监测

◉ 精选真题

[2017年真题] 下列隧道现场监控量测项目中，属于必测项目的是(　　)。

A. 围岩压力　　　　　　　　　　B. 锚杆轴力
C. 周边位移　　　　　　　　　　D. 爆破震动

答案：C。

[考点3] 监控量测数据分析及信息反馈

1. 量测数据的分析

(1) 绘制位移（位移速率）、应力（应力速率）、应变（应变速率）的时态曲线。

(2) 绘制位移、应力、应变随开挖工作面推进变化的曲线。

(3) 绘制接触压力、支护结构应力在隧道横断面上的分布图。

(4) 选择回归曲线，预测最终值，并与控制基准进行比较。

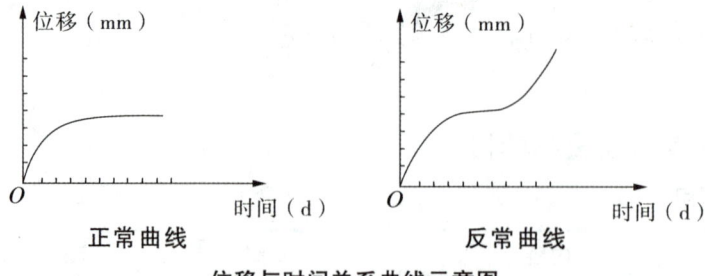

位移与时间关系曲线示意图

2. 监控量测信息反馈

(1)隧道监控量测工作应根据控制基准建立预警机制,可按下表实行三级管理。

管理等级	管理位移(mm)	施工状态
Ⅲ	$U<(U_0/3)$	可正常施工
Ⅱ	$(U_0/3)\leq U\leq(2U_0/3)$	应加强支护
Ⅰ	$U>(2U_0/3)$	应采取特殊措施

注:U为实测位移值;U_0为设计极限位移值。

(2)提出预警并分级管理的情况。

不利情形	管理等级
变形速率连续3天≥5mm或1天≥10mm	Ⅰ级
支护结构出现开裂	Ⅰ级
地表出现开裂、坍塌	Ⅰ级
瓦斯浓度>0.5%	Ⅰ级
渗水压力或水流量突然增大	Ⅱ级
水体颜色或悬浊物发生变化	Ⅱ级

[记忆] Ⅰ级开裂Ⅱ级水。

(3)二次衬砌的施作。

①水平收敛速度小于0.2mm/天,拱顶或底板垂直位移速度小于0.1mm/天。

②隧道水平净空变化速度及拱顶或底板垂直位移速度明显下降。

③隧道位移相对值已达到相对位移量的90%以上。

④对浅埋、软弱、高地应力围岩等特殊地段应视现场情况确定。

专题3 公路隧道施工

复习提示▷ 本专题是隧道工程的核心考点。隧道开挖方法及适用条件、隧道支护与衬砌是隧道历年考查的重点,需重点掌握,在案例题中要会识图。隧道水害及其防治多以选择题的形式考查,考试频率较低,需熟读记忆。

[考点1] **隧道的开挖方法**

开挖方法	适用条件	横断面和纵断面示意图
全断面法	用于Ⅰ~Ⅲ级围岩的中小跨度隧道,Ⅳ级围岩中小跨度隧道和Ⅲ级围岩大跨度隧道在采取了预加固措施后,也可采用	
台阶法	用于Ⅳ级中小跨度隧道,Ⅴ级围岩的中小跨度隧道在采取了预加固措施后,也可采用	

(续表)

开挖方法	适用条件	横断面和纵断面示意图
预留核心土法	用于Ⅳ～Ⅴ级围岩或一般土质围岩的中小跨度隧道	
中隔壁法（CD法）	适用于围岩较差、跨度大，以及浅埋和地表沉降需要控制的段落	
交叉中隔壁法（CRD法）		
双侧壁导坑法	用于浅埋大跨度及地表下沉量要求严格而围岩条件很差的情况	

[提示] 案例题实操性考点，要求掌握每种开挖方式的顺序及适用范围。

精选真题

1．[2021年真题]关于公路隧道开挖方式适用范围的说法，正确的是（　　）。

A．采取有效的预加固措施后，全断面法可用于Ⅳ级围岩的大跨度隧道

B．台阶法不可用于Ⅴ级围岩的中小跨度隧道

C．环形开挖预留核心土法可用于Ⅳ～Ⅴ级围岩的大跨度隧道

D．中隔壁法（CD法）适用于围岩较差、跨度大、浅埋隧道

2．[2020年真题]当隧道围岩较差、跨度大、浅埋、地表沉降需要控制时，适用的开挖方法有（　　）。

A．全断面法　　　　　　　　　　　B．台阶法

C．中隔壁法（CD法）　　　　　　　D．交叉中隔壁法（CRD法）

E．环形开挖预留核心土法

3．[2019年真题·案例节选]

背景资料

某二级公路的一条隧道，根据施工图设计，起讫桩号K101+109～K101+404，长度295m，其中，明洞10m、Ⅵ级围岩203m、Ⅴ级围岩82m。根据隧道的围岩级别、地质情况和监控量测单位提供的数据，结合施工现场的实际情况，施工单位决定在该隧道中采用如右图所示的工序进行开挖和支护，施工时从进口往出口方向掘进。

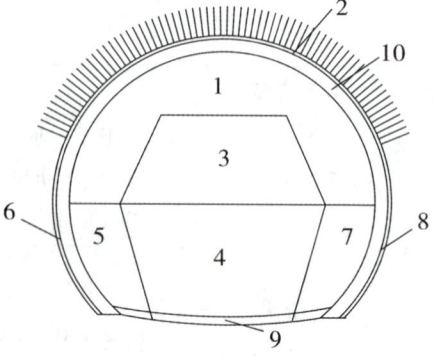

施工工序示意图

问题:
(1)图中所示的隧道开挖方式是什么?该隧道采用这种开挖方式是否合理?说明理由。
(2)写出图中施工工序1、2、3、5、6、9、10的名称。
答案:1. D。2. CD。
3.(1)①图中所示的隧道开挖方式是环形开挖预留核心土法。
②合理。理由:环形开挖预留核心土法适用于Ⅳ~Ⅴ级围岩或一般土质围岩的中小跨度隧道。
(2)1为上弧形导坑开挖(环形拱部开挖);2为拱部初期支护;3为预留核心土开挖;5为左侧下台阶侧壁部开挖;6为左侧下台阶侧壁初期支护;9为仰拱施工;10为全断面二次衬砌。

[考点 2] 隧道钻孔爆破开挖法

1. 炮眼的要求

类型	作用	布置
掏槽眼	将开挖面上某一部位的岩石掏出一个槽,形成新的临空面,为其他炮眼的爆破创造有利条件	掏槽眼一般要比其他炮眼深10~20cm
辅助眼	进一步扩大掏槽体积和增大爆破量,并为周边眼创造有利的爆破条件	其布置由工地经验决定;最小抵抗线一般略大于炮眼间距
周边眼	爆破后使坑道断面达到设计的形状和规格	沿着设计轮廓均匀布置,间距和最小抵抗线应比辅助眼小,眼口距设计轮廓线为0.1~0.2m

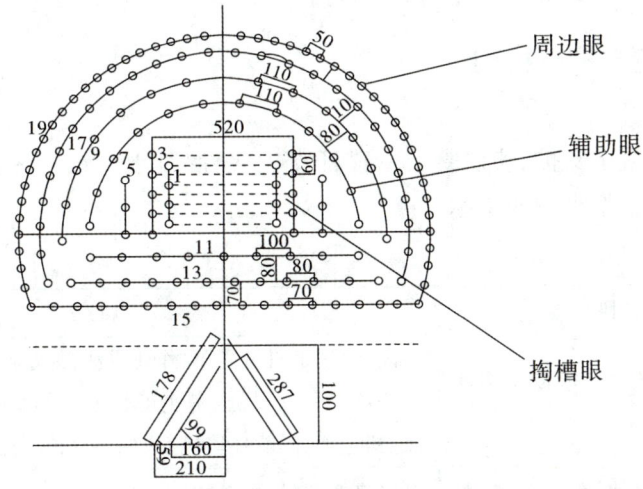

掘进工作面的炮眼示意图

[提示] 掏槽眼的掏槽方式总体可分为斜眼掏槽和直眼掏槽两大类。目前现场多采用直眼掏槽。

2.周边眼的控制爆破

爆破方式	光面爆破	预裂爆破
起爆顺序	掏槽眼→辅助眼→周边眼	周边眼→掏槽眼→辅助眼
爆破特点	1.爆破后标准:开挖轮廓成型规则,岩面平整;岩面上保存50%以上孔痕,且无明显的爆破裂缝;爆破后围岩壁上无危石。 2.对围岩扰动较轻微;减少了超欠挖量,节约混凝土和回填片石,加快施工进度;围岩壁面平整、危石少,减轻了应力集中现象,避免局部塌落,增进了施工安全,并为喷锚支护创造了条件	1.优点:可减轻爆炸波对围岩的破坏影响,爆破后的开挖面整齐规则;在减轻对围岩的扰动程度上,较光面爆破的效果更好一些。 2.缺点:周边眼间距和最小抵抗线都要比光面爆破的小,相应地要增多炮眼数量,钻眼工作量增大

◈ 精选真题

1.[2021年真题]关于隧道光面爆破特点的说法,正确的是( )。
A.增加了对围岩的扰动　　　　　　B.开挖轮廓成型不规则
C.减少了超欠挖量　　　　　　　　D.加重了应力集中现象

2.[2019年真题]隧道爆破掘进的炮眼有:①掏槽眼;②辅助眼;③周边眼。预裂爆破正确的起爆顺序是( )。
A.①②③　　　　B.③②①　　　　C.③①②　　　　D.①③②

3.[2016年真题]岩石隧道的爆破应采用光面爆破技术或( ),以有效控制隧道开挖的表面质量。
A.钻孔爆破技术　　B.洞室爆破技术　　C.预裂爆破技术　　D.深孔爆破技术

答案:1.C。2.C。3.C。

[考点3] 隧道支护与衬砌

1.喷锚支护

喷锚支护是喷混凝土支护、喷混凝土+锚杆支护、喷混凝土+锚杆+钢筋网支护、喷混凝土+锚杆+钢筋网+钢架支护的统称。

2.喷射混凝土

工艺	材料	特点
干喷	水泥、砂、石在干燥状态下搅拌均匀	1.优点:施工机械简单,作业灵活,易于操作。 2.缺点:喷射混凝土密实度较差,质量不易保证,作业时回弹多、粉尘大,影响环境(隧道内不允许采用)
潮喷	集料预加少量水,使之呈潮湿状,再加水泥拌合	可以降低上料、拌合和喷射时的粉尘,喷射混凝土质量较好(工艺与干喷相同)
湿喷	水泥、砂、石和水按比例拌合均匀	1.优点:减少粉尘、提高喷射混凝土的密实度,喷射质量易控制,作用效率高,回弹量少。 2.缺点:对喷射机械要求高,湿喷机体积较大

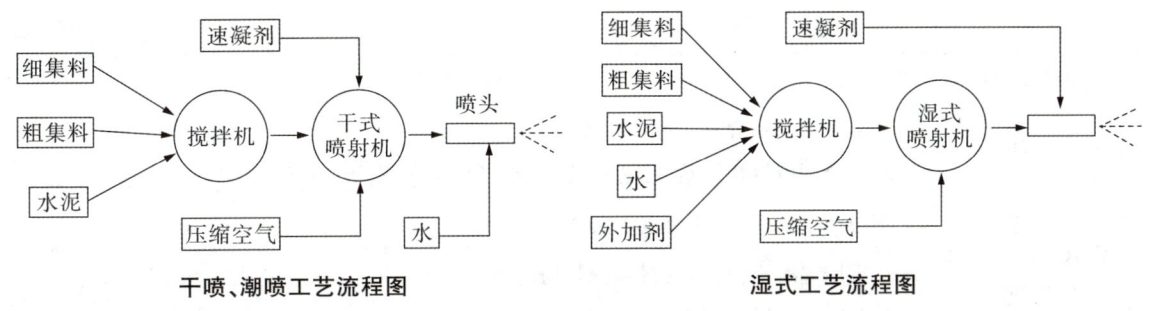

干喷、潮喷工艺流程图　　　　湿式工艺流程图

3. 锚杆

种类		施作时序
全长黏结式锚杆	砂浆锚杆、药卷锚杆、中空注浆锚杆、自进式锚杆、组合中空锚杆、树脂锚杆	1. 无钢架地段,锚杆在初喷混凝土、挂钢筋网后施作,或在初喷混凝土、挂钢筋网、复喷混凝土后施作。 2. 有钢架地段,锚杆在初喷混凝土、挂钢筋网、立钢拱架、复喷混凝土后施作
楔缝式端头锚固型锚杆		

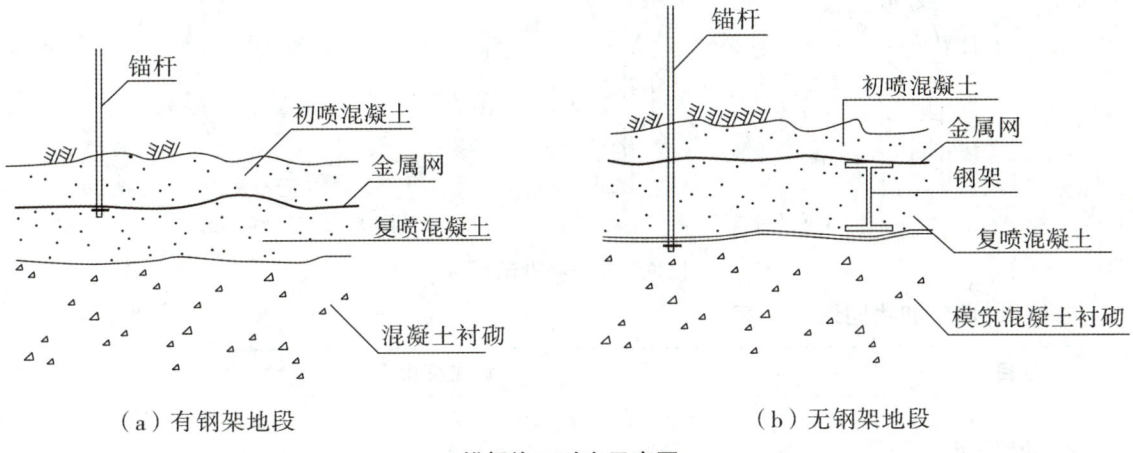

（a）有钢架地段　　　　（b）无钢架地段

锚杆施工时序示意图

4. 钢筋网

（1）钢筋网钢筋和其他用途的钢筋一样,要求调直、除锈、去油污。

（2）钢筋网钢筋每节长度不宜小于2.0m,钢筋搭接长度不应小于30倍钢筋直径。

5. 钢架

类型	制作要求	焊接方式
型钢钢架	采用冷弯法制造成型,宜在工厂加工	型钢钢架与连接钢板焊接应采用双面焊
格栅钢架	在工厂生产制造	所有钢筋连接节点必须采用双面对称焊接

6. 模筑混凝土衬砌

施工工序	施工要求
配合比	测定砂、石含水率,根据测试结果调整施工配合比材料用量

(续表)

施工工序	施工要求
搅拌	1. 采用强制式混凝土搅拌机搅拌。 2. 拌合后应尽快浇筑,已初凝的剩余混凝土不得重新搅拌使用
运输	不应产生离析、撒落及混入杂物
浇筑	1. 采用混凝土输送泵送料入模、均匀布料。 2. 混凝土入模温度应控制在 5~32℃
振捣	1. 宜采用附着式和插入式振捣相结合的方式振捣。 2. 采用高频机械振捣时,振捣时间宜为 10~30s。 3. 振捣不应使模板、钢筋和预埋件移位

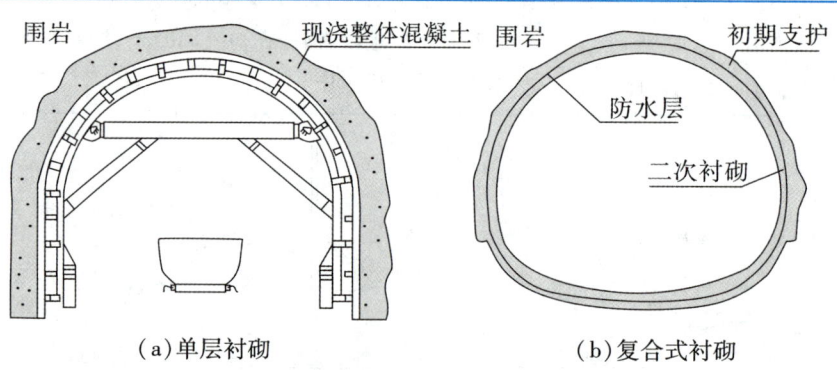

模筑混凝土衬砌示意图

7. 仰拱衬砌、仰拱回填和垫层

项目	施工要求
仰拱初期支护	1. 应随开挖及时施作。 2. 喷射混凝土不得与仰拱混凝土衬砌一次浇筑
仰拱混凝土衬砌	1. 应先于拱墙混凝土衬砌施工,超前距离应根据围岩级别、施工机械作业环境要求确定,一般不宜大于拱墙衬砌浇筑循环长度的 2 倍。 2. 仰拱衬砌混凝土应整幅一次浇筑成型,不得左右半幅分次浇筑,一次浇筑长度不宜大于 5.0m
仰拱填充	仰拱填充混凝土不得与仰拱衬砌混凝土一次浇筑
拆模	仰拱和仰拱填充混凝土应在其强度达到 2.5MPa 后方可拆模
无仰拱地段隧道底部垫层混凝土	底部超挖采用垫层同级混凝土回填时应与垫层混凝土同时浇筑,超挖较大时,可采用浆砌片石回填,承载力和稳定性应满足设计要求,不得采用洞渣回填
通行	仰拱填充和垫层混凝土强度达到设计强度的 100% 后方可允许运渣车辆通行
振捣	仰拱、仰拱填充和垫层混凝土浇筑宜采用插入式振捣器振捣密实

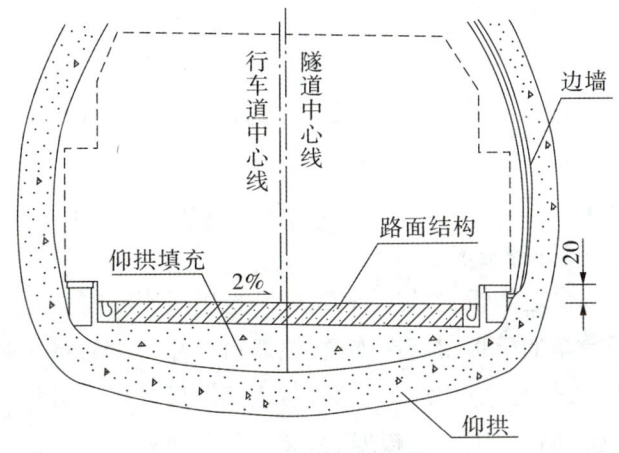

仰拱及仰拱填充结构示意图

精选真题

1. [2022年真题]公路隧道超前支护工程的主要技术措施有( )。

A. 钢拱架和格栅钢架　　　　　　B. 超前小导管

C. 管棚　　　　　　　　　　　　D. 围岩预注浆加固

E. 超前锚杆

2. [2021年真题]根据锚固形式分类,隧道锚杆类型有( )。

A. 全长黏结型　　　　　　　　　B. 中空注浆型

C. 端头锚固型　　　　　　　　　D. 摩擦型

E. 预应力型

3. [2021年真题·案例]

背景资料

某二级公路单洞双车道隧道,起讫桩号 K5+300～K6+220,全长920m,隧道纵坡为1.5%。K5+300～K5+325、K6+200～K6+220 段为Ⅴ级围岩;其余段落均为Ⅳ级围岩,隧道内涌水量较少,涌突水可能性小,施工单位从隧道两端对向开挖,Ⅴ级围岩段采用中隔壁法;Ⅳ级围岩段采用二台阶法,上台阶长度8m。隧道一端开挖至桩号 K5+600 时,其隧道开挖纵断面示意图如下图所示。

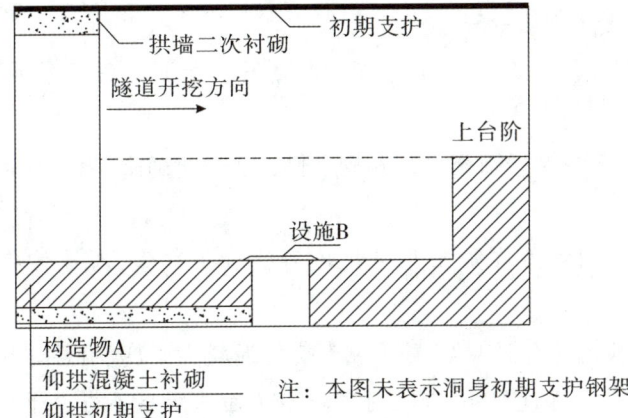

隧道开挖纵断面示意图

施工中发生如下事件:

事件一:隧道施工前,施工单位项目部组织工程技术人员编制了隧道施工方案,部分做法如下:

①反坡排水时设置集水坑,采用水泵抽水,将水排出洞外。井下工作水泵的排水能力不小于1.1倍正常涌水量,并配备备用水泵。

②在开挖掌子面至仰拱之间设置逃生通道,随开挖进尺不断前移。

③全断面衬砌模板台车的模板留有振捣窗,振捣窗尺寸为450mm×450mm。

④型钢钢架在加工厂采用热弯法加工成型,与连接钢板焊接采用双面焊。

事件二:初期支护施工时,施工单位根据《公路工程质量检验评定标准》的规定对喷射混凝土质量进行了自检,实测项目包括喷层厚度等三项,合格率均满足要求。

事件三:隧道一端开挖至K5+650时,安全监督机构对隧道施工进行安全检查,发现仰拱与掌子面的距离为60m,二次衬砌距掌子面的距离为105m,安全监督机构判定此隧道施工存在重大事故隐患。

问题:

(1)写出图中构造物A和设施B的名称。

(2)根据台阶长度判定施工单位采用的是哪一种台阶法?

(3)逐条判断事件一中施工方案的做法是否正确,若不正确写出正确做法。

(4)写出事件二中喷射混凝土质量检验时另外两项实测项目。

(5)根据《公路工程施工安全技术规范》,事件三中仰拱与掌子面、二次衬砌与掌子面的距离要求分别是多少?

答案:1.BCDE。隧道施工过程中,当遇到软弱破碎围岩时,其自支护能力是比较弱的,经常采用的超前支护措施有超前锚杆、插板、超前小导管、管棚及围岩预注浆加固等。

2.ACDE。按照锚固形式可划分为全长黏结型、端头锚固型、摩擦型和预应力型四种。

3.(1)构造物A为底板;设施B为仰拱栈桥。

(2)根据长度判断施工单位采用的是短台阶(长台阶的台阶长度50m以上;短台阶的台阶长度5~50m;超短台阶的台阶长度3~5m)。

(3)①不正确。正确做法:井下工作水泵的排水能力不小于1.2倍正常涌水量,并配备备用水泵。

②不正确。正确做法:在开挖掌子面至二次衬砌之间设置逃生通道,随开挖进尺不断前移。

③正确。

④不正确。正确做法:型钢钢架在加工厂采用冷弯法加工成型,与连接钢板焊接采用双面焊。

(4)喷射混凝土质量检验时另外两项实测项目为喷射混凝土强度、喷层与围岩接触状况。

(5)仰拱与掌子面距离不得超过50m,二次衬砌与掌子面的距离不得大于90m。

[考点 4] 隧道防排水施工

项目	类别	施工要求
施工防排水	隧道洞口及辅助坑道洞（井）口排水系统	洞外路堑向隧道内为下坡时，路基边沟应做成反坡，向路堑外排水
	覆盖层较薄和渗透性强的地层，地表水处理	洞口附近和浅埋隧道洞顶不得积水
	洞内反坡排水	井下工作水泵的排水能力应不小于 1.2 倍正常涌水量，并应备用抽水机
	井点降水	在隧道两侧地表面布置井点，间距宜为 25～35m。井底应在隧底以下 3～5m
结构防排水	纵、横、环向盲管，中心排水管（沟）	1. 环向排水盲管应紧贴支护表面或渗水岩壁安设，排水盲管布置应圆顺，不得起伏不平。 2. 中心排水管（沟）设在仰拱下时，应和仰拱、底板同步施工
	防水板	1. 防水板应无钉铺设，并留有余量，与初期支护或岩面应密贴。 2. 搭接缝焊接质量应按充气法检查，当压力表达到 0.25MPa 时停止充气，保持 15min，压力下降在 10% 以内，焊缝质量合格
	止水带	1. 不得在止水带上穿孔打洞固定止水带。 2. 止水带不得被钉子、钢筋和石子刺破
注浆	局部注浆	1. 材料宜以水泥类浆液为主，水量较大时宜采用快凝、早强水泥。 2. 注浆顺序为由水少处到水多处隔孔钻注
	初期支护	背后回填注浆孔深不应小于 0.5m

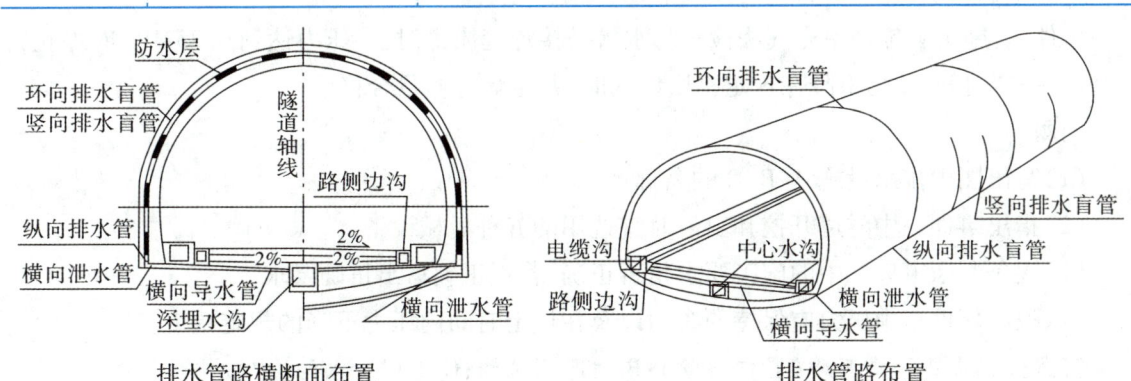

排水盲管设置示意图

🌐 精选真题

[2021 年真题·案例]

背景资料

某二级公路双车道隧道全长 850m，起讫桩号为 K3+450～K4+300，地层岩性以钙质砂岩为主,包含有Ⅲ、Ⅳ和Ⅴ级围岩,无不良地质。地下水类型以基岩裂隙水为主,隧道内排水设施横断面布置示意图如下图所示。

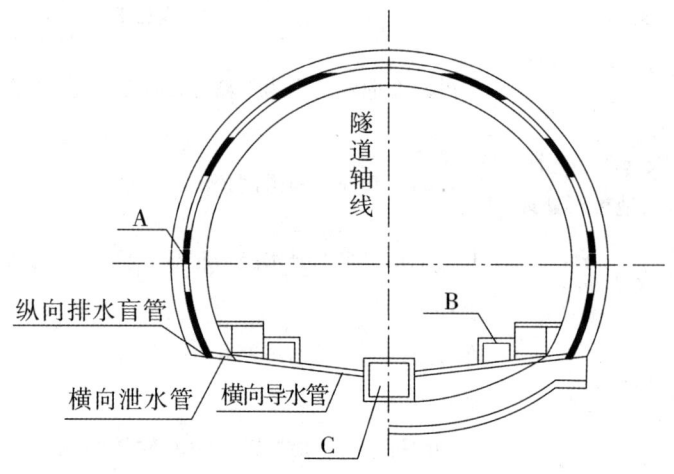

隧道内排水设施横断面布置示意图

施工中发生如下事件:

事件一:施工单位在Ⅲ级围岩段采用钻爆法施工,采用的机械设备拟在下列设备中选择:风动凿岩机、盾构机、装药台车、轮胎式装载机、混凝土湿喷设备、柴油自卸卡车、汽油自卸卡车、混凝土搅拌运输车、混凝土输送泵、衬砌台车、空气压缩机等。

事件二:施工过程中,施工单位按照下列要求进行了防水板的施工。

①防水板铺设前应对初期支护表面外露的坚硬物和局部渗漏水进行处理;

②初期支护表面应平整,无空鼓、裂缝、松酥,不平处用喷射混凝土找平;

③防水板宜采用高分子材料,幅宽2~4m,厚度不宜小于1mm;

④防水板要求无钉铺设,环向分幅铺挂。

事件三:施工单位采用充气法检查防水板搭接焊缝质量时,当压力达到0.25MPa时停止充气,保持一定时间,压力下降在规定幅度以内时,判定焊缝质量合格。

问题:

(1)写出图中排水设施A、B、C的名称。

(2)指出事件一中隧道开挖和出渣时宜选用的五种机械设备。

(3)逐条判断事件二中的施工要求是否正确,若不正确写出正确要求。

(4)说明事件三中压力应保持的时间以及在规定时间内压力下降的规定幅度。

答案:(1)A为环向盲管(竖向盲管);B为路侧边沟;C为埋深水沟(中心排水沟)。

(2)隧道开挖和出渣时宜选用风动凿岩机、装药台车、轮胎式装载机、柴油自卸卡车、空气压缩机。

(3)①正确。

②正确。

③不正确。正确要求:厚度不宜小于1.5mm。

④不正确。正确要求:环向整幅铺挂。

(4)保持时间15min,压力下降在10%以内。

[考点 5] 隧道水害及其防治

项目	水害成因	防治原则和要求
隧道穿过含水的地层	1. 砂土类和漂卵石类土含水地层。 2. 穿过节理、裂隙发育、含裂隙水的岩层。 3. 石灰岩、白云岩等可溶性岩的地层,有充水的溶槽、溶洞或暗河等与隧道相连通时。 4. 浅埋隧道地段,地表水可沿覆盖层的裂隙、孔洞渗透到隧道内	根据隧道的具体情况,因地制宜地贯彻"截、排、堵"相结合,综合整治的原则,力求达到建立完善的隧道防排水系统、使用的材料安全而耐久、工艺先进、质量可靠、方便维修、经济合理的目的
隧道衬砌防水及排水设施不完善	1. 原建隧道衬砌防水、排水设施不全。 2. 混凝土衬砌施工质量差,蜂窝、孔隙、裂缝多,自身防水能力差。 3. 防水层(内贴式、外贴式或中埋式)施工质量不良或材质耐久性差,经使用数年后失效。 4. 混凝土的工作缝、伸缩缝、沉降缝等未做好防水处理	

🌐 精选真题

1.[2020年真题]关于隧道水害原因的说法,正确的是( )。

A. 隧道穿过含煤层地层
B. 衬砌混凝土收缩
C. 衬砌厚度不足
D. 穿过节理、裂隙发育、含裂隙水的岩层

2.[2016年真题]关于隧道水害防治措施的说法,错误的是( )。

A. 因势利导,给地下水以排走的出路,将水迅速地排到洞外
B. 将流向隧道的水源截断,或尽可能使其水量减少
C. 隔断排水通道
D. 堵塞衬砌背后的渗流水,集中引导排出

答案:1. D。2. C。水害的防治措施包括:①因势利导,给地下水以排走的出路,将水迅速地排到洞外。②将流向隧道的水源截断,或尽可能使其水量减少。③堵塞衬砌背后的渗流水,集中引导排出。④水害整治的关键:分析病害成因,对症整治;合理选择防水材料;严格施工工艺。

强化练习

一、单项选择题

1. 隧道围岩详细定级时,应对岩体基本质量指标进行修正的情况不包括( )。

A. 有地下水
B. 存在低初始应力
C. 围岩稳定性受软弱结构面影响,且由一组起控制作用
D. 存在高初始应力

2. 洞口仰坡坡脚到洞门墙背的水平距离不应小于( )m。
   A. 1.0　　　　　　B. 1.5
   C. 2.0　　　　　　D. 2.5

3. 关于拱式明洞构造特点的描述,错误的是( )。
   A. 拱式明洞能承受较大的垂直压力
   B. 拱式明洞能承受较大的侧压力
   C. 内外墙基础相对位移对内力影响较小
   D. 通常用作洞口接长衬砌的明洞

4. 隧道的棚式明洞由顶盖和( )组成。
   A. 基础　　　　　　B. 内外边墙
   C. 托梁　　　　　　D. 雨棚

5. 富水构造破碎带、富水岩溶发育地段、煤系或油气地层、瓦斯发育区、采空区以及重大物探异常地段等地质复杂隧道和水下隧道必须采用( )预报、评价前方地质情况。
   A. 地质调查法　　　B. 物理勘探法
   C. 超前钻探法　　　D. 地质雷达法

6. 位于Ⅳ~Ⅵ围岩中且覆盖层厚度小于40m的隧道,应进行( )量测。
   A. 地表沉降　　　　B. 锚杆轴力
   C. 围岩压力　　　　D. 刚架内力及外力

7. 下列应提出预警并进行Ⅰ级管理的是( )。
   A. 支护结构出现开裂
   B. 渗水压力突然增大
   C. 水流量突然增大
   D. 水体颜色发生变化

8. 隧道围岩为Ⅰ~Ⅱ级的中小跨度隧道,宜采用( )。
   A. 全断面法
   B. 环形开挖预留核心土法
   C. 中导洞法
   D. 双侧壁导坑法

9. 适用于浅埋大跨度隧道及地表下沉量要求严格而围岩条件很差的开挖方法是( )。
   A. 台阶法　　　　　B. CD法
   C. CRD法　　　　　D. 双侧壁导坑法

10. 隧道爆破掘进的炮眼有:①掏槽眼;②辅助眼;③周边眼。光面爆破正确的起爆顺序是( )。
    A. ①②③　　　　　B. ③②①
    C. ③①②　　　　　D. ①③②

11. 隧道初期支护施工中,施工现场喷射混凝土工艺中使用较多的是( )。
    A. 干喷法　　　　　B. 潮喷法
    C. 湿喷法　　　　　D. 混合喷射法

12. 关于仰拱和底板施工的说法,错误的是( )。
    A. 仰拱混凝土超前拱墙混凝土施工的超前距离,一般不宜大于拱墙衬砌浇筑循环长度的2倍
    B. 仰拱施工宜左右半幅分次浇筑
    C. 仰拱衬砌混凝土一次浇筑长度不宜大于5.0m
    D. 仰拱填充和垫层混凝土强度达到设计强度的100%后方可允许运渣车辆通行

13. 某公路山岭隧道穿越的岩层主要是坚硬岩,岩体较完整,块状或厚层状结构,该围岩的初步分级应该是( )级。
    A. Ⅱ　　　　　　　B. Ⅲ
    C. Ⅳ　　　　　　　D. Ⅴ

14. 下列不属于光面爆破特点的是( )。
    A. 开挖轮廓成型规则,岩面平整
    B. 岩面上保存50%以上孔痕,且无明显裂缝
    C. 爆破后围岩壁上无危石
    D. 粒径适中,有利于洞渣运输

15. 隧道采用预裂爆破的分区起爆顺序中不包

括( )。
   D. 在 V、VI 级较软弱破碎围岩中使用较多
   A. 掏槽眼   B. 辅助眼
   C. 底板眼   D. 周边眼

22. 关于隧道衬砌的说法,错误的是( )。
   A. 单层现浇整体式混凝土衬砌常用于 II、III 级围岩中
   B. 隧道横向,则需分段进行
   C. 衬砌混凝土的拌合应用机械拌合
   D. 衬砌施工多采用由下而上、先墙后拱的顺序连续浇筑

16. 防水卷材应与拱背粘贴紧密,接头搭接长度不小于( )mm,铺设应自下而上进行,上下层接缝宜错开,不得有通缝。
   A. 100   B. 150
   C. 200   D. 250

17. 洞门端墙的砌筑与墙背回填应( )进行。
   A. 先内后外   B. 先上后下
   C. 先左后右   D. 两侧对称

23. 隧道围岩为坚硬岩,岩体较破碎,其围岩基本质量指标为 450~351,该围岩属于( )级。
   A. I   B. II
   C. III   D. VI

18. 在隧道地质超前预报方法中,( )适用于各种地质条件隧道超前地质预报。
   A. 超前钻探法   B. 地质调查法
   C. 超前导洞法   D. 物理勘探法

24. 隧道主洞模筑混凝土衬砌施工宜采用( )。
   A. 喷射混凝土
   B. 支架法
   C. 整体式模板
   D. 全断面衬砌模板台车

19. 在隧道施工监控量测中,收敛计是用来量测( )。
   A. 拱顶下沉   B. 地表下沉
   C. 围岩体内位移   D. 围岩周边位移

25. 公路隧道初期支护施工中加设锚杆的作用是( )。
   A. 提高衬砌的承载能力
   B. 加固岩体
   C. 提高衬砌的抗变形能力
   D. 提高防水能力

20. 既适用于一般软弱破碎围岩,也适用于地下水丰富的松软围岩,且对围岩加固的范围和强度相对较小的预支护措施是( )。
   A. 超前锚杆预支护
   B. 超前小导管注浆预支护
   C. 管棚预支护
   D. 小钢管预支护

26. 隧道的主体建筑物包括( )。
   A. 洞身衬砌和照明、通风
   B. 洞身衬砌和照明、安全设备
   C. 洞身衬砌和洞门建筑
   D. 洞身衬砌和照明、排水设施

21. 关于采用工字钢钢拱架进行隧道支护的说法,错误的是( )。
   A. 钢拱架与围岩间的空隙可以用喷射混凝土紧密充填,与喷射混凝土黏结也非常好
   B. 可用于混凝土内作为永久衬砌的一部分
   C. 架设后能立即承载

27. 关于棚式明洞的说法,错误的是( )。
   A. 棚式明洞由顶盖和内外边墙组成
   B. 能承受较大的垂直压力和侧压力
   C. 当岩层坚实完整、干燥无水或少水时,为减少开挖和节约坑工,可采用锚杆式内边墙

D. 内边墙一般采用重力式结构

28. 隧道现场监控量测中,地表下沉量测使用的工具是(　　)。
   A. 支柱压力计　　B. 各种类型压力盒
   C. 应力计　　　　D. 水准仪

29. 隧道监控量测时,测点应距开挖面(　　)m的范围内尽快安设,并应保证爆破后24h内或下一次爆破前测读初次读数。
   A. 1　　　　　　B. 2
   C. 3　　　　　　D. 4

30. 隧道监控量测时,当位移-时间曲线出现反弯点时,则表明围岩(　　)。
   A. 刚刚稳定　　　B. 已经稳定
   C. 不稳定　　　　D. 已经垮塌

31. 隧道明洞拱背回填应对称分层夯实,两侧回填高差不得大于(　　)m,回填至拱顶以上1.0m后,方可采用机械碾压。
   A. 0.3　　　　　B. 0.5
   C. 0.8　　　　　D. 1.0

32. 隧道内空气湿度不小于(　　)时,可不进行洒水养护。
   A. 80%　　　　　B. 85%
   C. 90%　　　　　D. 95%

33. 关于隧道施工有平行导坑或横洞时的排水要求的说法,错误的是(　　)。
   A. 有平行导坑或横洞时,必须设置永久排水沟
   B. 正洞施工由斜井、竖井排水时,应在井底设置集水坑
   C. 斜井、竖井施工有水时,应随开挖面挖集水坑
   D. 竖井井壁渗水影响施工时,可用压浆堵水

34. 下列支护方式中,不属于隧道初期支护的是(　　)。

A. 喷射混凝土　　B. 锚喷支护
C. 管棚　　　　　D. 钢支撑

35. 公路隧道施工中仰拱以上的混凝土或片石混凝土应在仰拱混凝土达到设计强度的(　　)后施工。
   A. 70%　　　　　B. 75%
   C. 80%　　　　　D. 85%

36. 公路隧道施工中仰拱与掌子面的距离,Ⅳ级围岩不得超过(　　)m。
   A. 30　　　　　　B. 50
   C. 70　　　　　　D. 90

37. 隧道防水应提高混凝土自防水性能,当防水混凝土处于侵蚀性介质中时,其耐侵蚀系数不应小于(　　)。
   A. 0.3　　　　　B. 0.5
   C. 0.8　　　　　D. 1.0

38. 为防止隧道衬砌施工中裂缝的产生,衬砌厚度应根据(　　)确定。
   A. 衬砌混凝土的强度要求
   B. 衬砌混凝土的坍落度要求
   C. 围岩级别、性状、结构
   D. 超挖和欠挖情况

39. 洞内涌水或地下水位较高时,可采用的防排水方法是(　　)。
   A. 开挖截水沟　　B. 平行导坑排水
   C. 井点降水　　　D. 反坡排水

40. 关于拱式明洞的说法,错误的是(　　)。
   A. 拱式明洞整体性较好,能承受较小的垂直压力和侧压力
   B. 内外墙基础相对位移对内力影响较大,所以对地基要求较高,尤其外墙基础必须稳固
   C. 必要时还可加设仰拱
   D. 通常用作洞口接长衬砌的明洞,以及用明洞抵抗较大的塌方推力、范围有限的

滑坡下滑力和支撑边坡稳定等

41. 关于公路隧道超欠挖控制的说法,错误的是( )。
   A. 拱脚、墙脚以上1m范围内及净空图折角对应位置严禁超挖
   B. 当岩层完整、岩石抗压强度大于30MPa时,允许岩石个别凸出部分欠挖,但其隆起量不得大于50mm
   C. 宜采用断面仪或激光投影仪直接测定开挖面面积
   D. 局部超挖,超挖量超过200mm时,宜采用喷射混凝土回填密实

42. 隧道衬砌裂缝形成的原因不包括( )。
   A. 围岩压力不均
   B. 衬砌背后有空洞
   C. 钢筋保护层厚度大于3cm
   D. 衬砌厚度严重不足

43. 瓦斯隧道照明中,成洞段不得超过( )V。
   A. 24   B. 36
   C. 110   D. 220

二、多项选择题

1. 隧道围岩分级时,根据岩石的( )与( )两个基本因素的定性特征和定量的岩体基本质量指标BQ,综合进行初步分级。
   A. 坚硬程度   B. 岩体完整程度
   C. 地层岩性   D. 断轴
   E. 裂缝数

2. 隧道的洞门类型主要有( )。
   A. 端墙式   B. 连拱式
   C. 环框式   D. 遮光式
   E. 明洞式

3. 隧道地质超前预报的内容有( )。
   A. 地层岩性   B. 地质构造
   C. 不良地质   D. 地下水

   E. 围岩级别

4. 隧道量测部位与测点布置,应根据( )确定。
   A. 地质条件   B. 量测项目
   C. 施工方法   D. 围岩级别
   E. 隧道宽度

5. 隧道洞身按断面形状分为( )。
   A. 曲墙式   B. 直墙式
   C. 连拱式   D. 削竹式
   E. 薄壁式

6. 关于掘进工作面的掏槽眼、辅助眼和周边眼的说法,错误的有( )。
   A. 辅助眼的作用是爆破后使坑道断面达到设计的形状和规格
   B. 周边眼的作用是进一步扩大掏槽体积和增大爆破量
   C. 掏槽眼的作用是将开挖面上某一部位的岩石掏出一个槽,以形成新的临空面
   D. 辅助眼布置主要是解决间距和最小抵抗线问题
   E. 直眼掏槽凿岩作业比较方便,不需随循环进尺的改变而变化掏槽形式

7. 物理勘探法包括( )。
   A. 弹性波反射法   B. 地质雷达法
   C. 低应变法   D. 红外探测法
   E. 高分辨直流电法

8. 下列隧道现场监控量测项目中,属于选测项目的有( )。
   A. 周边位移   B. 围岩压力
   C. 围岩体内位移   D. 锚杆轴力
   E. 拱顶下沉

9. 隧道施工竣工文件中应包括的量测资料有( )。
   A. 现场监控量测计划
   B. 实际测点布置图

C. 现场监控量测说明

D. 量测小组成员信息记录

E. 量测变更设计的信息反馈记录

10. 隧道监控量测时,量测计划应根据( )等编制。

A. 围岩条件 B. 量测目的

C. 施工方法 D. 监控人员素质

E. 隧道长度

11. 隧道施工监控量测的目的包括( )。

A. 掌握围岩和支护的静态信息并及时反馈,指导施工作业

B. 通过对围岩和支护的变位、应力的量测,为修改设计提供依据

C. 分析各项量测信息,确认或修正设计参数

D. 掌握围岩和支护的动态信息并及时反馈,指导施工作业

E. 为地下工程设计与施工积累经验资料

12. 隧道开挖后宜选用( )直接测定开挖面积,并绘制断面图。

A. 水准仪 B. 断面仪

C. 激光投影仪 D. 收敛计

E. 罗盘仪

13. 隧道水害的成因包括( )。

A. 隧道穿过含水层的地层

B. 隧道测量放样错误

C. 隧道衬砌防水设施不完善

D. 隧道衬砌排水设施不完善

E. 爆破网络连接不规范

14. 关于隧道防排水的说法,正确的有( )。

A. 边坡、仰坡坡顶的截水沟应结合永久排水系统在洞口开挖前修建

B. 洞外路堑向隧道内为下坡时,路基边沟应做成反坡,向路堑外排水

C. 正洞施工由斜井、竖井排水时,应在井底设置集水坑,采用相应扬程的抽水机经管路排出井外

D. 水平钻孔钻到预期的深度尚未出水时可继续施工

E. 中心排水管(沟)设在仰拱下时,应和仰拱、底板同步施工

15. 按荷载分布,拱式明洞可分为( )。

A. 路堑对称型 B. 路堑偏压型

C. 半路堑偏压型 D. 半路堑单压型

E. 半路堑挡土型

16. 下列选项中,属于洞身构造的有( )。

A. 一次衬砌和二次衬砌

B. 防排水构造

C. 内装饰

D. 照明设施

E. 顶棚

17. 公路隧道洞内结构防排水施工应符合的要求有( )。

A. 防水板宜采用专用台架

B. 防水板宜选用高分子材料

C. 防水板可有钉铺设

D. 防水板的搭接缝焊接质量应按充气法检查

E. 中心排水管(沟)设在仰拱下时,应在仰拱、底板完成后施工

三、实务操作和案例分析题

案例(一)

背景资料

某高速公路隧道右洞,起讫桩号为 YK52+626~YK52+875。工程所在地常年多雨,地质情况为:粉质黏土、中强风化板岩为主,节理裂隙发育,围岩级别为 Ⅴ 级。该隧道 YK52+626~

YK52+740段原设计为暗洞,长114m,其余为明洞,长135m,明洞开挖采用的临时边坡坡率为1:0.3,开挖深度为12~15m。YK52+740~YK52+845段明洞左侧山坡高且较陡,为顺层边坡,岩层产状为N130°W∠45°。隧道顶地表附近有少量民房。

隧道施工发生如下事件:

事件一:隧道施工开工前,施工单位向监理单位提供了施工安全风险评估报告。在YK52+875~YK52+845段明洞开挖施工过程中,临时边坡发生了滑塌。经有关单位现场研究,决定将后续YK52+845~YK52+740段设计方案调整为盖挖法。YK52+785的盖挖法横断面设计示意图如图1所示,盖挖法施工流程图如图2所示。

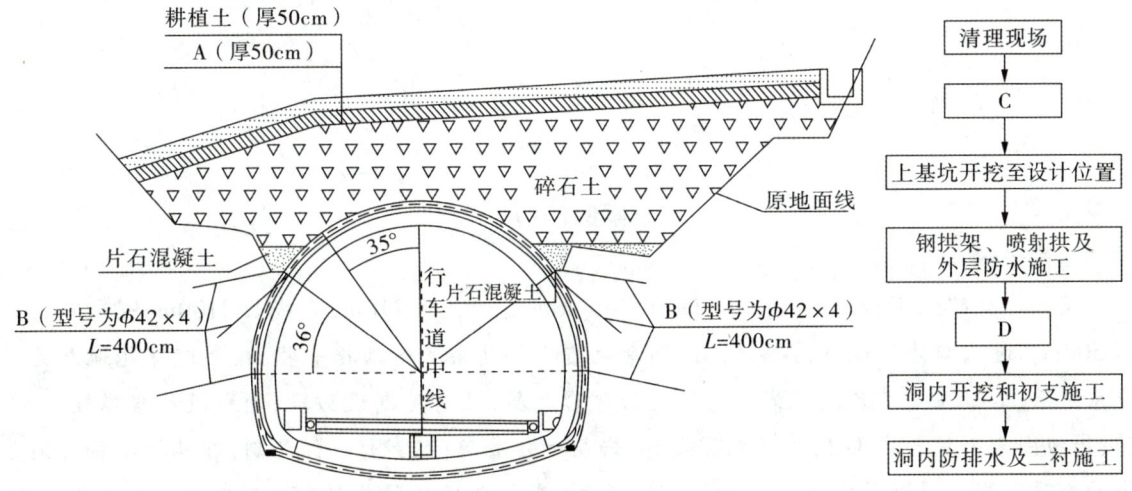

图1 盖挖法横断面设计示意图(YK52+785)　　图2 盖挖法施工流程图

事件二:在采用盖挖法施工前,监理单位要求再次提供隧道施工安全风险评估报告,施工单位以已提供过为由,予以拒绝。

事件三:施工单位对盖挖法方案相对于明挖法方案的部分施工费用进行了核算和对比,见下表。其中,挖石方费用增加了55.17万元,砂浆锚杆费用减少了42.53万元,φ42锁脚锚杆费用增加了25.11万元。

盖挖法相对于明挖法的费用变化表

序号	细目名称	费用(万元)	备注
①	挖石方	55.17	增加
②	砂浆锚杆	42.53	减少
③	锁脚锚杆	25.11	增加
④	16Mn 热轧型钢(I20a)	92.86	X
⑤	C20 喷射混凝土	42.00	X
⑥	φ6.5 钢筋网	10.57	X
⑦	C30 混凝土拱墙	25.14	X

问题:

1. 结合地质信息,判断本项目是否需要编制专项施工方案?是否需要专家论证、审查?并分别说明理由。
2. 结合本项目说明盖挖法相较于明挖法的优点。
3. 写出图1中填筑层A的材质名称、设施B的名称,以及A和B各自的作用。
4. 写出图2中工序C和工序D的名称。
5. 事件二中,施工单位的做法是否正确?说明理由。
6. 分别指出表中④~⑦项备注中的"X"是增加还是减少。

案例(二)

背景资料

某高速公路上下行分离式隧道,洞口间距40m,左线长3216m,右线长3100m,隧道最大埋深500m。进出口为浅埋段,Ⅳ级围岩,洞身地质条件复杂。地质报告指出,隧道穿越地层为三叠系底层,岩性主要为炭质泥岩、砂岩、泥岩砂岩互层,且有瓦斯设防段、涌水段和岩爆段。Ⅰ、Ⅱ、Ⅲ级围岩大致各占1/3,节理裂隙发育,岩层十分破碎,且穿越一组背斜,在其褶曲轴部地带中的炭质泥岩及薄煤层中存有瓦斯等有害气体,有瓦斯聚集涌出的可能,应对瓦斯重点设防,加强通风、瓦斯监测等工作。

技术员甲认为全断面开挖法的特点是工作空间较小、施工速度快、便于施工组织和管理,且全断面开挖法具有较小的断面进尺比,每次爆破震动强度较小,爆破对围岩的震动次数少,有利于围岩的稳定。考虑该隧道地质情况与进度要求,所以该隧道应采用全断面开挖。

隧道施工过程中为防止发生塌方冒顶事故,项目部加强了施工监控量测,量测项目有地质和支护状况、锚杆或锚索内力及抗拔力、地表下沉、围岩体内位移、支护及衬砌内应力。

项目部还实行安全目标管理,采取了一系列措施,要求进入隧道施工现场的所有人员必须经过专门的安全知识教育,接受安全技术交底;电钻钻眼应检查把手胶套的绝缘是否良好,电钻工应戴棉纱手套,穿绝缘胶鞋;爆破作业人员不能着化纤服装,炸药和雷管分别装在带盖的容器内用汽车一起运送;隧道开挖及衬砌作业地段的照明电器电压为110~220V。同时加强瓦斯等有毒有害气体的防治,通风设施由专职安全员兼管。

隧道施工完成后,进行了供配电、照明系统设施的安装,其中变压器为油浸变压器,由于工期延误,变压器运到现场100天后才进行安装。电缆敷设在沟内时遵循了"低压在上、高压在下"的原则,敷设时还要求金属支架、导管必须接地(PE)或接零(PEN)可靠。

在交通监控方面,隧道由监控分中心统一监控,监控中心设有完善的子系统,包括交通信号监控系统、视频监控系统、供配电监控系统、隧道照明控制系统、调度指令电话系统、有线广播系统等。

问题：

1. 改正技术员甲对全断面开挖法特点阐述的错误之处。
2. 补充本项目施工监控量测的必测项目，并指出隧道监控量测时出现冒顶塌方的危险信号（征兆）有哪些？
3. 指出并改正项目部安全管理措施中的错误。
4. 根据背景资料，油浸变压器安装前应做何处理？指出并改正电缆敷设的错误之处。
5. 除背景资料中给出的监控子系统外，还应有哪些监控子系统？（至少列出3种）

案例（三）

背景资料

某高速公路全长120km，设计行车速度100km/h，双向四车道。其中有一座分离式隧道，隧道左线起讫桩号为 ZK2+815～ZK3+880，全长1065m；右线起讫桩号为 YK2+840～YK3+750，全长910m。隧道最大埋深400m，隧道沿纵向方向设人字坡，坡度为1%。隧道进门段为浅埋段，设40m长的明洞。洞身围岩为Ⅱ～Ⅳ级，岩层含少量地下水。洞身掘进采用光面爆破，在爆破方案中有如下描述：在开挖面上适当部位掏出小型槽口（炮眼），并沿隧道设计轮廓线布置另一种炮眼。

隧道施工实行安全责任目标管理，项目部决定由专职安全员对隧道的安全生产全面负责。爆破施工前，项目部招聘了6名员工，并立即由专职安全员进行培训，考核合格后安排从事爆破作业。同时严格实行安全技术交底制度和上下班交接制度，严防安全事故的发生。

隧道明洞施工工序：①明洞路堑土石方开挖；②边、仰坡开挖及加固；③修筑坡顶排水系统；④修筑明洞；⑤回填。

问题：

1. 按地质条件和按地形划分，背景资料中所述的隧道分别属于哪种隧道？按长度划分，左右隧道分别属于哪种隧道？
2. 说明爆破方案中所述两种炮眼的名称。应先起爆哪种炮眼？说明理由。
3. 指出项目部在爆破施工安全管理方面的不当之处，并提出正确做法。
4. 该隧道宜采用何种排水方式？说明理由。
5. 指出明洞施工工序中应放在首位的工序，并说明理由。

案例(四)

背景资料

某高速公路隧道为双向四车道分离式隧道,隧道右线长1618m,左线长1616m。设计净空宽度10.8m,净空高度6.6m,设计车速80km/h。该隧道围岩主要为Ⅳ级。采用复合式衬砌,衬砌断面设计如图1所示。

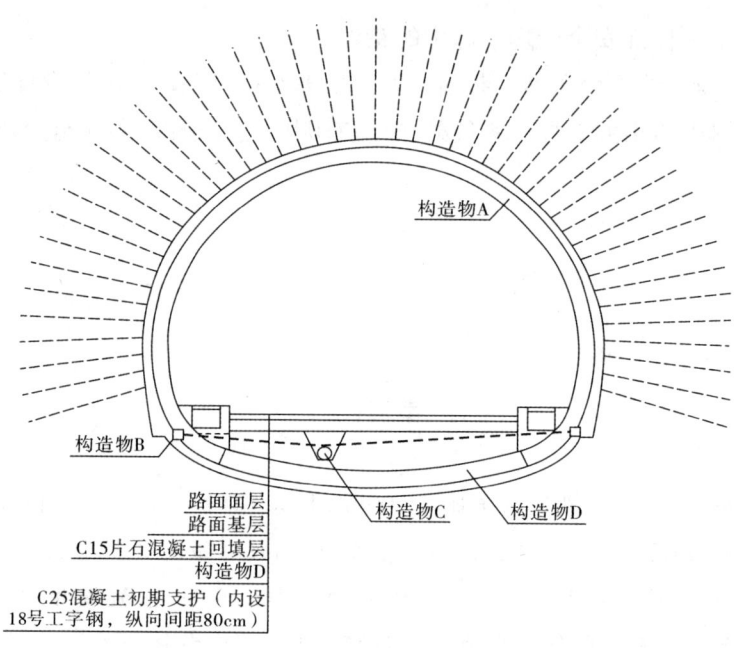

图1 复合式衬砌断面示意图

隧道穿越岩溶区,地表水、地下水丰富,开挖过程中发现不同程度的渗水和涌水。为保证隧道施工安全,施工单位对隧道渗水和涌水采用超前小导管预注浆进行止水处理,注浆工艺流程如图2所示。

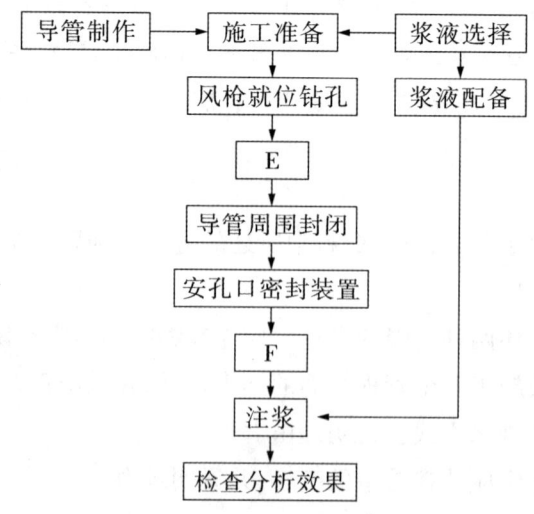

图2 注浆工艺流程图

隧道采用台阶法开挖。施工单位做法如下：

(1) 上台阶开挖，掌子面距初期支护距离为 3m；

(2) 下台阶开挖，掌子面距初期支护距离为 4m；

(3) 仰拱每循环开挖长度为 3m；

(4) 仰拱与掌子面的距离为 120m；

(5) 下台阶在上台阶喷射混凝土强度达到设计强度的 70% 后开挖。

问题：

1. 按隧道断面形状，该隧道的洞身属于哪一类型？该类型适用条件是什么？
2. 写出图 1 中构造物 A、B、C、D 的名称。
3. 写出图 2 中工序 E、F 的名称。
4. 除背景中所采用的隧道涌水处理方法外，还可能需要选择哪些辅助施工方法？
5. 逐条判断施工单位台阶法开挖做法是否正确。

案例（五）

背景资料

某施工单位承接了一座一级公路隧道，该隧道为双向 4 车道，设计净高 5m，净宽 24m，总长 686m，穿越的岩层含有少量煤层，裂隙发育，设计采用新奥法施工。隧道围岩为较软岩或软硬岩互层，且以软岩为主，岩体较完整－较破碎，中薄层状结构，属于Ⅳ级围岩，采用超前小导管（注浆）和超前锚杆加固围岩，采用短台阶法分部开挖。施工顺序如下图所示。

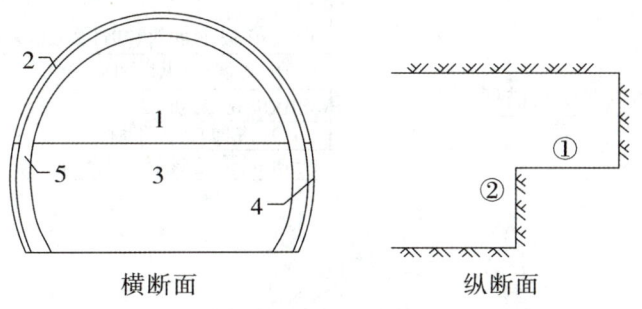

台阶开挖法示意图

事件一：隧道爆破作业安全要求。

洞内爆破必须统一指挥，必须经过专业培训才能进行作业。爆破作业和爆破器材管理人员必须穿防静电服装。装炮时，应使用木质炮棍装药，严禁火种。为防止点炮时发生照明中断，爆破工应随身携带手电筒，禁止用明火照明。点炮前，无关人员与机具均应撤至安全地点。

爆破员实行"一炮三检"制度,放炮员最后离场,班组长清点人数,发出警告5s后方可引爆。

爆破后必须经过15min通风排烟后,检查人员方可进入工作面,检查有关"盲炮"及可疑现象,有无残余炸药和雷管,顶板两旁有无松动石块、危岩,支护有无损坏与变形。在妥善处理并确认无误后,其他施工人员方可进入工作面。

事件二:隧道施工通风、防尘及有害气体要求:隧道施工通风纳入工序管理,由专人负责;作业过程中,采用纯氧通风换气;隧道内存在矽尘的作业场所,定期进行取样分析空气成分、测定粉尘浓度;隧道作业人员应配备个人劳动保护用品。

问题:

1. 该隧道是否要编制专项施工方案?说明理由。
2. 台阶法开挖示意图中的1、2、3、4、5各是指什么施工工序?
3. 改正背景中施工单位安全管理的错误。"一炮三检"制度的内容是什么?
4. 补充超前支护的措施。

案例(六)

背景资料

某隧道为上、下行双线四车道隧道,其中左线长858m,右线长862m,隧道最大埋深98m,净空宽度9.64m,净空高度6.88m,设计车速为100km/h。其中YK9+928~YK10+004段为Ⅴ级围岩,采用环形开挖预留核心土法施工,开挖进尺为3m。该隧道复合式衬砌横断面示意图如下图所示,采用喷锚网联合支护形式,结合超前小导管作为超前支护措施,二次衬砌采用灌注混凝土,初期支护与二次衬砌之间设防水层。

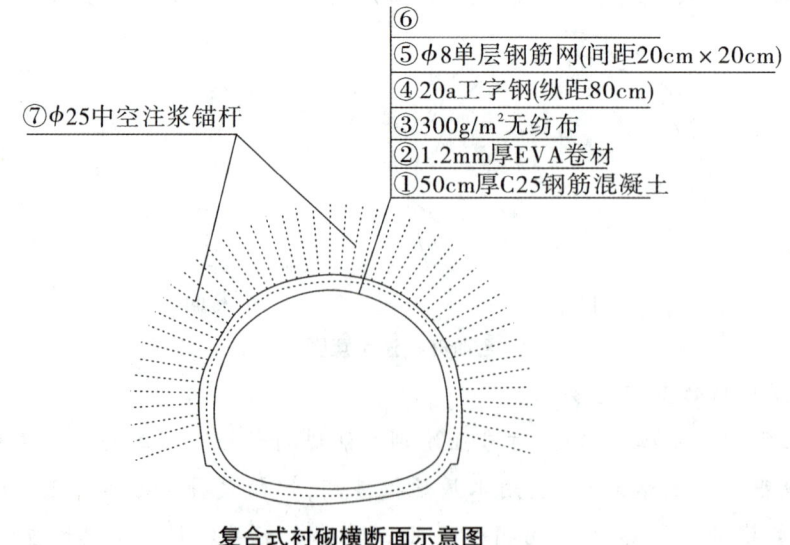

复合式衬砌横断面示意图

在一个模筑段长度内灌注边墙混凝土时,施工单位为施工方便,先灌注完左侧边墙混凝土,再灌注右侧边墙混凝土。

问题:

1. 指出环形开挖预留核心土法施工中的错误之处,并改正。
2. 根据上图,写出结构层⑥的名称,并写出初期支护、防水层、二次衬砌分别由哪几部分组成?(只需写出相应的编号)
3. 为充分发挥喷锚网联合支护效应,资料中系统锚杆应与哪些支护彼此牢固连接?(只需写出相应的编号)
4. 指出背景资料中边墙灌注施工错误,请写出正确的做法。

参考答案及解析

一、单项选择题

1. B [解析]围岩详细定级时,如遇下列情况之一,应对岩体基本质量指标进行修正:①有地下水;②围岩稳定性受软弱结构面影响,且由一组起控制作用;③存在高初始应力。故选B。

2. B [解析]洞口仰坡坡脚到洞门墙背的水平距离不应小于1.5m,以防仰坡土石掉落到路面上,危及安全。故选B。

3. C [解析]内外墙的基础位移对内力影响较大,所以对地基要求较高,尤其外墙基础必须稳固。故选C。

4. B [解析]棚式明洞由顶盖和内外边墙组成。顶盖通常为梁式结构。内边墙一般采用重力式结构,并置于基岩或稳固的地基上。故选B。

5. C [解析]富水构造破碎带、富水岩溶发育地段、煤系或油气地层、瓦斯发育区、采空区以及重大物探异常地段等地质复杂隧道和水下隧道必须采用超前钻探法预报、评价前方地质情况。故选C。

6. A [解析]位于Ⅳ~Ⅵ级围岩中且覆盖层厚度小于40m的隧道,应进行地表沉降量测。故选A。

7. A [解析]遇到下列情况之一时,应提出预警并分级管理:①支护结构出现开裂,实行Ⅰ级管理。②地表出现开裂、坍塌,实行Ⅰ级管理。③渗水压力或水流量突然增大,实行Ⅱ级管理。④水体颜色或悬着物发生变化,实行Ⅱ级管理。故选A。

8. A [解析]全断面法适用于Ⅰ~Ⅲ级围岩的中小跨度隧道,Ⅳ级围岩中跨度隧道和Ⅰ级围岩大跨度隧道在采用了有效的预加固措施后,也可采用全断面法开挖。故选A。

9. D [解析]双侧壁导坑法适用于浅埋大跨度隧道及地表下沉量要求严格而围岩条件很差的情况。故选D。

10. A [解析]光面爆破顺序:掏槽眼→辅助

眼→周边眼。故选A。

11. C [解析]干喷法因喷射速度大、粉尘污染及回弹情况较严重,隧道内喷射混凝土施工不得采用干喷工艺。湿喷法的粉尘和回弹量少,喷射混凝土的质量容易控制,但对喷射机械要求较高,机械清洗和故障处理较麻烦。目前施工现场湿喷法使用得较多。故选C。

12. B [解析]仰拱衬砌、仰拱回填和垫层施工要求:①仰拱混凝土衬砌应先于拱墙混凝土衬砌施工,超前距离应根据围岩级别、施工机械作业环境要求确定,一般不宜大于拱墙衬砌浇筑循环长度的2倍。②仰拱初期支护喷射混凝土及仰拱填充混凝土不得与仰拱衬砌混凝土一次浇筑。③仰拱衬砌混凝土应整幅一次浇筑成型,不得左右半幅分次浇筑,一次浇筑长度不宜大于5.0m。④仰拱和仰拱填充混凝土应在其强度达到2.5MPa后方可拆模。⑤仰拱、仰拱填充和垫层混凝土浇筑宜采用插入式振捣器振捣密实。⑥仰拱填充和垫层混凝土强度达到设计强度的100%后方可允许运渣车辆通行。故选B。

13. A [解析]Ⅱ级围岩或土体主要定性特征是坚硬岩,岩体较完整,块状或厚层状结构;较坚硬岩,岩体完整,块状整体结构。故选A。

14. D [解析]光面爆破后标准:①开挖轮廓成型规则,岩面平整;②岩面上保存50%以上孔痕,且无明显的爆破裂缝;③爆破后围岩壁上无危石。故选D。

15. C [解析]预裂爆破的分区起爆顺序:周边眼→掏槽眼→辅助眼。故选C。

16. A [解析]防水卷材应与拱背粘贴紧密,接头搭接长度不小于100mm,铺设应自下而上进行,上下层接缝宜错开,不得有通缝。故选A。

17. D [解析]洞门端墙的砌筑与回填应两侧对称进行,不得对衬砌产生偏压。故选D。

18. B [解析]地质调查法适用于各种地质条件隧道超前地质预报,调查内容应包括隧道地表补充地质调查和隧道内地质调查。故选B。

19. D [解析]隧道现场监控量测必测项目有洞内、外观察,周边位移,拱顶下沉,地表下沉。收敛计是用来量测围岩周边位移的。故选D。

20. B [解析]选项A错误,超前锚杆主要适用于地下水较少的软弱破碎围岩的隧道工程中。选项C错误,管棚主要适用于围岩压力来得快、来得大,对围岩变形及地表下沉有较严格限制要求的软弱破碎围岩隧道工程中。选项D错误,小钢管预支护与超前锚杆预支护的适用范围一样。故选B。

21. A [解析]钢拱架与围岩间的空隙难以用喷射混凝土紧密充填,与喷射混凝土黏结也不好,导致钢拱架附近喷射混凝土出现裂缝。故选A。

22. B [解析]隧道衬砌时,在隧道纵向需分段进行,分段长度一般为8～12m。故选B。

23. C [解析]公路隧道围岩一般可分为Ⅰ、Ⅱ、Ⅲ、Ⅳ、Ⅴ、Ⅵ六个级别。其中,Ⅲ级围岩为坚硬岩,岩体较破碎,巨块(石)碎(石)状镶嵌结构;较坚硬岩或较软硬岩层,岩体较完整,块状或中厚层状结构,其基本质量指标为351～450。故选C。

24. D [解析]隧道主洞模筑混凝土衬砌施工宜采用全断面衬砌模板台车。全断面衬砌模板台车支架应有足够的强度和稳定性,便于整体移动、准确就位。故选D。

25. B [解析]锚杆对地下工程的稳定性起着重要的作用,尤其是在节理裂岩体中,锚杆对岩体的加固作用十分明显,具有结构简单、施工方便、成本低和对工程适应性强等特点。故选B。

26. C [解析]隧道由主体构造物和附属构造物两大类组成。主体构造物通常指洞身衬砌和洞门构造物。故选C。

27. B [解析]受地形、地质条件限制,难以修建拱式明洞,或边坡有小量塌落掉块,侧压力较小时,可以采用棚式明洞。故选B。

28. D [解析]地表下沉测量使用的工具为水准仪、铟钢尺、全站仪。故选D。

29. B [解析]测点应距开挖面2m的范围内尽快安设,并应保证爆破后24h内或下一次爆破前测读初次读数。故选B。

30. C [解析]当位移-时间曲线出现反弯点时,则表明围岩和支护已呈不稳定状态,此时应密切监视围岩动态,并加强支护,必要时暂停开挖。故选C。

31. B [解析]拱背回填应对称分层夯实,每层厚度不得大于0.3m,两侧回填高差不得大于0.5m,回填至拱顶以上1.0m后,方可采用机械碾压。故选B。

32. C [解析]模筑混凝土养护要求:①混凝土养护时间不得少于7天。②掺加引气剂或引气型减水剂时,混凝土养护时间不得少于14天。③隧道内空气湿度不小于90%时,可不进行洒水养护。故选C。

33. A [解析]隧道施工有平行导坑或横洞时,应充分利用辅助坑道排水,降低正洞水位,使正洞水流通过辅助坑道引出洞外。必要时应设置永久排水沟,使坑道封闭后能保持水流畅通。故选A。

34. C [解析]隧道初期支护包括喷射混凝土、锚杆、钢支撑和锚喷支护。故选C。

35. A [解析]仰拱以上的混凝土或片石混凝土应在仰拱混凝土达到设计强度的70%后施工。故选A。

36. B [解析]仰拱与掌子面的距离,Ⅲ级围岩不得超过90m,Ⅳ级围岩不得超过50m,Ⅴ级及以上围岩不得超过40m。故选B。

37. C [解析]隧道防水应提高混凝土自防水性能,当防水混凝土处于侵蚀性介质中时,其耐侵蚀系数不应小于0.8。当防水混凝土处于冻害地区时,其抗渗等级应适当提高。故选C。

38. C [解析]设计时应根据围岩级别、性状、结构等地质情况,正确选取衬砌形式及衬砌厚度,确保衬砌具有足够的承载能力。故选C。

39. C [解析]洞内涌水或地下水位较高时,可采用的防排水方法有井点降水法、深井降水法。故选C。

40. A [解析]拱式明洞是主要由顶拱和内外边墙组成的混凝土或钢筋混凝土结构,整体性较好,能承受较大的垂直压力和侧压力。故选A。

41. D [解析]局部超挖,超挖量不超过200mm时,宜采用喷射混凝土回填密实。故选D。

42. C [解析]隧道发生衬砌裂缝的原因主要有围岩压力不均、衬砌背后局部空洞、衬砌厚度严重不足、混凝土收缩、不均匀沉降及施工管理等。选项C是预防措施。故选C。

43. C [解析]隧道照明,成洞段和不作业地段可用220V,瓦斯地段不得超过110V,一般作业地段不宜大于36V,手提作业灯为12~24V。故选C。

二、多项选择题

1. AB [解析]隧道围岩分级时,根据岩石的坚硬程度与岩体完整程度两个基本因素的定性特征和定量的岩体基本质量指标BQ,综合进行初步分级。故选AB。

2. ACD [解析]洞门类型有端墙式洞门、翼墙式洞门、环框式洞门、柱式洞门、台阶式洞门、削竹式洞门、遮光式洞门等。故选ACD。

3. ABCD [解析]超前地质预报应包括(但不限于)以下内容:①地层岩性,重点为软弱夹层、破碎地层、煤层及特殊岩土等。②地质构造,重点为对断层、节理密集带、褶皱轴等影响岩体完整性的构造发育情况。③不良地质,特别是溶洞、暗河、人为坑洞、放射性、有害气体、高地应力等发育情况。④地下水,特别是对岩溶管道水、富水断层、富水褶皱轴及富水地层。故选ABCD。

4. ABC [解析]量测部位和测点布置,应根据地质条件、量测项目和施工方法等确定。测点应距开挖面2m的范围内尽快安设,并应保证爆破后24h内或下一次爆破前测读初次读数。故选ABC。

5. ABC [解析]隧道洞身类型按隧道断面形状分为曲墙式、直墙式和连拱式等。故选ABC。

6. AB [解析]选项A错误,周边眼的作用是爆破后使坑道断面达到设计的形状和规格。选项B错误,辅助眼的作用是进一步扩大掏槽体积和增大爆破量。故选AB。

7. ABDE [解析]物理勘探法适用于长、特长隧道或地质条件复杂隧道的超前地质预报,主要方法包括弹性波反射法、地质雷达法、陆地声呐法、红外探测法、瞬变电磁法、高分辨直流电法。故选ABDE。

8. BCD [解析]必测项目有洞内、外观察,周边位移,拱顶下沉,地表下沉。故选BCD。

9. ABCE [解析]隧道施工监控量测资料整理应包括下列内容,并纳入交竣工文件:①现场监控量测计划。②实际测点布置图。③现场监控量测说明。④变更设计和改变施工方法地段的信息反馈记录。⑤围岩和支护位移-时间曲线图、空间关系曲线图,以及监控量测记录汇总表。故选ABCE。

10. ABC [解析]隧道监控量测计划应根据隧道的围岩条件、支护类型和参数、施工方法以及所确定的量测目的进行编制。故选ABC。

11. BD [解析]监控量测的目的包括掌握围岩和支护的动态信息并及时反馈,指导施工作业;通过对围岩和支护的变位、应力的量测,为修改设计提供依据。故选BD。

12. BC [解析]隧道开挖后宜选用断面仪或激光投影仪直接测定开挖面积,并绘制断面图。故选BC。

13. ACD [解析]隧道水害的成因包括:①隧道穿过含水层的地层;②隧道衬砌防水及排水设施不完善。故选ACD。

14. ABCE [解析]选项D错误,水平钻孔钻到预期的深度尚未出水时,可会同设计单位进一步进行地质和水文的勘测工作,重新判定地下水情况。故选ABCE。

15. ABCD [解析]拱式明洞可分为路堑对称型、路堑偏压型、半路堑偏压型和半路堑单压型。故选ABCD。

16. ABCE [解析]洞身构造分为一次衬砌和二次衬砌、防排水构造、内装饰、顶棚及路面等。故选ABCE。

17. ABD [解析]选项C错误,防水板应无钉铺设,并留有余量,防水板与初期支护或岩面应密贴。选项 E 错误,中心排水管(沟)设在仰拱下时,应和仰拱、底板同步施工。故选 ABD。

三、实务操作和案例分析题

案例(一)

1.(1)需要编制专项施工方案。理由:本项目隧道属于不良地质隧道,根据规范规定,需要编制专项施工方案。

(2)需要专家论证、审查。理由:本项目隧道总长为 249m,且全部为 V 级围岩。根据规范规定,V 级围岩占总隧道长度超过 10% 以上,且连续长度超过 100m,因此需要专家论证。

2. 盖挖法相较于明挖法的优点体现在:
①盖挖法对边坡生态、稳定性影响较小(规避滑坡危险)。
②盖挖法受地面条件限制小。
③施工受气候影响小。
④可以缩短工期。
⑤开挖工程量小。

3. ①填筑层 A 为黏土,作用:隔水。
②设施 B 为锁脚锚杆,作用:控制护拱变形,加固围岩。

4. 工序 C 为周边截、排水设施施工;工序 D 为护拱顶部回填(碎石土)施工。

5. 施工单位做法错误。理由:将明挖改成盖挖,属于工程设计方案和施工方案发生重大变化,根据规范规定,应重新进行评估。

6. 费用变化项:④增加;⑤增加;⑥增加;⑦减少。

案例(二)

1. 改正:全断面开挖法具有较大的工作空间、较大的断面进尺比,每次爆破震动强度较大。

2.(1)本项目施工监控量测的必测项目还有周边位移、拱顶下沉。

(2)隧道监控量测时出现冒顶塌方的危险信号有量测数据有不正常变化(或突变)、洞内或地表位移大于允许位移值、洞内或地表出现裂缝,以及喷层出现异常裂缝。

3. 错误之处一:电钻工应戴棉纱手套。
改正:电钻工应戴绝缘手套。
错误之处二:炸药和雷管分别装在带盖的容器内用汽车一起运送。
改正:炸药与雷管必须分开运送。
错误之处三:隧道开挖及衬砌作业地段的照明电器电压为 110~220V。
改正:隧道开挖及衬砌地段的照明电压为 12~36V。
错误之处四:通风设施由专职安全员兼管。
改正:通风设施应由专人管理。

4.(1)油浸变压器安装前应检查油箱密封情况,做油的绝缘测试,并注以合格油。

(2)电缆敷设原则错误。
改正:电缆在沟内敷设应遵循"低压在下、高压在上"的原则。

5. 除背景资料中给出的监控子系统外,还应有火灾报警子系统、隧道通风控制子系统、紧急电话子系统、专用车辆监视子系统。

案例(三)

1.(1)按地质条件划分,背景资料中所述的隧道属于岩石隧道。

按地形划分,背景中所述的隧道属于山岭隧道。

(2)按长度划分,左隧道属于长隧道,右隧道属于中隧道。

2.(1)开挖面上适当部位掏出小型槽口(炮眼)是掏槽眼;沿着设计轮廓线布置的另一种炮眼是周边眼。

(2)应先起爆掏槽眼。理由:光面爆破的分区起爆顺序为掏槽眼→辅助眼→周边眼。

3. 不当之处一:由专职安全员对隧道的安全生产全面负责。
   正确做法:由项目经理对隧道的安全生产全面负责。
   不当之处二:招聘了6名员工,并立即由专职安全员进行培训,考核合格后安排从事爆破作业。
   正确做法:应由经过专业培训且持有爆破操作合格证的专业人员从事爆破作业。

4. 宜采用水沟(或排水沟,或沟槽,或明沟,或边沟)自然排水。
   理由:隧道设置了人字坡(或纵向设坡,可以顺坡排水)。

5. 明洞施工工序中应放在首位的工序是修筑坡顶排水系统。
   理由:修筑坡顶排水系统是隧洞进洞前常规的洞口处理,防止冲刷边坡。

案例(四)

1. (1)属于曲墙式。
   (2)适用于地质条件差、需承受较大围岩水平压力的情况。

2. A是二次衬砌;B是排水盲沟;C是中心排水管沟;D是仰拱。

3. E是安装导管;F是注浆管路安装。

4. 还可以选择超前钻孔或辅助坑道排水;超前围岩预注浆堵水;井点降水;深井降水。

5. (1)错误。
   (2)错误。
   (3)正确。
   (4)错误。
   (5)正确。

案例(五)

1. 需要编制专项施工方案。
   理由:该隧道为Ⅳ级软弱围岩,隧道跨度为24m的特大跨度隧道。因为Ⅳ级及以上软弱围岩地段跨度不小于18m的特大跨度隧道需要编制专项施工方案,并组织专家论证。

2. 1—上台阶开挖;2—上台阶初期支护;3—下台阶开挖;4—下台阶初期支护;5—全断面二次衬砌。

3. (1)改正:
   ①洞内爆破必须统一指挥,并且经过专业培训且持有爆破操作合格证的专业人员进行作业。
   ②作业过程中,不得采用纯氧通风换气。
   (2)"一炮三检"制度的内容是在装药前、爆破前和爆破后检测瓦斯与二氧化碳的浓度并记录。

4. 超前支护措施还包括管棚、预注浆加固围岩。

案例(六)

1. 错误之处:采用环形开挖预留核心土法施工,开挖进尺为3m。
   改正:开挖进尺应为0.5~1.0m,确保施工安全。

2. (1)⑥:喷射混凝土。
   (2)初期支护:④⑤⑥⑦;防水层:②③;二次衬砌:①。

3. 系统锚杆应与④⑤彼此牢固连接。

4. 灌注边墙混凝土时的正确做法:两侧混凝土保持分层、对称、均匀上升。

第 5 章　交通工程

考情分析

本章一共有 2 个专题,内容比较独立。本章主要考查交通安全设施及监控和照明系统。从历年考题情况来看,多数以选择题的方式考查,本章近 3 年分值均不高,复习时可以作为次重点通读理解。

扫码领取本章视频课程

近 3 年考试真题分值统计表　　　　　　　　　　（单位:分）

序号	专题名	2022			2021（2）			2021（1）			2020		
		单选	多选	案例	单选	多选	案例	单选	多选	案例	单选	多选	案例
1	交通安全设施	1	2	—	1	2	—	—	2	—	—	2	6
2	监控和照明系统	—	—	—	—	—	—	—	—	—	1	—	—
	合计	1	2	—	1	2	—	—	2	—	1	2	6

思维导图

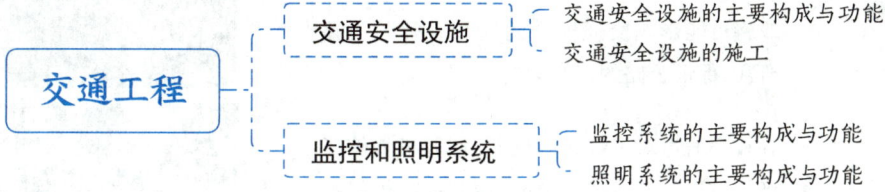

核心考点

专题 1　交通安全设施

复习提示 ▷ 本专题的主要内容是交通安全设施的构成与功能和交通安全设施的施工技术要求。历年考题以多选题为主,主要理解并掌握各种交通安全设施的构成与功能。

[考点 1]　交通安全设施的主要构成与功能

交通安全设施的主要构成与功能见下表。

种类	构成与功能	示例图
交通标志	用图形符号、颜色、形状和文字向交通参与者传递特定信息,主要起到提示、诱导、指示等作用;主要包括警告标志、禁令标志、指示标志、指路标志、旅游区标志、作业区标志等	

（续表）

种类		构成与功能	示例图
交通标线		主要作用是传递有关道路交通的规则、警告和指引交通。由施画或安装于道路上的各种线条、箭头、文字、图案、立面标记、实体标记、突起路标等构成	
防撞设施	护栏	1. 防止失控车辆越过中央分隔带或在路侧比较危险的路段冲出路基，不致发生二次事故。 2. 吸收能量，减轻事故车辆及人员的损伤程度。 3. 诱导视线	
	防撞筒	1. 警示和减缓冲击。 2. 吸收能量，减轻事故车辆及人员的损伤程度。 3. 诱导视线	
隔离栅		1. 将公路用地隔离出来，防止非法侵占公路用地。 2. 将可能影响交通安全的人和畜等与公路分离，保证公路的正常运营	
轮廓标		在夜间通过对车灯光的反射，使司机能够了解前方道路的线形及走向，使其提前做好准备。结构主要包括附着式、柱式等	
防眩设施		避免对向车辆前照灯造成的眩目影响，保证夜间行车安全。主要分为人造防眩设施（包括防眩板、防眩网等）和绿化防眩设施	
桥梁护网		用于防止杂物落在桥梁下方的道路行车道上，保证行车安全，主要包括钢板网、电焊网、编织网和实体网等	
里程标（碑）、百米标（桩）和公路界碑		属于交通标志的范畴，主要作用是标识出道路里程和公路用地界限	

🌐 精选真题

1. [2016年真题] 下列设施中,不属于交通标志的是( )。

A. 里程标　　　　B. 隔离栅　　　　C. 公路界碑　　　　D. 作业区指示牌

2. [2022年真题] 交通标线由施划或安装于道路上的各种线条、箭头、( )等构成。

A. 文字　　　　　　　　　　　　B. 图案

C. 禁令标志　　　　　　　　　　D. 实体标记

E. 立面标记

3. [2021年真题] 下列交通安全设施中,属于交通标线的有( )。

A. 路面文字标记　　　　　　　　B. 立面标记

C. 实体标记　　　　　　　　　　D. 突起路标

E. 线形诱导标

4. [2021年真题] 下列设施中,属于交通标志的有( )。

A. 警告标志　　　　　　　　　　B. 指示标志

C. 指令标志　　　　　　　　　　D. 提示标志

E. 旅游区标志

5. [2020年真题] 下列交通安全设施中,能起诱导视线作用的有( )。

A. 轮廓标　　　　　　　　　　　B. 隔离栅

C. 护栏　　　　　　　　　　　　D. 突起路标

E. 防撞筒

6. [2019年真题] 护栏的主要作用是防止失控车辆越过中央分隔带或在路侧比较危险的路段冲出路基,不致发生二次事故。护栏还具有的作用有( )。

A. 指示　　　　　　　　　　　　B. 吸收能量

C. 标识公路用地界限　　　　　　D. 减轻事故车辆及人员的损伤程度

E. 诱导视线

7. [2018年真题] 护栏的主要作用有( )。

A. 将公路用地隔离出来,防止非法侵占公路用地

B. 防止失控车辆冲出路基,不致发生二次事故

C. 吸收能量以减轻事故车辆及人员的损伤程度

D. 警示和缓冲

E. 诱导视线

答案:1. B。2. ABDE。3. ABCD。4. ABE。5. ACE。6. BDE。7. BCE。

[考点2] 交通安全设施的施工

1. 交通标志的施工安装要求

(1)在架设标志时,标志面板与车流方向所成角度应满足有关规范和设计的要求,不允许

出现过度偏转或后仰的现象。

（2）门架式标志、悬臂式标志应注意控制标志板下缘至路面的净空。

（3）单柱式标志、双柱式标志的内边缘至土路肩边缘的距离应满足有关规范和设计的要求。

2. 交通标线、突起路标、轮廓标的施工安装要求

种类	施工安装要求
交通标线	1. 在正式开工前应进行实地试画试验。 2. 在正式画标线前，应清理路面，保证路面表面清洁干燥。 3. 在进行画线时，应通过画线机的行驶速度控制好标线厚度。 4. 喷涂施工应在白天进行，雨天、风天、温度低于10℃时应暂时停止施工
突起路标	1. 首先将设置位置的路面清洁干净，然后将环氧树脂均匀涂覆于突起路标的底部，涂覆厚度约为8mm。 2. 突起路标设置高度，顶部不得高出路面25mm。 3. 在降雨、风速过大或温度过高过低时，不应进行施工
轮廓标	1. 所有轮廓标的设置高度应符合图纸要求，同一类型的轮廓标安装高度应一致。 2. 在波形梁护栏上设置轮廓标时，应注意与护栏施工的衔接。 3. 在设置柱式轮廓标时，应注意对排水沟或路肩石的保护

3. 护栏的施工安装要求

（1）波形梁护栏。

①波形梁通过拼接螺栓相互拼接，并由连接螺栓固定于立柱或横梁上。

②护栏板的搭接方向应与行车方向相同。

③波形梁顶面应与道路竖曲线相协调。

（2）混凝土护栏。

①预制混凝土护栏块应采用钢模板。

②每块预制件混凝土必须一次浇筑完成，不得间断。

③就地浇筑的混凝土护栏，可采用湿治养护或塑料薄膜养护。

4. 隔离栅、桥梁护网、公路界碑的施工安装要求

种类	施工安装要求
隔离栅	1. 宜在路基工程完成后尽早实施。 2. 施工时应定出立柱中心线。 3. 隔离栅立柱的埋设应分段进行，先埋设两端的立柱，然后拉线埋设中间立柱。 4. 立柱纵向应在一条直线上。 5. 安装隔离栅网片时，应从立柱端部开始安装

(续表)

种类	施工安装要求
桥梁护网	1. 在安装桥梁护网前,应对设置在桥梁上的有关预埋件进行检查。 2. 应牢固地安装在立柱或支撑上。 3. 金属网应伸展拉紧,整个结构不得扭曲。 4. 桥梁护网应按规定做防雷接地
公路界碑	1. 碑体应垂直,露出地面部分的高度应保持一致。 2. 埋设界碑的回填土应压实,使碑体稳固

5. 防眩设施的施工安装要求

(1)施工前,应确定控制点(如桥梁),在控制点之间测距定位、放样。

(2)要保证遮光角和防眩高度的要求,防眩板的间距必须符合图纸的规定。

(3)防眩板不得出现扭曲、固定不牢固的现象,整体上应达到高低一致。

(4)当防眩设施需附着在其他设施上时,应注意与其他设施的施工进行协调,并保证不对其他设施造成损坏。

🌐 **精选真题**

1.[2022年真题]关于混凝土护栏施工技术要求的说法,正确的是(   )。

A. 预制混凝土护栏块使用的模板,可采用木模板或钢模板

B. 混凝土护栏的安装可从线路两端逐步对称向前推进

C. 在曲线路段,应使护栏布设圆滑

D. 就地浇筑的混凝土护栏,每节护栏构件的混凝土可一次或多次浇筑完成

2.[2021年真题]关于交通标志施工技术要求的说法,正确的是(   )。

A. 加工标志的支撑结构时,钻孔、焊接作业应避免损伤钢材镀锌层

B. 为提高标志的视认性,门架式标志的面板应适当后仰

C. 立柱的长度应根据规范及设计的要求,并结合标志实际设置位置的情况进行确定

D. 路侧单柱式标志的内边缘至硬路肩边缘的距离应满足规范和设计的要求

3.[2021年真题]关于防眩措施施工安装要求的说法,正确的是(   )。

A. 防眩设施安装高度的允许偏差为±20mm

B. 施工前,应确定控制点,在控制点之间测距定位、放样

C. 防眩板的间距不得大于60cm

D. 防眩措施不得附着于其他设施上

4.[2019年真题]关于标线施工技术要求的说法,错误的是(   )。

A. 标线工程正式开工前,应进行标线车自动行驶试验

B. 在正式画标线前,应保证路面表面清洁干燥

C. 应根据设计图纸进行放样

D.通过画线机的行驶速度控制标线厚度

答案:1.C。

2.C。选项 A 错误,在加工标志的支撑结构时,应保证钻孔、焊接等加工在钢材镀锌之前完成。选项 B 错误,在架设标志时,标志面板与车流方向所成角度应满足有关规范和设计的要求,不允许出现过度偏转或后仰的现象。选项 D 错误,单柱式标志的内边缘至土路肩边缘的距离应满足有关规范和设计的要求。

3.B。

4.A。在标线工程正式开工前,应进行实地试画试验。

专题 2　监控和照明系统

复习提示▷本专题内容主要是监控和照明系统的功能。相对来说分值较低,理解记忆即可,无须花费过多时间在本专题中。

[考点 1]　监控系统的主要构成与功能

监控系统包括九个子系统:交通信号监控子系统、视频监控子系统、调度(指令)电话子系统、火灾自动报警子系统、隧道通风控制子系统、隧道照明控制子系统、电力监控子系统、隧道紧急电话子系统、隧道广播子系统。九个子系统之间并不独立,相互之间需要交换信息,有机地构成一个系统。

主要子系统的构成与功能见下表。

分类	构成与功能	示例图
交通信号监控子系统	1.构成:由监控分中心和监控节点(若有的话)的计算机系统、监控外场设备、传输通道等组成。 2.功能:交通信号监控系统是高速公路监控系统的主要系统	
视频监控子系统	1.构成:由沿线、隧道、桥梁等地设置的遥控及固定摄像机及编码设备,传输通道以及监控分中心的视频监视、管理、存储等设备组成。 2.功能:调看所管辖范围内的视频图像;了解摄像机覆盖区的交通运行情况;对交通事故现场的视频图像进行取证等	
火灾自动报警子系统	1.构成:由自动报警和人工手动报警两个系统合成。 2.功能:隧道发生火灾时,自动或人工发出紧急信号,迅速通知监控室或监控分中心,及时进行灭火	

(续表)

分类	构成与功能	示例图
隧道通风控制子系统	1.构成:由监控分中心工作站、隧道本地控制器、风机、一氧化碳/透过率检测器、风速风向检测器以及传输通道等组成。 2.进行隧道通风,保证隧道运行环境的舒适性及安全性	
隧道照明控制子系统	1.由分中心服务器、工作站、本地控制器、光强检测器、隧道照明设备及传输通道等构成。 2.功能:此系统能避免隧道黑洞效应,使驾驶员适应隧道内外的亮度差,保证行车安全;也能根据洞外的照度变化、交通量的变化对洞内照明强度进行调节,节约用电,降低运营费用	

[考点 2] 照明系统的主要构成与功能

1.照明系统的构成

公路照明系统一般由低压电源线、配电箱(包括低压开关)、低压配电线、灯杆、光源和灯具组成。照明方式可以分为一般照明、局部照明和混合照明;照明种类可以分为正常照明和应急照明。

2.照明系统的功能

(1)保证行车安全,减少交通事故。

(2)为收费、监控、通信服务设施及运营管理提供必要的工作照明和应急照明。

(3)具有随白天、黑夜或日光照度的变化对照明进行调节的功能,以节约能源和降低运营成本。

◈ 精选真题

1.[2020年真题]设置隧道照明系统能避免隧道黑洞效应,使驾驶员适应隧道内外的(　　)。

A.视距差　　　　B.视角差　　　　C.视线差　　　　D.亮度差

2.[2018年真题]隧道通风控制系统中,控制风机运转所依据的环境数据主要是(　　)含量。

A.O_2　　　　B.CO　　　　C.CO_2　　　　D.SO_2

3.[2017年真题]隧道照明控制系统对洞内照明强度调节的主要依据是(　　)。

A.洞外的照度和噪声值变化　　　　B.洞外的照度和交通量变化

C.洞内粉尘含量和交通量变化　　　　D.洞外的照度和粉尘含量变化

4.[2017年真题]隧道通风控制系统是根据(　　)检测到的环境数据、交通量数据等控制风机的运转进行通风。

A.一氧化碳检测器　　　　B.噪声检测器

C.透过率检测器　　　　D.湿度检测器

E.温度检测器

答案:1.D。2.B。3.B。4.AC。

强化练习

一、单项选择题

1. 防止失控车辆越过中央分隔带或在路侧比较危险的路段冲出路基,不致发生二次事故,应设置( )。
   A. 防眩板　　　　B. 护栏
   C. 隔离栅　　　　D. 公路界碑

2. 防撞设施主要包括( )和防撞筒等。
   A. 防眩网　　　　B. 轮廓标
   C. 护栏　　　　　D. 钢板网

3. 标线施工时,喷涂施工应在白天进行,雨天、风天、温度低于( )℃时应暂时停止施工。
   A. -5　　　　　　B. 0
   C. 5　　　　　　 D. 10

4. 预制混凝土护栏块使用的模板应采用( )。
   A. 木模板　　　　B. 钢模板
   C. 竹模板　　　　D. 塑料模板

5. 隔离栅宜在( )工程完成后尽早实施。
   A. 路基　　　　　B. 路面面层
   C. 基层　　　　　D. 护栏

6. 监控系统按其功能可以分为( )个子系统。
   A. 九　　　　　　B. 十
   C. 十二　　　　　D. 十五

7. 公路照明系统按照明种类不同可分为( )。
   A. 一般照明和局部照明
   B. 局部照明和混合照明
   C. 混合照明和一般照明
   D. 正常照明和应急照明

8. 公路照明系统由低压电源线、低压配电线、灯杆、光源和灯具及( )组成。
   A. 开关　　　　　B. 熔断器
   C. 配电箱　　　　D. 中继器箱

9. 下列不属于交通安全设施的是( )。
   A. 交通标志　　　B. 交通标线
   C. 自动报警　　　D. 隔离栅

10. 防眩设施的主要作用是( )。
    A. 诱导视线
    B. 提示、诱导、指示
    C. 避免对向车辆前照灯造成的眩目影响
    D. 引导交通

11. 主要作用是在夜间通过对汽车灯光的反射,使司机了解前方道路的线形及走向的交通设施是( )。
    A. 轮廓标　　　　B. 禁令标志
    C. 路面箭头　　　D. 警告标志

12. 关于公路照明系统的功能的说法,错误的是( )。
    A. 保证行车安全
    B. 提供必要的工作照明和应急照明
    C. 具有随白天、黑夜的变化对照明进行调节的功能
    D. 自动发现线路故障点

13. 监控信息发布的被控场外对象包括可变信息标志、交通信号灯、车道指示标志、( )以及其他可能控制交通的设施。
    A. 道路施工安全标志
    B. 指路标志
    C. 旅游区标志
    D. 可变限速标志

14. 交通标线是主要的交通安全设施之一,其主要作用是管制和引导交通。下列设施属于交通标线的是( )。

A. 指路标志 B. 指示标志
C. 实体标记 D. 轮廓标

15. 关于隔离栅作用的说法,正确的是( )。
    A. 防止失控车辆冲出路基
    B. 吸收能量,减轻事故车辆及人员的损伤程度
    C. 防止非法侵占公路用地
    D. 起到诱导视线的作用

16. 关于隔离栅、桥梁护网施工安装要求的说法,错误的是( )。
    A. 隔离栅立柱的埋设应分段进行,先拉线埋设中间立柱,然后埋设两端的立柱
    B. 立柱纵向应在一条直线上,不得出现参差不齐的现象
    C. 安装隔离栅网片时,应从立柱端部开始安装
    D. 安装桥梁护网前,应对桥梁预埋件进行检查

17. 关于隧道火灾报警系统的说法,错误的是( )。
    A. 火灾报警系统由人工和自动报警两个系统合成,是保障隧道安全运行系统中的一个重要子系统
    B. 自动报警系统由洞内火灾自动检测设备、监控分中心(监控所)的火灾报警控制器以及传输通道等组成
    C. 火灾报警系统用于隧道及变电所等发生火灾时,人工发出紧急信号,迅速通告监控室或监控分中心
    D. 人工手动报警系统与自动报警系统的构成相似,通常是在隧道内每60m间距的消防洞处设一个手动报警按钮

18. 一条路的交通信号监控系统由监控分中心和控制节点的计算机系统、外场设备以及( )等组成。
    A. 局域网 B. 交换机
    C. 可变信息标志 D. 传输通道

19. 下列不属于高速公路监控系统子系统的是( )。
    A. 视频监控系统
    B. 火灾报警系统
    C. 收费视频监视系统
    D. 调度电话系统

20. 里程标(碑)、百米标(桩)和公路界碑的主要作用是( )。
    A. 标识出道路里程和公路用地界限
    B. 诱导视线
    C. 防止杂物落在桥梁下方的道路行车道
    D. 避免对向车灯造成的眩光

21. 隧道通风控制系统是根据一氧化碳及( )检测到的环境及交通量信息等控制风机的运转。
    A. 温度检测器 B. 压力检测器
    C. 风速风向检测器 D. 亮度检测器

22. 隧道照明控制系统能根据交通量的变化及( )对洞内照明强度进行调节。
    A. 电源电压变化 B. 风速的变化
    C. 洞外照度的变化 D. 温、湿度的变化

23. 下列设施中,不属于交通标线的是( )。
    A. 立面标记 B. 突起路标
    C. 公路界碑 D. 道路上的箭头

24. 关于突起路标施工安装要求的说法,错误的是( )。
    A. 将环氧树脂均匀涂覆于突起路标的底部,涂覆厚度约为8mm
    B. 突起路标设置高度,顶部不得高出路面30mm
    C. 环氧树脂凝固前对突起路标不得扰动

D. 降雨、风速过大或温度过高过低时，不应进行施工

25. 关于隧道视频监控系统功能的说法，错误的是( )。
   A. 选择与控制功能
   B. 具有视频图像录像、检索、回放功能
   C. 具有视频图像配置及管理功能
   D. 减轻隧道设施的破坏和损失的功能

二、多项选择题

1. 下列交通安全设施中，属于交通标志的有( )。
   A. 禁令标志
   B. 旅游区标志
   C. 里程标
   D. 线形诱导标
   E. 道路施工安全标志

2. 防撞筒的主要作用有( )。
   A. 防止非法侵占公路用地
   B. 警示和减缓冲击
   C. 诱导视线
   D. 减轻事故车辆及人员的损伤程度
   E. 吸收能量

3. 标线应暂时停止喷涂施工的天气状况有( )。
   A. 夜间
   B. 雨天
   C. 风天
   D. 温度高于10℃时的白天
   E. 温度低于10℃时的白天

4. 能标识出道路里程和用地界限的交通设施有( )。
   A. 交通标线
   B. 里程标
   C. 百米桩
   D. 公路界碑
   E. 防眩设施

5. 下列设施中，属于交通安全设施的是( )。
   A. 交通标志
   B. 交通标线
   C. 交通信号监控
   D. 安全报警装置
   E. 里程碑

6. 交通标志主要包括( )等。
   A. 警告标志
   B. 禁令标志
   C. 指令标志
   D. 旅游区标志
   E. 指路标志

7. 照明系统的功能有( )。
   A. 保证行车安全，减少交通事故
   B. 为运营管理提供正常运行、维护、管理必要的工作照明和应急照明
   C. 用于发生交通事件等紧急情况进行呼救求援的主要手段
   D. 具有随日光照度的变化对照明进行调节控制，以节约能源和降低运营费用
   E. 自动发现线路故障点

8. 防眩设施主要分为( )。
   A. 人造防眩设施
   B. 绿化防眩设施
   C. 自然防眩设施
   D. 机械防眩设施
   E. 防撞桶

9. 隔离栅的作用有( )。
   A. 隔离公路用地
   B. 防止非法占用公路用地
   C. 隔离影响交通安全的人或畜
   D. 保证公路的正常运营
   E. 防止汽车翻越道路

10. 隔离栅包括( )。
    A. 编织网
    B. 刺钢丝网
    C. 钢板网
    D. 焊接网
    E. 电网

11. 传输通道可以使用( )传输。
    A. 高速公路专用通信网
    B. 光端机
    C. 以太网交换机
    D. 光纤组网
    E. 报警系统网

参考答案及解析

一、单项选择题

1. B [解析] 护栏的主要作用是防止失控车辆越过中央分隔带或在路侧比较危险的路段冲出路基,不致发生二次事故。同时,还具有吸收能量、减轻事故车辆及人员的损伤程度,以及诱导视线的作用。故选B。

2. C [解析] 防撞设施主要包括护栏、防撞筒等。故选C。

3. D [解析] 喷涂施工应在白天进行,雨天、风天、温度低于10℃时应暂时停止施工。故选D。

4. B [解析] 预制混凝土护栏块使用的模板,应采用钢模板。故选B。

5. A [解析] 隔离栅宜在路基工程完成后尽早实施。故选A。

6. A [解析] 监控系统按其功能可分为九个子系统。故选A。

7. D [解析] 照明方式可以分为一般照明、局部照明和混合照明;照明种类可以分为正常照明和应急照明。故选D。

8. C [解析] 公路照明系统一般由低压电源线、配电箱(包括低压开关)、低压配电线、灯杆、光源和灯具组成。故选C。

9. C [解析] 交通安全设施主要包括交通标志、交通标线、防撞设施、隔离栅、轮廓标、防眩设施、桥梁护网、里程标、百米标、公路界碑等。故选C。

10. C [解析] 防眩设施的主要作用是避免对向车辆前照灯造成的眩目影响,保证夜间行车安全。故选C。

11. A [解析] 轮廓标的主要作用是在夜间通过对车灯光的反射,使司机能够了解前方道路的线形及走向,使其提前做好准备。故选A。

12. D [解析] 公路照明系统的功能:①保证行车安全,减少交通事故;②为收费、监控、通信、服务设施及运营管理提供必要的工作照明和应急照明;③具有随白天、黑夜或日光照度的变化对照明进行调节的功能。故选D。

13. D [解析] 外场设备包括:车辆检测器、气象检测器、能见度检测器等数据采集装置;可变信息标志、可变限速标志、车道指示标志、信号灯等信息发布装置。故选D。

14. C [解析] 交通标线是由施画或安装于路面上的各种线条、箭头、文字、图案、立面标记、实体标记、突起路标等构成。故选C。

15. C [解析] 隔离栅的主要作用是将公路用地隔离出来,防止非法侵占公路用地的设施,同时将可能影响交通安全的人和畜等与公路分离,保证公路的正常运营。故选C。

16. A [解析] 隔离栅立柱的埋设应分段进行,先埋设两端的立柱,然后拉线埋设中间立柱。故选A。

17. D [解析] 人工手动报警系统与自动报警系统的构成相似,通常是在隧道内每50m间距的消防洞处设一个手动报警按钮(带地址编码),由传输通道将其连接到监控分中心(监控所)的火灾报警控制器。故选D。

18. D [解析] 一条路的交通信号监控系统通常由监控分中心和监控节点(若有的话)的计算机系统、外场设备以及传输通道等组成。故选D。

19. C [解析]监控系统按其功能可分为九个子系统：交通（信号）监控子系统、视频监控子系统、调度电话子系统、火灾自动报警子系统、隧道通风控制子系统、隧道照明控制子系统、电力监控子系统、隧道紧急电话子系统、隧道广播子系统。故选C。

20. A [解析]里程标（碑）、百米标（桩）和公路界碑主要作用是标识出道路里程和公路用地界限。故选A。

21. C [解析]通风控制系统是根据一氧化碳/透过率检测器、风速风向检测器检测到的环境数据、交通量数据等控制风机的运转进行通风，同时控制风机的运行台数、风向、风速、运行时间，实现节能运行和保持风机较佳寿命的控制运行。故选C。

22. C [解析]隧道照明控制系统能根据交通量的变化及洞外照度的变化对洞内照明强度进行调节。故选C。

23. C [解析]交通标线的主要作用是传递有关道路交通的规则、警告和指引交通。它是由施画或安装于道路上的各种线条、箭头、文字、图案、立面标记、实体标记、突起路标等构成的。故选C。

24. B [解析]突起路标设置高度，顶部不得高出路面25mm。故选B。

25. D [解析]视频监控系统的功能：视频图像监视及管理；选择与控制功能；视频图像录像、检索、回放功能；视频图像配置及管理功能；多级联网视频监控功能。故选D。

二、多项选择题

1. ABE [解析]交通标志主要包括警告标志、禁令标志、指示标志、指路标志、旅游区标志、道路施工安全标志等主标志以及附设在主标志下的辅助标志。故选ABE。

2. BCDE [解析]防撞筒主要是起到警示和减缓冲击的作用，同时也有吸收能量、减轻事故车辆及人员的损伤程度、诱导视线的作用。故选BCDE。

3. ABCE [解析]喷涂施工应在白天进行，雨天、风天、温度低于10℃时应暂时停止施工。故选ABCE。

4. BCD [解析]里程标（碑）、百米标（桩）、公路界碑属于交通标志的范畴，主要作用是标识出道路里程和公路用地界限。故选BCD。

5. ABE [解析]交通安全设施主要包括交通标志、交通标线、防撞设施、隔离栅、轮廓标、防眩设施、桥梁护网、里程标、百米标、公路界碑等。故选ABE。

6. ABDE [解析]交通标志是用图形符号、颜色和文字等向交通参与者传递特定信息，用于管理交通的设施，主要起到提示、诱导、指示等作用。它主要包括警告标志、禁令标志、指示标志、指路标志、旅游区标志、作业区标志等主标志以及附设在主标志下的辅助标志。故选ABDE。

7. ABD [解析]照明系统的功能：保证行车安全，减少交通事故；为收费、监控、通信、服务设施及运营管理提供正常运行、维护、管理必要的工作照明和应急照明；具有随白天、黑夜或日光照度的变化对照明进行调节控制的功能，以节约能源和降低运营费用。选项C属于紧急电话系统的功能。照明系统没有自动发现线路故障点的功能。故选ABD。

8. AB [解析]防眩设施的主要作用是避免对向车辆前照灯造成的眩目影响，保证夜间行车安全。防眩设施分为人造防眩设施和绿化防眩设施。故选AB。

9. ABCD [解析]隔离栅的主要作用是将公路用地隔离出来,防止非法侵占公路用地,同时将可能影响交通安全的人和畜与公路分离,保证公路的正常运营。故选ABCD。

10. ABCD [解析]隔离栅包括编织网、钢板网、焊接网、刺钢丝网、隔离墙以及常青绿篱等形式。故选ABCD。

11. ABCD [解析]传输通道可以使用高速公路专用通信网,或者采用光端机、以太网交换机及光纤组网传输。故选ABCD。

第 6 章 公路工程项目施工管理

考情分析

本章是公路工程施工管理部分内容,属于次重点章节。在本章复习中,公路工程施工进度控制、公路工程项目质量管理、公路工程项目安全管理、公路项目施工成本管理、公路工程施工现场临时工程管理、公路工程施工机械设备的使用管理均为考查分值较高的内容,历年来都是考试热门。

扫码领取本章视频课程

整体来讲,公路工程项目施工管理部分的学习方法与技术部分的学习方法不同。对于技术部分,我们需要察看各种施工动画以及施工图片去理解,而管理部分仅仅死记硬背依然不会答题,原因在于管理部分考点内容相对比较集中,不像技术部分考点多而杂。因此,各位考生对于管理部分的学习应多动手做题。

近 3 年考试真题分值统计表 (单位:分)

序号	专题名	2022			2021(2)			2021(1)			2020		
		单选	多选	案例	单选	多选	案例	单选	多选	案例	单选	多选	案例
1	公路工程项目施工组织与部署	—	—	—	1	2	—	—	—	—	—	—	—
2	公路工程施工进度控制	1	2	—	1	—	—	1	—	4	1	—	5
3	公路工程项目技术管理	—	—	3	—	2	—	—	—	—	1	2	3
4	公路工程项目质量管理	1	—	—	—	—	—	—	2	—	1	—	—
5	公路工程项目安全管理	1	2	—	1	—	3	2	—	—	1	—	2
6	公路工程施工合同管理	—	—	—	1	—	—	1	—	—	—	2	—
7	公路项目施工成本管理	—	—	—	—	2	—	—	—	—	—	—	—
8	公路工程造价管理	2	—	8	1	2	—	—	—	—	—	—	8
9	公路工程施工现场临时工程管理	1	2	5	—	—	—	—	—	5	—	2	10
10	公路工程施工机械设备的使用管理	1	—	5	—	—	—	1	—	5	1	—	—
	合计	7	6	21	6	8	3	6	8	14	6	6	28

第6章 公路工程项目施工管理

思维导图

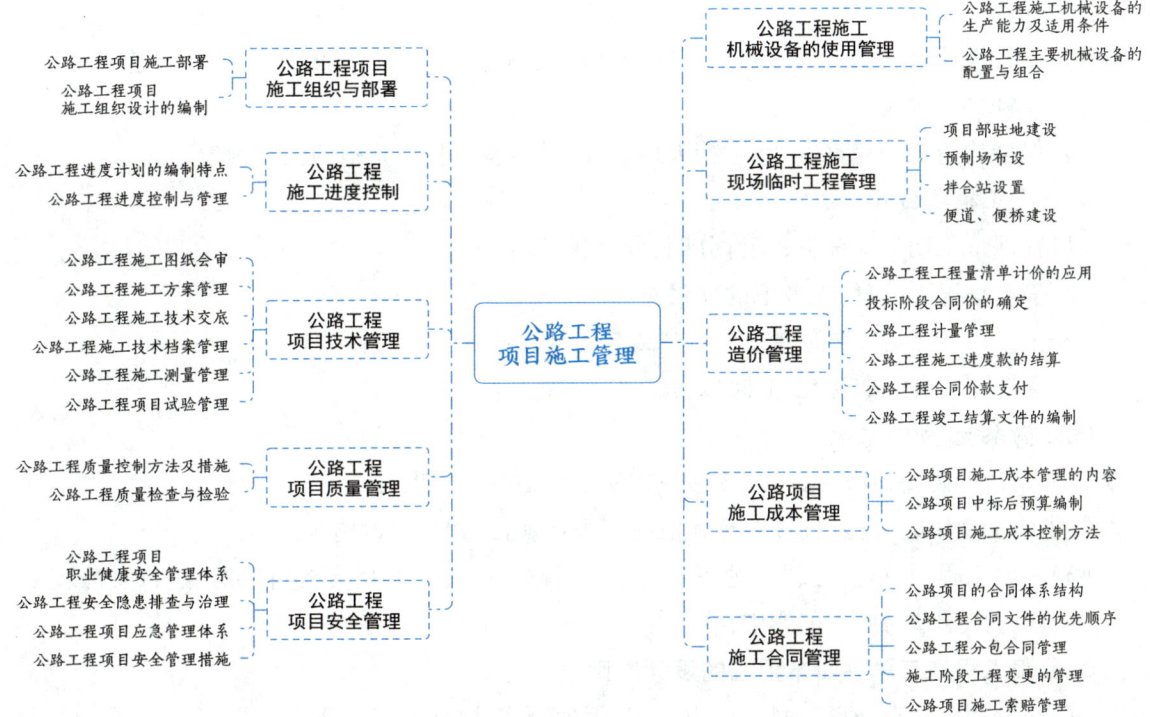

核心考点

专题1 公路工程项目施工组织与部署

复习提示▷ 本专题主要以选择题的形式进行考查,总体来说难度不高,并且近年来考试占比有所上升。本专题重点内容是公路工程施工项目的部署,复习时需进行识记,对非重点内容简单了解即可。

[考点1] 公路工程项目施工部署

1. 施工总体部署

施工总体部署是对建设项目的施工全局做出统筹规划,简明阐述施工条件的创造和施工展开的战略总体思路,使之成为全部施工活动及过程组织的基本框架和纲领。

2. 项目组织机构设置

(1)常用的项目经理部的组织形式有直线式、职能式、直线职能式、矩阵式(大型项目)。

(2)项目经理部是负责施工现场的全面管理工作的一次性、临时性组织机构。

(3)项目经理部实行项目经理负责制;项目经理部代表施工企业对业主全面负责。

3. 施工段落的划分原则

（1）段落的划分不能过小，应适合采用现代化的施工方法和施工工艺。

（2）各段落之间工程量基本平衡。

（3）避免造成段落之间的施工干扰，如施工交通、施工场地、临时用地干扰等。

（4）工程性质相同的地段或施工复杂难度较大而施工技术相同的地段尽可能避免化整为零，以免影响效率、质量。

（5）保持构造物的完整性，除了特大桥之外，尽可能不肢解完整的工程构造物。

4. 确定工程项目开展程序

（1）在保证工期的前提下，实行分期、分批建设。

（2）一般情况下，应优先考虑的项目：

①按生产工艺要求，须先期投入生产或起主导作用的工程项目。

②工程量大、施工难度大、工期长的项目。

③运输系统、动力系统。

④公路运行需要的服务区、收费站等方便施工临时占用项目。

⑤供施工使用的工程项目，以及其他施工服务项目，如临时设施等。

（3）一般工程项目均应按"先地下后地上、先深后浅、先干线后支线"的原则进行安排。

（4）应考虑季节对施工的影响。

5. 公路工程施工总平面布置图的设计原则

（1）充分利用原有地形、地物，少占农田，因地制宜，以降低工程成本。

（2）充分考虑水文、地质、气象等自然条件的影响。

（3）场区规划必须科学、合理。

（4）场内运输形式的选择及线路的布设，应力求使材料直达工地，尽量减少二次倒运和缩短运距。

（5）必须符合安全生产、环保、消防和文明施工的规定和要求。

（6）一切设施和布局，必须满足施工进度、方法、工艺流程、机械设备及科学组织生产的需要。

🌐 精选真题

1.[2021年真题]能作为全部施工活动及过程组织基本框架和纲要的是（　　）。

A. 施工总体部署　　B. 施工组织设计　　C. 专项施工方案　　D. 综合应急预案

2.[2019年真题]公路工程施工项目经理部组织结构模式一般有四种，即直线式、职能式、矩阵式和（　　）。

A. 直线职能式　　B. 顶层设计式　　C. 代建制式　　D. 联合组建式

3.[2019年真题]公路工程施工项目经理部是代表施工企业履行工程承包合同的主体，是最终产品质量责任的承担者，要代表企业对（　　）全面负责。

A. 监理单位　　　　　　　　　　B. 业主

C. 质量监督机构　　　　　　　　D. 交通运输主管部门

4. [2021年真题]确定施工开展顺序时,应优先安排的项目有(　　)。
A. 按生产工艺要求,须先期投入生产的项目
B. 采用新技术、新工艺的项目
C. 施工难度大、工期长的项目
D. 工程量小、周期较短的项目
E. 临时设施等施工辅助项目

答案:1. A。2. A。3. B。4. ACE。

[考点 2] 公路工程项目施工组织设计的编制

1. 公路工程施工组织设计的主要内容

公路工程施工组织设计的主要内容有:①编制说明。②编制依据。③工程概况。④施工总体部署。⑤主要工程项目的施工方案。⑥施工进度计划。⑦各项资源需求计划。⑧施工总平面图设计。⑨大型临时工程。⑩主要分项工程施工工艺。⑪季节性施工技术措施。⑫质量管理与质量控制的保证措施。⑬安全管理与安全保证措施。⑭项目职业健康安全管理措施。⑮环境保护和节能减排的措施及文明施工。⑯本工程需研究的关键技术课题及需进行总结的技术专题。

2. 公路工程施工组织设计的编制流程

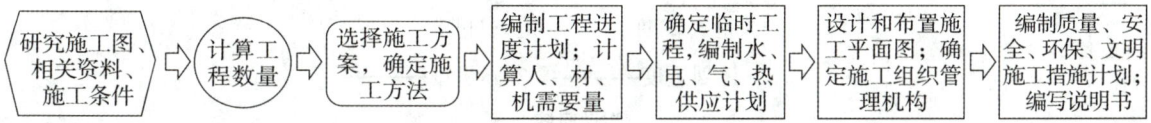

专题2　公路工程施工进度控制

复习提示▷本专题主要介绍了公路工程进度控制中进度计划、施工组织方法以及进度的控制与管理等。本专题需要对比记忆的考点相对较多,结合图文记忆可以加深理解,保证做题的正确率。

[考点 1] 公路工程进度计划的编制特点

1. 项目进度计划的主要形式

形式	横坐标	纵坐标	特点
横道图	时间	各分部(项)工程或工作内容	按一定的先后施工顺序,用带时间比例的水平横线表示对应工作内容持续时间的进度计划图表
"S"曲线	时间	累计完成的工程费用的百分数	实际支付曲线高于计划曲线则实际进度快于计划,否则就慢;曲线本身的斜率也反映进度推进的快慢
垂直图	公路里程或工程位置	时间	斜率越陡进度越慢,斜率越平进度越快
斜率图	时间(月份)	累计完成的工程量的百分数	事实上就是分项工程的"S"形曲(折)线,反映公路工程的施工进度

序号	工作名称	劳动力数量(工)	进度(天)																												
			1	2	3	4	5	6	7	8	9	10	11	12	13	14	15	16	17	18	19	20	21	22	23	24	25	26	27	28	29	30
1	挖槽	75	━	━	━	━	━	━	━	━	━	━	━	━	━	━	━															
2	垫层	30						━	━	━	━	━	━	━	━	━	━	━	━	━	━	━										
3	基础	90										━	━	━	━	━	━	━	━	━	━	━	━	━	━	━	━					
4	回填	30																					━	━	━	━	━	━	━	━	━	━

横道图

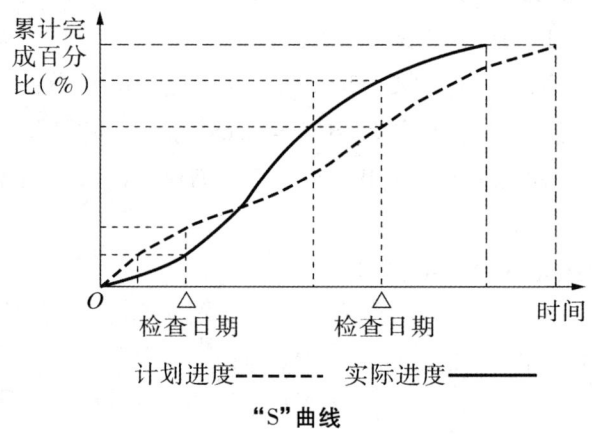

"S"曲线

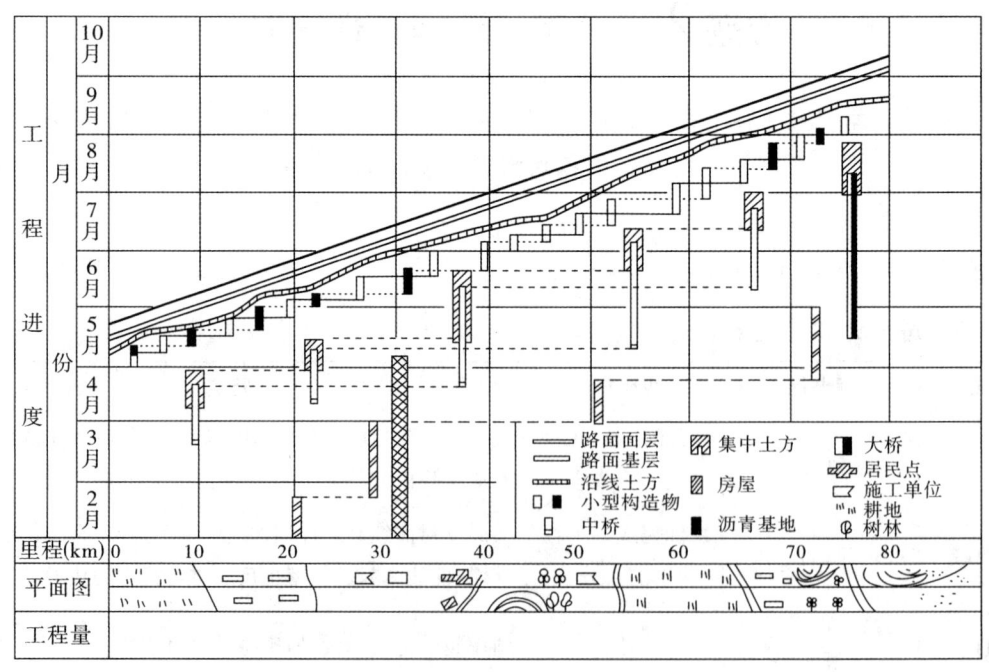

垂直图

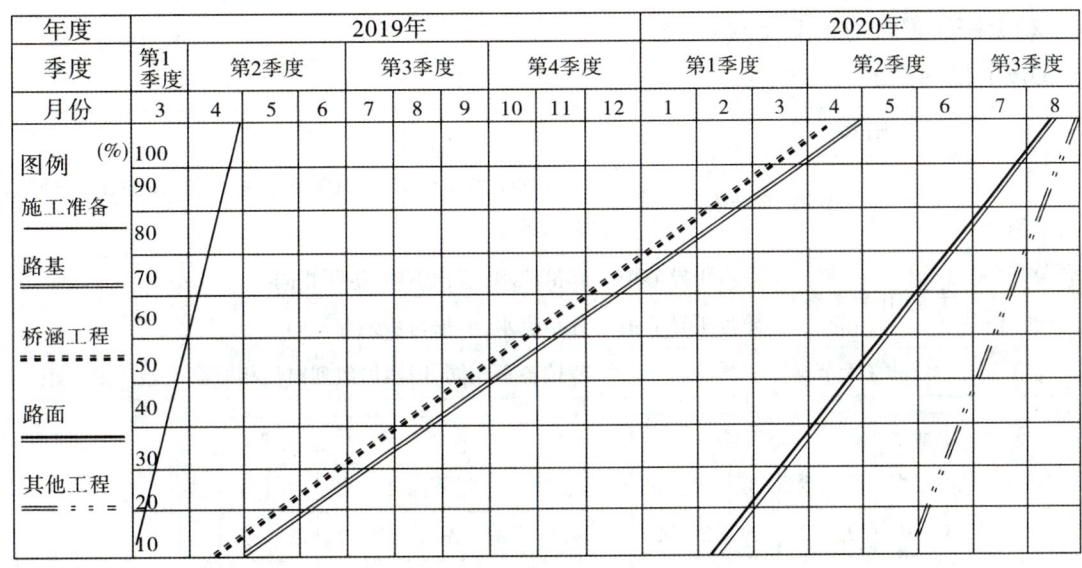

斜率图

2. 公路工程进度管理方法与特点

方法	工期特点	资源投入	组织管理特点	分工特点
顺序作业法（依次作业法）	没有充分利用工作面进行施工，(总)工期较长	每天投入施工的劳动力、材料和机具的种类比较少，有利于资源供应的组织工作	施工现场的组织、管理比较简单	不强调分工协作
平行作业法	充分利用了工作面进行施工，(总)工期较短	每天同时投入施工的劳动力、材料和机具数量较大，材料供应特别集中，所需作业班组很多	各作业面需共用某种资源时，施工现场的组织管理比较复杂、协调工作量大	不强调分工协作
流水作业法	尽可能利用工作面进行施工，工期比较短	每天投入的资源量较为均衡，有利于资源供应的组织工作	需要较强的组织管理能力	必须按工艺专业化原则成立专业作业队

3. 公路常用的流水施工组织

（1）公路流水施工参数。

①工艺参数：施工过程数 n（工序个数）、流水强度 V。

②空间参数：工作面 A、施工段 m、施工层。

③时间参数：流水节拍 t、流水步距 K、技术间歇 Z、组织间歇、搭接时间。

（2）公路工程流水施工分类。

①按节拍的流水施工分类。

分类			特点
有节拍（有节奏）	全等节拍（等节奏）		所有的流水节拍相同，且流水步距＝流水节拍，是理想的流水施工
	异节拍（异节奏）	等步距异节拍	成倍流水，节拍不同，步距相同
		异步距异节拍	分别流水，节拍与步距都不同
无节拍（无节奏）			节拍各不相同，用累加数列错位相减取大差法求步距

施工过程	施工段				
	①	②	③	④	⑤
A	2	2	2	2	2
B	2	2	2	2	2
C	2	2	2	2	2

等节奏示意图

施工过程	施工段				
	①	②	③	④	⑤
A	2	2	2	2	2
B	4	4	4	4	4
C	6	6	6	6	6

等步距异节拍示意图

施工过程	施工段				
	①	②	③	④	⑤
A	2	2	2	2	2
B	3	3	3	3	3
C	5	5	5	5	5

异步距异节拍示意图

施工过程	施工段				
	①	②	③	④	⑤
A	2	3	4	5	6
B	7	7	4	2	1
C	9	2	5	6	2

无节奏示意图

②按施工段在空间分布形式的流水施工分类可分为流水段法流水施工和流水线法流水施工。

（3）路面工程的线性流水施工组织要点。

①各结构层的施工速度和持续时间。

②相邻结构层之间的速度决定了相邻结构层之间的搭接类型，前道工序的速度快于后道工序时选用开始到开始搭接类型；否则选用完成到完成搭接类型。

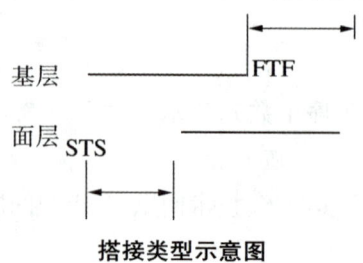

搭接类型示意图

③相邻结构层工序之间的搭接时距的计算。时距＝最小工作面长度/两者中快的速度。

🌐 **精选真题**

1.［2022年真题］以公路里程或工程位置为横轴的进度计划形式是（ ）。

　　A.横道图　　　　　　B.曲线图　　　　　　C.垂直图　　　　　　D.网络图

2.［2021年真题］具有工期较短、资源供应特别集中、现场组织管理复杂、不强调分工协作等特点的施工过程组织方法是（ ）。

　　A.顺序作业法　　　　B.平行作业法　　　　C.流水作业法　　　　D.分层流水作业法

3.［2021年真题］在公路工程进度计划图中，斜率越大表明进度越慢的图是（ ）。

　　A.横道图　　　　　　B."S"曲线　　　　　　C.垂直图　　　　　　D.斜率图

4.［2020年真题］在施工过程基本组织方法中，可以科学地利用工作面，实现不同专业队之间平行施工的是（ ）。

　　A.顺序作业法　　　　B.平行作业法　　　　C.流水作业法　　　　D.平行顺序作业法

5.［2016年真题］下列流水施工参数中，属于空间参数的是（ ）。

　　A.组织间歇　　　　　B.流水强度　　　　　C.工作面　　　　　　D.施工过程数

6.［2022年真题］公路工程流水施工的空间参数有（ ）。

　　A.施工过程数　　　　　　　　　　　　　B.工作面

　　C.施工段　　　　　　　　　　　　　　　D.流水节拍

　　E.施工层

7.［2019年真题］公路施工过程基本组织方法除流水作业法外，还有（ ）。

　　A.矩阵作业法　　　　　　　　　　　　　B.时差作业法

　　C.班组作业法　　　　　　　　　　　　　D.平行作业法

　　E.顺序作业法

答案：1.C。2.B。3.C。4.C。5.C。6.BCE。7.DE。

[考点 2] **公路工程进度控制与管理**

1.进度计划的审批

（1）进度计划的提交。

类型	总体性进度计划	阶段性进度计划
时间	中标通知书发出后合同规定的时间内	开工以前或开工以后合理的时间内
文件	1.一份详细和格式符合要求的工程总体进度计划及必要的各项关键工程的进度计划。 2.一份有关全部支付的现金流动估算。 3.一份有关施工方案和施工方法的总说明	1.年、月(季)度计划。 2.现金流动估算。 3.分项(分部)工程的进度计划。

（2）进度计划的审查要点。

①工期和时间安排的合理性。

②施工准备的可靠性。
③计划目标与施工能力的适应性。

2. 进度计划的检查与调整

项目	方法	内容
检查	1. 横道图比较法。 2. "S"形曲线比较法。 3. "香蕉"形曲线比较法。 4. 前锋线比较法：它主要适用于时标网络计划	1. 工作量的完成情况。 2. 工作时间的执行情况。 3. 资源使用及进度的互配情况。 4. 上次检查提出问题的处理情况
调整	改变某些工作间的逻辑关系	改变关键工作或超过计划工期的原非关键工作（即新关键工作）之间的逻辑关系
	缩短某些工作的持续时间	调整对象不变，主要通过采取增加资源投入、提高劳动效率等措施

[提示] 采用改变某些工作间的逻辑关系的方法调整进度计划时，在压缩过程中关键线路会随着压缩关键工作而改变或增加条数。采用缩短某些工作的持续时间的方法调整进度计划时，还包括原来是非关键工作但是现在已经超过计划工期的新关键工作。

专题3 公路工程项目技术管理

复习提示▷ 公路工程项目技术管理主要指施工方案、技术档案、施工测量等方面的技术内容的管理，在历年考试中本专题分值占比不大，其内容比较零散繁杂，各考点之间联系不大，复习时要注意理解记忆。

[考点1] 公路工程施工图纸会审

1. 图纸会审的主要内容

（1）核对图纸数量是否齐全，施工说明是否清楚准确、是否符合现行国家和行业标准或规范要求。
（2）结合现场调查情况，核算主要工程数量，检查其中错漏。
（3）核查设计提供的资料是否满足工程施工需求，明确是否需要进一步补充。
（4）核算工程主要结构的受力条件及主要设计数据。

2. 图纸会审的组织方式

类型	组织人	参与人员
项目部内部图纸会审	项目总工	项目部相关技术人员
综合图纸会审	建设单位	参建各方

[考点 2] 公路工程施工方案管理

1. 施工方案的主要内容

(1)编制依据。

(2)工程概况。

(3)工艺流程及操作要点、关键技术参数与技术措施等。

(4)施工技术方案设计图。

(5)技术方案的主要有关计算书。

(6)安全、环保、质量保证、文物保护及文明施工措施。

(7)预案措施。

2. 施工方案的审核

(1)施工方案的编制、审核和审批人。

方案级别	编制	审核	审批人
一般施工方案	各专业工程师或专业分包单位专业工程师	项目技术部门或专业分包单位技术部	项目总工程师或专业分包单位技术负责人
重大施工方案	项目总工程师	施工单位技术管理部门(必要时,进行专家论证)	施工单位技术负责人或技术负责人授权的技术人员

(2)施工方案的专家论证。

超过一定规模的危险性较大的分部分项工程专项方案应当由施工单位组织召开专家论证会。专家论证的主要内容:

①专项方案内容是否完整、可行;

②专项方案计算书和验算依据是否符合有关标准规范;

③安全施工的基本条件是否满足现场实际情况。

[提示] 实行施工总承包的,由施工总承包单位组织召开专家论证会。

⊕ 精选真题

[2019年真题]超过一定规模的危险性较大的分部分项工程专项方案应当由(　　)组织召开专家论证会。

A.业主　　　　　　B.设计单位　　　　　　C.施工单位　　　　　　D.监理单位

答案:C。

[考点 3] 公路工程施工技术交底

1. 公路工程施工技术交底的内容

技术交底分级	交底方式	交底内容
第一级	项目总工向项目各部门负责人及全体技术人员交底	实施性施工组织设计、技术策划、总体施工方案、重大施工方案及超过一定规模的危险性较大的分部分项工程施工方案等

(续表)

技术交底分级	交底方式	交底内容
第二级	项目技术部门负责人或各分部分项工程主管工程师向现场技术人员和班组长交底	分部分项工程施工方案、危险性较大的分部分项工程施工方案等
第三级	现场技术人员负责向班组全体作业人员交底	分部分项工程的施工工序等

2. 公路工程施工技术交底的方法

(1) 施工技术交底以书面的形式进行,可采取讲课、现场讲解或模拟演示的方法。

(2) 技术交底应留存记录。第三级交底要尽量简洁明了、具有可操作性。

(3) 如施工方案、工艺等前提情况发生变化,应及时对交底内容做补充修改。

[考点 4] 公路工程施工技术档案管理

1. 技术档案管理的基本要求

(1) 工程资料应实行分级管理,分别由建设、监理、施工单位主管负责人组织本单位工程资料的全过程管理工作。

(2) 工程资料应真实、准确、齐全,与工程实际相符合。

(3) 工程资料应为原件,应随工程进度同步收集、整理并按规定移交。

(4) 施工资料应有监理单位或者建设单位的签字。

(5) 施工资料应由施工单位编制。

2. 技术档案的编制要求

(1) 项目部应设专人负责施工资料管理工作。

(2) 利用施工图改竣工图,必须标明变更修改的依据;凡施工图结构、工艺、平面布置等有重大改变,或变更部分超过图面1/3的,应当重新绘制竣工图。所有竣工图应加盖竣工图章。

(3) 工程资料中文字材料幅面尺寸规格宜为 A4 幅面。

3. 技术档案和技术资料的差异

类别	来源	指导依据	呈现结果
技术资料	收集或复制而来	没有	参考资料
技术档案	直接产生或自然形成	有	施工直接成果

[考点 5] 公路工程施工测量管理

1. 建筑工程测量原则

(1) 测量布局原则:"由整体到局部"。

(2) 测量精度原则:"由高级到低级"。

(3) 测量次序原则:"先控制后碎部"。

(4)测量原则:"随时检查,杜绝错误""前一步工作未做复核不进行下一步工作"。

2. 施工测量各阶段内容

(1)开工准备阶段:交接桩、设计控制桩贯通复测、施工控制网建立、地形地貌复核测量。

(2)施工阶段:施工放样测量、工序检查测量、施工控制网复测、沉降位移变形观测及安全监控测量。

(3)竣工阶段:竣工贯通测量和工点竣工测量。

3. 设计控制桩交接

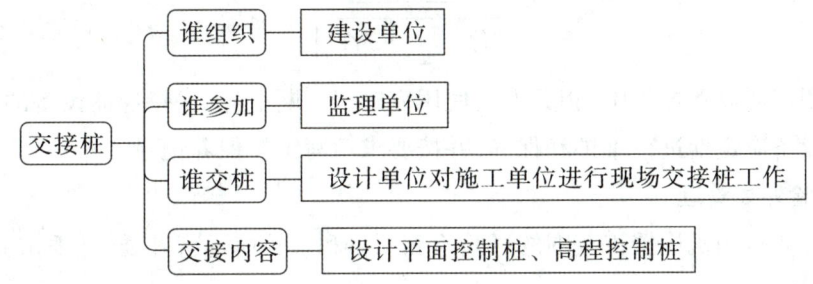

4. 导线、水准点的加密

(1)设计提供的控制点过稀或太远而不能满足施工放样时,需要加密布点联测。

(2)具体点位应选在建筑红线外(20~100m 范围内),土质坚硬、视野开阔的地方,相邻边长应控制在 30~500m 之间。

(3)布点时应尽量布在桥梁或小型结构物上,通视良好。填方低于1m以下的路段可采用左右交叉"之"字形布设,高于1m以上的路段可选择同侧布设。

(4)加密点的埋设深度不得小于50cm,采用带有十字丝的钢筋头以 C20 混凝土现浇的方式进行,同时用红油漆进行全线统一编号。

5. 导线与水准点复测

(1)导线复测标段起点与终点应选择与邻标段共用同一条基线。

(2)导线复测同一建设项目内相邻施工段的导线应闭合,并满足同等级精度要求。

(3)水准点复测标段的起点与终点应与相邻标段共用同一水准点。

◉ **精选真题**

[2021年真题]关于公路工程施工测量管理的说法,正确的有(　　)。

A. 施工测量,应遵循由局部到整体的测量布局原则

B. 由监理单位组织,设计单位对施工单位进行现场交接桩工作

C. 设计提供的控制点过稀而不能满足施工放样时,需要加密布点联测

D. 标段的起点与终点应与相邻标段共用同一水准点

E. 施工过程中,应对控制网(点)进行定期复测,复测周期不应超过6个月

答案:CDE。

[考点 6] 公路工程项目试验管理

1. 公路工程项目实验室的设备管理

(1)仪器设备应实施标识管理,标识分为管理状态标识和使用状态标识。

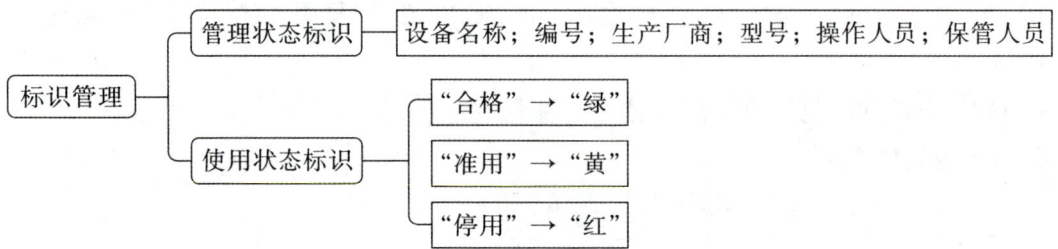

(2)在使用仪器设备过程中,相关人员使用完毕应切断电源,保持仪器设备的清洁。

(3)仪器设备应定期进行维护和保养,并按要求填写维护保养记录。

2. 工地试验外委管理

(1)超出母体检测机构授权范围的试验检测项目和参数应进行外委,外委试验应向项目建设单位报备。

(2)工地实验室应将接受外委试验的检测机构的有关证书复印件存档备查。

(3)外委试验取样、送样过程应进行见证。工地实验室应对外委试验结果进行确认。

(4)工程建设项目的同一合同段中的施工、监理单位和检测机构不得将外委试验委托给同一家检测机构。

⊕ 精选真题

[2020年真题]工地实验室设备管理中,使用状态标识为"准用"时,用( )色标签进行标识。

A. 红　　　　　B. 黄　　　　　C. 绿　　　　　D. 蓝

答案:B。

专题4　公路工程项目质量管理

复习提示▷ 本专题虽然内容繁多,但是在历年考试中分数占比并不高,主要以少量选择题为主。本专题现场质量控制检查中的知识点非常容易混淆,需要进行对比记忆,以便于记忆得更加牢固、准确。

[考点 1] 公路工程质量控制方法及措施

1. 质量控制关键点设置原则

(1)施工过程中的重要项目、薄弱环节和关键部位。

(2)影响工期、质量、成本、安全、材料消耗等重要因素的环节。

(3)新材料、新技术、新工艺、新设备的施工环节。
(4)质量信息反馈中缺陷频数较多的项目。

2. 土方路基工程施工中常见质量控制关键点

(1)压实设备及压实方案。
(2)每层的松铺厚度、横坡及填筑速率。
(3)分层压实,控制填土的含水量,确保压实度达到设计要求。

3. 桥梁基础工程与隧道工程质量控制关键点

工程类型	桥梁基础工程		隧道工程
	扩大基础	钻孔桩	
关键点	1. 基底地基承载力满足设计要求。 2. 基底表面松散层的清理。 3. 及时浇筑垫层混凝土,减少基底暴露时间。 4. 大体积混凝土施工裂缝控制。	1. 桩位坐标与垂直度控制。 2. 护筒埋深。 3. 泥浆指标控制。 4. 护筒内水头高度。 5. 孔径的控制,防止缩径。 6. 桩顶、桩底标高的控制。 7. 清孔质量。 8. 钢筋笼接头质量。 9. 导管接头质量检查与水下混凝土的灌注质量。	1. 正确判断围岩级别,及时调整施工方案。 2. 测量、检查和修正开挖断面,减少超挖。 3. 制定切实可行的开挖方案。 4. 喷锚支护,控制在开挖后围岩自稳定时间的 1/2 以内完成。 5. 做好施工质量的信息反馈

◈ **精选真题**

[2019年真题]钻孔灌注桩的质量控制关键点有(   )。

A. 护筒埋深 B. 孔径控制
C. 基底表面松散层清理 D. 桩顶、桩底标高控制
E. 钢筋笼接头质量

答案:ABDE。

[考点 2] **公路工程质量检查与检验**

1. 工程质量检验

(1)分项工程应按基本要求、实测项目、外观质量和质量保证资料等检验项目分别检查。
(2)检查项目合格判定规定。
①关键项目的合格率应不低于 95%(机电工程为 100%),否则该检查项目为不合格。
②一般项目的合格率应不低于 80%,否则该检查项目为不合格。
③有规定极值的检查项目,任一单个检测值不应突破规定极值,否则该检查项目为不合格。

2. 工程质量评定

(1)工程质量等级应分为合格与不合格。

(2)评定为不合格的分项工程、分部工程,经返工、加固、补强或调测,满足设计要求后,可重新进行检验评定。

(3)所含单位工程合格,该合同段评定为合格;所含合同段合格,该建设项目评定为合格。

3. 现场质量控制检查

对结构安全、耐久性和主要使用功能起决定性作用的检查项目为关键实测项目,以下叙述以"△"标识。

(1)路基工程质量检验。

分类	实测项目
土方路基	压实度(△)、弯沉(△)、纵断高程、中线偏位、宽度、平整度、横坡、边坡
填石路基	压实(△)、弯沉(△)、纵断高程、中线偏位、宽度、平整度、横坡、边坡坡度和平顺度
浆砌挡土墙	砂浆强度(△)、平面位置、墙面坡度、断面尺寸(△)、顶面高程、表面平整度
干砌挡土墙	平面位置、墙面坡度、断面尺寸、顶面高程、表面平整度
片石混凝土挡土墙	混凝土强度(△)、平面位置、墙面坡度、断面尺寸(△)、顶面高程、表面平整度

(2)路面工程质量检验。

分类	实测项目
稳定土基层和底基层	压实度(△)、平整度、纵断高程、宽度、厚度(△)、横坡、强度(△)
级配碎(砾)石基层和底基层	压实度(△)、弯沉值、平整度、纵断高程、宽度、厚度(△)、横坡
水泥混凝土面层	弯拉强度(△)、板厚度(△)、平整度、抗滑构造深度、横向力系数SFC、相邻板高差、纵横缝顺直度、中线平面偏位、路面宽度、纵断高程、横坡、断板率
沥青混凝土面层和沥青碎(砾)石面层	压实度(△)、平整度、弯沉值、渗水系数、摩擦系数、构造深度、厚度(△)、中线平面偏位、纵断高程、宽度、横坡、矿料级配(△)、沥青含量(△)、马歇尔稳定度

(3)桥梁工程质量检验。

分类	实测项目
桥梁总体	桥面中线偏拉、桥宽(含车行道和人行道)、桥长、桥面高程
钻孔灌注桩	混凝土强度(△)、桩位、孔深(△)、孔径、钻孔倾斜度、沉淀厚度、桩身完整性(△)
混凝土扩大基础	混凝土强度(△)、平面尺寸、基础底面高程、基础顶面高程、轴线偏位
钢筋加工及安装	受力钢筋间距(△)、箍筋、构造钢筋、螺旋筋间距、钢筋骨架尺寸、弯起钢筋位置、保护层厚度(△)

（续表）

分类		实测项目
预应力筋加工和张拉	钢丝、钢绞线先张法	镦头钢丝同束长度相对差、张拉应力值(△)、张拉伸长率(△)、同一构件内断丝根数不超过钢丝总数的百分数、预应力筋张拉后在横断面上的坐标、无黏结段长度
	后张法	管道坐标、管道间距(包含同排和上下层)、张拉应力值(△)、张拉伸长率(△)、断丝滑丝数
承台等大体积混凝土结构		混凝土强度(△)、平面尺寸、结构高度、顶面高程、轴线偏位和平整度
混凝土墩、台	现浇墩、台身	混凝土强度(△)、断面尺寸、全高竖直度、顶面高程、轴线偏位(△)、节段间错台、平整度、预埋件位置
	现浇墩、台帽或盖梁	混凝土强度(△)、断面尺寸、轴线偏位、顶面高程、支座垫石预留位置、平整度
就地浇筑梁、板		混凝土强度(△)、轴线偏位、梁(板)顶面高程、断面尺寸(△)、长度、与相邻梁段间错台、横坡、平整度
预制和安装梁、板	梁、板或梁段预制	混凝土强度(△)、梁长度、断面尺寸(△)、平整度、横系梁及预埋件位置、横坡、斜拉索锚面
	梁、板安装	支座中心偏位，梁、板顶面高程，相邻梁、板顶面高差
悬臂施工梁	悬臂浇筑梁	混凝土强度(△)、轴线偏位、顶面高程、断面尺寸(△)、合龙后同跨对称点高程差、顶面横坡、平整度、相邻梁段间错台
	悬臂拼装梁	合龙段混凝土强度(△)、轴线偏位、顶面高程、合龙后同跨对称点高程差、相邻梁段间错台
混凝土桥面板桥面铺装	水泥混凝土桥面铺装	混凝土强度(△)、厚度、平整度、横坡、抗滑构造深度
	沥青混凝土桥面铺装	压实度(△)、厚度、平整度、渗水系数、横坡、抗滑构造深度

(4)隧道工程质量检验。

分类	实测项目
隧道总体质量检验	车行道宽度、内轮廓宽度、内轮廓高度(△)、隧道偏拉、边坡或仰坡坡度
喷射混凝土	喷射混凝土强度(△)、喷层厚度、喷层与围岩接触状况(△)

(5)交通工程主要系统质量检验与测试。

分类	实测项目
交通标志	标志面反光膜逆反射系数(△)、标志板下缘至路面净空高度，柱式标志板、悬臂式和门架式标立柱的内边缘距土路肩边缘线距离，立柱垂直度，基础顶面平整度，标志基础尺寸

(续表)

分类	实测项目
交通标线	标线线段长度、标线宽度、标线厚度（△）、标线横向偏位、标线纵向间距、逆反射亮度系数（△）、抗滑值
波形梁钢护栏	波形梁板基底金属厚度（△）、立柱基底金属壁厚（△）、横梁中心高度（△）、立柱中距、立柱竖直度、立柱外边缘距土路肩边线距离、立柱埋置深度、螺栓终拧扭矩
混凝土护栏	护栏断面尺寸、钢筋骨架尺寸、横向偏位、基础厚度、护栏混凝土强度（△）、混凝土护栏块件之间的错位
隔离栅和防落网	高度、刺钢丝的中心垂度、立柱中距、立柱竖直度、立柱埋置深度
轮廓标	安装角度、反射器中心高度、柱式轮廓标竖直度
防眩设施	安装高度（△）、防眩板设置间距、竖直度、防眩网网孔尺寸

◉ 精选真题

1. [2022年真题]路基工程质量检验时，合格率不低于95%的实测项目是（　　）。

 A. 压实度　　　　　　　　　　B. 纵断高程

 C. 宽度　　　　　　　　　　　D. 平整度

2. [2020年真题]根据《公路工程质量检验评定标准 第一册 土建工程》，一般项目的合格率应不低于（　　）。

 A. 75%　　　　　　　　　　　B. 80%

 C. 85%　　　　　　　　　　　D. 90%

3. [2018年真题]下列后张法预应力筋质量检验的实测项目中，属于关键项目的是（　　）。

 A. 管道坐标　　　　　　　　　B. 管道间距

 C. 张拉伸长率　　　　　　　　D. 断丝滑丝数

4. [2017年真题]下列水泥稳定粒料基层质量检验的实测项目中，属于关键项目的是（　　）。

 A. 平整度　　　　　　　　　　B. 压实度

 C. 纵断高程　　　　　　　　　D. 横坡

5. [2021年真题]根据《公路工程质量检验评定标准 第一册 土建工程》，关于工程质量评定的方法，正确的有（　　）。

 A. 工程质量等级分为合格与不合格

 B. 评定为不合格的分项工程，经返工、加固、补强或调测，可认定为合格

 C. 所含单位工程合格，该合同段评定为合格

 D. 关键项目的合格率不得低于90%

 E. 一般项目的合格率不得低于80%

6.[2016年真题]根据《公路工程质量检验评定标准 第一册 土建工程》,沥青混凝土面层的质量检验实测项目中,属于关键项目的有(　　)。

A. 厚度　　　　　　　　　　　　B. 平整度
C. 弯沉值　　　　　　　　　　　D. 压实度
E. 中线平面偏位

答案:1. A。2. B。3. C。4. B。5. ACE。6. AD。

专题5　公路工程项目安全管理

复习提示▷ 本专题内容较多且与工程项目实际情况紧密结合,因此本专题重点在于对公路工程项目安全管理的整体把握。要求能够分辨危险性较大的工程,掌握高处作业、水上作业等的安全管理措施。

[考点1]　公路工程项目职业健康安全管理体系

1. 危险源控制措施

在确定控制措施或考虑改变现行控制措施时,可考虑按如下顺序选择风险控制方法:消除;替代;工程控制措施;标志、警告或管理控制;个人防护设备。

2. 专项施工方案的内容

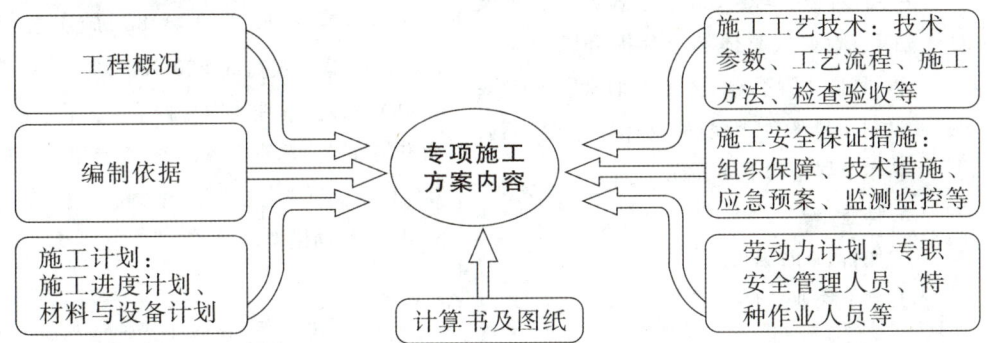

3. 公路工程危险性较大的分部分项工程范围

类别	需编制专项施工方案	需专家论证、审查
基坑开挖、支护、降水工程	1. 开挖深度≥3m的基坑(槽)开挖、支护、降水工程。 2. 深度<3m,但地质条件和周边环境复杂的基坑(槽)开挖、支护、降水工程	1. 深度≥5m的基坑(槽)的土(石)方开挖、支护、降水工程。 2. 开挖深度<5m,但地质条件、周围环境和地下管线复杂,或影响毗邻建(构)筑物安全,或存在有毒有害气体分布的基坑(槽)开挖、支护、降水工程

(续表)

类别	需编制专项施工方案	需专家论证、审查
滑坡处理和填、挖方路基工程	1. 滑坡处理。 2. 边坡高度>20m 的路堤或地面斜坡坡率陡于1:2.5 的路堤，或不良地质地段、特殊土质地段的路堤。 3. 土质挖方边坡高度>20m、岩质挖方边坡高度>30m，或不良地质、特殊岩土地段的挖方边坡	1. 中型及以上滑坡体处理。 2. 边坡高度>20m 的路堤或地面斜坡坡率陡于1:2.5 的路堤，且处于不良地质地段、特殊土质地段、特殊岩土地段的路堤。 3. 土质挖方边坡高度>20m、岩质挖方边坡高度>30m且处于不良地质、特殊岩土地段的挖方边坡
基础工程	1. 桩基础。 2. 挡土墙基础。 3. 沉井等深水基础	1. 深度≥15m 的人工挖孔桩或开挖深度≤15m，但地质条件复杂或存在有毒有害气体分布的人工挖孔桩工程。 2. 平均高度≥6m 且面积≥1200m^2 的砌体挡土墙的基础。 3. 水深≥20m 的各类深水基础
大型临时工程	1. 围堰工程。 2. 各类工具式模板工程。 3. 支架高度≥5m，跨度≥10m，施工总荷载≥10kN/m^2，集中线荷载≥15kN/m。 4. 搭设高度≥24m 的落地式钢管脚手架工程；附着式整体和分片提升脚手架工程；悬挑式脚手架工程；吊篮脚手架工程；自制卸料平台工程；移动操作平台工程；新型及异型脚手架工程。 5. 挂篮。 6. 便桥、临时码头。 7. 水上作业平台	1. 水深≥10m 的围堰工程。 2. 高度≥40m 墩柱、高度≥100m 索塔的滑模、爬模、翻模工程。 3. 支架高度≥8m，跨度≥18m，施工总荷载≥15kN/m^2，集中线荷载≥20kN/m。 4. 50m 及以上落地式钢管脚手架工程；用于钢结构安装等满堂承重支撑体系，承受单点集中荷载7kN 以上。 5. 猫道、移动模架
桥涵工程	1. 桥梁工程中的梁、拱、柱等构件施工。 2. 打桩船作业。 3. 施工船作业。 4. 边通航边施工作业。 5. 水下工程中的水下焊接、混凝土浇筑等。 6. 顶进工程。 7. 上跨或下穿既有公路、铁路、管线施工	1. 长度≥40m 的预制梁的运输与安装，钢箱梁吊装。 2. 跨度≥150m 的钢管拱安装施工。 3. 高度≥40m 的墩柱、高度≥100m 的索塔等的施工。 4. 离岸无掩护条件下的桩基施工。 5. 开敞式水域大型预制构件的运输与吊装作业。 6. 在三级及以上通航等级的航道上进行的水上水下施工。 7. 转体施工

(续表)

类别	需编制专项施工方案	需专家论证、审查
隧道工程	1. 不良地质隧道。 2. 特殊地质隧道。 3. 浅埋、偏压及邻近建筑物等特殊环境条件隧道。 4. Ⅳ级及以上软弱围岩地段的大跨度隧道。 5. 小净距隧道。 6. 瓦斯隧道	1. 隧道穿越岩溶发育区、高风险断层、砂层、采空区等工程地质或水文地质条件复杂地质环境；Ⅴ级围岩连续长度占总隧道长度的10%以上且连续长度超过100m；Ⅵ级围岩的隧道工程。 2. 软岩地区的高地应力区、膨胀岩、黄土、冻土等地段。 3. 埋深<1倍跨度的浅埋地段；可能产生坍塌或滑坡的偏压地段；隧道上部存在需要保护的建筑物地段；隧道下穿水库或河沟地段。 4. Ⅳ级及以上软弱围岩地段跨度≥18m的特大跨度隧道。 5. 连拱隧道；中夹岩柱<1倍隧道开挖跨度的小净距隧道；长度>100m的偏压棚洞。 6. 高瓦斯或瓦斯突出隧道。 7. 水下隧道
起重吊装工程	1. 采用非常规起重设备、方法，且单件起吊重量≥10kN的起重吊装工程。 2. 采用起重机械进行安装的工程。 3. 起重机械设备自身的安装、拆卸	1. 采用非常规起重设备、方法，且单件起吊重量≥100kN的起重吊装工程。 2. 起吊重量≥300kN的起重设备安装、拆卸工程
拆除、爆破工程	1. 桥梁、隧道拆除工程。 2. 爆破工程	1. 大桥及以上桥梁拆除工程。 2. 一级及以上公路隧道拆除工程。 3. C级及以上爆破工程、水下爆破工程

🌐 精选真题

1. [2022年真题]下列分部分项工程中，应编制专项施工方案并需专家论证审查的是(　　)。
   A. 涵洞顶进工程
   B. 水深不小于5m的围堰工程
   C. 移动模架
   D. D级爆破工程

2. [2016年真题]根据《公路工程施工安全技术规范》，下列桥涵分部分项工程中，不管规模大小，都必须组织专家对其专项方案进行论证的是(　　)。
   A. 桥梁工程中的支架法现浇梁施工
   B. 桥梁上部结构转体施工
   C. 打桩船作业
   D. 钢管拱安装施工

答案：1. C。2. B。

[考点2] 公路工程安全隐患排查与治理

1. 安全生产事故隐患分类

事故隐患等级	危害和整改难度	事故隐患后果	事故隐患整改
一般事故隐患	较小	发现后能够立即整改排除	项目负责人组织相关人员立即整改
重大事故隐患	较大	全部或者局部停产停业,并经过一定时间整改治理方能排除或因外部因素影响致使生产经营单位自身难以排除	项目负责人组织编制"重大事故隐患治理方案"

[提示] 可能造成重大人员伤亡和重大财产损失的事故隐患应当确定为重大事故隐患。

2. 安全生产事故隐患排查目标

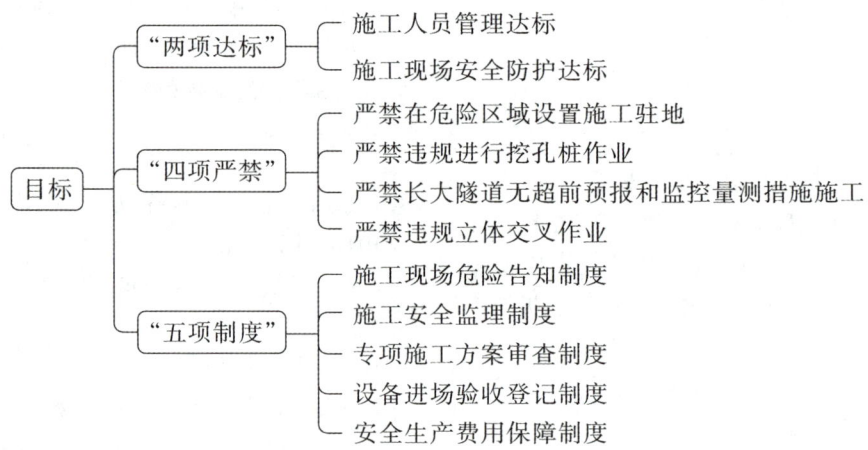

3. 安全生产事故隐患排查治理职责

(1)项目施工单位是隐患排查治理的责任主体,项目施工单位的主要负责人对隐患排查治理工作全面负责。

(2)重大隐患经项目监理单位确认后应向项目建设单位备案。项目监理、建设单位应及时主动向具有项目管辖权的交通运输主管部门报告。

(3)施工单位法定代表人、项目经理是安全生产事故隐患排查治理的第一责任人。

🌐 精选真题

[2021年真题]负责组织编制重大事故隐患治理方案的是( )。
A.施工单位负责人　　　　　　　B.施工单位技术负责人
C.项目负责人　　　　　　　　　D.项目技术负责人
答案:C。

[考点 3] 公路工程项目应急管理体系

应急预案体系由综合应急预案、专项应急预案和现场处置方案组成。

1. 综合应急预案

综合应急预案是指生产经营单位为应对各种生产安全事故而制定的综合性工作方案,是本单位应对生产安全事故的总体工作程序、措施和应急预案体系的总纲。

2. 专项应急预案

专项应急预案是指生产经营单位为应对某一种或者多种类型生产安全事故,或者针对重要生产设施、重大危险源、重大活动防止生产安全事故而制定的专项性工作方案。

3. 现场处置方案

现场处置方案是指生产经营单位根据不同生产安全事故类型,针对具体场所、装置或者设施所制定的应急处置措施。

[考点 4] 公路工程项目安全管理措施

1. 路面工程施工安全管理措施

(1)沥青混凝土路面封层、透层、黏层施工要求。

①喷洒前应做好检查井、闸井、雨水口的安全防护。

②洒布车行驶中不得使用加热系统。洒布地段不得使用明火。

③小型机具洒布沥青时,喷头不得朝外,喷头10m范围内不得站人,不得逆风作业。

④大风天气不得喷洒沥青。

(2)水泥混凝土路面混凝土养护要求。

①覆盖养护时,预留孔洞周围应设置安全护栏或盖板,并应设置安全警示标志,不得随意挪动。

②洒水养护时,应避开配电箱和周围电气设备。

2. 桥梁工程施工安全管理措施

(1)基坑施工风险控制措施。

①开挖中出现基坑顶部地面裂缝、坑壁坍塌或涌水、涌砂时,必须立即停止施工,人员撤离危险区,待采取措施确认安全后,方可恢复施工。

②人工清基应在挖掘机停止运转,且挖掘机指挥人员同意后进行,严禁在机械回转范围内作业。

③基坑临近各类管线、建(构)筑物时,开挖前应按施工组织设计的要求实施拆移、加固或保护措施,经检查符合要求后,方可开挖。

④基坑外堆土时,堆土应距基坑边缘1m以外,堆土高度不得超过1.5m。

⑤基坑内应设安全梯或土坡道等攀登设施。基坑周边应设防护栏杆。

人工清基　　　　　　　　基坑内的安全梯

（2）支架现浇法施工风险控制措施。

支架搭设应满足下列要求：

①可调底座的调节螺杆伸出长度超过30cm时，应采取可靠的固定措施。

②满堂支架的四边和中间每隔四排立杆应设置一道纵向剪刀撑，由底至顶连续设置。

③高于4m的满堂支架，其两端和中间每隔四排立杆应从顶层开始向下每隔两步设置一道水平剪刀撑。

④拆除作业应自上而下进行，不得上下多层交叉作业。

⑤支架的立柱应设水平撑和双向斜撑，斜撑的水平夹角以45°为宜。立柱高于5m时，水平撑间距不得大于2m，并在两水平撑之间加剪刀撑。

 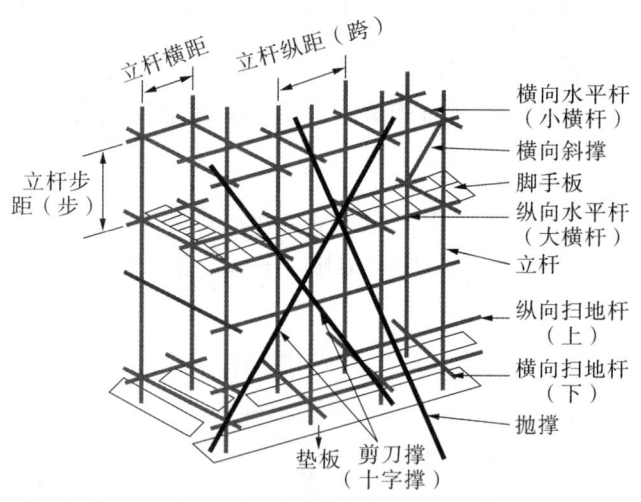

支架搭设

（3）墩柱（塔）翻模法施工风险控制措施。

①高墩翻模施工应编制专项施工方案，并组织专家论证。

②翻模施工搭设作业平台应具备足够的强度、刚度或稳定性，有足够的立足面，设置安全护栏、通道、安全网等安全防护设施，高处作业时应正确使用安全带。

③高墩施工人员上下必须使用之字形爬梯。

之字形爬梯

(4)悬臂浇筑注施工风险控制措施。

①挂篮加工完成后应先进行试拼;挂篮正式拼装应在起步长度梁段(墩顶段或 0 号段)混凝土达到要求的强度后才能进行,拼装时应两边对称进行。

②浇筑墩顶段(0 号段)混凝土前,应对托架、模板进行检验和预压,消除杆件连接缝隙、地基沉降等非弹性变形。

③挂篮安装后,应按设计进行加载试验,以检验挂篮的承载能力、测量弹性变形量和残余变形量、控制各段梁体的抛高量;加载和卸载要分级进行。

④挂篮应呈全封闭状态,四周应有围护设施,操作平台下应挂安全网、上下应有专用扶梯。

⑤挂篮的抗倾覆、锚固和限位结构的安全系数均不得小于 2。

3.水上作业安全管理措施

(1)开工前准备工作。

①及时了解当地气象、水文、地质等情况,掌握施工区域附近的桥梁、隧道、大坝、架空高压线、水下线管、取水泵房、危险品库、水产品养殖区以及避风锚地、水上应急救援资源等情况。

②开工前,应根据施工需要设置安全作业区,并办理水上水下施工作业许可证,发布航行通告。

③水上作业人员应正确穿戴救生衣等个人安全防护用品。

(2)水中围堰(套箱)和水中作业平台安全要求。

①水中围堰(套箱)和水中作业平台应设置船舶靠泊系统和人员上下通道,临边应设置高度不低于 1.2m 的防护栏杆,挂设安全绳和救生圈。

②四周应设置警示标志和夜间航行警示灯光信号,通航密集水域应配备警戒船和应急拖轮。

水上作业

4. 高处作业安全管理措施

（1）高处作业的基本要求。

①高处作业不得同时上下交叉进行。

②高处作业人员不得沿立杆或栏杆攀登。

③高处作业人员应定期进行体检。

④高处作业场所的孔、洞应设置防护设施及警示标志。

⑤高处作业场所临边应设置安全防护栏杆。

（2）安全网和安全带使用要求。

类型	使用要求	示例图
安全网	1. 安全网安装应系挂安全网的受力主绳，不得系挂网格绳。 2. 安全网安装或拆除应根据现场条件采取防坠落安全措施。 3. 作业面与坠落高度基准面高差＞2m且无临边防护装置时，临边应挂设水平安全网。 4. 作业面与水平安全网之间的高差≤3m，水平安全网与坠落高度基准面的距离≥0.2m	
安全带	1. 安全带应高挂低用，并应扣牢在牢固的物体上。 2. 安全带的安全绳不得打结使用，安全绳上不得挂钩。 3. 缺少或不易设置安全带吊点的工作场所宜设置安全带母索。 4. 安全带的各部件不得随意更换或拆除。 5. 安全绳有效长度≤2m，有两根安全绳的安全带，单根绳的有效长度≤1.2m。 6. 严禁安全绳用作悬吊绳。严禁安全绳与悬吊绳共用连接器	

5. 触电事故安全管理措施

（1）施工用电设备数量在5台及以上，或用电设备容量在50kW及以上时，应编制用电组织设计。

（2）施工现场临时用电，必须符合下列规定：

①采用三级配电系统。

②采用TN-S接零保护系统。

③采用二级保护系统。

（3）坚持"一机、一闸、一漏、一箱"。

（4）雨天禁止露天电焊作业。

🌐 **精选真题**

1.[2021年真题]桥梁工程基坑施工中,基坑外如需堆土时,堆土应距基坑边缘1.0m以外,堆土高度不得超过( )m。
  A.1.0 B.1.5 C.2.0 D.2.5

2.[2021年真题]水中作业平台有临边应设置防护栏,其高度不低于( )m。
  A.1.0 B.1.2 C.1.4 D.1.6

3.[2020年真题]关于高处作业安全管理的措施,正确的是( )。
  A.安全绳不宜用作悬吊绳
  B.高处作业人员应定期进行体检
  C.作业面与水平安全网之间的高差不得超过5.0m
  D.安全绳的有效长度不应大于2.5m

答案:1.B。2.B。3.B。

专题6 公路工程施工合同管理

复习提示 ▷ 公路工程施工合同管理的重点在于施工索赔、工程变更、分包合同、合同履行和合同体系结构五个方面。本专题内容不算复杂,在历年考试中分值占比不高,建议考生有针对性地进行学习。

[考点1] 公路项目的合同体系结构

1.公路工程项目的合同体系

公路工程合同体系中,业主和承包人依法签订的施工合同是"核心合同",业主又处于合同体系中的"核心位置"。

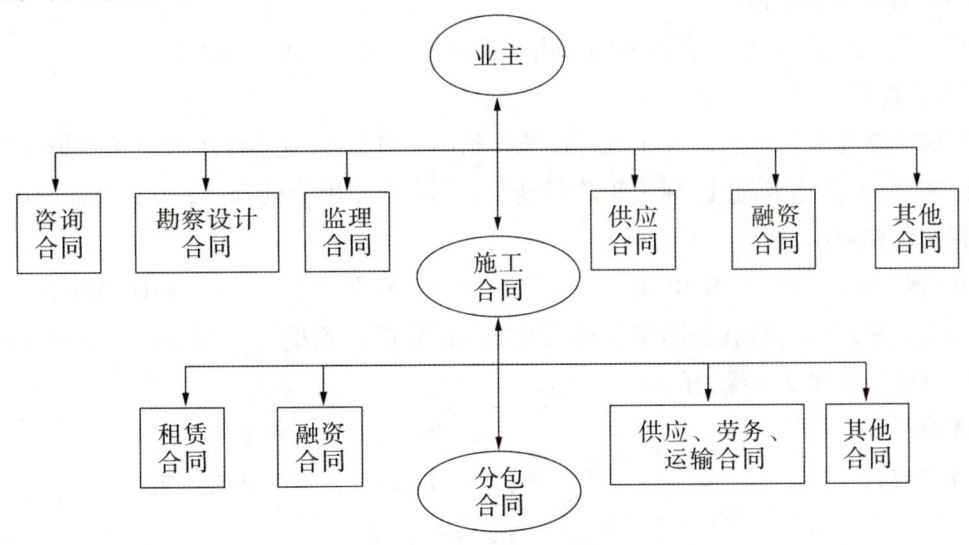

公路工程合同体系示意图

2.承包商的主要合同关系

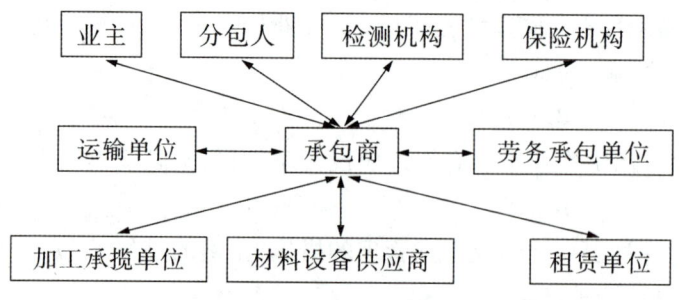

承包商的主要合同关系示意图

承包商要完成承包合同中约定的责任,包括由工程量清单中所确定工程范围的施工、竣工和缺陷责任及保修,并为完成这些工程提供劳动力、施工设备、材料,有时也包括技术设计。

[考点 2] 公路工程合同文件的优先顺序

解释合同文件的优先顺序:
(1)合同协议书及各种合同附件;
(2)中标通知书;
(3)投标函及投标函附录;
(4)项目专用合同条款;
(5)公路工程专用合同条款;
(6)通用合同条款;
(7)工程量清单计量规则;
(8)技术规范;
(9)图纸;
(10)已标价工程量清单;
(11)承包人有关人员、设备投入的承诺及投标文件中的施工组织设计。

🌐 **精选真题**

1.[2021 年真题]根据《公路工程标准施工招标文件》,除项目专用合同条款另有约定外,下列合同文件:①投标函;②已标价工程量清单;③项目专用合同条款;④工程量清单计量规则。解释的优先顺序是(   )。

A.①③④②　　　　B.③④①②　　　　C.①③②④　　　　D.③①②④

2.[2019 年真题]根据《公路工程标准施工招标文件》,除项目专用合同条款另有约定外,以下各项中解释合同文件优先的是(   )。

A.图纸
B.已标价工程量清单
C.技术规范
D.工程量清单计量规则

3.［2018年真题］根据《公路工程标准施工招标文件》，①中标通知书；②合同协议书；③技术规范；④项目专用合同条款。这四项合同文件解释的优先顺序是（　　）。

A.①③②④　　　　B.④②③①　　　　C.③②①④　　　　D.②①④③

答案：1. A。2. D。3. D。

[考点 3] 公路工程分包合同管理

1. 分包工程的管理

（1）严格履行开工申请手续。

（2）将分包工程列入工地会议议程。

（3）检查核实分包人实施分包工程的主要人员与施工设备。

（4）对分包工程实施现场监督检查。

2. 分包合同管理

（1）分包合同的管理关系。

①发包人与分包人没有合同关系，发包人对分包合同的管理主要表现为对分包工程的批准。

②监理人只与承包人有监理与被监理的关系，对分包人在现场施工不承担协调管理义务。对分包人使用的材料、施工工艺、工程质量和进度进行监督。监理人就分包工程施工发布的任何指示均应发给承包人。

③承包人作为两个合同的当事人，不仅对发包人承担确保整个合同工程按预期目标实现的义务，而且对分包工程的实施具有全面管理责任。

（2）分包合同的支付、变更和索赔管理要求。

分包合同的管理	要求
支付管理	1. 分包人不能直接向监理人提出支付要求，发包人也不能直接向分包人付款，必须通过承包人。 2. 由监理人向承包人出具经发包人签认的进度付款证书，发包人应在监理人收到进度付款申请单后的28天内，将进度应付款支付给承包人
变更管理	1. 监理人一般不能直接向分包人下达变更指令，必须通过承包人。 2. 分包人不能直接向监理人提出分包工程的变更要求，必须由承包人提出
索赔管理	1. 分包合同履行过程中，当分包人认为自己的合法权益受到损害，无论事件起因于发包人、监理人，还是承包人，他都只能向承包人提出索赔要求。 2. 对于由承包人的原因或责任引起分包人提出索赔，双方通过协商解决。监理人不参与该索赔的处理

🌐 精选真题

[2020年真题] 关于分包合同管理的说法,正确的有( )。

A. 监理人只与承包人有监理与被监理关系,对分包人在现场施工仅承担协调管理义务

B. 承包人对分包工程的实施具有全面管理责任

C. 监理人就分包工程施工发布的任何指示均应同时发给承包人和分包人

D. 分包人不能直接向监理人提出付款申请

E. 分包人的索赔要求只能向承包人提出

答案:BDE。

[考点 4] 施工阶段工程变更的管理

1. 工程变更的内容

工程变更包括设计变更、进度计划变更、施工条件变更以及原招标文件和工程量清单中未包括的"新增工程"。

2. 工程变更基本类型

(1)取消合同中任何一项工作,但被取消的工作不能转由发包人或其他人实施,由于承包人违约造成的情况除外。

(2)改变合同中任何一项工作的质量或其他特性。

(3)改变合同工程的基线、高程、位置或尺寸。

(4)改变合同中任何一项工作的施工时间或改变已批准的施工工艺或顺序。

(5)为完成工程需要追加的额外工作。

3. 工程变更的审批程序

变更等级	审批人	审批程序
一般工程变更	总监理工程师	承包人申请→驻地监理工程师初步审查→总监审定并签署变更令
重要工程变更	业主	承包人申请→驻地监理工程师审查→业主批准→总监签署变更令;超出业主批准范围,业主重新授权或批准
重大工程变更	国家计划主管部门	承包人申请→驻地监理工程师审查→总监审定→国家计划主管部门批准→业主审批→总监签署变更令

[提示] 各省对工程审批的程序会有所不同。

4. 变更工程的造价管理

(1)除专用合同条款对期限另有约定外,承包人应在收到变更指示或变更意向书后的14天内,向监理工程师提交变更报价书。

(2)除专用合同条款对期限另有约定外,监理工程师应在收到承包人变更报价书后的14天内,根据合同约定的估价原则,按照合同约定商定或确定变更价格。

[考点 5] 公路项目施工索赔管理

1. 工程延误的分类和识别

分类依据	延误类型	划分依据	索赔结果
索赔结果	可原谅可补偿的延误	业主或监理工程师责任	工期延长和经济补偿
	可原谅不可补偿的延误	客观原因引起的工期延误	工期延长
	不可原谅的延误	承包商责任	不得索赔
是否处于关键线路	关键性延误	关键线路上	若是可原谅的延误，则可补偿工期
	非关键性延误	非关键线路上	不超总时差，不索赔；超总时差，若是可原谅的延误，超过部分可延期
延误发生时间	单一性延误	事件独立发生	根据责任的认定索赔
	共同延误	两项或两项以上的单独延误同时发生	根据责任归属原则认定

2. 共同延误的责任归属原则

（1）初始事件原则。

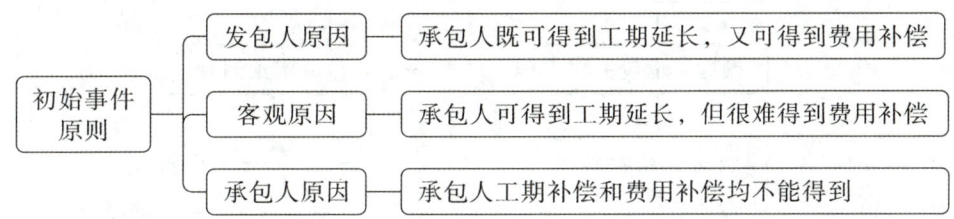

（2）不利于承包商原则。

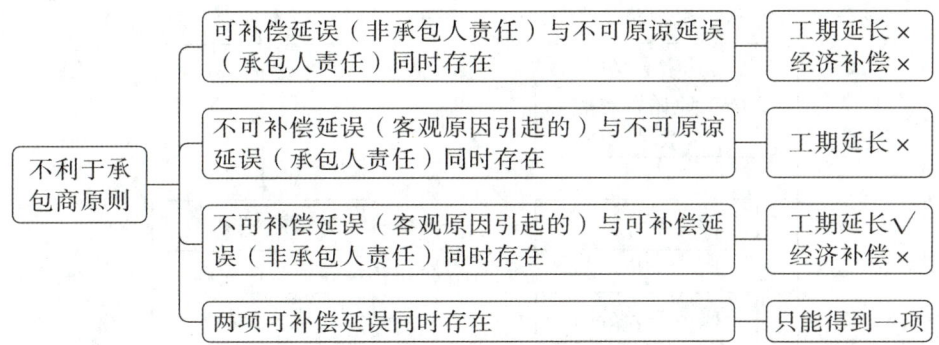

（3）责任分摊原则。

当交叉时段内的事件由业主、承包商共同承担责任时，按各干扰事件对干扰结果的影响分摊责任，并由双方共同承担。

（4）工期从宽、费用从严原则。

工期索赔业主责任优先，费用索赔承包商责任优先。

🌐 精选真题

[2021 年真题] 因季节性大雨,施工单位机械未能及时进场导致的工期延误,属于( )。

A. 可原谅可补偿延误
B. 可原谅不可补偿延误
C. 不可原谅可补偿延误
D. 不可原谅不可补偿延误

答案:D。

专题 7 公路项目施工成本管理

复习提示▷ 本专题考查的是公路工程项目施工成本管理,重点在于对标后预算中的直接费、措施费和专项费用等所包含的内容进行记忆,其考查方式比较固定。

[考点 1] 公路项目施工成本管理的内容

1. 施工成本管理的流程

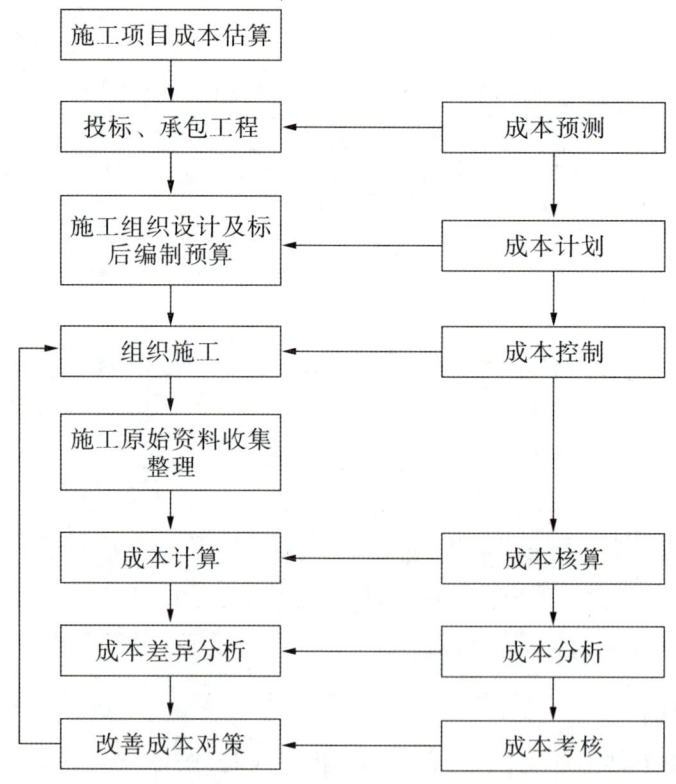

施工成本管理流程图

2. 施工成本计划的编制

(1)编制施工成本计划的关键是确定责任目标成本,这是成本计划的核心,是成本管理所达到的目标。成本目标通常以项目成本总降低额和降低率定量地表示。

（2）现场计划成本偏差是指现场施工预算成本与责任目标成本之差，即

$$计划成本偏差 = 施工预算成本 - 责任目标成本$$

计划成本偏差反映现场施工成本在计划阶段的预控情况，也称施工成本计划预控偏差。正值表示计划预控不到位，不满足该项责任目标成本的要求。

⊕ **精选真题**

[2019年真题]施工企业编制公路项目施工成本计划的关键是（　　）。

A. 优化施工方案，确定计划工程量

B. 计算计划成本总降低额和降低率，确定责任目标成本

C. 依据市场生产要素价格信息，确定施工预算成本

D. 施工预算成本与责任目标成本比较，确定计划成本偏差

答案：B。

[考点2] 公路项目中标后预算编制

1. 公路工程标后预算的概念

项目成本分类	阶段	成本计算依据	作用
项目预算（直接）成本	施工准备阶段	根据企业中标的主合同工程量清单预估的工程数量和标后预算清单单价计算的预算成本	是施工企业和项目经理部签订责任书的主要依据
计划预算（直接）成本	施工过程中	根据年度生产计划中计划的工程量和标后预算清单单价计算的预算成本	是成本管理中编制成本计划的依据
实际预算（直接）成本	施工过程中	根据年（季、月）度业主批复的支付证书中累计计量工程量和标后预算清单单价计算的预算成本	是企业考核项目经理部成本管理成效的依据

2. 公路工程标后预算费用构成

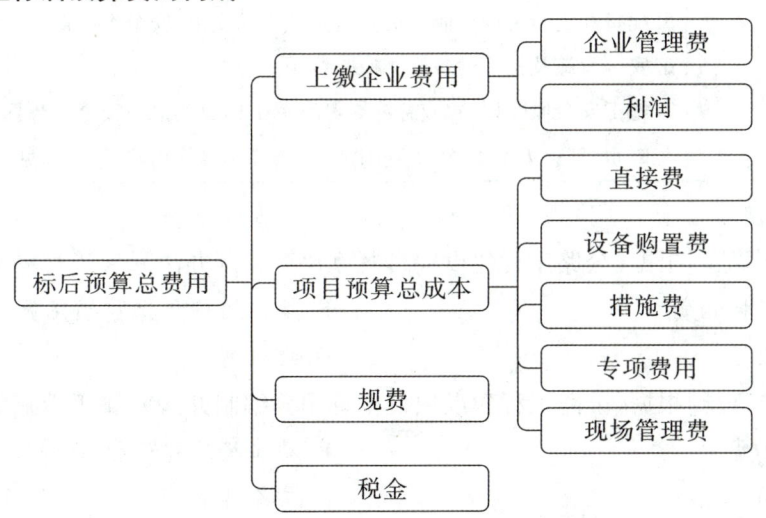

3. 标后预算编制方法

标后预算总费用中的项目预算总成本包括直接费、设备购置费、措施费、专项费用与现场管理费五项。

费用类型		具体内容
直接费	人工费	人工费 = 承包(分包)单价 × 承包(分包)工程量
	材料费	1. 材料单价 = (材料采购单价 + 运杂费) × (1 + 场外运输损耗率) × (1 + 采购及保管费率) − 包装品回收价值。 2. 周转材料单价 = (材料的采购原价 + 运杂费) × (1 + 采购及保管费率)
	机械费	1. 可变费用包括:燃油费、电费、机驾人员工资、养路费及车船使用税等。 2. 不变费用包括:折旧费、检修费、维修费和安装辅助费
设备购置费		设计明确列入设备清单的设备费用
措施费		冬期施工增加费、雨期施工增加费、夜间施工增加费、特殊地区施工增加费、行车干扰工程施工增加费、施工辅助费、工地转移费等
专项费用	施工场地建设费	1. 承包人驻地、工地实验室建设、办公、生活居住房屋和生产用房屋等费用。 2. 场区平整、场地硬化、排水、绿化、标志、污水处理设施、围墙隔离设施等费用,以及以上范围内各种临时工作便道、人行便道,工地临时用水、用电的水管支管和电线支线,临时构筑物、其他小型临时设施等的搭设或租赁、维修、拆除及清理的费用。不包括红线范围内贯通便道、进出场的临时便道、保通便道。 3. 工地实验室所发生的属于固定资产的试验设备和仪器等折旧、维修或租赁费用以及施工扬尘污染防治措施费和文明施工、职工健康生活的费用
	安全生产费	1. 完善、改造和维护安全设施设备费用。 2. 配备、维护、保养应急救援器材、设备费用。 3. 开展重大危险源和事故隐患评估和整改费用。 4. 安全生产检查、评价、咨询费用。 5. 配备和更新现场作业人员安全防护用品支出,安全生产宣传、教育、培训费用。 6. 安全设施及特种设备检测检验费用。 7. 施工安全风险评估、应急演练等有关工作及其他与安全生产直接相关的费用
现场管理费		保险费、管理人员工资、工资附加费、指挥车辆使用费、不可预见费等

🌐 精选真题

1. [2021年真题]根据《公路工程建设项目概算预算编制办法》,属于材料费的是(　　)。
   A. 周转材料摊销费　　　　　　　　B. 场内运输机操作损耗费
   C. 检验试验费　　　　　　　　　　D. 燃油费

2. [2020年真题]根据《公路工程建设项目概算预算编制办法》,属于措施费的是(　　)。
   A. 文明施工费　　　　　　　　　　B. 施工场地建设费
   C. 施工辅助费　　　　　　　　　　D. 安全生产费

3. [2021年真题] 根据《公路工程建设项目概算预算编制办法》,属于专项费用的有( )。

A. 场区平整硬化费用

B. 红线范围内贯通便道费用

C. 承包人工地实验室区域临时便道费用

D. 工地实验室属于固定资产的仪器折旧费

E. 工程交工、竣工验收费

答案:1. A。2. C。3. AD。

[考点 3] 公路项目施工成本控制方法

控制方法	内容或步骤
以目标成本控制成本支出	1. 人工费的控制。 2. 材料费的控制。 3. 周转工具使用费的控制。 4. 施工机械使用费的控制。 5. 现场管理费的控制
以施工方案控制资源消耗	1. 在开工以前,根据施工图纸和现场的实际情况,制订施工方案。 2. 组织实施。 3. 采用价值工程,优化施工方案
用净值法进行工期成本的同步控制	成本是伴随着施工的进行而发生的,施工到什么阶段应该有什么样的费用,应用成本与进度同步跟踪的方法控制部分项目工程成本
运用目标管理控制工程成本	1. 施工前认真组织图纸会审和技术交底,组织学习操作规程和技术标准,编制质量保证措施、安全保证措施等。 2. 根据施工图等有关技术资料,制订出具体明确的施工方案。 3. 台账管理。 4. 设立合同管理机构或者配备合同管理专职人员,建立合同台账统计、检查和报告制度

专题 8 公路工程造价管理

复习提示 ▷ 本专题主要考查公路工程造价管理方面的知识。从历年考题来看,选择题的考查方式居多,但是偶尔会出现案例题,因此对本专题也不能懈怠,要达到一定程度的理解和记忆。

[考点 1] 公路工程工程量清单计价的应用

1. 工程量清单的作用

工程量清单,又叫工程数量清单,它是工程招标及实施工程时计量与支付的重要依据,在工程实施期间,对工程费用起控制作用。

2. 工程量清单的内容

(1)工程量清单,其内容分为前言(或说明)、工程子目、计日工明细表和工程量清单汇总表四部分。

类别	内容	说明
前言(清单序言)	主要对工程项目的工作范围和内容、计量方法和方式、费用计算的依据、在工程实施期间如何对工程进行计量和支付进行说明	工程发生变更或费用索赔时,监理工程师将根据它来确定单价
工程子目(分项清单表)	是招标工程中按章的顺序排列的各个子目表	单价或金额栏的数字一般由承包人投标时填写,而其他部分一般由业主或者招标单位在编制工程量清单时确定
计日工明细表(散工或点工)	由总则、计日工劳务、计日工材料、计日工施工机械等方面的内容组成	通过招投标阶段对业主开工后可能临时或新增的项目事先定价,避免开工后出现争端
工程量清单汇总表	是将各章的工程子目表及计日工明细表进行汇总,再加上一定比例或数量(按招标文件规定)的暂列金额而得出该项目的总报价	该报价与投标书中填写的投标总价是一致的

(2)工程量清单汇总表。

序号	章次	项目名称	金额
1	100	总则	
2	200	路基	
3	300	路面	
4	400	桥梁、涵洞	
5	500	隧道	
6	600	安全设施及预埋管线	
7	700	绿化及环境保护设施	
8		第100~700章清单合计	
9		已包含在清单合计中的材料、工程设备、专业工程暂估价合计	
10		清单合计减去材料、工程设备、专业工程暂估价合计(8-9=10)	
11		计日工合计	
12		暂列金额(不含计日工总额)	
13		投标报价(8+11+12=13)	

🌐 **精选真题**

[2022年真题]招投标阶段,负责编制工程量清单及数量的单位是(   )。
A. 设计单位   B. 监理单位   C. 投标人   D. 招标人
答案: D。

[考点 2] 投标阶段合同价的确定

1. 投标报价的组成
投标报价的组成主要有直接费、措施费、企业管理费、利润、规费、税金和风险金等。

2. 标价的计算
投标报价计算有工料单价计算法和综合单价计算法两种。

（1）工料单价计算法。根据已审定的工程量按照定额或市场的单价，逐项计算每个项目的价格。

（2）综合单价计算法。按综合单价计算报价时所填入工程量清单的单价，应包括人工费、材料费、机械使用费、措施费、间接费、利润和税金以及风险金等全部费用。用于单价合同的报价，报价金额等于工程量清单的汇总金额加上暂定金额。

🌐 **精选真题**

[2021 年真题]根据《公路工程标准施工招标文件》，第 200～700 章清单综合单价包括的费用有（　　）。

A. 直接费　　　　　　　　　B. 施工辅助费
C. 规费　　　　　　　　　　D. 安全生产费
E. 工程一切险

答案：AB。

[考点 3] 公路工程计量管理

1. 工程计量的内容
计量是按照技术规范所规定的方法对承包人符合要求的已完工程的实际数量所进行的测量、计算、核查和确认的过程。

计量的任务是确定实际工程数量的多少。计量必须以净值为准。

2. 工程计量程序
（1）工程计量的组织类型有：监理工程师独立计量；承包人进行计量；监理工程师与承包人共同计量。

（2）现场计量的程序。如果承包人在收到监理工程师的计量通知后，不参加或未派人参加计量工作，根据规定，由监理工程师派出人员单方面进行的工程计量，经监理工程师批准的，应认为是正确的工程计量，可以用作支付的依据，承包人不可以对此种计量提出异议。

（3）驻地监理工程师对计量结果的审查包括两个方面：
① 计量的工程质量是否达到合同标准；
② 计量的过程是否符合合同条件。

（4）总监理工程师代表处对工程计量项目的审定，只有经总监理工程师审查批准的工程项目，才予以支付工程款项。

3. 工程计量的原则

(1) 所有工程项目,除个别注明者外,均采用中国法定的计量单位,即国际单位及国际单位制导出的辅助单位进行计量。

(2) 按合同提供的材料数量和完成的工程数量所采用的测量与计算方法,应经监理人批准或指示。

(3) 除非监理人另有准许,一切计量工作都应在监理人在场的情况下,由承包人测量、记录。有承包人签名的计量记录原本,应提交给监理人审查和保存。

(4) 工程量应由承包人计算,由监理人审核。工程量计算的副本应提交给监理人,并由监理人保存。

(5) 除合同特殊约定单独计量外,全部必需的模板、脚手架、装备、机具、螺栓、垫圈和钢制件等其他材料,应包括在工程量清单所列的有关支付项目中,均不单独计量。

(6) 除监理人另有批准外,凡超过图纸所示的面积或体积,都不予计量与支付。

(7) 承包人应严格标准计量基础工作和材料采购检验工作。因不符合计量规定引发的质量问题,所发生的费用由承包人承担。

🌐 **精选真题**

[2021年真题] 根据《公路工程标准施工招标文件》,关于工程量计量的说法,正确的是( )。

A. 除非监理工程师另有准许,一切计量工作都应在监理工程师在现场情况下,由承包人测量,监理工程师记录

B. 工程量应由承包人计算,由监理工程师审核,工程量计算原本应提交监理工程师保存

C. 除合同特殊约定单独计量外,全部必需的模板、脚手架和钢制件等材料均不单独计量

D. 凡超过图纸所示的面积或体积均不予计量

E. 钢筋混凝土按监理工程师认可并已完工工程的净尺寸计量,不扣除钢筋所占体积

答案:CE。选项C正确,除合同特殊约定单独计量之外,全部必需的模板、脚手架、装备、机具、螺栓、垫圈和钢制件等其他材料,应包括在工程量清单所列的有关支付项目中,均不单独计量。选项E正确,工程的计量,无论当地的习惯如何(除非合同中另有规定),计量必须以净值为准。

[考点 4] 公路工程施工进度款的结算

1. 工程价款的主要结算方式

(1) 按月结算:实行旬末或月中预支或不预支,月终结算,竣工后清算的办法。

(2) 竣工后一次结算:建设项目或单项工程全部建筑安装工程建设期在12个月以内,或者工程承包价值在100万元以下的,可以实行工程价款每月月中预支,竣工后一次结算。

(3) 分段结算:分段结算可以按月预支工程款。

(4) 目标结算方式:将承包工程的内容分解成不同的控制界面,以业主验收界面作为支付

工程价款的前提条件。

2. 合同价款价差的调整方法

(1)工程造价指数调整法。

(2)实际价格调整法。

(3)调价文件计算法。

(4)调值公式法。

3. 工程拖期的价款调整

(1)如果承包人未能在投标书附录中写明的工期内完成本合同工程,则在该交工日期以后施工的工程,其价格调整计算应采用该交工日期所在年份的价格指数作为当期价格指数。

(2)如果延期符合合同规定的情况,则在该延长的交工日期到期以后施工的工程,其价格调整计算应采用该延长的交工日期所在年份的价格指数作为当期价格指数。

⊕ **精选真题**

[2021年真题] 若因承包人原因,未能在合同约定工期内完成工程,则在约定交工日期以后施工的工程,其价格调整计算应采用(　　)。

A. 合同约定交工日期所在年份的价格指数作为当期价格指数

B. 合同约定交工日期所在年份的价格指数作为基期价格指数

C. 该延长的交工日期所在年份的价格指数作为当期价格指数

D. 该延长的交工日期所在年份的价格指数作为基期价格指数

答案:A。

[考点 5] 公路工程合同价款支付

1. 公路工程合同价款支付种类

(1)按时间分类:预先支付(即预付)、期中支付、交工结算、最终结清。

(2)按支付的内容分类:工程量清单内的付款、工程量清单外的付款,即基本支付和附加支付。

(3)按工程内容分类:土方工程、路基工程、路面工程、桥涵工程等。

(4)按合同执行情况分类:监理工程师进行正常支付和合同终止支付两类。

2. 公路工程合同价款支付的相关规定

(1)预付款。

分类	支付比例	支付条件	扣回与还清
开工预付款	一般为10%签约合同价	1.承包人和发包人已签订合同协议书。 2.承包人承诺的主要设备已进场	1.进度款累计达到合同价的30%后,开始扣回。 2.全部金额在进度付款证书的累计金额达到签约合同价的80%时扣完

(续表)

分类	支付比例	支付条件	扣回与还清
材料、设备预付款	按项目专用合同条款数据表中所列主要材料、设备单据费用的百分比支付	1. 材料、设备符合规范要求并经监理工程师认可。 2. 承包人已出具材料、设备费用凭证或支付单据。 3. 材料、设备已在现场交货,且存储良好	当材料、设备已用于或安装在永久工程之中时,材料、设备预付款应从进度付款证书中扣回,扣回期不超过3个月

(2)交工结算。

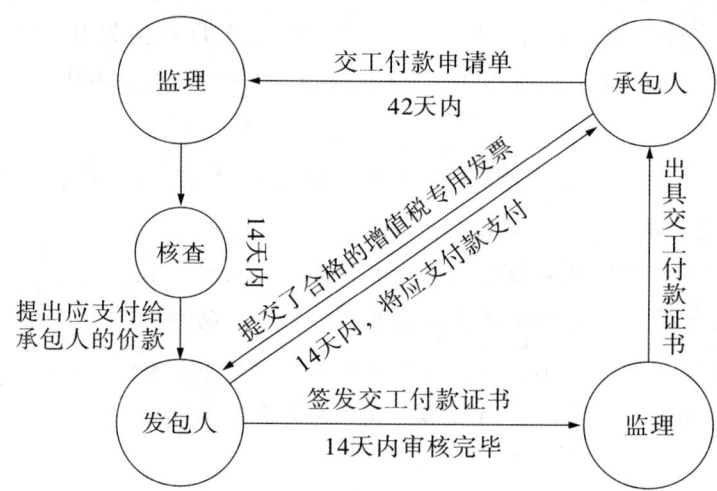

(3)最终结清。

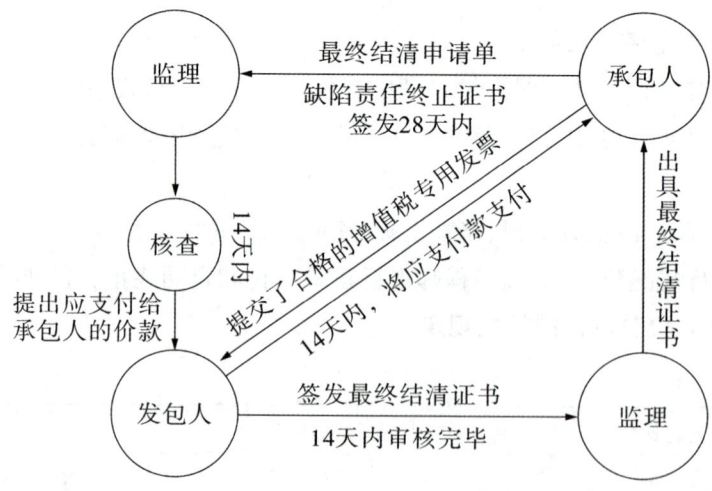

🌐 **精选真题**

[2022 年真题]根据《公路工程标准施工招标文件》,国内公路工程开工预付款金额的计算基数是(　　)。

A.扣除暂列金额后的合同价　　　　B.材料费总额

C. 签约合同款　　　　　　　　　　D. 工、料、机费用总额

答案：C。

[考点 6] **公路工程竣工结算文件的编制**

（1）竣工结算封面。

（2）竣工结算编制说明。

（3）第 100～700 章清单结算造价汇总计算表。

（4）工程签证单、联系单结算汇总表、材料价差计算表、业主供料计算表等内容。

（5）工程竣工结算资料，包括竣工图、施工合同、招标投标书、设计变更资料、现场签证资料、工程联系单、材料单价调价确认单等。

专题9　公路工程施工现场临时工程管理

复习提示 ▷ 根据往年出题特点，本专题主要以案例题的形式进行考查，考点相对集中，因此，在学习的过程中一定要理解记忆。

[考点 1] **项目部驻地建设**

1. 驻地选址

（1）驻地选址由项目经理负责在进场前组织相关人员按照施工、安全和管理的要求进行调查，确定选址方案。

（2）应远离地质自然灾害区域，用地合法。满足安全、环保、水保的要求，交通、通信便利，水电设施齐全。

（3）离集中爆破区 500m 以外，不得占用独立大桥下部空间、河道、互通匝道区及规划的取、弃土场。

2. 场地建设

（1）可自建或租用沿线合适的单位或民用房屋，但应坚固、安全、实用、美观，并满足工作和生活需求，自建房还应安装拆卸方便且满足环保要求。

（2）自建房屋最低标准为活动板房，建设宜选用阻燃材料，搭建不宜超过两层，每组最多不超过 10 栋，组与组之间的距离不小于 8m，栋与栋之间的距离不小于 4m，房间净高不低于 2.6m。驻地办公区、生活区应采用集中供暖设施，严禁电力取暖。

（3）宜为独立式庭院，四周设有围墙，有固定出入口。有条件的，可在出入口设置保卫人员。

（4）办公、生活用房建筑面积和场地面积应满足办公和生活需要。

办公用房类型	配备标准（m²）	备注
办公室	6	人均面积
会议室	60	具备多媒体功能
档案资料室	20	—
实验室	180	各操作室合计面积

3. 其他要求

（1）驻地内消防设施应满足《建设工程施工现场消防安全技术规范》的有关规定，在适当位置设置临时室外消防水池和消防砂池，配置相应的消防安全标识和消防安全器材，并经常检查、维护、保养。

（2）驻地内应设置消防通道，并保证消防车道的畅通，禁止在车道上堆物、堆料或挤占消防通道。

（3）生活污水排放应设置多级沉淀池，通过沉淀过滤达到排放标准。厕所污水应通过集中独立管道进入化粪池，封闭处理。

（4）驻地内应设置一个大型垃圾堆积池，容积不小于 3m×2m×1.5m，将各种垃圾集中存放，定期按环保要求处置。

（5）驻地内应设有必要的防雷设施，在条件允许情况下驻地应设置报警装置和监控设施。

（6）驻地内标志标牌设置可参考下表的规定执行。

标志名称	颜色、字体要求	标志内容及要求	设置位置
项目名称牌	金底黑字	项目名称及合同段名称	驻地大门
党工委名称牌	金底红字	—	驻地大门
办公室门牌	金底红字	—	各办公室门墙上
宿舍门牌	金底红字	—	各宿舍门墙上
项目管理制度牌（含职责牌）	白底黑字	岗位职责、管理制度、要求在牌底都有单位名称	办公室、会议室
廉政监督牌	白底黑字	廉政制度、领导小组、监督小组及监督电话	会议室或驻地院内
工程简介牌	蓝底白字		会议室或驻地院内
安全保障体系	蓝底白字		会议室
质量保证体系	蓝底白字		会议室
施工组织体系	蓝底白字		会议室
文明施工牌	蓝底白字		会议室或驻地院内
消防保卫牌	蓝底白字	底部应标有火警电话119	会议室或驻地院内
施工平面图	蓝底白字		会议室或驻地院内
工程立体效果图	白底彩图		会议室或驻地院内
宣传栏	—	可设置多窗	驻地院内

🌐 精选真题

1.［2022 年真题］关于项目部驻地建设的说法，正确的是（　　）。

A. 进场前组织相关人员按照工程安全、环保等要求进行现场查看，编制选址方案

B. 若自建房最低标准为活动板房,建设宜选用阻燃材料,搭建不宜超过三层

C. 生活污水排放应进行规划设计,并设置一级沉淀池

D. 在条件允许情况下,驻地可设置监控和报警装置,可不设防雷设置

2.[2020年真题]关于施工单位项目部驻地建设要求的说法,正确的有(　　)。

A. 自建房最低标准为活动板房,搭建不宜超过三层

B. 项目经理部人均办公面积一般不小于 $6m^2$

C. 生活污水排放应进行规划设计,设置一级沉淀池

D. 寒冷地区驻地办公区、生活区应采用集中供暖设计,严禁电力取暖

E. 驻地采用院落封闭管理,距离集中爆破区300m以外

答案:1. A。2. BD。

[考点 2] 预制场布设

(一)预制梁场布设

1. 场地选址

(1)场地选址原则是方便、合理、安全、经济及能满足工期。

(2)离集中爆破区500m以外;不得占用规划的取、弃土场。

(3)若确实存在特殊情况(用地困难等)需要将预制场设于主线征地范围内时,应报项目建设单位审批。

2. 场地布置

预制场位置	适用情况	特点或要求
路基外预制场	普遍适用	制梁区使用大型龙门吊
路基上预制场	在其他地方设置预制场困难	要求桥头引道上有较长的平坡,并且路基比较宽(一般应大于24m)
桥上预制场	现场没有预制场地,若在城外预制梁片,运梁十分困难	可考虑在桥墩之间拼装支架,要求预制台座可活动,大梁安装采用跨墩龙门吊较方便

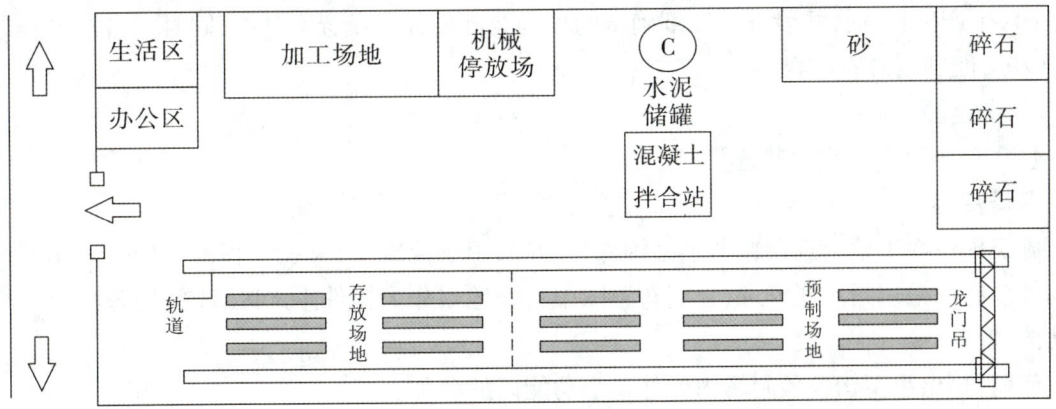

预制场平面示意图

3. 场地建设

(1)场地建设前施工单位应将梁场布置方案报监理工程师审批,方案内容应包含各类型梁板的台座数量、模板数量、生产能力、存梁区布置及最大存梁能力等。

(2)宜采用封闭式管理,场地内应按办公区、生活区、构件加工区、制梁区和存梁区、废料处理区等科学合理设置,功能明确,标识清晰。

(3)预制梁场应尽量按照"工厂化、集约化、专业化"的要求规划、建设,每个预制梁场预制的梁板数量不宜少于300片。

(4)设置自动喷淋养护设备,预制梁板采用土工布包裹喷淋养护(北方地区应根据气候情况采用蒸汽保湿养护),养护水应循环使用。

4. 预制梁板台座布设

(1)预制梁板的台座强度应满足张拉要求,先张法施工的张拉台座不得采用重力式台座,应采用钢筋混凝土框架式台座。

(2)底模宜采用通长钢板,不得采用混凝土底模。

(3)用于存梁的枕梁应设在离梁两端面各50~80cm处。

(4)设计文件无规定时,空心板叠层不得超过3层,小箱梁和T形梁堆叠存放不得超过2层。

(二)小型构件预制场布设

1. 场地选址

(1)以方便、合理、安全、经济及满足工期为原则。

(2)合法用地,周围无地质灾害;离集中爆破区500m以外;不得占用规划的取、弃土场。

2. 场地建设

(1)宜采用封闭式管理,场地内应按构件生产区、存放区、养护区、废料处理区等科学合理设置,功能明确,标识清晰。

(2)预制场的建设规模应结合小型构件预制数量和预制工期等参数来规划,场地面积一般不小于2000m^2。

(3)场内路面宜做硬化处理,主要运输道路应采用不小于20cm厚的C20混凝土硬化。

(4)生产区根据合同段设计图纸确定的预制构件的种类设置生产线,同时配备小型拌合站1座(尽可能利用既有拌合站)。

🌐 精选真题

[2020年真题·案例节选]

背景资料

施工单位在工地附近设置了小型构件预制场,用于混凝土护栏、里程碑等构件的预制。小型构件预制场采用封闭式管理,平面布置图中将场地划分为构件生产区、废料处理区等4个主要功能区。

问题: 写出小型构件预制场内另外2个功能区的名称。

答案: 另外2个功能区为:存放区、养护区。

[考点 3] 拌合站设置

1. 拌合站选址

(1) 合法用地,周围无地质灾害;离集中爆破区 500m 以外;不得占用规划的取、弃土场。

(2) 拌合站尽量靠近主体工程施工部位,做到运输便利、经济合理,并远离生活区、居民区,尽量设在生活区、居民区的下风向。

2. 场地建设

(1) 拌合站应根据工程实际情况集中布置,宜采用封闭式管理,四周设置围墙,入口设置大门和值班室。

(2) 场地面积:水泥混凝土拌合站≥5000m^2;沥青混合料拌合站≥3500m^2;稳定土拌合站≥15000m^2。

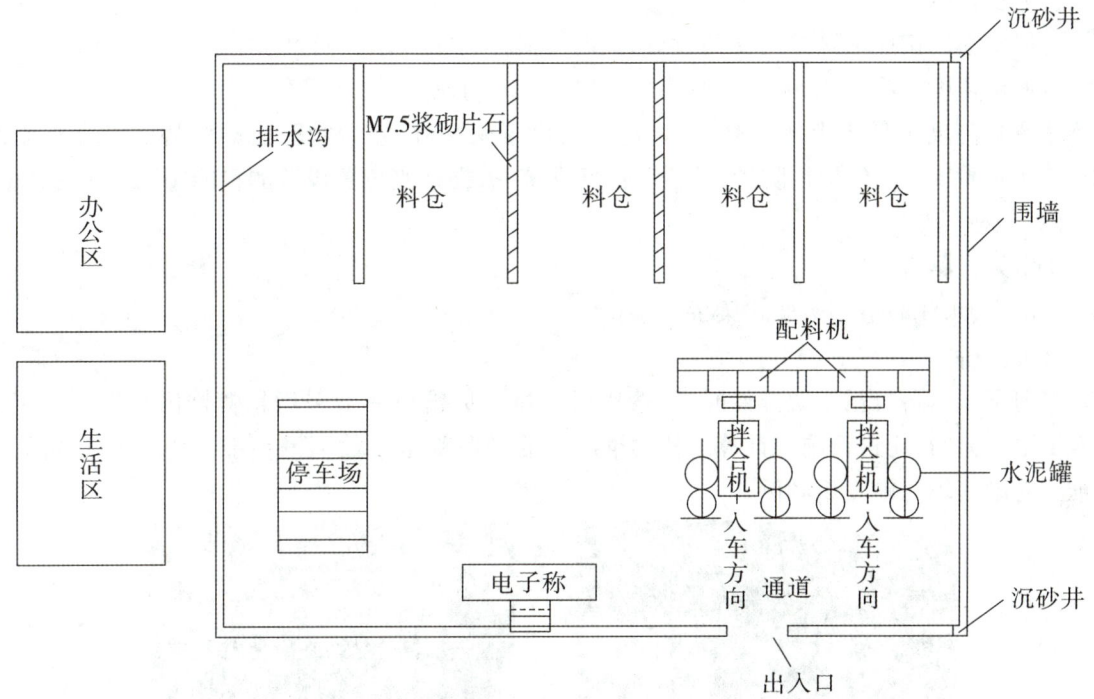

某水泥混凝土拌合站平面布置示意图

3. 拌合设备要求

(1) 混凝土拌合应采用强制式拌合机,单机生产能力不宜低于 90m^3/h。

(2) 水稳拌合应采用强制式拌合机,设备具备自动计量功能,一般设自动计量补水器加水。

(3) 沥青混合料采用间歇式拌合机,配备计算机及打印设备。

[考点 4] 便道、便桥建设

1. 便道、便桥建设一般规定

(1) 施工便道、便桥的建设应满足施工需要,尽量结合地方道路规划进行专项设计,尽可能提前实施,完工后尽量留地方使用。

(2) 新建便道、便桥应尽量不占用农田,少开挖山体,节约资源,保护环境。

(3)施工便道、便桥应充分利用既有道路和桥梁。

(4)施工便道、便桥应结合施工平面布置,满足工程施工机械、材料进场的要求。

(5)施工便道分为主干线和引入线,主干线尽可能靠近合同段各主要工点,引入线以直达施工现场为原则,并考虑与相邻合同段施工便道的衔接。

2. 便道建设

公路施工便道建设标准:

(1)便道单车道路基宽度不小于4.5m,路面宽度不小于3.0m。

(2)在条件允许的情况下,便道路面可采用隧道洞渣或矿渣铺筑。特大桥、隧道洞口、拌合站和预制场等大型作业区进出便道200m范围路面宜采用不小于20cm厚的C20混凝土硬化。

3. 便桥建设

(1)建设标准。

①便桥结构按照实际情况专门设计,同时应满足排洪要求,人行便桥宽度不小于2.5m,人车混行便桥宽度不小于4.5m。若便桥长度超过1km,宜适当增加宽度。

②便桥高度不低于上年最高洪水位,桥头设置限高、限重、限超速标牌,桥面设立柱间距1.5~2.0m、高1.2m的护栏防护,护栏颜色标准统一,在适当位置设置醒目的警示反光标志。

(2)便桥类型。

①墩架式梁桥。

当河窄、水浅时适用墩架式梁桥。

②贝雷桥。

当河宽且具备贝雷桁架部件时,可选用贝雷桥。贝雷桥一般采用悬臂推出法架设。用悬臂推出法架梁时,应进行施工计算。桥梁推出时的倾覆稳定系数不得小于1.2,以防止桥梁尚未推至对岸滚轴之前发生倾倒。

墩架式梁桥

贝雷桥

[提示] 贝雷桥是装配式公路钢桥的俗称。

③浮桥、索桥。

由于任务紧急,临时桥梁的修建不能短期完成时,或河水很深,河床泥土松软,桩基承载力不够且施工困难时,或河流通航,墩架梁桥净宽、净高不能满足要求时,可以考虑建造部分桥段易于拆散、组建的浮桥。

当遇深山峡谷时,可选用索桥。

浮桥

🌐 精选真题

1.[2019年真题]贝雷便桥架设常用悬臂推出法,推出时倾覆稳定系数应不小于( )。
A.1.2　　　　B.1.3　　　　C.1.5　　　　D.2.0

2.[2022年真题]关于便道、便桥的说法,正确的有( )。
A.便道路面宽度不小于3m,原则上每300m范围内应设置一个长度不小于20m、路基宽度不小于5.5m的错车道
B.人车混行便桥宽度不小于4.5m
C.便道路口应设限速标志,跨越(临近)道路施工应设置警告标志,危险段应设置防护及警告标牌
D.途经小桥应设置限载、限宽标志
E.便桥桥面设立柱间距1.5~2.0m、高1.2m的栏杆防护

答案:1.A。2.BCDE。

专题10　公路工程施工机械设备的使用管理

复习提示▷ 本专题主要有两方面的内容:一方面是各种施工机械的特点、用途等;另一方面是施工时施工机械的配置与组合。从往年试题来看,本专题可以作为案例题进行考查,偶尔会以选择题考查,分值占比不算高。

[考点1] 公路工程施工机械设备的生产能力及适用条件

1.土方机械

机械类型	适用条件及用途	图示
推土机	1.主要用于50~100m短距离作业。 2.装有推土铲刀的推土机,主要对土石方或散状物料进行切削或短距离搬运。 3.一般适用于季节性较强、工程量集中、施工条件较差的施工环境。 4.分为中型(59~103kW)、大型(118~235kW)和特大型(大于235kW)三种	
装载机	1.主要用来铲、装、卸、运散装物料,也可对岩石、硬土进行轻度铲掘作业,短距离转运工作。 2.主要用于工程的填挖,沥青和水泥混凝土料场的集料、装料等作业。 3.分为小于74kW、74~147kW、147~515kW和大于515kW四种生产能力	

(续表)

机械类型	适用条件及用途	图示
挖掘机	1. 主要用于土石方的挖掘装载,包括单斗挖掘机和多斗(轮斗式)挖掘机。 2. 遇到开挖量大的路堑和填筑高路堤等大工程量时,选用挖掘机配合运输车辆组织施工比较合理	
铲运机	1. 工作方式为循环作业式,由铲土、运土和回驶三部分组成。 2. 主要用于中距离的大规模土方转运工程。 3. 分为小型(小于 $5m^3$)、中型($5\sim15m^3$)、大型($15\sim30m^3$)和特大型(大于 $30m^3$)四种	
平地机	1. 主要用于路基、砂砾路面的整平及土方工程中场地整形和平地作业。 2. 可用于修整路基的横断面、修刮路堤和路堑的边坡、开挖边沟和路槽等。 3. 在路基上拌合稳定土或其他路面材料、摊铺材料,修整和养护土路、松土、回填、清除杂草和积雪等。 4. 分为轻型:刮刀长度小于 3m,发动机功率 44~66kW;中型:刮刀长度 3~3.7m,发动机功率 66~110kW;重型:刮刀长度3.7~4.2m,发动机功率 110~220kW	

2. 石方机械

(1)凿岩机械。

凿岩机械有凿岩机、钻孔机。凿岩机是石质隧道和石料开采等石方工程钻炮眼的主要工具,还可以用来改作破坏器,用于破碎原有混凝土之类的坚硬层。

(2)破碎及筛分机械。

项目	种类	适用破碎石块范围
破碎机械	颚式破碎机	粗碎和中碎
	锥式破碎机	中碎和细碎
	锤式破碎机	中碎和细碎
	反击式破碎机	粗碎、中碎和细碎
	辊式破碎机	中碎和细碎
筛分设备	干湿、湿式	已经破碎的石料或者材料场的砂砾石

颚式破碎机　　　锥式破碎机　　　锤式破碎机　　　反击式破碎机　　　辊式破碎机

3. 压实机械

(1)压实机械分类。

按压实作用原理分为静作用碾压机械、振动式碾压机械和夯实机械三种类型。

①静作用碾压机械包括各种型号的光轮压路机、轮胎压路机(简称轮胎碾)、羊足压路机(简称羊足碾)、凸块压路机(简称凸块碾)及各种拖式压滚等。

②振动式碾压机械(简称振动碾)包括单钢轮振动压路机和双钢轮振动压路机。双钢轮振动压路机分为轻型(2~4t)、中型(5~8t)和重型(10~14t)。

③夯实机械主要用于夯实土壤,分为冲击夯实和振动夯实两类。冲击式打夯机分为轻型(0.8~1kJ)、中型(1~10kJ)、重型(10~50kJ)。振动式打夯机分为轻型(<2t)、中型(2~4t)、重型(4~8t)。

(2)压实机械的适用范围。

分类	适用范围	图示
光轮振动压路机	压实非黏土壤、碎石、沥青混凝土及沥青混凝土铺层	
羊足或凸块压路机	压实非黏土,也可压实含水量不大的黏性和细粒砂砾石混合料	
YZ(单钢轮)系列振动压路机	各种材料的基础层、次基础层及填方的压实作业	
YZC(双钢轮)系列振动压路机	高等级公路、机场、停车场及工业性场院等工程施工中的沥青混凝土、水泥混凝土等面层的压实,也适用于大型基础、次基础及路堤填方的压实	
XP(轮胎)系列压路机	各种材料的基础层、次基础层、填方及沥青面层的压实作业	

4. 路面机械

(1)沥青混凝土搅拌设备。

①沥青混凝土搅拌设备分为间歇式和连续滚筒式。高等级公路建设应使用强制间歇式搅拌设备,连续滚筒式搅拌设备用于普通公路建设。

②沥青混合料拌合设备的生产能力按每小时拌合成品料的数量确定。分为小型（40t/h以下）、中型（40~350t/h）和大型（400t/h以上）。沥青混合料拌合设备的生产率是按每小时拌制混合料的吨数计算。

（2）沥青混凝土摊铺机。

沥青混凝土摊铺机按行走方式分为自行式和拖式，自行式摊铺机又可分为履带式、轮胎式及复合式。

①沥青混凝土摊铺机的生产能力：以其最大摊铺宽度确定，一般按摊铺宽度分为小型（3.6m）、中型（4~6m）、大型（6~10m）和超大型（10~12m）。

沥青混凝土摊铺机的生产能力计算公式：

$$Q = hBv_0 \rho K_B$$

式中　h——摊铺层厚度（m）；

　　　B——摊铺带宽（m）；

　　　v_0——摊铺工作速度（m/h）；

　　　ρ——沥青混合料密度（t/m³）；

　　　K_B——时间利用系数（0.75~0.95）。

[提示] 着重记忆各字母代表的参数。

②沥青混凝土摊铺机的适用范围。

最大摊铺宽度（mm）	适用范围
<3600	主要用于路面养护和城市街道路面修筑工程
4000~6000	主要用于一般公路路面的修筑和养护
7000~9000	主要用于高等级公路路面工程
>9000	主要用于业主有要求的高速公路路面施工

（3）水泥混凝土搅拌设备。

水泥混凝土搅拌设备分为水泥混凝土搅拌机和水泥混凝土搅拌站（楼）两大类。混凝土搅拌机按其结构形式分为鼓筒式、双锥反转出料式和强制式。

（4）水泥混凝土摊铺机。

水泥混凝土摊铺机分为轨道式和滑模式。其生产能力按每分钟摊铺混凝土的数量计算。

①连续式摊铺机的生产率可由下式计算：

$$Q = 1000hBv_p K_B$$

式中　h——摊铺层厚度（m）；

　　　B——摊铺层宽度（m）；

　　　v_p——摊铺速度（km/h）；

　　　K_B——时间利用系数。

②进料斗的摊铺机生产率可由下式计算：
$$Q = 3600V/(t_1 + t_2 + t_3 + t_4)$$
式中　V——摊铺斗的有效容积（m^3）；

　　　t_1——摊铺斗装料时间（s）；

　　　t_2——混凝土混合料摊铺时间和摊铺斗返回装料时间（s）；

　　　t_3——摊铺机转到下一个工位所耗时间（s）；

　　　t_4——混合料从进料斗转装到摊铺斗内所耗的时间（s）。

直接装卸的箱式摊铺机的生产率可由下式计算：
$$Q = 3600V/(t_1 + t_2 + t_3)$$

（5）石屑撒布机、粉料撒布机。

①撒布石屑的专用机械，由斗容积确定一次性生产能力，适用于层铺法铺筑沥青路面；可分为拖式、悬挂式和自行式。

②粉料撒布机由设备装载质量决定生产能力，适用于道路稳定土路拌施工中撒布粉料。

（6）稳定土厂拌设备、稳定土拌合机。

①稳定土厂拌设备分为移动式、固定式等结构形式。按生产能力分为小型（200t/h 以下）、中型（200~400t/h）、大型（400~600t/h）和特大型（600t/h 以上）。

②稳定土拌合机的生产能力由拌合宽度、深度和工作行进速度决定，主要适用于路拌法施工。

5．桥梁施工机械

（1）桥梁基础钻孔设备。

设备类型	适用范围
全套管钻机	大型桥梁钻孔桩的钻孔施工
旋转钻机	有钻杆旋转钻机可以应付各种覆盖层直到极硬的岩层；潜水钻机可以完成直径 1~3m 桩的施工
螺旋钻机	用于灌注桩、深层搅拌桩、混凝土预制桩钻打结合法等工艺，适用土质的地质条件
冲击钻机	用于灌注桩钻孔施工，尤其在卵石、漂石地质条件下具有明显的优点
回转斗钻机	适用于除岩层外的各种土质地质条件
液压旋挖钻孔机	适用于除岩层、卵石、漂石外的各种土质地质条件，尤其在市政桥梁及场地受限的工程中使用

（2）桥梁上部施工机械。

①预应力张拉成套设备主要由千斤顶、油泵车、卷管机、穿索机和压浆机组成。

②架桥设备。用于桥梁钢筋混凝土结构梁的吊装，主要有导梁式、缆索式和专用架桥设备。

6. 隧道施工机械设备

机械设备	适用条件	生产能力决定因素
凿岩台机	用于地质条件好,不需要临时支护的大断面隧道施工	—
喷锚机械	主要用于隧道工作面进行支撑时,进行混凝土喷射和在岩体中打入锚杆	—
臂式隧道掘进机	集开挖、装卸于一体的隧道掘进机	选用机型与地质条件
衬砌设备	专用于隧道工程衬砌混凝土、衬砌模板设备	选用机型与地质条件
全断面隧道掘进机	岩层中进行隧道掘进,刀头直径与开挖隧道的直径大小一致	设计和地质条件
盾构机	集开挖、支护、衬砌等多种作业于一体的大型隧道施工机械	设计和地质条件

精选真题

1. [2022年真题]沥青混凝土搅拌设备分为(　　)。

   A. 强制式搅拌设备和连续式搅拌设备

   B. 自落式搅拌设备和连续滚筒式搅拌设备

   C. 间歇式搅拌设备和连续滚筒式搅拌设备

   D. 间歇式搅拌设备和强制式搅拌设备

2. [2021年真题]一级公路沥青混凝土路面的沥青混合料搅拌设备应使用(　　)。

   A. 自落间歇式搅拌设备　　　　　　B. 强制间歇式搅拌设备

   C. 连续滚筒式搅拌设备　　　　　　D. 间断滚筒式搅拌设备

3. [2021年真题]公路工程中既能平整场地、清除表土,又能修补路基的机械是(　　)。

   A. 铲运机　　　　　　　　　　　　B. 拌合机

   C. 平地机　　　　　　　　　　　　D. 铣刨机

4. [2019年真题]稳定土拌合设备按生产能力分为小型、中型、大型和特大型四种,大型稳定土拌合设备的生产能力是(　　)t/h。

   A. 200～300　　　　　　　　　　　B. 200～400

   C. 400～500　　　　　　　　　　　D. 400～600

5. [2019年真题]计算沥青混合料摊铺机生产率时,应考虑的参数有(　　)。

   A. 铺层厚　　　　　　　　　　　　B. 摊铺带宽

   C. 材料运输速度　　　　　　　　　D. 沥青混合料密度

   E. 时间利用系数

   答案:1.C。2.B。3.C。4.D。5.ABDE。

[考点 2] 公路工程主要机械设备的配置与组合

工程类型	施工方法/阶段	机械配置
路基工程	清基和料场准备	推土机、挖掘机、装载机和平地机等
	土方开挖	推土机、铲运机、挖掘机、装载机和自卸汽车
	石方开挖	挖掘机、推土机、移动式空气压缩机、凿岩机、爆破设备等
	土石填筑	推土机、铲运机、羊足碾、压路机、洒水车、平地机和自卸汽车等
	路基整形	平地机、推土机和挖掘机等
路面基层	摊铺平整机械	拌合料摊铺机、平地机、石屑或场料撒布车
	装运机械	装载机和运输车辆
	压实设备	压路机
	清除设备和养护设备	清除车、洒水车
桥梁上部施工	顶推法	油泵车、大吨位千斤顶、穿心式千斤顶、导向装置
	滑模施工方法	支架、卷扬机、油泵、油缸、钢模板
	悬臂施工方法	吊车、悬挂用专门设计的挂篮设备等
	预制吊装施工方法	各类吊车或卷扬机、万能杆件、贝雷架等
	满堂支架现浇法	各类万能杆件、贝雷架和各类轻型钢管支架等
隧道工程	暗挖施工法	1. 钻孔机械:风动凿岩机、液压凿岩机、凿岩台车。 2. 装药台车。 3. 找顶及清底机械。 4. 初次支护机械:锚杆台车、混凝土喷射机。 5. 注浆机械(包括钻孔机、注浆泵)。 6. 装渣机械(包括轮胎式、履带式装载机、扒爪装岩机、耙斗式装岩机、铲斗式装岩机)。 7. 运输机械(包括自卸汽车、矿车)。 8. 二次支护衬砌机械:模板衬砌台车(混凝土搅拌站、搅拌运输车、混凝土输送泵)

🌐 精选真题

[2018 年真题]可用于隧道二次衬砌的施工机械设备有(　　)。

A. 锚杆台车　　　　　　　　　　B. 混凝土喷射机
C. 混凝土搅拌站　　　　　　　　D. 搅拌运输车
E. 混凝土输送泵

答案:CDE。

强化练习

一、单项选择题

1. 最终产品质量责任的承担者,要代表企业对业主全面负责的是( )。
   A. 项目经理部
   B. 业主
   C. 质量监督机构
   D. 交通运输主管部门

2. 重大施工方案由( )审核。
   A. 项目总工程师
   B. 总监理工程师
   C. 施工单位技术负责人
   D. 施工单位技术管理部门

3. 场内运输形式的选择及线路的布设,应力求( ),尽量减少二次倒运和缩短运距。
   A. 材料直达工地
   B. 成本最低
   C. 满足施工平面图
   D. 保护施工现场

4. 公路工程施工总平面布置图的设计原则中,场区规划必须科学合理,应以( )为依据,并有利于生产的连续性。
   A. 生产流程
   B. 施工组织设计
   C. 施工方案
   D. 平面布置图

5. 下列施工组织方法中,不属于公路施工过程基本组织方法的是( )。
   A. 顺序作业法
   B. 平行作业法
   C. 流水作业法
   D. 交叉作业法

6. 工地实验室设备管理中,使用状态标识为"合格"时,用( )色标签进行标识。
   A. 红
   B. 黄
   C. 绿
   D. 蓝

7. 对结构安全、耐久性和主要使用功能起决定性作用的检查项目为关键项目。机电工程之外的关键项目的合格率不得低于( )。
   A. 80%
   B. 90%
   C. 95%
   D. 100%

8. 根据施工测量的需要,确定在设计控制网点的基础上进行加密或重新布设测量控制网点,相邻加密桩点保证通视且间距不宜超过( )m。
   A. 200
   B. 250
   C. 300
   D. 500

9. 小型机具洒布沥青时,喷头不得朝外,喷头( )m范围内不得站人,不得逆风作业。
   A. 5
   B. 10
   C. 15
   D. 20

10. 特种设备使用单位应当在设备投入使用前或者投入使用后( )天内到设备所在地市级以上的特种设备安全监督管理部门办理特种设备使用登记。
    A. 7
    B. 14
    C. 28
    D. 30

11. 水泥混凝土面层质量检验的实测项目不包括( )。
    A. 弯拉强度
    B. 纵横缝顺直度
    C. 平整度
    D. 断面尺寸

12. 现浇墩、台身面层质量检验的实测项目包括( )。
    A. 混凝土强度
    B. 压实度
    C. 抗滑构造深度
    D. 渗水系数

13. 关于安全网质量的说法,错误的是( )。
    A. 作业面与水平安全网之间的高差不得超过2m
    B. 作业面与水平安全网之间的高差不得超过3m

C. 水平安全网与坠落高度基准面的距离不得小于0.2m

D. 作业面与坠落高度基准面高差超过2m且无临边防护装置时,临边应挂设水平安全网

14. 工程价款的结算方法不包括( )。

A. 按周结算

B. 按月结算

C. 竣工后一次结算

D. 分段结算

15. 相比较而言,主要用于50~100m的短距离作业的设备是( )。

A. 拖式铲运机

B. 自行式铲运机

C. 装载机、翻斗车

D. 推土机

16. 关于公路工程自建房屋的要求,错误的是( )。

A. 最低标准为活动板房

B. 建设宜选用阻燃材料

C. 搭建不宜超过三层

D. 每组最多不超过10栋

17. 重大施工方案应( )。

A. 由项目经理组织编制,施工单位技术管理部门组织审核

B. 由项目技术负责人组织编制,项目经理组织审核

C. 由项目总工程师组织编制,施工单位技术管理部门组织审核

D. 由施工单位技术管理部门组织编制,总监理工程师组织审核

18. 施工现场临时用电工程专用的低压电力系统必须符合( )。

A. 二级配电,一级保护

B. 一级配电,一级保护

C. 三级配电,二级保护

D. 三级配电,三级保护

19. 分包合同履行过程中,当分包人认为自己的合法权益受到损害时,分包人可向( )提出索赔要求。

A. 承包人   B. 发包人

C. 监理人   D. 法院

20. 施工企业和项目经理部签订责任书的主要依据是( )。

A. 项目预算(直接)成本

B. 计划预算(直接)成本

C. 实际预算(直接)成本

D. 责任目标成本

21. 工程计量的组织类型不包括( )。

A. 监理工程师独立计量

B. 承包人进行计量

C. 监理工程师与承包人共同计量

D. 监理工程师与业主共同计量

22. 关于便桥建设的说法,错误的是( )。

A. 结构按照实际情况设计,同时要满足排洪需要

B. 高度不低于上年最高水位

C. 当河窄、水浅时可选用易于拆散、组建的浮桥

D. 墩架式梁桥基础常采用混凝土基础和钢桩基础

23. 高处作业场所应设置安全网,下列不符合规范要求的是( )。

A. 作业面与坠落高度基准面高差超过5m且无临边防护装置时,临边应挂设水平安全网

B. 安全网安装或拆除应根据现场条件采取防坠落安全措施

C. 作业面与水平安全网之间的高差不得超过3m

D. 水平安全网与坠落高度基准面的距离不得小于0.2m

24. 路面工程两结构层之间的施工速度为前道工序速度快于后道工序,应选用的搭接方式是( )。
   A. 从开始到开始 B. 从完成到完成
   C. 从开始到完成 D. 从完成到开始

25. 下列属于公路工程流水施工中常用的工艺参数的是( )。
   A. 施工过程数 B. 工作面
   C. 流水节拍   D. 技术间歇

26. 超过一定规模的危险性较大的分部分项工程专项方案应当由( )组织召开专家论证会。
   A. 业主   B. 设计单位
   C. 施工单位   D. 监理单位

27. 下列检测项目中,不属于沥青混凝土桥面铺装施工质量检验实测项目的是( )。
   A. 弯沉值   B. 厚度
   C. 平整度   D. 抗滑构造深度

28. 公路施工合同条款中规定,下列文件中,优先级最低的是( )。
   A. 项目专用合同条款
   B. 中标通知书
   C. 已标价工程量清单
   D. 公路工程专用合同条款

29. 工程变更分为一般工程变更、重要工程变更、重大工程变更,其中重要工程变更由( )批准。
   A. 驻地监理工程师
   B. 总监理工程师
   C. 业主
   D. 国家计划主管部门

30. 关于预制梁板台座施工的说法,错误的是( )。

A. 先张法施工的张拉台座应采用钢筋混凝土框架式台座
B. 台座施工时底模可采用混凝土底模
C. 存梁区台座混凝土强度等级不低于C20
D. 台座底模宜采用通长钢板

31. 桥梁灌注桩钻孔施工时,在卵石地质条件下具有明显优点的施工机械是( )。
   A. 螺旋钻机   B. 冲击钻机
   C. 回转斗钻机 D. 液压旋挖钻机

32. 关于施工段落划分应符合的原则的说法,错误的是( )。
   A. 各段落之间工程量要基本平衡
   B. 避免造成段落之间的施工干扰
   C. 工程性质相同的地段或施工技术相同的地段尽可能化整为零
   D. 尽可能保持构造物的完整性

33. 项目经理部实行( )负责制。
   A. 项目经理   B. 项目总工程师
   C. 建设单位负责人 D. 企业法定代表人

34. 关于平行作业法主要特点的说法,正确的是( )。
   A. 没有充分利用工作面进行施工,(总)工期较长
   B. 每天投入施工的劳动力、材料和机具的数量比较少
   C. 施工现场的组织、管理比较简单
   D. 不强调分工协作,各作业单位都是间歇作业

35. 关于进度计划检查方式的说法,正确的是( )。
   A. 由总监理工程师现场跟踪检查公路工程的实际进展情况
   B. 由驻地监理人员定期组织现场施工负责人召开现场会议
   C. 项目部定期地收集由承包单位提交的

有关进度报表资料

D. 上次检查提出问题的处理情况

36. 施工测量是工程建设的重要环节,其应遵循的测量布局原则是( )。

A. 由整体到局部 B. 由下到上
C. 由高级到低级 D. 先控制后碎部

37. 关于工地试验外委管理的说法,错误的是( )。

A. 外委试验应向项目建设单位报备
B. 接受外委试验的检测机构应取得《公路水运工程试验检测机构等级证书》
C. 外委试验取样、送样过程应进行见证
D. 同一合同段中的施工、监理单位和检测机构可以将外委试验委托给同一家检测机构

38. 根据《公路工程施工安全技术规范》,下列隧道分部分项工程中,不管规模大小,都必须组织专家对其专项方案进行论证的是( )。

A. 中风险断层
B. V级围岩的隧道工程
C. 瓦斯隧道
D. 水下隧道

39. 下列压实机械中,既可压实非黏性土,又可压实含水率不大的黏性和细粒砂的是( )。

A. 羊足振动压路机
B. 轮胎压路机
C. 光轮振动压路机
D. 静碾钢轮压路机

40. 关于高处作业安全管理措施的说法,正确的是( )。

A. 高处作业不得同时上下交叉进行
B. 水平安全网与坠落高度基准面的距离不得小于0.5m
C. 安全带的安全绳可以打结使用
D. 安全带应低挂高用

41. 关于悬臂浇筑施工风险控制措施的说法,错误的是( )。

A. 挂篮加工完成后应先进行试拼
B. 挂篮的抗倾覆安全系数不得小于1.5
C. 挂篮应呈全封闭状态,四周应有围护设施
D. 挂篮行走滑道应平顺、无偏移

42. 根据《公路工程标准施工招标文件》,除项目专用合同条款另有约定外,以下各项中解释合同文件优先的是( )。

A. 技术规范
B. 通用合同条款
C. 投标函及投标函附录
D. 工程量清单计量规则

43. 分包工程实施现场监督检查时,( )应对分包工程实施现场监管,及时发现分包工程在质量、进度等方面的问题,由( )采取措施处理。

A. 业主;承包人 B. 监理人;分包人
C. 承包人;分包人 D. 监理人;承包人

44. 监理工程师在收到承包人书面建议后,应与发包人共同研究,确认存在变更的,应在收到承包人书面建议后的( )天内做出变更指示。

A. 7   B. 14
C. 28   D. 30

45. 下列延误索赔结果划分中,既不是承包商也不是业主的原因,而是由客观原因引起的工期延误属于( )。

A. 可原谅可补偿的延误
B. 可原谅不可补偿的延误
C. 不可原谅不可补偿的延误
D. 不可原谅可补偿的延误

46. 计划成本偏差反映现场施工成本在计划阶段的预控情况,其是指(　　)与(　　)的差值。
    A. 施工预算成本;责任目标成本
    B. 施工图预算成本;责任目标成本
    C. 施工预算成本;实际直接成本
    D. 施工图预算成本;实际直接成本

47. 根据《公路工程建设项目概算预算编制办法》,安全生产费属于项目预算总成本中的(　　)。
    A. 直接费   B. 措施费
    C. 专项费用   D. 现场管理费

48. 根据《公路工程建设项目概算预算编制办法》,下列属于措施费的是(　　)。
    A. 安全生产费
    B. 施工场地建设费
    C. 优质工程增加费
    D. 工地转移费

49. 由基本费用、主副食运输补贴、职工探亲路费、职工取暖补贴和财务费用等费用组成的费用总和称为(　　)。
    A. 直接费   B. 企业管理费
    C. 措施费   D. 现场管理费

50. 关于预制梁板台座布设的要求,错误的是(　　)。
    A. 底模宜采用通长钢板,不得采用混凝土底模
    B. 用于存梁的枕梁应设在离梁两端面各50~80cm处
    C. 设计文件无规定时,空心板叠层不得超过2层
    D. 梁板预制完成后,移梁前应对梁板喷涂统一标识和编号

51. 下列混合料中,需要采用间歇式拌合机拌合的是(　　)。
    A. 纤维混凝土   B. 水泥稳定碎石
    C. 石灰稳定土   D. 沥青混合料

52. 下列土方机械中,主要用于中距离的大规模土方转运工程的机械是(　　)。
    A. 推土机   B. 铲运机
    C. 装载机   D. 挖掘机

53. 沥青混合料拌合设备按生产能力分为小型、中型和大型三种,属于中型沥青混合料拌合设备生产能力的是(　　)t/h。
    A. 30   B. 100
    C. 400   D. 600

54. 季节性施工一般主要是指工程在(　　)的施工。
    A. 冬期和春期   B. 冬期和夏期
    C. 冬期和雨期   D. 夏期和雨期

55. 施工平面布置图包含的内容一般不包括(　　)。
    A. 原有地形、地物
    B. 距离施工现场较远的城镇
    C. 安全消防设施
    D. 施工防排水临时设施

56. 关于公路工程施工总平面布置图的设计原则的说法,错误的是(　　)。
    A. 必须符合安全生产、环保、消防和文明施工的规定和要求
    B. 充分考虑水文、地质、气象等自然条件的影响
    C. 在保证施工顺利的前提下,充分利用原有地形、地物,禁占农田
    D. 场内运输形式的选择及线路的布设,应力求材料直达工地,尽量减少二次倒运

57. 关于施工组织设计编制应注意的问题的描述,错误的是(　　)。
    A. 编制时,必须对施工有关的技术经济条件进行广泛和充分的调查研究

B. 竞标性施工组织设计,在编制过程中时刻要能反映施工单位的利益要求

C. 当建设工程实行总包和分包时,应由总包单位负责编制施工组织设计

D. 施工单位中标后,必须编制具有实际指导意义的标后施工组织设计

58. 在确定危险源控制措施时,风险控制方法有:①替代;②标志、警告或管理控制;③工程控制措施;④消除;⑤个人防护设备。正确的选择顺序是( )。

A. ①→②→③→④→⑤

B. ④→②→③→①→⑤

C. ②→③→④→①→⑤

D. ④→①→③→②→⑤

59. 根据流水施工组织原理,异步距异节拍流水实质上是按无节拍流水组织,引入流水步距的概念是为了( )。

A. 计算流水工期

B. 消除流水施工中存在的窝工现象

C. 统计资源需要量

D. 分析流水强度

60. 关于路面工程线性流水施工组织的说法,错误的是( )。

A. 一般路面各结构层施工的速度不同,从而持续时间往往不同

B. 相邻结构层之间的速度决定了相邻结构层之间的搭接类型,前道工序的速度快于后道工序时选用完成到完成搭接类型

C. 相邻结构层工序之间的搭接时距的计算公式为时距=最小工作面长度/两者中快的速度

D. 影响每个施工段上施工速度和持续时间的因素有水泥稳定碎石的延迟时间、沥青拌合能力、温度要求、摊铺速度、养护时间、最小工作面的要求等

61. 下列属于公路工程常用的流水参数中的时间参数的是( )。

A. 施工过程数 B. 流水强度

C. 流水步距   D. 施工段

62. 公路工程进度计划的主要形式中,既能反映各分部(项)工程的进度,又能反映工程总体进度的是( )。

A. 时标网络图

B. "S"曲线和横道图结合的公路工程进度表

C. 单代号搭接网络图

D. "S"曲线

63. 在对进度计划进行计划目标与施工能力的适应性审查时,应审查( )。

A. 施工总工期的安排应符合合同工期

B. 主要骨干人员及施工队伍的进场日期已经落实

C. 各项施工方案和施工方法应与施工经验和技术水平相适应

D. 所需主要材料和设备的运送日期已有保证

64. "前锋线比较法"主要适用于( )的进度计划检查。

A. 时标网络图 B. "S"曲线

C. 横道图   D. "香蕉"形曲线

65. 公路工程进度计划图中,斜率越大表明进度越慢的图是( )。

A. 横道图 B. "S"曲线

C. 垂直图 D. 斜率图

66. 下列浆砌挡土墙实测项目中,属于关键项目的是( )。

A. 平面位置 B. 断面尺寸

C. 墙面坡度 D. 顶面高程

67. 关于公路工程施工技术交底工作的表述,

正确的是( )。

A. 第三级由项目总工向项目各部门负责人及全体技术人员进行交底

B. 第二级由项目技术部门负责人或各分部分项工程主管工程师向现场技术人员和班组长进行交底

C. 第一级由现场技术员负责向班组全体作业人员进行技术交底

D. 第一级交底主要内容为分部分项工程的施工工序等

68. 下列不属于开工准备阶段测量工作的是( )。

A. 交接桩
B. 施工控制网建立
C. 地形地貌复核测量
D. 施工放样测量

69. 浆砌挡土墙与干砌挡土墙在质量检验时不同的检测项目是( )。

A. 砂浆强度   B. 竖直度或坡度
C. 底面高程   D. 表面平整度

70. 下列选项中,属于浆砌挡土墙实测项目的是( )。

A. 砂浆强度、中线位置、顶面高程、墙面坡度

B. 顶面坡度、断面尺寸、底面高程、表面平整度

C. 顶面高程、断面尺寸、基底强度、表面平整度

D. 砂浆强度、顶面高程、断面尺寸、墙面坡度

71. 石灰稳定材料基层实测项目中不包含( )。

A. 纵断高程   B. 厚度
C. 弯沉值   D. 强度

72. 钻孔灌注桩施工质量检验的实测项目不包括( )。

A. 混凝土强度   B. 桩长
C. 孔深   D. 孔径

73. 孔径的控制,防止缩径属于( )中常见质量控制点。

A. 扩大基础施工 B. 钻孔桩施工
C. 沉井施工   D. 水中承台

74. 下列不属于路面基层施工中常见的质量控制关键点的是( )。

A. 基层施工所采用设备组合
B. 切缝时间和养护技术的采用
C. 拌合设备计量装置校验
D. 路面基层材料的配合比

75. 土的最佳含水量可以通过( )来测定。

A. 灌砂法
B. 环刀法
C. 击实试验
D. 核子密度湿度仪法

76. 就地浇筑梁(板)的实测项目中,属于关键项目的是( )。

A. 长度   B. 混凝土强度
C. 横坡   D. 平整度

77. 关于设备选型及组合原则的说法,错误的是( )。

A. 达到计划生产量确保工期
B. 充分利用主机的生产能力
C. 主体机械与辅助机械及运输工具之间的工作能力可分开单独考虑
D. 进行比较和核算,使机械设备经营费用达到最低

78. 下列不属于专项施工方案主要内容的是( )。

A. 劳动力计划   B. 安全保证措施
C. 计算书   D. 施工报告

79. 关于翻模法施工风险防控措施的论述,错

误的是( )。

A. 高墩翻模施工应编制专项施工方案并组织专家论证
B. 模板及其支架应采取有效的防倾覆临时固定措施
C. 翻模施工时使用起重设备应经检测合格,安全装置齐全、有效
D. 高墩施工人员上下须使用一字形爬梯

80. 地面横向坡度陡于1:10的区域,取土坑应设在路堤( )。

A. 左侧   B. 右侧
C. 上侧   D. 下侧

81. 水中围堰(套箱)和水中作业平台应设置船舶靠泊系统和人员上下通道,临边应设置高度不低于( )m的防护栏杆,挂设安全网和救生圈。

A. 0.8   B. 1.0
C. 1.2   D. 1.5

82. 对材料进行数量控制的主要方法是( )。

A. 减少材料购买量
B. 控制场外运输损耗
C. 控制保管损耗
D. 实行"限额领料"

83. 成本计划的核心是( )。

A. 确定责任目标成本
B. 领导重视
C. 划清责任
D. 落实奖惩

84. 关于降低公路工程项目施工成本的方法和途径的说法,错误的是( )。

A. 进行合同交底是降低成本的关键之一
B. 制定先进的、经济合理的施工方案是降低成本的关键之一
C. 提高机械利用率是降低成本的关键之一
D. 组织顺序施工以便减少资源投入以及放慢施工进度是降低成本的关键之一

85. 公路工程合同体系中处于核心位置的是( )。

A. 业主   B. 承包人
C. 监理人 D. 政府

86. 下列选项不属于标价分析评估内容的是( )。

A. 标价的宏观审核
B. 标价的动态分析
C. 标价的静态分析
D. 标价的盈亏分析

87. 投标报价计算时,所填入的工程量清单的单价包括人工费、材料费、机械使用费、其他工程费、间接费、利润和税金以及风险金等全部费用,构成基础单价。此种方法称为( )。

A. 工料单价法   B. 基价计量法
C. 综合单价法   D. 清单计价法

88. 工程的计量工作由监理工程师单独承担,若承包人对计量有异议,可在( )天内以书面形式提出。

A. 7   B. 14
C. 21   D. 28

89. 承包人应在缺陷责任期终止证书签发后( )天内向监理工程师提交最终结清申请单,最终结清申请单的份数在项目专用合同条款数据表中约定。

A. 7   B. 14
C. 21   D. 28

90. 发包人应在监理人收到进度付款申请单且承包人提交了合格的增值税专用发票后的28天内,将进度应付款支付给承包人,否则( )。

A. 承包人可以立即停工

B. 承包人可解除合同

C. 支付逾期付款复利利息

D. 支付逾期付款违约金

91. 竣工结算一般由(　　)编制。
   A. 施工单位　　　　B. 监理单位
   C. 设计单位　　　　D. 建设单位

92. 在隧道衬砌施工中,通常不采用的机械设备是(　　)。
   A. 混凝土输送泵　　B. 混凝土搅拌设备
   C. 混凝土喷射机　　D. 搅拌运输车

93. 承包商履行合同的基础是(　　)。
   A. 与供货商签订合同
   B. 业主履行合同
   C. 协调现场周边环境
   D. 如期进入现场

94. 关于拌合站选址的说法,错误的是(　　)。
   A. 尽量靠近主体工程施工部位,并远离生活区
   B. 不得占用规划的取、弃土场
   C. 尽量设在生活区、居民区的上风向
   D. 用地合法,周围无塌方、滑坡、落石、泥石流、洪涝等地质灾害

95. 所有拌合机的集料仓应搭设防雨棚,并设置隔板,隔板高度不宜小于(　　)cm,确保不串料。
   A. 50　　　　　　　B. 100
   C. 150　　　　　　D. 200

96. 关于水泥混凝土拌合站的说法,错误的是(　　)。
   A. 储料场应搭设顶棚,防止太阳直接照晒
   B. 用于工程的砂石料应按级配要求分场堆放
   C. 为了经济,设置的隔墙高度可小于2.5m
   D. 拌合站罐体连接成整体,并安装缆风绳和避雷设施

97. 下列不符合施工便道技术要求的是(　　)。
   A. 大型作业区,进出场的便道250m范围应进行硬化,标准为C20混凝土
   B. 便道两侧应设置排水系统
   C. 单车道路基宽度不小于4.5m,路面宽度不小于3m
   D. 每300m范围内应设置一个长度不小于20m、路面宽度不小于5.5m的错车道

98. 变更工程的单价原则,其一是(　　),其二是公平合理原则。
   A. 发包人最终确定原则
   B. 约定优先原则
   C. 监理工程师审批原则
   D. 协商一致原则

99. 关于施工便道设置的说法,错误的是(　　)。
   A. 便道不宜利用永久性道路和桥梁
   B. 施工主干线尽可能地靠近标段各主要工点,引入线以直达用料地点为原则
   C. 应尽量避免与既有铁路线、公路平面交叉
   D. 施工便道、便桥应结合施工平面布置,满足工程施工机械、材料进场的要求

100. 下列选项适合采用推土机运输作业的距离是(　　)m。
   A. 30　　　　　　　B. 80
   C. 300　　　　　　D. 500

101. 沥青混合材料摊铺机的生产能力是以其最大摊铺宽度确定,一般按摊铺宽度分为小型(　　)m、中型(4~6m)、大型(6~10m)和超大型(10~12m)四类。
   A. 3~6　　　　　　B. 2~4
   C. 3~4　　　　　　D. 4

102. 路基工程施工中,土方开挖工程不需要使用的机械是( )。
    A. 铲运机 B. 自卸汽车
    C. 推土机 D. 爆破机

二、多项选择题

1. 喷射混凝土质量检验的实测项目包括( )。
    A. 喷射混凝土强度
    B. 内轮廓高度
    C. 喷层厚度
    D. 隧道偏位
    E. 喷层与围岩接触状况

2. 流水施工可以分为( )。
    A. 等节拍流水
    B. 无节拍流水
    C. 等步距异节拍流水
    D. 等节拍异步距流水
    E. 异步距异节拍流水

3. 下列选项中,属于承包商的主要合同关系的有( )。
    A. 设计合同 B. 分包合同
    C. 采购合同 D. 运输合同
    E. 租赁合同

4. 工期延误按索赔结果分为( )延误。
    A. 可原谅可补偿
    B. 可原谅不可补偿
    C. 不可原谅
    D. 关键性
    E. 非关键性

5. 根据《公路工程标准施工招标文件》,一般不单独计量支付的项目有( )。
    A. 桥梁橡胶支座 B. 机具和联结螺栓
    C. 脚手架 D. 非必需模板
    E. 垫圈

6. 场地建设前施工单位应将梁场布置方案报监理工程师审批,方案内容应包含各类型梁板的( )。
    A. 台座数量 B. 存梁区布置
    C. 生产能力 D. 最大存梁能力
    E. 生产成本

7. 关于预制场地建设的说法,正确的有( )。
    A. 场地建设前,施工单位应将梁场布置方案报监理工程师审批
    B. 每个预制梁场预制的梁板数量不宜少于 200 片
    C. 主要运输道路应采用不小于 20cm 厚的 C20 混凝土硬化
    D. 预制梁场钢筋加工、混凝土拌合应尽量使用合同段既有的钢筋加工场、拌合站
    E. 预制梁板如果采用土工布包裹喷淋养护,养护水不能循环使用

8. 公路工程项目试验管理有( )。
    A. 工地实验室等级管理
    B. 工地实验室设备管理
    C. 工地试验外委管理
    D. 工地实验室档案管理
    E. 工地试验样品管理

9. 现场质量检查控制的方法主要有( )。
    A. 测量 B. 试验
    C. 记录 D. 分析
    E. 监理

10. 项目经理对项目安全生产工作负有的职责包括( )。
    A. 建立项目安全生产责任制,实施相应的考核与奖惩
    B. 组织制订项目安全生产教育和培训计划
    C. 按规定配足项目专职安全生产管理人员
    D. 完善施工组织设计和专项施工方案

E. 进行安全技术交底

11. 工程价款价差调整的主要方法包括（　　）。
    A. 调值公式法
    B. 调价文件计算法
    C. 估算价格调整法
    D. 实际价格调整法
    E. 工程造价指数调整法

12. 在拌合站设置要求中，针对拌合设备的要求，正确的有（　　）。
    A. 混凝土拌合应采用强制式拌合机，单机生产能力不宜低于90m³/h
    B. 水、外掺剂可采用流量或人工计量方式
    C. 沥青混合料采用间歇式拌合机
    D. 拌合站计量设备应通过当地有关部门标定后方可投入生产
    E. 拌合站应根据拌合机的功率配备相应的备用发电机

13. 隧道工作面进行支撑时，用于进行混凝土喷射和在岩体中打入锚杆的机械设备有（　　）。
    A. 锚杆台车
    B. 混凝土搅拌运输车
    C. 混凝土喷射机
    D. 混凝土输送泵
    E. 扒爪装岩机

14. 公路工程施工项目经理部的组织结构模式一般有四种（　　）。
    A. 直线式
    B. 职能式
    C. 直线职能式
    D. 矩阵式
    E. 网络图式

15. 项目经理部一般设置六个职能部门，包括（　　）。
    A. 工程技术部
    B. 材料设备部
    C. 合同经营部
    D. 办公室
    E. 企业规划部

16. 下列计划优化中，属于施工方案优化的是（　　）。
    A. 物资采购计划优化
    B. 资源利用优化
    C. 机械需要计划优化
    D. 施工方法优化
    E. 施工机械组织优化

17. 流水作业法的主要特点有（　　）。
    A. 相邻作业队的施工时间能最大限度地搭接
    B. 尽可能地利用工作面
    C. 每天投入的资源量较为均衡
    D. 施工现场的组织管理比较简单
    E. 需要较强的组织管理能力

18. 施工项目进度计划系统可以是由多个相互关联的不同计划功能的进度计划组成的计划系统，例如（　　）等。
    A. 控制性进度计划
    B. 总体进度计划
    C. 指导性进度计划
    D. 周生产计划
    E. 实施性进度计划

19. 图纸会审的主要内容包括（　　）。
    A. 核对图纸数量是否齐全
    B. 核算主要工程数量
    C. 核查设计提供的水文、地质等资料是否满足要求
    D. 组织各班组长进行交底
    E. 核算主要结构的受力条件及主要设计数据

20. 关于图纸会审组织方式的描述，正确的有（　　）。
    A. 总工程师组织技术管理人员核对施工图

B. 项目经理组织班组长核对设计图
C. 由监理联系设计单位安排图纸会审
D. 由业主联系设计单位安排图纸会审
E. 由施工单位联系设计单位安排图纸会审

21. 公路路基工程施工组织设计应重点考虑的内容有（　　）。
    A. 编制施工进度计划
    B. 确定工地施工组织
    C. 均衡流水法组织施工
    D. 确定施工方法和土方调配
    E. 主要施工机械的数量和规格

22. 公路工程施工组织设计编制流程中，编制工程进度计划后的工作有（　　）。
    A. 计算施工工程数量
    B. 确定施工方法
    C. 计算人工、材料、机具需要量
    D. 确定临时工程
    E. 确定技术措施计划

23. 属于路基质量检验中填石路基实测项目的有（　　）。
    A. 压实
    B. 弯沉
    C. 宽度
    D. 平整度
    E. 土石比例

24. 稳定土基层和底基层的关键项目有（　　）。
    A. 压实度
    B. 平整度
    C. 厚度
    D. 强度
    E. 宽度

25. 级配碎（砾）石基层与底基层的关键项目有（　　）。
    A. 压实度
    B. 弯沉值
    C. 平整度
    D. 厚度
    E. 宽度

26. 下列情形中，施工单位应及时修订应急预案的有（　　）。
    A. 应急指挥机构及其职责发生调整的
    B. 安全生产面临的风险发生变化的
    C. 重要应急资源发生变化的
    D. 依据的法律法规、规章、标准发生重大变化的
    E. 在应急演练和事故应急救援中发现需要修订预案的重大问题的

27. 沥青混凝土面层和沥青碎砾石面层的关键项目有（　　）。
    A. 压实度
    B. 厚度
    C. 矿料级配
    D. 构造深度
    E. 沥青含量

28. 隧道喷射混凝土质量检验项目中的关键项目有（　　）。
    A. 喷射混凝土强度
    B. 喷层厚度
    C. 喷层与围岩接触状况
    D. 内轮廓高度
    E. 隧道偏位

29. 对于基坑开挖、支护、降水工程，需要专家论证、审查的有（　　）。
    A. 开挖深度不小于3m的基坑（槽）开挖支护降水工程
    B. 深度小于3m的基坑开挖支护降水工程
    C. 深度不小于5m的基坑（槽）的土石方开挖
    D. 开挖深度虽然小于5m，但地质条件环境复杂或影响毗邻建筑物安全或存在有毒有害气体的开挖、支护、降水工程
    E. 5~8m基坑开挖

30. 滑坡处理和填、挖方路基工程需要专家论证、审查的是（　　）。
    A. 中型滑坡处理
    B. 边坡高度大于20m的路堤或地面斜坡坡率陡于1∶2.5的路堤

C. 不良地质路段

D. 土质挖方边坡高度大于 20m 且处于特殊岩土地段的挖方

E. 岩质挖方边坡高度大于 30m 且处于不良地质条件

31. 基础工程需要专家论证的是(　　)。

    A. 桩基础

    B. 挡土墙基础

    C. 沉井等深水基础

    D. 深度不小于 15m 的人工挖孔桩

    E. 平均高度不小于 6m 且面积不小于 1200m² 的砌体挡土墙的基础

32. 大型临时工程中,需要专家论证的有(　　)。

    A. 水深不小于 10m 的围堰工程

    B. 高度不小于 40m 的墩柱

    C. 高度不小于 100m 的索塔的滑模、爬模、翻模工程

    D. 移动模架

    E. 挂篮

33. 桥涵工程中,需要编制专家论证的有(　　)。

    A. 长度不小于 40m 的预制梁的运输与安装,钢箱梁吊装

    B. 跨度不小于 150m 的钢管拱安装施工

    C. 顶进工程

    D. 开敞式水域大型预制构件的运输与吊装作业

    E. 在三级及以上通航等级的航道上进行的水上水下施工

34. 隧道工程中,需要专家论证的有(　　)。

    A. 隧道穿越岩溶发育区、高风险断层、沙层、采空区等地质或水文复杂环境

    B. 连拱隧道

    C. 小净距隧道

    D. 瓦斯隧道

    E. 瓦斯突出隧道

35. 关于预付款的说法,正确的有(　　)。

    A. 承包人不得将预付款用于与本工程无关的支出

    B. 在预计交工前 3 个月,将不再支付材料、设备预付款

    C. 承包人须向发包人提交预付款保函

    D. 开工预付款在进度付款证书的累计金额未达到签约合同价的 20% 前不予扣回

    E. 已经支付材料、设备预付款的材料、设备的所有权应属于发包人

36. 安全生产事故隐患排查治理的第一责任人有(　　)。

    A. 施工单位法定代表人

    B. 建设单位法人

    C. 监理单位负责人

    D. 项目总工程师

    E. 项目经理

37. 应急预案体系包括(　　)。

    A. 综合应急预案
    B. 总体应急预案

    C. 现场处置方案
    D. 专项应急预案

    E. 专项处置方案

38. 施工场地建设费包括(　　)。

    A. 工地实验室建设

    B. 场区平整、场地硬化

    C. 试验设备和仪器折旧

    D. 红线范围的贯通便道

    E. 施工扬尘污染防治措施

39. 下列属于进度计划检查方法的有(　　)。

    A. 横道图比较法

    B. "S" 形曲线比较法

    C. 公路工程进度表

    D. 直方图比较法

    E. 前锋线比较法

40. 当公路工程项目施工实际进度影响到后续工作,总工期需要对进度计划进行调整时,通常采用的方法有( )。
   A. 保持某些工作的持续时间
   B. 缩短某些工作的持续时间
   C. 改变某些工作间的逻辑关系
   D. 去掉某些工作
   E. 减少某些工作流程

41. 直接费中材料费包括( )。
   A. 构成工程实体的原材料、辅助材料费用
   B. 构成工程实体的构(配)件零件、半成品费用
   C. 周转材料摊销费
   D. 设备购置费
   E. 施工场地建设费

42. 压实机械按压实作用的原理分为( )。
   A. 静作用碾压机械
   B. 振动碾压机械
   C. 平板机械
   D. 夯实机械
   E. 轮胎压路机械

43. 公路工程施工安全生产隐患排查是为了实现"两项达标""四项严禁""五项制度"的总目标。其中"两项达标"是指( )。
   A. 施工人员管理达标
   B. 施工质量管理达标
   C. 施工进度管理达标
   D. 施工现场安全防护达标
   E. 施工成本管理达标

44. 关于支架现浇法施工风险控制措施的说法,正确的有( )。
   A. 在河水中支搭支架应设防冲撞设施
   B. 支架立柱应置于平整、坚实的地基上
   C. 立柱高于5m时,水平撑间距不得大于2m,并在两水平撑之间加剪刀撑
   D. 支架高度较高时,应对称设置两组缆风绳
   E. 拆除作业应自下而上进行,不得上下多层交叉作业

45. 根据《施工现场临时用电安全技术规范》,下列符合施工现场临时用电规定的有( )。
   A. 采用三级配电系统
   B. 采用TN-S接零保护系统
   C. 采用三级保护系统
   D. 采用二级配电系统
   E. 雨天禁止电焊作业

46. 关于施工单位项目部驻地建设要求的说法,正确的有( )。
   A. 不得占用独立大桥下部空间、河道、互通匝道区及规划的取、弃土场
   B. 自建房屋每组最多不超过10栋,房间净高不低于2.8m
   C. 宜为独立式庭院,四周设有围墙,有固定出入口
   D. 具备多媒体功能的会议室面积不小于$60m^2$
   E. 应在驻地内适当位置设置临时室外消防水池和消防砂池

47. 关于施工现场便道建设要求的说法,正确的有( )。
   A. 施工便道应充分利用既有道路和桥梁
   B. 便道单车道路面宽度不小于3.0m
   C. 便道路面最低标准应采用C15混凝土
   D. 拌合站和预制场等大型作业区进出便道200m范围路面宜采用不小于20cm厚的C20混凝土硬化
   E. 每个合同段至少配备2台洒水车用于晴天洒水

48. 下列不属于水泥混凝土路面施工的机械设

备有( )。
  A. 光轮压路机 B. 挖掘机
  C. 吊车 D. 装载机
  E. 平地机

49. 施工总体部署的主要内容有( )。
  A. 项目组织机构设置
  B. 施工任务划分
  C. 确定施工顺序
  D. 拟定主要项目的施工方案
  E. 主要施工阶段工期优化

50. 公路施工中修建便桥的类型一般有( )。
  A. 拱桥 B. 墩架式梁桥
  C. 浮桥 D. 贝雷桥
  E. 悬索桥

51. 第三级技术交底主要内容有( )。
  A. 施工技术措施
  B. 工程质量要求
  C. 施工规范及验收标准
  D. 安全三级培训
  E. 作业标准

52. 混凝土护栏的实测项目有( )。
  A. 护栏混凝土强度
  B. 横向偏位
  C. 地基压实度
  D. 基础厚度
  E. 安装高度

53. 工程延误按照延误发生的时间,可以划分为( )。
  A. 单一性延误 B. 复杂性延误
  C. 关键性延误 D. 交错性延误
  E. 同时性延误

54. 施工机械使用费中的不变费用包括( )。
  A. 折旧费
  B. 大修理费
  C. 经常修理费
  D. 辅助设施费
  E. 养路费及车船使用税

55. 自有机械可变费用包括( )。
  A. 燃油费
  B. 机驾人员工资
  C. 电费
  D. 养路费及车船使用税
  E. 折旧费

56. 标后预算按照不同的管理阶段分为( )。
  A. 项目估算(直接)成本
  B. 计划预算(直接)成本
  C. 实际决算(直接)成本
  D. 项目预算(直接)成本
  E. 实际预算(直接)成本

57. 从项目管理的角度出发,标后预算总费用可划分为( )。
  A. 项目预算总成本
  B. 上缴企业费用
  C. 税金
  D. 规费
  E. 设备工具器具及家具购置费

58. 成本控制的方法有( )。
  A. 以目标成本控制成本支出
  B. 以成本计划编制控制成本支出
  C. 以施工方案控制资源消耗
  D. 用净值法进行工期成本的同步控制
  E. 运用目标管理控制工程成本

59. 公路项目施工成本核算中,属于间接费用的有( )。
  A. 施工辅助费
  B. 现场公共生活服务费
  C. 职工取暖补贴
  D. 工人工会经费

E. 财务费用

60. 工程量清单的组成内容有( )。
    A. 清单前言
    B. 计日工明细表
    C. 工程量清单汇总表
    D. 价格调整表
    E. 工程子目

61. 下列属于公路工程计量管理内容的有( )。
    A. 落实计量职责
    B. 做好计量记录
    C. 计量分析
    D. 计量争端的协调与处理
    E. 总监理工程师代表处对工程计量项目的审定

62. 公路工程项目竣工结算的编制内容包括( )。

    A. 工程签证单
    B. 竣工图
    C. 进场材料检验报告
    D. 设计变更资料
    E. 现场签证资料

63. 关于施工机械现场管理的说法,正确的有( )。
    A. 机械检验一般包括外部检验、空运转试验和重载试验
    B. 大型专用机械和小型机械均为集中管理
    C. 施工项目应设置专门的机械工程师负责机械设备使用管理
    D. 大型机械设备和多班作业的机械,必须建立机长责任制
    E. 机械设备不得带故障运行或超负荷作业

三、案例分析

案例(一)

背景资料

某路桥公司中标某二级公路 D 合同段施工任务后,迅速组建了项目经理部并编制了施工组织设计,在编制完成后又对施工组织设计进行了优化调整。

编制的路基工程施工组织设计中,冬期填筑路堤的施工方法采用横断面全宽平填,选用黏性土作为路堤填料,每层填料布料均匀,松铺厚度不超过 75cm。

施工过程中,因管理疏忽,在开挖土石方路基时发生了坍塌,造成 3 人死亡、2 人重伤的事故。事故发生后,相关人员立即向本单位负责人报告。

问题:

1. 施工组织设计应交由谁审批?
2. 施工组织设计的优化主要包括哪些具体内容?
3. 指出冬期填筑路堤施工技术中存在的问题,并改正。
4. 指出该事故的等级,并简述事故报告应包括的内容。

案例（二）

背景资料

某施工单位承接了长50km的一级公路工程，该公路路面采用SMA沥青混凝土路面。工程施工中发生了如下事件：

事件一：工程开工前，项目部拟定了有关技术交底的要求，项目经理部的技术交底工作由项目经理组织和主持实施，总工程师负责向班组作业人员交底。

事件二：SMA的碾压遵循一定的原则，碾压温度越高越好，摊铺后应立即压实，不得等候。SMA路面碾压宜采用振动钢轮压路机初压1~2遍、复压2~4遍、终压1遍的组合方式。SMA面层施工切忌使用胶轮压路机或组合式压路机。采用振动压路机时，宜用高频率、低振幅。

事件三：对于侧边岩层破碎的挖方路段增设了护面墙。护面墙基坑开挖后，根据护面墙砌筑作业区的高度，应按照高处作业技术要求进行，在作业前临边挂设了水平安全网。

问题：

1. 指出事件一中技术交底方式的不妥之处，并改正。
2. 根据事件二，简单总结SMA碾压应遵循的原则。
3. 根据事件三，简述水平安全网设置安全距离的规定。
4. 写出SMA面层切忌使用胶轮压路机或组合式压路机的理由。

案例（三）

背景资料

某二级公路合同段K22+300~K44+000主要为路基土石方工程，本地区岩层构成为泥岩、砂岩互层，抗压强度20MPa左右，地表土覆盖层较薄。填方路段填料由挖方路段调运，施工过程中发生如下事件：

事件一：施工单位在施工前，根据土石混合料的类别分别进行了试验路段的施工，且确定达到相关参数要求。

事件二：在填筑路堤时遇到雨期，施工方选用的填料为含水量过大难以晾晒的土，监理方发现后要求整改。

事件三：路基工程土石方开挖施工中，配置的主要开挖设备有挖掘机、凿岩机和爆破设备。

问题：

1. 事件一中，施工单位进行试验路段施工，应确定的参数有哪些？
2. 指出事件二中施工方应如何整改。

3. 补充事件三中路基工程石方开挖的主要设备,并列举至少三种可用于土石方填筑的设备。
4. 简述雨期路堤填筑施工要求。

案例(四)

背景资料

某段高速公路桩号为 K0+000~K13+700,交通荷载等级为重交通。K9+362 处有一座 7×30m 预应力混凝土 T 形梁桥,桥梁造价 1000 万元(含桥面铺装、交通安全设施等所有工程),K9+100~K9+600 段路线纵断面示意图如图 1 所示。施工单位中标进场后,经初步考察,拟组织下列机械进场:A. 挖掘机;B. 缆索式起重机;C. 羊足碾;D. 旋挖钻机;E. 架桥机;F. 打桩机;G. 平地机;H. 大吨位千斤顶;I. 压路机;J. 自卸汽车等。

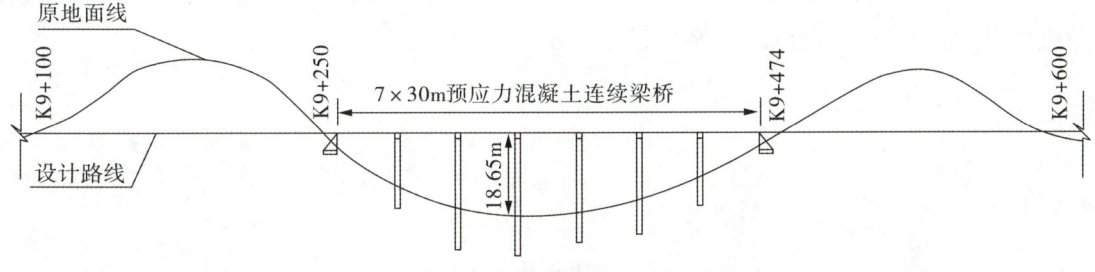

图 1 路线纵断面示意图

在编制实施性施工组织设计时,施工单位发现 K9+100~K9+600 段弃方共计 140000m³,弃方平均运距 450m,且弃土场占用良田较多;桥头两端挖方体经取样检测,甲类土 CBR 值为 4.2%,乙类土 CBR 值为 8.1%,土体均匀。经业主、设计、监理、施工等单位现场考察,综合各方面因素,业主单位提出设计变更,将桥梁变更为路堤,变更后的路基填方横断面示意图如图 2 所示。变更后,桥位段增加填方 125000m³(均来自 K9+100~K9+600 段路基挖方),增加的其他所有防护、排水工程、路面、交通安全设施等工程造价为 680 万元。该合同段路基挖方单价为 14.36 元/m³,填方单价为 7.02 元/m³。

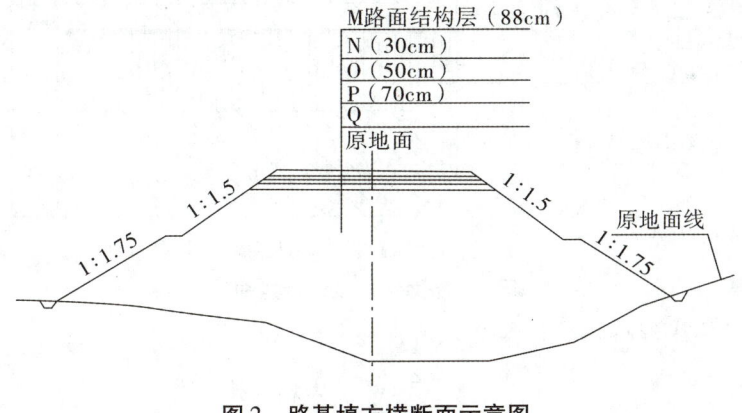

图 2 路基填方横断面示意图

桥位段地表主要为旱地,原状土强度满足填方要求,设计要求清除表土深度为15cm。变更申请批复后,施工单位先将桥位段树木、表土、坟墓等清理完成,在基底填筑前进行平整、碾压,并进行了相关检查或检测,然后逐层进行填筑施工。

问题:

1. 计算路基方案和桥梁方案的造价差额(单位:万元,计算结果保留2位小数)。根据《公路工程设计变更管理办法》,判定该设计变更属于哪级变更,说明理由。该设计变更应该由什么单位审批?

2. 写出图2中N、O、P、Q各部位名称。如果桥头两端挖方体作为填料,甲类土可以直接用于图2中哪些部位的填筑(以字母代号表示)?

3. 施工单位填筑前,对原地面还应如何处理?说明理由。

4. 施工单位完成原地面处理后,正式填方前通常应对处理后的原地面进行哪些检查或检测?

5. 施工单位在进行该段(K9+100~K9+600)变更后的路基工程施工时,从前期拟组织进场的机械中配置哪些比较合理(以字母代号表示)?

案例(五)

背景资料

南方平原地区某一快速通道公路位于滨海区域,气候多雨,公路起讫桩号为K0+000~K30+000,线形平顺,双向六车道,无中央分隔带。行车道总宽度为B,每个车道宽度为3.75m。该公路为旧路改建,设计标高为公路中线位置。该工程采用柔性路面面层,基层采用半刚性基层,路面结构设计示意图如图1所示。为加强路面横向排水,路面横坡采用改进的三次抛物线形路拱,平均路拱横坡i=2%,路拱大样示意图及其计算公式如图2所示。

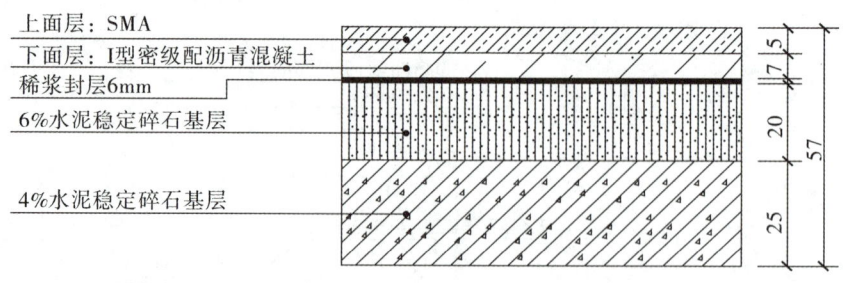

说明:本图尺寸单位均以cm计。

图1 路面结构设计示意图

改进的三次抛物线形路拱的计算公式为:

$$Y = \frac{4h}{B^3}X^3 + \frac{h}{B}X$$

式中 B——行车道总宽度(m);

h——行车道路拱的竖向高度,$h = B \times i/2$ (m);

X——距离行车道中心的横向距离(m);

Y——对应 X 值的纵坐标(m)。

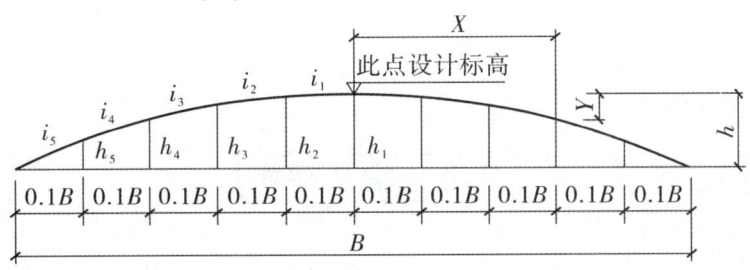

图 2 抛物线形路拱大样示意图

事件一:施工单位按公路施工标准化的要求,修建了沥青混合料拌合站,配置了1台拌合机、3个沥青罐、5个冷热集料仓。按施工标准化要求设置了下列标志标牌:拌合站简介牌、混合料配合比牌、材料标志牌、操作规程牌、消防保卫牌、安全警告警示牌。拌合站简介牌应标志的主要内容有:供应主要构造物情况及质量保证体系。拌合站采用封闭式管理,四周设置围墙及排水沟,入口处设置彩门及值班室。

事件二:施工单位依托母体实验室组建了工地实验室。母体实验室具有交通运输部公路水运工程试验检测机构等级证书中的综合乙级资质证书,为加强工地实验室外委管理,要求外委试验的检测机构应具备相应的资质和条件,工地实验室应将其有关证书复印件存档备案,施工单位还制定了如下管理要求:

(1)工地实验室超出母体检测机构授权范围的试验检测项目和参数,必须进行外委,外委试验应向监理单位报备;

(2)外委试验取样、送样过程应进行见证,工地实验室应对外委试验结果进行确认;

(3)工程建设项目的同一合同段中的施工、监理单位和检测机构应该将外委试验委托给同一家检测机构。

问题:

1.写出图1中上面层结构的中文名称;图1中下面层沥青混凝土的级配有何特点?该层压实后,其剩余空隙率要求满足什么范围?

2.计算图2中的 h_3(单位:m,保留小数点后4位)。

3.事件一中,拌合站简介牌还应标志的内容有哪些?复制下列表格到答题卡上,并按表中示例,用直线将"标志标牌名称"与最佳的"设置位置"一一对应连接起来。

标志标牌名称	对应关系	设置位置
拌合站简介牌		拌合楼旁
混合料配合比牌		材料堆放处
材料标志牌		场内醒目位置
操作规程牌		拌合站入口处
消防保卫牌		机械设备旁
安全警告警示牌		各作业点

4. 逐条判断事件二中的管理要求是否正确,若不正确写出正确要求。
5. 写出事件二中外委试验的检测机构应具备的资质和条件。

参考答案及解析

一、单项选择题

1. A [解析]公路工程施工项目经理部是代表施工企业履行工程承包合同的主体,是最终产品质量责任的承担者,要代表企业对业主全面负责。故选A。

2. D [解析]重大施工方案由施工单位技术管理部门组织审核。故选D。

3. A [解析]场内运输形式的选择及线路的布设,应力求材料直达工地,尽量减少二次倒运和缩短运距。故选A。

4. A [解析]场区规划必须科学合理,应以生产流程为依据,并有利于生产的连续性。故选A。

5. D [解析]公路施工过程基本组织方法有顺序作业法、平行作业法、流水作业法。故选D。

6. C [解析]使用状态标识分为"合格""准用""停用"三种,分别以"绿""黄""红"三色标签进行标识。故选C。

7. C [解析]对结构安全、耐久性和主要使用功能起决定性作用的检查项目为关键项目。关键项目的合格率不得低于95%(机电工程为100%)。故选C。

8. C [解析]根据施工测量的需要,确定在设计控制网点的基础上进行加密或重新布设测量控制网点,相邻加密桩点保证通视且间距不宜超过300m。故选C。

9. B [解析]小型机具洒布沥青时,喷头不得朝外,喷头10m范围内不得站人,不得逆风作业。故选B。

10. D [解析]特种设备使用单位应当在设备投入使用前或者投入使用后30天内到设备所在地市级以上的特种设备安全监督管理部门办理特种设备使用登记。故选D。

11. D [解析]水泥混凝土面层质量检验的实测项目包括弯拉强度(△)、纵横缝顺直度、平整度、抗滑构造深度、横向力系数SFC等。故选D。

12. A [解析]现浇墩、台身质量检验的实测项目包括:混凝土强度(△)、断面尺寸、全高竖直度、顶面高程、轴线偏位(△)、节段间错台、平整度、预埋件位置。故选A。

13. A [解析]安全网质量应符合下列规定:①作业面与坠落高度基准面高差超过2m且无临边防护装置时,临边应挂设水平安全网。②作业面与水平安全网之间的高差不得超过3m。③水平安全网与坠落高度基准面的距离不得小于0.2m。故选A。

14. A [解析]工程价款的结算方法主要有按月结算、竣工后一次结算、分段结算、目标结算以及双方约定的其他结算方式。故选A。

15. D [解析] 推土机一般适用于季节性较强、工程量集中、施工条件较差的施工环境。主要用于50～100m短距离作业,如路基修筑、基坑开挖、平整场地、清除树、推集石渣等,并可为铲运机与挖装机械松土和助铲及牵引各种拖式工作装置等作业。故选D。

16. C [解析] 自建房屋最低标准为活动板房,建设宜选用阻燃材料,搭建不宜超过两层,每组最多不超过10栋,组与组之间的距离不小于8m,栋与栋之间的距离不小于4m,房间净高不低于2.6m。故选C。

17. C [解析] 对于重大施工方案,应由项目总工程师组织编制,施工单位技术管理部门组织审核,必要时组织相关专家进行论证,由施工单位技术负责人或技术负责人授权的技术人员进行审批。故选C。

18. C [解析] 施工现场临时用电工程专用的低压电力系统必须符合下列规定:①采用三级配电系统;②采用TN-S接零保护系统;③采用二级保护系统。故选C。

19. A [解析] 分包合同履行过程中,当分包人认为自己的合法权益受到损害时,无论事件起因是发包人、监理人、还是承包人的责任,他都只能向承包人提出索赔要求。故选A。

20. A [解析] 项目预算(直接)成本是在施工准备阶段,根据企业中标的主合同工程量清单预估的工程数量和标后预算清单单价计算的预算成本,是施工企业和项目经理部签订责任书的主要依据。故选A。

21. D [解析] 工程计量的组织类型有监理工程师独立计量、承包人进行计量、监理工程师与承包人共同计量。故选D。

22. C [解析] 当河窄、水浅时可选用墩架式梁桥。故选C。

23. A [解析] 作业面与坠落高度基准面高差超过2m且无临边防护装置时,临边应挂设水平安全网。故选A。

24. A [解析] 前道工序速度快于后道工序时选用开始到开始(STS)类型,否则用完成到完成(FTF)类型。故选A。

25. A [解析] 工艺参数:施工过程数n(工序个数)、流水强度V。空间参数:工作面A、施工段m、施工层。时间参数:流水节拍t、流水步距K、技术间歇Z、组织间歇、搭接时间。故选A。

26. C [解析] 超过一定规模的危险性较大的分部分项工程专项方案应当由施工单位组织召开专家论证会。实行施工总承包的,由施工总承包单位组织召开专家论证会。故选C。

27. A [解析] 沥青混凝土桥面铺装施工质量检验实测项目有压实度(△)、厚度、平整度、渗水系数、横坡、抗滑构造深度。故选A。

28. C [解析] 解释合同文件的优先顺序如下:①合同协议书及各种合同附件;②中标通知书;③投标函及投标函附录;④项目专用合同条款;⑤公路工程专用合同条款;⑥通用合同条款;⑦工程量清单计量规则;⑧技术规范;⑨图纸;⑩已标价工程量清单;⑪承包人有关人员、设备投入的承诺及投标文件中的施工组织设计;⑫其他合同文件。故选C。

29. C [解析] 重要工程变更的审批程序:监理工程师在下达工程变更令之前,一是要报业主批准,二是要同承包人协商确定变更工程的价格不超过业主批准的范围。故选C。

30. B [解析]底模宜采用通长钢板,不得采用混凝土底模。故选B。

31. B [解析]选项A错误,螺旋钻机用于灌注桩、深层搅拌桩、混凝土预制桩钻打结合法等工艺,适用土质的地质条件。选项B正确,冲击钻机用于灌注桩钻孔施工,尤其在卵石、漂石地质条件下具有明显的优点。选项C错误,回转斗钻机适用于除岩层外的各种土质地质条件。选项D错误,液压旋挖钻孔机适用于除岩层、卵石、漂石地质条件外的各种土质地质条件,尤其在市政桥梁及场地受限的工程中使用。故选B。

32. C [解析]工程性质相同的地段(如石方、软土段)或施工复杂难度较大而施工技术相同的地段尽可能避免化整为零,以免影响效率、质量。故选C。

33. A [解析]项目经理部实行项目经理负责制。在项目经理的领导下,负责施工项目从开始到竣工的全过程施工生产管理活动。故选A。

34. D [解析]平行作业法的主要特点:①充分利用工作面进行施工,(总)工期较短。②每天同时投入施工的劳动力、材料和机具数量较大,材料供应特别集中,所需作业班组很多,影响资源供应的组织工作。③如果各工作面之间需共用某种资源时,施工现场的组织管理比较复杂、协调工作量大。④不强调分工协作,各作业单位都是间歇作业,此点与顺序作业法相同。故选D。

35. C [解析]进度计划检查的方式:①项目部定期地收集由承包单位提交的有关进度报表资料;②由驻地监理人员现场跟踪检查公路工程的实际进展情况;③由监理工程师定期组织现场施工负责人召开现场会议;④上次检查提出问题的处理情况。故选C。

36. A [解析]施工测量是工程建设的重要环节,应遵循"由整体到局部"的测量布局原则、"由高级到低级"的测量精度原则、"先控制后碎部"的测量次序原则。故选A。

37. D [解析]工程建设项目的同一合同段中的施工、监理单位和检测机构不得将外委试验委托给同一家检测机构。故选D。

38. D [解析]隧道工程需专家论证、审查:①隧道穿越岩溶发育区、高风险断层、砂层、采空区等工程地质或水文地质条件复杂地质环境;Ⅴ级围岩连续长度占总隧道长度的10%以上且连续长度超过100m;Ⅵ级围岩的隧道工程。②软岩地区的高地应力区、膨胀岩、黄土、冻土等。③埋深小于1倍跨度的浅埋地段;可能产生坍塌或滑坡的偏压地段;隧道上部存在需要保护的建筑物地段;隧道下穿水库或河沟地段。④Ⅳ级及以上软弱围岩地段跨度不小于18m的特大跨度隧道。⑤连拱隧道;中夹岩柱小于1倍隧道开挖跨度的小净距隧道;长度大于100m的偏压棚洞。⑥高瓦斯或瓦斯突出隧道。⑦水下隧道。故选D。

39. A [解析]羊脚或凸块式振动压路机既可压实非黏土,又可压实含水量不大的黏性和细粒砂砾石混合料。故选A。

40. A [解析]选项B错误,水平安全网与坠落高度基准面的距离不得小于0.2m。选项C错误,安全带的安全绳不得打结使用,安全绳上不得挂钩。选项D错误,安全带应高挂低用,并应扣牢在牢固的物体上。故选A。

41. B [解析]挂篮的抗倾覆、锚固和限位结构的安全系数均不得小于2。故选B。

42. C [解析]除项目专用合同条款另有约定外,解释合同文件的优先顺序如下:①合同协议书及各种合同附件;②中标通知书;③投标函及投标函附录;④项目专用合同条款;⑤公路工程专用合同条款;⑥通用合同条款;⑦工程量清单计量规则;⑧技术规范;⑨图纸;⑩已标价工程量清单;⑪承包人有关人员、设备投入的承诺及投标文件中的施工组织设计;⑫其他合同文件。故选C。

43. D [解析]监理人应对分包工程实施现场监管,及时发现分包工程在质量、进度等方面的问题,由承包人采取措施处理。故选D。

44. B [解析]监理工程师在收到承包人书面建议后,应与发包人共同研究,确认存在变更的,应在收到承包人书面建议后的14天内做出变更指示。故选B。

45. B [解析]可原谅不可补偿的延误是指既不是承包商也不是业主的原因,而是由客观原因引起的工期延误。故选B。

46. A [解析]将各项施工预算成本与相应项的责任目标成本进行比较,计算其计划成本偏差。现场计划成本偏差是指现场施工预算成本与责任目标成本之差,即计划成本偏差=施工预算成本-责任目标成本。故选A。

47. C [解析]专项费用包括施工场地建设费和安全生产费。故选C。

48. D [解析]措施费是指直接费以外施工过程中发生的直接用于工程的费用。其内容包括冬期施工增加费、雨期施工增加费、夜间施工增加费、特殊地区施工增加费、行车干扰工程施工增加费、施工辅助费、工地转移费等内容。故选D。

49. B [解析]企业管理费是指组织和管理工程施工所需的各项费用,由基本费用、主副食运输补贴、职工探亲路费、职工取暖补贴和财务费用等费用组成。故选B。

50. C [解析]空心板、箱梁最多存放层数应符合设计文件和相关技术规范要求。设计文件无规定时,空心板叠层不得超过3层,小箱梁和T形梁堆叠存放不得超过2层。故选C。

51. D [解析]沥青混合料采用间歇式拌合机,配备计算机及打印设备。故选D。

52. B [解析]铲运机是以带铲刀的铲斗为工作部件的铲土移动运输机械,主要用于中距离的大规模土方转运工程。故选B。

53. B [解析]沥青混合料拌合设备的生产能力按每小时拌合成品料的数量确定,主要有小型(40t/h以下)、中型(40~350t/h)和大型(400t/h以上)三种。故选B。

54. C [解析]季节性施工一般主要是指工程在冬期和雨期期间的施工。故选C。

55. B [解析]公路工程施工总平面布置图的内容:①原有地形、地物;②沿线的生产、行政、生活等区域的规划及其设施;③沿线的便道、便桥及其他临时设施;④基本生产、辅助生产、服务生产设施的平面布置;⑤安全消防设施;⑥施工防排水临时设施;⑦新建线路中线位置及里程或主要结构物平面位置;⑧标出需要拆迁的建筑物;⑨划分的施工区段;⑩取土和弃土场位置;⑪标出已有的公路、铁路线路方向和位置与里程及与施工项目的关系,以及因施工需要临时改移的公路的位置;⑫控制测量的放线标桩位置。故选B。

56. C [解析]在保证施工顺利的前提下,充分利用原有地形、地物，少占农田，因地制宜，以降低工程成本。故选C。

57. B [解析]竞标性施工组织设计，在编制过程中时刻要能反映业主对工程的要求，满足业主的愿望，这样在评标时才能得到好评。故选B。

58. D [解析]在确定控制措施或考虑改变现行控制措施时，可考虑按如下顺序选择风险控制方法：①消除；②替代；③工程控制措施；④标志、警告或管理控制；⑤个人防护设备。故选D。

59. B [解析]引入流水步距是为了使后续工作能够连续进行，避免窝工的产生。故选B。

60. B [解析]相邻结构层之间的速度决定了相邻结构层之间的搭接类型，前道工序的速度快于后道工序时选用开始到开始搭接类型。故选B。

61. C [解析]公路工程常用的流水参数中，时间参数有流水节拍 t、流水步距 K、技术间歇 Z、组织间歇、搭接时间。故选C。

62. B [解析]在公路工程中，常常将"S"曲线和横道图合并于同一张图表中，称之为"公路工程进度表"，既能反映各分部（项）工程的进度，又能反映工程总体的进度。故选B。

63. C [解析]计划目标与施工能力的适应性应重点审查：①工程量及投资额应与设备和人力实际状况相适应；②施工方案和施工方法应与施工经验和技术水平相适应；③关键线路上的施工力量安排应与非关键线路上的施工力量安排相适应。故选C。

64. A [解析]前锋线比较法是通过绘制某检查时刻工程项目实际进度前锋线，进行工程实际进度与计划进度比较的方法，它主要适用于时标网络计划。故选A。

65. C [解析]垂直图斜率越陡进度越慢，斜率越平坦进度越快。"S"曲线斜率越大工程进度越快，斜率越小工程进度越慢，斜率为零工程停工。斜率是反映工程内部不同阶段的进度速率。故选C。

66. B [解析]浆砌挡土墙实测项目：砂浆强度（△）、平面位置、墙面坡度、断面尺寸（△）、顶面高程、表面平整度。故选B。

67. B [解析]公路工程施工技术交底，第一级：项目总工向项目各部门负责人及全体技术人员进行交底。第二级：项目技术部门负责人或各分部分项工程主管工程师向现场技术人员和班组长进行交底。第三级：现场技术人员负责向班组全体作业人员进行技术交底。其中第三级交底内容是分部分项工程的施工工序等。故选B。

68. D [解析]开工准备阶段测量包括交接桩、设计控制桩贯通复测、施工控制网建立、地形地貌复核测量。故选D。

69. A [解析]砌体挡土墙实测项目：砂浆强度（△）、平面位置、顶面高程、竖直度或坡度、断面尺寸（△）、底面高程、表面平整度。干砌挡土墙实测项目：平面位置、顶面高程、竖直度或坡度、断面尺寸（△）、底面高程、表面平整度。故选A。

70. D [解析]砌体挡土墙实测项目：砂浆强度（△）、平面位置、顶面高程、竖直度或坡度、断面尺寸（△）、底面高程、表面平整度。故选D。

71. C [解析]稳定土基层和底基层的实测项目：压实度（△）、平整度、纵断高程、宽度、厚度、横坡、强度（△）。故选C。

72. B [解析]钻孔灌注桩施工质量检验的实测项目：混凝土强度（△）、桩位、孔深（△）、孔径、钻孔倾斜度、沉淀厚度、桩身完整性（△）。故选B。

73. B [解析] 钻孔桩的质量控制关键点：①桩位坐标与垂直度控制；②护筒埋深；③泥浆指标控制；④护筒内水头高度；⑤孔径的控制，防止缩径；⑥桩顶、桩底标高的控制；⑦清孔质量（嵌岩桩与摩擦桩要求不同）；⑧钢筋笼接头质量；⑨导管接头质量检查与水下混凝土的灌注质量。故选B。

74. B [解析] 路面基层（底基层）施工中常见的质量控制关键点：①基层施工所采用设备组合及拌合设备计量装置校验；②路面基层（底基层）所用结合料（如水泥、石灰）剂量；③路面基层（底基层）材料的含水量、拌合均匀性、配合比；④路面基层（底基层）的压实度、弯沉值、平整度及横坡等；⑤如采用级配碎（砾）石，还需要注意集料的级配和石料的压碎值；⑥及时有效的养护。故选B。

75. C [解析] 根据不同的土的性质，测定最佳含水量的试验方法通常有：①轻型、重型击实试验；②振动台法；③表面振动击实仪法。压实度是路基质量控制的重要指标之一，是现场干密度和室内最大干密度的比值。压实度越高，路基密实度越大，材料整体性能越好。其现场密度的测定方法有：①灌砂法；②环刀法；③核子密度湿度仪法。故选C。

76. B [解析] 就地浇筑梁（板）的实测项目：混凝土强度（△）、轴线偏位（△）、梁（板）顶面高程、断面尺寸（△）、长度、与相邻梁段间错台、横坡、平整度。故选B。

77. C [解析] 选型及组合原则：①达到计划生产量确保工期。②充分利用主机的生产能力。③主体机械与辅助机械及运输工具之间的工作能力要保持平衡，使机群得到合理的配合利用。④进行比较和核算，使机械设备经营费用达到最低。故选C。

78. D [解析] 专项施工方案应包括下列主要内容：①工程概况。②编制依据。③施工计划。④施工工艺技术。⑤施工安全保证措施。⑥劳动力计划。⑦计算书及图纸。故选D。

79. D [解析] 高墩施工人员上下必须使用之字形爬梯、安全网、防护栏等，防护设施应安全可靠。故选D。

80. C [解析] 地面横向坡度陡于1:10的区域，取土坑应设在路堤上侧。取土坑与路基间的距离应满足路基边坡稳定的要求，取土坑与路基坡脚间的护坡道应平整、密实，表面应设1%~2%向外倾斜的横坡。故选C。

81. C [解析] 水中围堰（套箱）和水中作业平台应设置船舶靠泊系统和人员上下通道，临边应设置高度不低于1.2m的防护栏杆，挂设安全网和救生圈。故选C。

82. D [解析] 通过实行"限额领料"来控制材料领用数量，并控制工序施工质量，争取一次合格，避免因返工而增加材料损耗。故选D。

83. A [解析] 编制施工成本计划的关键前提是确定责任目标成本，这是成本计划的核心。故选A。

84. D [解析] 组织均衡施工，加快施工进度是关键之一。故选D。

85. A [解析] 业主和承包人依法签订的施工合同是"核心合同"，业主又处于合同体系中的"核心位置"。故选A。

86. C [解析] 标价分析评估可从以下几个方面进行：标价的宏观审核、标价的动态分

87. C [解析]综合单价计算方法,按综合单价计算报价时所填入工程量清单的单价。应包括人工费、材料费,机械使用费,其他工程费、间接费、利润和税金以及风险金等全部费用,构成基础单价,即综合单价。故选C。

88. A [解析]工程的计量工作由监理工程师单独承担,若承包人对计量有异议,可在7天内以书面形式提出。故选A。

89. D [解析]承包人应在缺陷责任期终止证书签发后28天内向监理工程师提交最终结清申请单,最终结清申请单的份数在项目专用合同条款数据表中约定。故选D。

90. D [解析]发包人应在监理工程师收到进度付款申请单且承包人提交了合格的增值税专用发票后的28天内,将进度应付款支付给承包人。发包人不按期支付的,按合同条款的有关规定,将逾期付款违约金支付给承包人。故选D。

91. A [解析]竣工结算一般由施工单位编制,建设单位审核同意后,按合同规定签字盖章,通过相关银行办理工程价款的最后结算。故选A。

92. C [解析]隧道工程二次支护衬砌机械:模板衬砌台车(混凝土搅拌站、搅拌运输车、混凝土输送泵)。故选C。

93. B [解析]业主履行合同是承包商履行合同的基础,因为业主的很多合同义务都是为承包商施工创造先决条件,如征地拆迁、"三通一平"、原始测量数据、施工图纸等。故选B。

94. C [解析]拌合站应尽量设在生活区、居民区的下风向。故选C。

95. B [解析]所有拌合机的集料仓应搭设防雨棚,并设置隔板,隔板高度不宜小于100cm,确保不串料。故选B。

96. C [解析]为确保不串料,设置的隔墙高度一般不低于2.5m。故选C。

97. A [解析]特大桥、隧道洞口、拌合站和预制场等大型作业区进出便道200m范围路面宜采用不小于20cm厚的C20混凝土硬化。故选A。

98. B [解析]变更工程应根据其完成的数量及相应的单价来办理结算。其中,变更工程的单价原则,其一是约定优先原则,其二是公平合理原则。故选B。

99. A [解析]施工便道应充分利用既有道路和桥梁。避免与既有铁路线、公路平面交叉,避免对当地居民生活造成困扰。故选A。

100. B [解析]推土机主要用于50~100m短距离作业。故选B。

101. A [解析]沥青混合材料摊铺机的生产能力是以其最大摊铺宽度确定,一般按摊铺宽度分为小型(3.6m)、中型(4~6m)、大型(6~10m)和超大型(10~12m)四类。故选A。

102. D [解析]路基工程施工中,对于土方开挖工程,选择的机械与设备主要有推土机、铲运机、挖掘机、装载机和自卸汽车等。故选D。

二、多项选择题

1. ACE [解析]喷射混凝土质量检验的实测项目:喷射混凝土强度(△)、喷层厚度、喷层与围岩接触状况(△)。故选ACE。

2. ABCE [解析]按节拍的流水施工分类,可以分为:①有节拍(有节奏)流水:a.等节拍(等节奏)流水,所有的流水节拍相同且流水步距=流水节拍,是理想的流水施工。b.

异节拍(异节奏)流水,可进一步分为成倍流水(等步距异节拍)和分别流水(异步距异节拍)。②无节拍(无节奏)流水:流水节拍一般不相同,用累加数列错位相减取大差的方法求流水步距。故选ABCE。

3. BCDE [解析]承包商的主要合同关系除了与业主签订的承包合同之外,还包括分包合同、采购合同、运输合同、加工合同、租赁合同、劳务采购(或分包)合同、保险合同以及检测合同等。故选BCDE。

4. ABC [解析]工期延误按延误索赔结果划分为可原谅可补偿的延误、可原谅不可补偿的延误、不可原谅的延误。故选ABC。

5. BCE [解析]除合同特殊约定单独计量之外,全部必需的模板、脚手架、装备、机具、螺栓、垫圈等其他材料,应包括在工程量清单所列的有关支付项目中,均不单独计量。故选BCE。

6. ABCD [解析]场地建设前施工单位应将梁场布置方案报监理工程师审批,方案内容应包含各类型梁板的台座数量、模板数量、生产能力、存梁区布置及最大存梁能力等。故选ABCD。

7. ACD [解析]选项B错误,每个预制梁场预制的梁板数量不宜少于300片。选项E错误,预制梁板如果采用土工布包裹喷淋养护,养护水应循环使用。故选ACD。

8. BCDE [解析]公路工程项目试验管理分为工地试验室人员管理、工地试验室设备管理、工地试验室档案管理、工地试验样品管理、工地试验外委管理。故选BCDE。

9. ABCD [解析]现场质量检查控制的方法主要有测量、试验、观察、分析、记录、监督、总结改进。故选ABCD。

10. ABCD [解析]施工单位应当书面明确本单位的项目负责人,代表本单位组织实施项目施工生产。对项目安全生产工作负有下列职责:①建立项目安全生产责任制,实施相应的考核与奖惩;②按规定配足项目专职安全生产管理人员;③结合项目特点,组织制定项目安全生产规章制度和操作规程;④组织制订项目安全生产教育和培训计划;⑤督促项目安全生产费用的规范使用;⑥依据风险评估结论,完善施工组织设计和专项施工方案;⑦建立安全预防控制体系和隐患排查治理体系,督促、检查项目安全生产工作,确认重大事故隐患整改情况;⑧组织制定本合同段施工专项应急预案和现场处置方案,并定期组织演练;⑨及时、如实报告生产安全事故并组织自救。故选ABCD。

11. ABDE [解析]工程价款价差调整的主要方法有工程造价指数调整法、实际价格调整法、调价文件计算法、调值公式法。故选ABDE。

12. ACDE [解析]选项B错误,水、外掺剂计量应采用全自动电子称量法计量,禁止采用流量或人工计量方式。故选ACDE。

13. AC [解析]喷锚机械主要有锚杆台车、混凝土喷射机等。主要用于隧道工作面进行支撑时,进行混凝土喷射和在岩体中打入锚杆。故选AC。

14. ABCD [解析]公路工程施工项目经理部的组织结构模式一般有四种,即直线式、职能式、直线职能式、矩阵式。故选ABCD。

15. ABCD [解析]项目经理部一般设置工程技术部、安全管理部、材料设备部、合同经营部、财务部和办公室六个职能部门。故选ABCD。

16. DE [解析]施工方案的优化:施工方法的

优化、施工顺序的优化、施工作业组织形式的优化、施工劳动组织优化、施工机械组织优化。故选DE。

17. ABCE [解析]流水作业法的主要特点：①必须按工艺专业化原则成立专业作业队（班组），实现专业化生产，有利于提高劳动生产率，保证工程质量；②专业化作业队能够连续作业，相邻作业队的施工时间能最大限度地搭接；③尽可能地利用工作面进行施工，工期比较短；④每天投入的资源量较为均衡，有利于资源供应的组织工作；⑤需要较强的组织管理能力。故选ABCE。

18. ACE [解析]施工项目进度计划系统可以是由多个相互关联的不同计划功能的进度计划组成的计划系统，例如控制性进度计划、指导性进度计划、实施性进度计划等。故选ACE。

19. ABCE [解析]图纸会审的主要内容：①核对图纸数量是否齐全，施工说明是否清楚准确、是否符合现有行业标准或规范要求。②结合现场调查情况，核算主要工程数量，检查其中错漏。③核查设计提供的水文、地质等资料是否满足工程施工需求，明确是否需要进一步补充。④核算工程主要结构的受力条件及主要设计数据。故选ABCE。

20. ACD [解析]图纸会审的组织方式：项目总工程师组织各专业技术管理人员认真核对施工图，提出需要澄清、解决和协调的问题，以书面形式报送监理单位并抄报业主，由监理或业主联系设计单位安排图纸会审。故选ACD。

21. ABD [解析]路基工程施工组织设计应重点考虑的内容有：编制施工进度计划；确定施工方法和土方调配；确定工地施工组织；规定各工程队施工所需的机械数量。选项CE属于路面工程施工组织设计应考虑的内容。故选ABD。

22. CDE [解析]公路工程施工组织设计编制的流程为：①分析研究项目设计图纸、合同、技术规范，必要时收集和调研相关资料。②计算施工工程数量。故选CDE。

23. ABCD [解析]填石路基实测项目有：压实（△）、弯沉（△）、纵断高程、中线偏位、宽度、平整度、横坡、边坡坡度和平顺度。故选ABCD。

24. ACD [解析]稳定土基层和底基层实测项目：压实度（△）、平整度、纵断高程、宽度、厚度（△）、横坡、强度（△）。故选ACD。

25. AD [解析]级配碎砾石基层与底基层的实测项目：压实度（△）、弯沉值、平整度、纵断高程、宽度、厚度（△）、横坡。故选AD。

26. ADE [解析]有下列情形之一的，应急预案应当及时修订并归档：①依据的法律、法规、规章、标准及上位预案中的有关规定发生重大变化的。②应急指挥机构及其职责发生调整的。③安全生产面临的风险发生重大变化的。④重要应急资源发生重大变化的。⑤在应急演练和事故应急救援中发现需要修订预案的重大问题的。⑥编制单位认为应当修订的其他情况。故选ADE。

27. ABCE [解析]沥青混凝土面层和沥青碎（砾）石面层的实测项目有：压实度（△）、平整度、弯沉值、渗水系数、摩擦系数、构造深度、厚度（△）、中线平面偏位、纵断高程、宽度、横坡、矿料级配（△）、沥青含量（△）、马歇尔稳定度。故选ABCE。

28. AC [解析]喷射混凝土支护实测项目：喷

射混凝土强度(△)、喷层厚度、喷层与围岩接触状况(△)。故选AC。

29. CDE [解析]对于基坑开挖、支护、降水工程,需要专家论证、审查的有:①深度不小于5m的基坑(槽)的土(石)方开挖、支护、降水工程。②开挖深度虽小于5m,但地质条件、周围环境和地下管线复杂,或影响毗邻建(构)筑物安全,或存在有毒有害气体分布的基坑(槽)开挖、支护、降水工程。故选CDE。

30. ADE [解析]滑坡处理和填、挖方路基工程需要专家论证、审查的有:①中型及以上滑坡体处理。②边坡高度大于20m的路堤或地面斜坡坡率陡于1∶2.5的路堤,且处于不良地质、特殊土质地段、特殊岩土地段的路堤。③土质挖方边坡高度大于20m、岩质挖方边坡高度大于30m且处于不良地质、特殊岩土地段的挖方边坡。故选ADE。

31. DE [解析]基础工程需要专家论证的有:①深度不小于15m的人工挖孔桩或开挖深度不超过15m,但地质条件复杂或存在有毒有害气体分布的人工挖孔桩工程。②平均高度不小于6m且面积不小于1200m²的砌体挡土墙的基础。③水深不小于20m的各类深水基础。故选DE。

32. ABCD [解析]大型临时工程中,需要专家论证的有:①水深不小于10m的围堰工程。②高度不小于40m墩柱、不小于100m索塔的滑模、爬模、翻模工程。③支架高度不小于8m;跨度不小于18m,施工总荷载不小于15kN/m³;集中线荷载不小于20kN/m。④50m及以上落地式钢管脚手架工程。用于钢结构安装等满堂承重支撑体系,承受单点集中荷载7kN以上。⑤猫道、移动模架。故选ABCD。

33. ABDE [解析]桥涵工程中,需要编制专家论证的有:①长度不小于40m的预制梁的运输与安装,钢箱梁吊装。②跨度不小于150m的钢管拱安装施工。③高度不小于40m的墩柱、高度不小于100m的索塔等的施工。④离岸无掩护条件下的桩基施工。⑤开敞式水域大型预制构件的运输与吊装作业。⑥在三级及以上通航等级的航道上进行的水上水下施工。⑦转体施工。故选ABDE。

34. ABE [解析]隧道工程需要专家论证的有:①隧道穿越岩溶发育区、高风险断层、砂层、采空区等工程地质或水文地质条件复杂地质环境;Ⅴ级围岩连续长度占总隧道长度的10%以上且连续长度超过100m;Ⅵ级围岩的隧道工程。②软岩地区的高地应力区、膨胀岩、黄土、冻土等地段。③埋深小于1倍跨度的浅埋地段;可能产生坍塌或滑坡的偏压地段;隧道上部存在需要保护的建筑物地段;隧道下穿水库或河沟地段。④Ⅳ级及以上软弱围岩地段跨度不小于18m的特大跨度隧道。⑤连拱隧道;中夹岩柱小于1倍隧道开挖跨度的小净距隧道;长度大于100m的偏压棚洞。⑥高瓦斯或瓦斯突出隧道。⑦水下隧道。故选ABE。

35. ABE [解析]选项C错误,承包人无须向发包人提交预付款保函。发包人向承包人支付的预付款,应按照合同规定使用,承包人提交的履约保证金对预付款的正常使用承担保证责任。选项D错误,开工预付款在进度付款证书的累计金额未达到签约合同价的30%之前不予扣回,在达到签约合同价30%之后,开始按工程进度以固定比例(即每完成签约合同价的1%,扣回开工预付款的2%)分期从各月的进度付款证书中扣回,全部金额在进度付款证书的累计金额达到签约合同价的80%时扣完。故选ABE。

36. AE [解析] 施工单位法定代表人、项目经理是安全生产事故隐患排查治理的第一责任人。故选AE。

37. ACD [解析] 应急预案体系分为综合应急预案、专项应急预案、现场处置方案。故选ACD。

38. ABCE [解析] 施工场地建设费包括:①承包人驻地、工地实验室建设、办公、生活居住房屋和生产用房屋等费用。②场区平整、场地硬化、排水、绿化、标志、污水处理设施、围墙隔离设施等费用,以及以上范围内各种临时工作便道、人行便道、工地临时用水、用电的水管支管和电线支线,临时构筑物,其他小型临时设施等的搭设或租赁、维修、拆除及清理的费用。③不包括红线范围内贯通便道、进出场的临时便道、保通便道。④包括工地实验室所发生的属于固定资产的试验设备和仪器等折旧、维修或租赁费用以及施工扬尘污染防治措施费和文明施工、职工健康生活的费用。故选ABCE。

39. ABCE [解析] 进度计划检查的方法有:①横道图比较法;②"S"形曲线比较法;③"香蕉"形曲线比较法;④公路工程进度表;⑤前锋线比较法。故选ABCE。

40. BC [解析] 当公路工程项目施工实际进度影响到后续工作,总工期需要对进度计划进行调整时,通常采用以下两种方法:①改变某些工作间的逻辑关系;②缩短某些工作的持续时间。故选BC。

41. ABC [解析] 直接费中的材料费包括构成工程实体的原材料、辅助材料、构(配)件零件、半成品或成品的费用,还包括周转材料摊销费。故选ABC。

42. ABD [解析] 按压实作用原理,压实机械可分为静作用碾压机械、振动碾压机械和夯实机械三种类型。故选ABD。

43. AD [解析] "两项达标":①施工人员管理达标:一线人员用工登记、施工安全培训记录、安全技术交底记录、施工意外伤害责任保险等都要符合有关规定;②施工现场安全防护达标:施工现场安全防护设施和作业人员安全防护用品都要按照规定实行标准化管理。故选AD。

44. ABC [解析] 选项DE错误,支架高度较高时,应设一组缆风绳;拆除作业应自上而下进行,不得上下多层交叉作业。故选ABC。

45. ABD [解析] 选项CE错误,施工现场临时用电工程专用的低压电力系统必须符合下列规定:①采用三级配电系统;②采用TN-S接零保护系统;③采用二级保护系统。雨天禁止露天电焊作业。故选ABD。

46. ACDE [解析] 选项B错误,自建房屋最低标准为活动板房,建设宜选用阻燃材料,搭建不宜超过两层,每组最多不超过10栋,组与组之间的距离不小于8m,栋与栋之间的距离不小于4m,房间净高不低于2.6m。故选ACDE。

47. ABD [解析] 选项C错误,便道路面最低标准应采用泥结碎石或级配碎石。选项E错误,在条件允许的情况下,便道路面可采用隧道洞渣或矿渣铺筑;每个合同段至少配备1台洒水车用于晴天洒水,做到晴天少粉尘,雨天不泥泞,日常无投诉。故选ABD。

48. AE [解析] 水泥混凝土路面施工设备主要

有混凝土搅拌楼、装载机、运输车、布料机、挖掘机、吊车、滑模摊铺机、整平梁、拉毛养护机、切缝机、洒水车等。故选AE。

49. ABCD [解析]施工总体部署主要内容包括：项目组织机构设置；施工任务划分；施工顺序；拟定主要项目的施工方案；主要施工阶段工期分析。故选ABCD。

50. BCDE [解析]便桥的类型有墩架式梁桥、装配式公路钢桥（俗称贝雷桥）、浮桥和悬索桥。故选BCDE。

51. ABCE [解析]第三级技术交底主要内容为分部分项工程的施工工序等。包括作业标准、施工规范及验收标准，工程质量要求；施工工艺流程及施工先后顺序；施工工艺细则、操作要点及质量标准；质量问题预防及注意事项；施工技术措施和安全技术措施；重大危险源、出现紧急情况下的应急救援措施、紧急逃生措施等。故选ABCE。

52. ABD [解析]混凝土护栏实测项目：护栏断面尺寸、钢筋骨架尺寸、横向偏位、基础厚度、护栏混凝土强度（△）、混凝土护栏块件之间的错位。故选ABD。

53. ADE [解析]工期延误按照延误发生的时间可以划分为单一性延误、共同延误，共同延误又可分为同时性延误、交错性延误。故选ADE。

54. ABCD [解析]不变费用包括折旧费、大修理费、经常修理费、安装拆卸及辅助设施费等。故选ABCD。

55. ABCD [解析]可变费用包括燃油费、电费、机驾人员工资、养路费及车船使用税等。故选ABCD。

56. BDE [解析]标后预算按照不同的管理阶段，可以分为项目预算（直接）成本、计划预算（直接）成本、实际预算（直接）成本等。故选BDE。

57. ABCD [解析]从项目管理的角度出发，标后预算的总费用可以划分为上缴企业费用、项目预算总成本、规费和税金四项。故选ABCD。

58. ACDE [解析]成本控制的方法有以目标成本控制成本支出、以施工方案控制资源消耗、用净值法进行工期成本的同步控制、运用目标管理控制工程成本。故选ACDE。

59. BD [解析]间接费用主要是指现场施工管理费，主要有管理人员的工资、奖金和按比例计提上交企业的职工福利费、工会经费、教育经费、劳保统筹费，以及现场公共生活服务等费用。故选BD。

60. ABCE [解析]工程量清单内容分为前言（或说明）、工程子目、计日工明细表和清单汇总表四部分。故选ABCE。

61. ABCD [解析]公路工程计量管理包括：落实计量职责；做好计量记录；计量分析；计量争端的协调与处理。故选ABCD。

62. ABDE [解析]竣工结算编制内容与投标文件中投标价的内容基本相同。一般内容如下：①竣工结算封面；②竣工结算编制说明；③第100章~700章清单结算造价汇总计算表；④其他结算造价汇总计算表，包括工程签证单、联系单结算汇总表、材料价差计算表、业主供料计算表等内容；⑤工程竣工结算资料，包括竣工图、施工合同、招投标书、设计变更资料、现场签证资料、工程联系单、材料单价调价确认单等。故选ABDE。

63. ACDE [解析]选项B错误，施工现场的施工机械应采取分级管理的制度，大型专用机械采用集中管理，小型机械采用分散管理。故选ACDE。

三、案例分析题

案例（一）

1. 施工组织设计应交本单位的技术负责人审批后,再提交总监理工程师审批通过。

2. 施工组织设计的优化主要包括施工方案的优化和资源利用的优化。其中,施工方案优化主要包括施工方法的优化、施工顺序的优化、施工作业组织形式的优化、施工劳动组织的优化、施工机械组织的优化等。资源利用的优化主要包括物资采购与供应计划的优化、机械需要计划的优化。

3. (1)问题一:选用黏性土作为路堤填料。
   改正:应选用未冻结的砂类土、碎石、卵石土、石渣等透水性好的材料作为路堤填料。
   (2)问题二:每层填料布料的松铺厚度不超过45cm。
   改正:松铺厚度应不超过30cm。

4. (1)该事故属于较大事故。
   (2)事故报告应包括的内容:①事故发生单位概况。②事故发生的时间、地点以及事故现场情况。③事故的简要经过。④事故已经造成或者可能造成的伤亡人数(包括下落不明的人数)和初步估计的直接经济损失。⑤已经采取的措施。⑥其他应当报告的情况。

案例（二）

1. 不妥之处一:项目经理部的技术交底工作由项目经理组织和主持实施。
   改正:项目经理部的技术交底工作由项目经理组织,项目总工程师主持实施。
   不妥之处二:总工程师负责向班组作业人员交底。
   改正:现场技术人员负责组织向本责任区内的班组作业人员交底。

2. 事件二中,SMA碾压应遵循的原则为紧跟、慢压、高频、低幅。

3. 水平安全网设置的安全距离规定:作业面与水平安全网之间的高差不得超过3.0m,水平安全网与坠落高度基准面的距离不得小于0.2m。

4. 理由:胶轮压路机或组合式压路机的轮胎会将结构部沥青"泵吸"到路表面,使路表失去纹理和粗糙度。

案例（三）

1. 事件一中施工单位进行试验路段施工,应确定的参数有机械组合、压实机械规格、松铺厚度、碾压遍数、碾压速度、最佳含水率及碾压时含水率范围等。

2. 事件二中施工方整改方法:填料应选用透水性好的碎石土、卵石土、石方碎渣和砂类土等。

3. 土石方开挖的主要设备还应有推土机、移动式空气压缩机等。对于土石填筑工程,可选择的机械与设备主要有推土机、铲运机、羊足碾、压路机、洒水车、平地机和自卸汽车等。

4. 雨期施工,路堤应分层填筑,并及时碾压;每一填筑层表面应做成2%～4%双向路拱横坡以利于排水。

案例（四）

1. 造价差额 = 680 + 125000 × 7.02/10000 − 1000 = −232.25 万元；属于较大设计的变更,因为该段变更为"大中桥数量发生了变化"(或将桥梁变更为路堤),所以根据《公路工程设计变更管理办法》,该变更属于较大设计变更;较大设计变更由省级交通主管部门进行审批。

2. (1)N—上路床；O—下路床；P—上路堤；Q—下路堤。
   (2)可以直接用于P、Q部位的填筑。

3. 应按设计要求挖台阶(或设置成坡度向内并大于4%、宽度大于2m的台阶)。因为桥位地面纵坡约为18%（18.65÷105≈18%），大于12%。

4. 应检查清除表土范围和清除表土深度,检测原地面压实度。

5. A、C、G、I、J。

案例(五)

1. (1)SMA:沥青玛琋脂碎石混合料。
   (2)密级配沥青混凝土的特点:颗粒级配连续、相互嵌挤密实。
   (3)I型密实式改性沥青混凝土混合料剩余空隙率为3%~6%（行人道路为2%~6%）。

2. $B = 3.75 \times 6 = 22.5m$；$X = 0.2 \times 22.5 = 4.5m$；$h = 22.5 \times 2\% / 2 = 0.225m$；

   $Y = \frac{4h}{B^3}X^3 + \frac{h}{B}X = \frac{4 \times 0.225}{22.5^3} \times 4.5^3 + \frac{0.225}{22.5} \times 4.5 = 0.0522m$；

   $h_3 = h - Y = 0.225 - 0.0522 = 0.1728m$。

3. (1)拌合站简介牌还应标志:拌合站简介牌标识内容;拌合的数量;供应主要构造物情况及安全保证体系。
   (2)最佳的"设置位置"如下表所示。

标志标牌名称	对应关系	设置位置
拌合站简介牌		拌合楼旁
混合料配合比牌		材料堆放处
材料标志牌		场内醒目位置
操作规程牌		拌合站入口处
消防保卫牌		机械设备旁
安全警告警示牌		各作业点

4. (1)不正确。正确要求:外委试验应向项目建设单位报备。
   (2)正确。
   (3)不正确。正确要求:同一合同段中施工、监理、监测机构不得将外委试验委托给同一家检测机构。

5. 应具备的资质与条件:应取得《公路水运工程试验检测机构等级证书》(含相应参数),通过计量认证(含相应参数)且上年度信用等级为B级及以上。

第 7 章 公路工程项目施工相关法规与标准

考情分析

本章是公路工程法规部分的内容,包括 2 个专题,属于次重点章节。本章考点相对集中,主要在专题 1 公路建设管理法规和标准,常以选择题形式考查,案例题主要集中在安全生产和质量管理部分,其他均为选择题考点。总体来讲,难度不大,考法单一。

扫码领取本章视频课程

近 3 年考试真题分值统计表　　　　　　　　　　　　　　　　（单位:分）

序号	专题名	2022			2021(2)			2021(1)			2020		
		单选	多选	案例	单选	多选	案例	单选	多选	案例	单选	多选	案例
1	公路建设管理法规和标准	1	—	—	1	2	—	1	2	—	1	—	—
2	公路施工安全生产和质量管理相关规定	—	2	—	1	—	—	1	—	—	1	2	—
	合计	1	2	—	2	2	—	2	2	—	2	2	—

思维导图

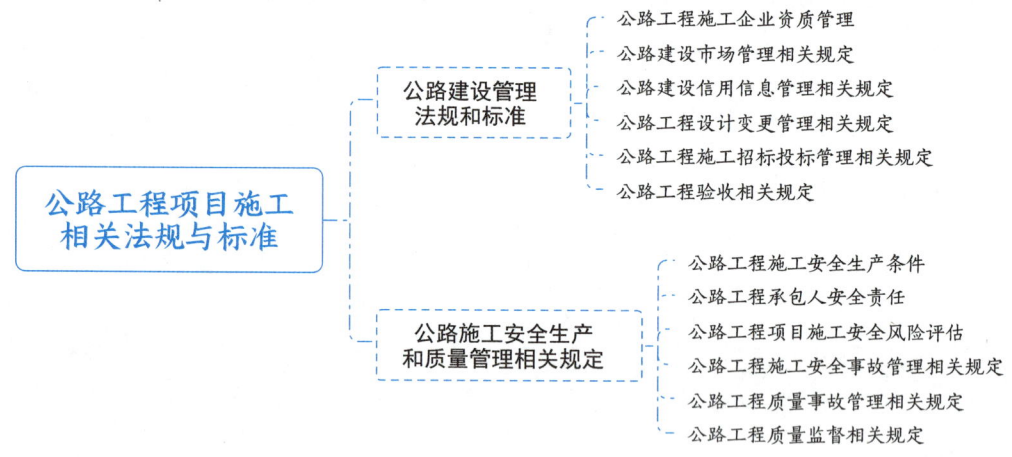

核心考点

专题 1　公路建设管理法规和标准

复习提示▷ 本专题主要涉及公路工程施工中企业的资质和信用信息管理,以及公路建设市场的部分法律规定,还有公路工程招标投标管理和验收管理的相关规定。本专题内容以法规中的法条为主,题型以选择题为主,适当做题即可。

[考点 1] 公路工程施工企业资质管理

1. 公路工程施工企业资质类别、等级的划分

资质类别		资质等级
总承包	公路工程施工总承包	特级企业、一级企业、二级企业、三级企业
专业承包	路基工程	一级企业、二级企业、三级企业
	路面工程	
	桥梁工程	
	隧道工程	
	交通工程	安全设施分项承包企业和机电工程分项承包企业

2. 公路工程施工企业承包工程范围

(1) 施工总承包企业承包工程范围。

企业等级	承包工程范围
特级资质	各级公路及其桥梁、隧道工程
一级资质	各级公路及其桥梁、长度 <3000m 的隧道工程
二级资质	一级标准以下公路,单座桥长 <1000m、单跨跨度 <150m 的桥梁,长度 <1000m 的隧道工程
三级资质	二级标准以下公路,单座桥长 <500m、单跨跨度 <50m 的桥梁工程

(2) 专业承包企业承包工程范围。

①道路桥隧工程专业承包企业承包工程范围

企业等级	桥梁工程承包范围	隧道工程承包范围	路面工程承包范围	路基工程承包范围
一级资质	各类桥梁工程	各类隧道工程	各级公路路面工程	各级公路的路基、中小桥涵、防护及排水、软基处理工程
二级资质	单跨 <150m、单座总长 <1000m 的桥梁工程	断面 <60m² 且单洞长度 <1000m 的隧道工程	一级标准以下公路路面工程	一级标准以下公路的路基、中小桥涵、防护及排水、软基处理工程
三级资质	单跨 <50m、单座总长 <120m 的桥梁工程	断面 <40m² 且单洞长度 <500m 的隧道工程	二级标准以下公路路面工程	二级标准以下公路的路基、中小桥涵、防护及排水、软基处理工程

②公路交通工程专业承包企业承包工程范围。

分项	企业等级	承包工程范围
公路安全设施分项	一级资质	各级公路标志、标线、护栏、隔离栅、防眩板等公路安全设施工程的施工及安装
	二级资质	一级以下公路标志、标线、护栏、隔离栅、防眩板等公路安全设施工程的施工及安装

(续表)

分项	企业等级	承包工程范围
公路机电工程分项	一级资质	各级公路通信、监控、收费、干线传输系统、移动通信系统、光（电）缆敷设工程、紧急电话系统、交通信息采集系统、信息发布系统、中央控制系统、供电、照明、智能交通管理等机电系统及配套工程系统的施工及安装；公路桥梁及隧道工程健康监测、通风、通信管道等机电系统及配套设备的施工及安装
	二级资质	一级以下公路通信、监控、收费、干线传输系统、移动通信系统、光（电）缆敷设工程、紧急电话系统、交通信息采集系统、信息发布系统、中央控制系统、供电、照明、智能交通管理等机电系统及配套工程系统的施工及安装

◉ **精选真题**

[2021年真题]公路工程施工总承包二级资质企业承包工程的范围有（　　）。

A. 一级标准以下的公路工程

B. 长度3000m以下的隧道工程

C. 单座桥长1000m以下、单跨跨度150m以下的桥梁工程

D. 高速公路的路面工程

E. 二级标准以下的公路工程

答案：AC。

[考点2] 公路建设市场管理相关规定

1.《公路建设市场管理办法》的相关规定

第11条　公路建设项目依法实行项目法人负责制。项目法人可自行管理公路建设项目，也可委托具备法人资格的项目建设管理单位进行项目管理。

第12条　收费公路建设项目法人和项目建设管理单位进入公路建设市场实行备案制度。

第25条　项目施工应当具备以下条件：

(1) 项目已列入公路建设年度计划；

(2) 施工图设计文件已经完成并经审批同意；

(3) 建设资金已经落实，并经交通运输主管部门审计；

(4) 征地手续已办理，拆迁基本完成；

(5) 施工、监理单位已依法确定；

(6) 已办理质量监督手续，已落实保证质量和安全的措施。

第29条　公路工程实行政府监督、法人管理、社会监理、企业自检的质量保证体系。

第37条　勘察、设计单位经项目法人批准，可以将工程设计中跨专业或者有特殊要求的勘察、设计工作委托给有相应资质条件的单位，但不得转包或者二次分包。监理工作不得分包或者转包。

第38条　施工单位可以将非关键性工程或者适合专业化队伍施工的工程分包给具有相

应资格条件的单位,并对分包工程负连带责任。允许分包的工程范围应当在招标文件中规定。分包工程不得再次分包,严禁转包。任何单位和个人不得违反规定指定分包、指定采购或者分割工程。

第39条 施工单位招用农民工的,应当依法签订劳动合同,并将劳动合同报项目监理工程师和项目法人备案。

第49条 投标人相互串通投标或者与招标人串通投标的,投标人以向招标人或者评标委员会成员行贿的手段谋取中标的,中标无效,处中标项目金额5‰以上10‰以下的罚款,对单位直接负责的主管人员和其他直接责任人员处单位罚款数额5%以上10%以下的罚款;有违法所得的,并处没收违法所得;情节严重的,取消其1年至2年内参加依法必须进行招标的项目的投标资格并予以公告;构成犯罪的,依法追究刑事责任。给他人造成损失的,依法承担赔偿责任。

2.《公路工程设计施工总承包管理办法》的相关规定

第5条 总承包单位由项目法人依法通过招标方式确定。项目法人负责组织公路工程总承包招标。总承包招标应当在初步设计文件获得批准并落实建设资金后进行。

第10条 招标人应当合理确定投标文件的编制时间,自招标文件开始发售之日起至投标人提交投标文件截止时间止,不得少于60天。

第14条 总承包费用或者投标报价应当包括相应工程的施工图勘察设计费、建筑安装工程费、设备购置费、缺陷责任期维修费、保险费等。项目法人应当在初步设计批准概算范围内确定最高投标限价。

第25条 总承包工程实施过程中需要设计变更的,较大变更或者重大变更应当依据有关规定报交通运输主管部门审批。一般变更应当在实施前告知监理单位和项目法人,项目法人认为变更不合理的有权予以否定。

3.《公路工程施工分包管理办法》的相关规定

第10条 分包人应当具备如下条件:
(1)具有经工商登记的法人资格;
(2)具有与分包工程相适应的注册资金;
(3)具有(自有或租赁)分包工程所需的施工设备;
(4)具有从事类似工程经验的管理与技术人员。

第12条 承包人有权依据承包合同自主选择符合资格的分包人。任何单位和个人不得违规指定分包。

第13条 承包人应在工程实施前,将经监理审查同意后的分包合同报发包人备案。

第15条 分包人对其分包的工程向承包人负责,并就所分包的工程向发包人承担连带责任。

第16条 有下列情形之一的,属于转包:
(1)承包人将承包的全部工程发包给他人的;
(2)承包人将承包的全部工程肢解后以分包的名义分别发包给他人的;

(3) 法律、法规规定的其他转包行为。

第 17 条 有下列情形之一的,属于违法分包:

(1) 承包人未在施工现场设立项目管理机构和派驻相应人员对分包工程的施工活动实施有效管理的;

(2) 承包人将工程分包给不具备相应资格的企业或者个人的;

(3) 分包人以他人名义承揽分包工程的;

(4) 承包人将合同文件中明确不得分包的专项工程进行分包的;

(5) 承包人未与分包人依法签订分包合同或者分包合同未遵循承包合同的各项原则,不满足承包合同中相应要求的;

(6) 分包合同未报发包人备案的;

(7) 分包人将分包工程再进行分包的。

第 22 条 分包人有权与承包人共同享有分包工程业绩。分包人业绩证明由承包人与发包人共同出具。劳务合作不属于施工分包。劳务合作企业以分包人名义申请业绩证明的,承包人与发包人不得出具。

🌐 **精选真题**

[2019 年真题] 根据《公路建设市场管理办法》,收费公路建设项目法人和项目建设管理单位进入公路市场实行(   )。

A. 审批制度　　　　　B. 核准制度　　　　　C. 备案制度　　　　　D. 注册制度

答案:C。

[考点 3] 公路建设信用信息管理相关规定

1. 公路建设市场信用信息类别

信用信息类别	内容
基本信息	1. 从业单位名称、法定代表人、注册登记基本情况及社会信用代码; 2. 基本财务指标、在金融机构开立基本账户情况; 3. 资质、资格情况; 4. 主要经济、管理和工程技术从业人员的职称及执业资格基本状况; 5. 自有设备基本状况; 6. 近 5 年主要业绩及全部在建的公路项目情况等
良好行为信息	1. 受到市级及以上交通运输主管部门、与公路建设有关的政府监督部门或机构表彰和奖励的信息; 2. 被省级及以上交通运输主管部门评价为最高信用等级(AA 级)的记录
不良行为信息	1. 受到市级及以上交通运输主管部门、与公路建设有关的政府监督部门或机构行政处罚及通报批评的信息; 2. 司法机关、审计部门认定的违法违规信息; 3. 被省级及以上交通运输主管部门评价为最低信用等级(D 级)的记录

2. 公路建设市场信用信息发布期限

(1)基本信息公布期限为长期;

(2)表彰奖励类良好行为信息、不良行为信息公布期限为 2 年,信用评价信息公布期限为 1 年,期满后系统自动解除公布,转为系统档案信息。

(3)行政处罚期未满的不良行为信息将延长至行政处罚期满。

(4)上述期限均自认定相应行为或做出相应决定之日起计算。

3. 公路施工企业信用信息评价要求

(1)公路施工企业信用评价等级分为 AA、A、B、C、D 五个等级,各信用等级对应的企业评分 X 如下表所示。

信用评价等级	企业评分 X	信用等级
AA 级	95 分 $\leq X \leq$ 100 分	信用好
A 级	85 分 $\leq X <$ 95 分	信用较好
B 级	75 分 $\leq X <$ 85 分	信用一般
C 级	60 分 $\leq X <$ 75 分	信用较差
D 级	$X <$ 60 分	信用差

投标行为和履约行为初始分值为 100 分,实行累计扣分制。其中,投标行为占 20%、履约行为占 80%,若有其他行为的,从企业信用评价总得分中扣除。

(2)公路施工企业投标行为由招标人负责评价,履约行为由项目法人负责评价,其他行为由负责行业监管的相应地方人民政府交通运输主管部门负责评价。

(3)联合体有不良履约行为的,联合体各方均按相应标准扣分。

(4)被 1 个省级交通运输主管部门直接认定为 D 级的企业,其全国综合评价直接定为 C 级;被 2 个及以上省级交通运输主管部门直接认定为 D 级以及被国务院交通运输主管部门行政处罚的公路施工企业,其全国综合评价直接定为 D 级。

(5)公路施工企业信用评价结果有效期 1 年,下一年度公路施工企业在该省份无信用评价结果的,其在该省份信用评价等级可延续 1 年。

(6)公路施工企业资质等级变更。

①公路施工企业资质升级的,其信用评价等级不变。

②企业分立的,按照新设立企业确定信用评价等级,但不得高于原评价等级。

③企业合并的,按照合并前信用评价等级较低企业的等级确定。

◉ 精选真题

1.[2017 年真题] 关于公路施工企业信用信息管理的说法,错误的是(　　)。

A. 公路施工企业信用升级实行逐级上升制

B. 公路施工企业资质升级的,其信用评价等级不变

C. 被一个省级交通运输主管部门直接认定为 D 级的企业,其全国综合评价直接定为 D 级

D. 公路施工企业信用评价结果有效期为 1 年

2. [2016 年真题] 根据《公路建设市场信用信息管理办法》,下列说法正确的是( )。

A. 自有设备的基本状况不属于从业单位的基本信息

B. 公路施工企业的投标行为由政府相关部门负责评价

C. 联合体有不良履约行为,联合体各方均按相应标准扣分

D. 某企业信用评分为 80 分,属于 A 级信用等级

答案: 1. C。被 1 个省级交通运输主管部门直接认定为 D 级的企业,其全国综合评价直接定为 C 级。

2. C。选项 A 错误,从业单位名称、法定代表人、注册登记基本情况及社会信用代码、自有设备基本状况等均属于从业单位的基本信息。选项 B 错误,公路施工企业投标行为由招标人负责评价,履约行为由项目法人负责评价,其他行为由负责项目监管的相应地方人民政府交通运输主管部门负责评价。选项 D 错误,企业信用评分在 75~85 之间的属于 B 级信用等级。

[考点 4] 公路工程设计变更管理相关规定

公路工程设计变更分为重大设计变更、较大设计变更和一般设计变更。公路工程设计变更的范围如下表所示。

设计变更类型	审批人	变更情形
重大设计变更	交通运输部	1. 连续长度 10km 以上的路线方案调整的; 2. 特长隧道的数量或通风方案发生变化的; 3. 特大桥的数量或结构形式发生变化的; 4. 互通式立交的数量发生变化的; 5. 收费方式及站点位置、规模发生变化的; 6. 超过初步设计批准概算的
较大设计变更	省级交通主管部门	1. 连续长度 2km 以上的路线方案调整的; 2. 连接线的标准和规模发生变化的; 3. 特殊不良地质路段处置方案发生变化的; 4. 路面结构类型、宽度和厚度发生变化的; 5. 大中桥的数量或结构形式发生变化的; 6. 隧道的数量或方案发生变化的; 7. 分离式立交的数量发生变化的; 8. 互通式立交的位置或方案发生变化的; 9. 监控、通信系统总体方案发生变化的; 10. 管理、养护和服务设施的数量和规模发生变化的; 11. 其他单项工程费用变化超过 500 万元的; 12. 超过施工图设计批准预算的
一般设计变更	项目法人	除重大设计变更和较大设计变更以外的其他设计变更

第7章 公路工程项目施工相关法规与标准

设计变更和工程变更审批人的对比。

分类	设计变更	工程变更
一般	项目法人	总监理工程师
较大	省级交通主管部门	业主
重大	交通运输部	国家计划主管部门

◉ **精选真题**

1. [2018年真题]根据《公路工程设计变更管理办法》,发生较大设计变更时,负责审批的单位是(　　)。

   A. 交通运输部　　　　　　　　　B. 项目建设单位
   C. 省级交通主管部门　　　　　　D. 勘察设计单位

2. [2021年真题]下列设计变更的情形中,属于较大设计变更的有(　　)。

   A. 连续长度2km以上的路线方案调整
   B. 连接线的标准和规模发生变化
   C. 互通式立交的数量发生变化
   D. 收费方式及站点位置、规模发生变化
   E. 分离式立交的数量发生变化

答案:1. C。2. ABE。

[考点5] 公路工程施工招标投标管理相关规定

1. 招标

(1)招标程序。

①公路工程建设项目履行项目审批或者核准手续后,方可开展勘察设计招标。

②初步设计文件批准后,方可开展施工监理、设计施工总承包招标。

③施工图设计文件批准后,方可开展施工招标。

④施工招标采用资格预审方式的,在初步设计文件批准后,可以进行资格预审。

(2)不进行招标的情形。

①涉及国家安全、国家秘密、抢险救灾或者属于利用扶贫资金实行以工代赈、需要使用农民工等特殊情况;

②需要采用不可替代的专利或者专有技术;

③采购人自身具有工程施工或者提供服务的资格和能力,且符合法定要求;

④已通过招标方式选定的特许经营项目投资人依法能够自行施工或者提供服务;

⑤需要向原中标人采购工程或者服务,否则将影响施工或者功能配套要求。

(3)标底与最高投标限价。

①招标人可以自行决定是否编制标底或者设置最高投标限价。

②招标人不得规定最低投标限价。

③接受委托编制标底或者最高投标限价的中介机构不得参加该项目的投标,也不得为该

项目的投标人编制投标文件或者提供咨询。

(4)具有歧视性条款的行为。

①以分包的工作量规模作为否决投标的条件;

②对投标人符合法律法规以及招标文件规定的分包计划设定扣分条款;

③按照分包的工作量规模对投标人进行区别评分;

④以其他不合理条件限制投标人进行分包的行为。

2.投标

(1)招标人采用资格预审方式进行招标且评标方法为技术评分最低标价法的,或者采用资格后审方式进行招标的,投标文件应当以双信封形式密封,第一信封内为商务文件和技术文件,第二信封内为报价文件。

(2)投标人在投标截止时间前撤回投标文件且招标人已收取投标保证金的,招标人应当自收到投标人书面撤回通知之日起5日内退还其投标保证金。

(3)投标截止后投标人撤销投标文件的,招标人可以不退还投标保证金。

3.开标、评标和中标

(1)公路工程勘察设计和施工监理招标,应当采用综合评估法进行评标。

(2)公路工程施工评标方法。

评标方法		适用条件
综合评估法	合理低价法	一般情况
	技术评分最低标价法	
	综合评分法	技术特别复杂的特大桥梁和特长隧道项目主体工程
经评审的最低投标价法		工程规模较小、技术含量较低的工程

(3)评标委员会对投标文件进行评审后,因有效投标不足3个使得投标明显缺乏竞争的,可以否决全部投标。未否决全部投标的,评标委员会应当在评标报告中阐明理由并推荐中标候选人。

(4)招标人应当重新招标的情形。

①通过资格预审的申请人少于3个的;

②投标人少于3个的;

③所有投标均被否决的;

④中标候选人均未与招标人订立书面合同的。

精选真题

1.[2020年真题]关于公路工程招投标管理的说法,正确的是( )。

A.施工图设计文件审查后即可开展施工招标

B.采用资格后审方式进行施工招标的,投标文件应当以双信封形式密封

C.招标人应当规定最低投标限价和最高投标限价

D.有效投标不足3个的,评标委员会应当否决全部投标

2.[2019年真题] 根据《公路工程建设项目招标投标管理办法》,关于招标投标的说法,错误的有(　　)。

A. 初步设计文件批准后,方可开展施工监理招标

B. 已选定的特许经营项目投资人依法能够自行施工时,可以不进行招标

C. 招标人可设置最低投标限价和最高投标限价

D. 公路工程勘察设计招标不宜采用综合评估法进行评标

E. 招标人以分包的工作量规模作为否决投标的条件,属于对分包的歧视性条款

答案: 1. B。选项 A 错误,施工图设计文件批准后,方可开展施工招标。选项 C 错误,招标人不得规定最低投标限价。选项 D 错误,有效投标不足 3 个的,招标人应当重新招标。

2. BCD。

[考点6] 公路工程验收相关规定

1.交工验收与竣工验收的条件与程序

验收阶段	交工验收	竣工验收
验收条件	1. 合同约定的各项内容已全部完成,各方就合同变更的内容达成书面一致意见。 2. 施工单位按《公路工程质量检验评定标准》及相关规定对工程质量自检合格。 3. 监理单位对工程质量评定合格。 4. 质量监督机构按《公路工程质量鉴定办法》对工程质量进行检测,并出具检测意见。 5. 竣工文件按公路工程档案管理的有关要求,完成"公路工程项目文件归档范围"第三、四、五部分(不含缺陷责任期资料)内容的收集、整理及归档工作。 6. 施工单位、监理单位完成本合同段的工作总结报告。	1. 通车试运营 2 年以上。 2. 交工验收提出的工程质量缺陷等遗留问题已全部处理完毕,并经项目法人验收合格。 3. 工程决算编制完成,竣工决算已经审计,并经交通运输主管部门或其授权单位认定。 4. 竣工文件已完成"公路工程项目文件归档范围"的全部内容。 5. 档案、环保等单项验收合格,土地使用手续已办理。 6. 各参建单位完成工作总结报告。 7. 质量监督机构对工程质量检测鉴定合格,并形成工程质量鉴定报告。
验收程序	1. 施工单位完成全部工程内容,且经施工自检和监理检验评定均合格后,提出合同段交工验收申请报监理单位审查。交工验收申请应附自检评定资料和施工总结报告。 2. 监理单位对施工单位交工验收申请及其所附资料进行审查并签署意见。监理单位审查同意后,应同时向项目法人提交独立抽检资料、质量评定资料和监理工作报告。 3. 通过交工验收的合同段,项目法人应及时颁发"公路工程交工验收证书"。 4. 各合同段全部验收合格后,项目法人应及时完成"公路工程交工验收报告"	1. 符合竣工条件后,项目法人及时提出验收申请。 2. 相关交通运输主管部门对验收申请进行审查,审查同意后报负责竣工验收的交通运输主管部门。 3. 文件齐全且符合条件的项目,由负责竣工验收的交通运输主管部门通知所属的质量监督机构开展质量鉴定工作。 4. 质量监督机构按要求完成质量鉴定工作,出具工程质量鉴定报告,并审核交工验收对设计、施工、监理初步评价结果,报送交通运输主管部门。 5. 工程质量鉴定等级为合格及以上的项目,负责竣工验收的交通运输主管部门及时组织竣工验

2. 公路工程竣(交)工验收的依据

(1)批准的项目建议书、工程可行性研究报告。
(2)批准的工程初步设计、施工图设计及设计变更文件。
(3)施工许可。
(4)招标文件及合同文本。
(5)行政主管部门的有关批复、批示文件。
(6)公路工程技术标准、规范、规程及国家有关部门的相关规定。

3. 验收工作内容

(1)交工验收工作内容。
①检查合同执行情况。
②检查施工自检报告、施工总结报告及施工资料。
③检查监理单位独立抽检资料、监理工作报告及质量评定资料。
④核查工程完工数量是否与批准的设计文件相符、是否与工程计量数量一致。
⑤检查工程实体,审查有关资料,包括主要产品的质量抽(检)测报告。
⑥对合同是否全面执行、工程质量是否合格做出结论。
⑦按合同段分别对设计、监理、施工等单位进行初步评价。

(2)竣工验收工作内容。
①成立竣工验收委员会。
②听取公路工程项目执行报告、设计工作报告、施工总结报告、监理工作报告及接管养护单位项目使用情况报告。
③竣工验收委员会成立专业检查组检查工程实体质量,审阅有关资料,形成书面检查意见。
④听取公路工程质量监督报告及工程质量鉴定报告。
⑤对项目法人建设管理工作进行综合评价。审定交工验收对设计单位、施工单位、监理单位的初步评价,填写公路工程参建单位工作综合评价表。

4. 交工验收与竣工验收的质量评定

(1)交工验收。
交工验收工程质量等级评定分为合格和不合格,工程质量评分值大于等于75分的为合格,小于75分的为不合格。
(2)竣工验收。

加权平均法		交工验收与竣工验收合并进行		工程质量评分 X
得分来源	权值	得分来源	权值	
交工验收工程质量得分	0.2	质量监督机构工程质量鉴定得分	0.6	优良:$X \geq 90$ 分。 合格:75 分 $\leq X < 90$ 分。 不合格:$X < 75$ 分
质量监督机构工程质量鉴定得分	0.6	监理单位对工程质量评定得分	0.1	
竣工验收委员会对工程质量的评分	0.2	竣工验收委员会对工程质量的评分	0.3	

[提示] 竣工验收委员会由交通运输主管部门、公路管理机构、质量监督机构、造价管理机构等单位代表组成。项目法人、设计、施工、监理、接管养护等单位代表参加竣工验收工作,但不作为竣工验收委员会成员。

🌐 精选真题

1.[2022年真题]路基工程作为单独合同段进行交工验收时,应邀请( )单位参加。

A. 路面施工　　　　　　　　　B. 交通执法

C. 运营　　　　　　　　　　　D. 养护

2.[2019年真题]根据《公路工程竣(交)工验收办法实施细则》,不能作为竣工验收委员会成员的是( )。

A. 交通运输主管部门代表　　　B. 质量监督机构代表

C. 造价管理机构代表　　　　　D. 设计单位代表

3.[2016年真题]关于公路工程交工验收施工合同段工程质量等级评定的说法,正确的是( )。

A. 工程质量评分值大于等于90分为优质工程

B. 工程质量评分值大于等于85分为优良工程

C. 工程质量评分值大于等于80分为中等工程

D. 工程质量评分值大于等于75分为合格工程

4.[2018年真题]根据《公路工程竣(交)工验收办法实施细则》,公路工程交工验收应具备的条件有( )。

A. 通车试运营2年以上

B. 施工单位按《公路工程质量检验评定标准》及相关规定对工程质量自检合格

C. 监理单位对工程质量评定合格

D. 质量监督机构按《公路工程质量鉴定办法》对工程质量进行检测,并出具检测意见,检测意见中需整改的问题已经处理完毕

E. 档案、环保等单项验收合格,土地使用手续已办理

5.[2017年真题]关于公路工程竣(交)工验收的说法,正确的有( )。

A. 竣工验收委员会由交通运输主管部门、项目法人、质量监督机构等单位代表组成

B. 通车试运营2年以上方可进行竣工验收

C. 竣工验收质量等级评定分为合格和不合格

D. 通过交工验收的合同段,项目法人应及时颁发"公路工程交工验收证书"

E. 批准的项目建议书是竣工验收的重要依据

6.[2017真题·案例节选]

背景资料

某施工单位承接了一条二级公路的施工,路线全长30.85km,路基宽度为8.5m,路面宽度为2×3.5m。该工程内容包括路基、桥梁及路面工程等……

事件三:根据《公路工程竣(交)工验收办法实施细则》,施工单位完成约定的全部工程内容,且经施工自检评定材料和 C 报告。监理单位审查同意后,及时按规定提交了 D 资料、质量评定资料和监理总结报告。项目法人接收资料后及时按规定组织了交工验收。

问题:写出事件三中 C 报告、D 资料的名称。

答案:1. A。2. D。3. D。4. BCD。5. BDE。

6. C 报告:施工总结报告。D 资料:独立抽检资料。

专题 2　公路施工安全生产和质量管理相关规定

复习提示▷ 本专题主要考查施工安全管理与施工质量管理的相关内容,重点在于承包人的安全责任划分、安全事故的等级划分和质量事故的等级划分,应以对比记忆为主。

[考点 1] 公路工程施工安全生产条件

施工单位应当按照年度施工产值配备专职安全生产管理人员。

年度施工产值 X	$X < 5000$ 万元	5000 万元 $\leq X < 2$ 亿元	$X \geq 2$ 亿元
人数	≥ 1 名	每 5000 万元不少于 1 名	≥ 5 名,且按专业配备

[考点 2] 公路工程承包人安全责任

类别	专职安全生产管理人员	项目负责人
职责	1. 组织或者参与拟订本单位安全生产规章制度、操作规程,以及合同段施工专项应急预案和现场处置方案。 2. 组织或者参与本单位安全生产教育和培训,如实记录安全生产教育和培训情况。 3. 督促落实本单位施工安全风险管控措施。 4. 组织或者参与本合同段施工应急救援演练。 5. 检查施工现场安全生产状况,做好检查记录,提出改进安全生产标准化建设的建议。 6. 及时排查、报告安全事故隐患,并督促落实事故隐患治理措施。 7. 制止和纠正违章指挥、违章操作和违反劳动纪律的行为	1. 建立项目安全生产责任制,实施相应的考核与奖惩。 2. 按规定配足项目专职安全生产管理人员。 3. 结合项目特点,组织制定项目安全生产规章制度和操作规程。 4. 组织制订项目安全生产教育和培训计划。 5. 督促项目安全生产费用的规范使用。 6. 依据风险评估结论,完善施工组织设计和专项施工方案。 7. 建立安全预防控制体系和隐患排查治理体系,督促、检查项目安全生产工作,确认重大事故隐患整改情况。 8. 组织制定本合同段施工专项应急预案和现场处置方案,并定期组织演练。 9. 及时、如实报告生产安全事故并组织自救

第7章 公路工程项目施工相关法规与标准

🌐 **精选真题**

1. [2017年真题]关于施工单位专职安全生产管理人员职责的说法,正确的是( )。
A. 监督落实本单位施工安全风险管控措施
B. 监督项目安全生产费用的规范使用
C. 组织制定项目安全生产教育和培训计划
D. 组织制定本合同段综合应急预案和现场处置方案

2. [2020年真题]根据《公路水运工程安全生产监督管理办法》,施工单位项目负责人对项目安全生产工作负有的职责有( )。
A. 按规定配足项目专职安全生产管理人员
B. 组织制定项目安全生产教育和培训计划
C. 督促落实本单位施工安全风险管控措施
D. 督促项目安全生产费用的规范使用
E. 依据风险评估结论,完善施工组织设计和专项施工方案

答案:1. A。2. ABDE。

[考点3] 公路工程项目施工安全风险评估

高速公路路堑高边坡工程施工安全风险评估划分为总体风险评估和专项风险评估两个阶段,一般采用专家调查评估法、指标体系法。

类型	对象	时间	组织	作用
总体风险评估	高速公路全线的路堑工程整体	项目开工前	建设单位	路堑边坡工程施工组织设计编制依据
专项风险评估	施工作业活动	路堑边坡分项工程开工前	施工单位	编制或完善专项施工方案的依据

[考点4] 公路工程施工安全事故管理相关规定

1. 事故分类及等级

根据生产安全事故造成的人员伤亡或者直接经济损失,事故一般分为以下等级。

事故等级	死亡人数 X	重伤人数 Y	直接经济损失 Z
一般事故	$X<3$ 人	$Y<10$ 人	$Z<1000$ 万元
较大事故	3 人 $\leq X<10$ 人	10 人 $\leq Y<50$ 人	1000 万元 $\leq Z<5000$ 万元
重大事故	10 人 $\leq X<30$ 人	50 人 $\leq Y<100$ 人	5000 万元 $\leq Z<1$ 亿元
特别重大事故	$X\geq 30$ 人	$Y\geq 100$ 人	$Z\geq 1$ 亿元

2. 事故报告内容与时间

(1)事故报告包括以下内容。
①事故发生单位概况。

②事故发生的时间、地点以及事故现场情况。

③事故的简要经过。

④事故已经造成或者可能造成的伤亡人数（包括下落不明的人数）和初步估计的直接经济损失。

⑤已经采取的措施。

(2)自事故发生之日起 30 日内，事故造成的伤亡人数发生变化的，应当及时补报。道路交通事故、火灾事故自发生之日起 7 日内，事故造成的伤亡人数发生变化的，应当及时补报。

🌐 **精选真题**

[2022 年真题]生产安全事故发生后,报告事故应包括的内容有(　　　)。

A. 事故发生单位情况　　　　　　　　B. 事故的简要经过

C. 事故造成的伤亡人数和直接经济损失　　D. 事故发生的原因和事故性质

E. 已经采取的措施

答案：ABE。

[考点 5] 公路工程质量事故管理相关规定

公路水运建设工程质量事故分为特别重大质量事故、重大质量事故、较大质量事故和一般质量事故四个等级。

事故等级	判断依据
特别重大质量事故	直接经济损失≥1 亿元的事故
重大质量事故	1. 5000 万元≤直接经济损失＜1 亿元； 2. 特大桥主体结构垮塌、特长隧道结构坍塌； 3. 大型水运工程主体结构垮塌、报废的事故
较大质量事故	1. 1000 万元≤直接经济损失＜5000 万元； 2. 高速公路项目中桥或大桥主体结构垮塌、中隧道或长隧道结构坍塌、路基(行车道宽度)整体滑移； 3. 中型水运工程主体结构垮塌、报废的事故
一般质量事故	1. 100 万元≤直接经济损失＜1000 万元； 2. 除高速公路以外的公路项目中桥或大桥主体结构垮塌、中隧道或长隧道结构坍塌； 3. 小型水运工程主体结构垮塌、报废的事故

[提示] 直接经济损失在一般质量事故以下的为质量问题。

🌐 **精选真题**

1. [2021 年真题]下列公路工程质量事故中,属于较大质量事故的是(　　　)。

A. 二级公路项目的中隧道结构坍塌事故

B. 二级公路项目的大桥主体结构垮塌事故

C. 高速公路项目的路基(行车道宽度)整体滑移事故

D. 直接经济损失 5000 万元以上 1 亿元以下的事故

2. [2020 年真题]二级公路上某座桥梁,孔径布置为 4×30m,桥全长 130m。施工过程中,该桥梁发生了主体结构垮塌的质量事故,该质量事故的等级为( )。

A. 一般质量事故 B. 较大质量事故

C. 重大质量事故 D. 特别重大质量事故

答案:1. C。2. A。

[考点 6] 公路工程质量监督相关规定

建设单位提交的材料符合规定的,交通运输主管部门或者其委托的建设工程质量监督机构应当在 15 个工作日内为其办理工程质量监督手续,出具公路水运工程质量监督管理受理通知书。公路工程质量监督检查的内容主要包括:

(1)从业单位对工程质量法律、法规的执行情况;

(2)从业单位质量责任落实及质量保证体系运行情况;

(3)从业单位对公路水运工程建设强制性标准的执行情况;

(4)主要工程材料、构配件的质量情况;

(5)主体结构工程实体质量等情况。

强化练习

一、单项选择题

1. 下列级别中,不属于全国公路建设从业单位信用评价等级的是( )。

A. E 级 B. AA 级
C. D 级 D. B 级

2. 关于公路施工企业信用评价规则的说法,错误的是( )。

A. 实行定期评价和动态管理相结合的方式

B. 施工企业信用升级每年最多可上升一个等级

C. 联合体某一方有不良履约行为的,联合体各方均应扣分

D. 企业资质升级的,其信用评价等级也相应升级

3. 下列不属于重大设计变更情形的是( )。

A. 连续长度 8km 以上的路线方案调整的

B. 特大桥的数量或结构形式发生变化的

C. 特长隧道的数量或通风方案发生变化的

D. 超过初步设计批准概算的

4. 公路工程竣工验收应在通车试运行( )后进行。

A. 3 个月 B. 半年
C. 1 年 D. 2 年

5. 高速公路路堑高边坡工程施工安全风险评估中,总体风险评估一般由( )负责组织。

A. 建设单位 B. 施工单位
C. 监理单位 D. 设计单位

6. 根据《生产安全事故报告和调查处理条例》,下列属于重大事故的是( )。

A. 事故造成21人死亡

B. 事故造成120人重伤

C. 事故造成经济损失1.5亿元

D. 事故造成经济损失4千万元

7. 特大桥主体结构垮塌或者大型水运工程主体结构垮塌、报废事故属于( )。

A. 特别重大质量事故

B. 重大质量事故

C. 较大质量事故

D. 一般质量事故

8. 重大及以上质量事故,省级交通运输主管部门应在接报( )进一步核实,并按工程质量事故快报统一报交通运输部应急办转部工程质量监督管理部门。

A. 2天内 B. 3天内

C. 12h内 D. 2h内

9. 工程项目交工验收前,( )为工程质量事故报告的责任单位。

A. 交通运输主管部门

B. 施工单位

C. 建设单位

D. 管养单位

10. 某公路工程施工项目年度施工产值为1.7亿元,则按相关规定,该项目至少应配备( )名专职安生产管理人员。

A. 2 B. 3

C. 4 D. 5

11. 关于高速公路路堑高边坡工程施工安全风险评估的说法,错误的是( )。

A. 总体风险评估结论应作为编制路堑边坡工程施工组织设计的依据

B. 专项风险评估结论应作为编制或完善专项施工方案的依据

C. 专项风险评估工作由建设单位负责组织

D. 施工安全风险评估工作费用在项目安全生产费用中列支

12. 根据国家相关规定,结合公路工程的特点,关于公路工程施工总承包企业资质的划分,正确的是( )。

A. 特级企业、一级企业、二级企业

B. 特级企业、一级企业、二级企业、三级企业

C. 一级企业、二级企业

D. 一级企业、二级企业、三级企业

13. 竣工验收时,交工验收的分数为87分,质量监督机构的分数为93分,竣工委员会的分数为89分,竣工验收的质量评分为( )。

A. 优良 B. 中等

C. 合格 D. 不合格

14. 建设单位提交的材料符合规定的,监督机构应当在( )个工作日内办理质量监督手续,出具质量监督管理受理通知书。

A. 15 B. 20

C. 25 D. 30

15. 公路工程施工企业资质等级不包括( )。

A. 二级施工总承包

B. 三级路面工程专业承包

C. 三级桥梁工程专业承包

D. 三级公路安全设施分项承包

16. 通过初步评审的投标人,不再对其施工组织设计、项目管理机构、技术能力等因素进行评分,仅依据评标基准价对评标价进行评分,按照得分由高到低排序,推荐中标候选人的评标方法称为( )。

A. 技术评分最低标价法

B. 合理低价法

C. 综合评分法

D. 经评审的最低投标价法

17. 下列设计变更中,属于重大设计变更范畴的是( )。
    A. 互通式立交的数量发生变化的
    B. 连续长度2km以上的路线方案调整的
    C. 单项工程费用变化超过500万元的变更
    D. 变更路面结构类型、宽度和厚度

18. 根据《建筑业企业资质标准》,公路工程施工企业资质类别可划分为( )。
    A. 三类 B. 四类
    C. 五类 D. 六类

19. 由建设单位主持,检查施工合同的执行情况,评价工程质量是否符合技术标准及设计要求的验收阶段是( )。
    A. 竣工验收 B. 中间交工验收
    C. 交工验收 D. 工序验收

20. 某3500m长的特长隧道出现坍塌,造成经济损失4500万元,该事故属于( )。
    A. 特别重大质量事故
    B. 重大质量事故
    C. 较大质量事故
    D. 一般质量事故

21. 工程各合同段交工验收结束后,由( )对整个工程项目进行工程质量评定。
    A. 项目法人 B. 监督机构
    C. 监理单位 D. 竣工验收委员会

22. 根据《公路工程施工分包管理办法》,分包人业绩证明由( )出具。
    A. 承包人与发包人共同
    B. 发包人与监理共同
    C. 发包人
    D. 承包人

23. 桥梁工程专业承包企业中,三级资质企业可承担的工程范围为( )。
    A. 可承担各类桥梁工程的施工
    B. 可承担单跨150m以下、单座总长1000m以下桥梁工程的施工
    C. 可承担单跨100m以下、单座总长500m以下桥梁工程的施工
    D. 可承担单跨50m以下、单座总长120m以下桥梁工程的施工

24. 隧道工程专业承包企业为二级资质时,可承担断面( )m² 以下且单洞长度( )m以下的隧道工程施工。
    A. 40;500   B. 40;1000
    C. 60;500   D. 60;1000

25. 根据《公路建设市场管理办法》,投标人以向招标人行贿的手段谋取中标的,应处的罚款为中标项目金额的( )。
    A. 5‰以上10‰以下
    B. 10‰以上15‰以下
    C. 15‰以上20‰以下
    D. 20‰以上25‰以下

26. 根据《公路工程设计施工总承包管理办法》,总承包工程实施过程中需要设计变更的,较大变更应当( )。
    A. 实施前告知监理单位和项目法人
    B. 报交通运输主管部门审批
    C. 使用优化设计、节省造价的方案
    D. 将工程费用变化的风险归总承包单位负责

27. 根据《公路建设市场信用信息管理办法》,下列说法正确的是( )。
    A. 公路建设市场信用信息内容不包括从业单位基本信息
    B. 从业单位表彰奖励类良好行为信息有被省级及以上交通运输主管部门评价为A级的记录
    C. 信用评价信息公布期限为2年,期满后

系统自动解除公布,转为系统档案信息

D. 行政处罚期未满的不良行为信息将延长至行政处罚期满

28. 根据《公路施工企业信用评价规则》,对于企业评分为80分,其信用等级为(   )。

A. A级   B. B级
C. C级   D. D级

29. 根据《公路工程设计变更管理办法》,公路工程较大设计变更应由(   )负责审批。

A. 建设单位
B. 总监理工程师
C. 交通部
D. 省级交通主管部门

30. 根据《公路工程建设项目招标投标管理办法》,招标人应当自收到投标人书面撤回通知之日起(   )日内退还其投标保证金。

A. 5   B. 10
C. 15   D. 20

31. 根据《公路工程建设项目招标投标管理办法》,招标人和中标人应当自中标通知书发出之日起(   )日内订立书面合同。

A. 15   B. 20
C. 30   D. 45

32. 某生产安全事故造成15人死亡、150人重伤,该起事故等级应为(   )。

A. 一般事故   B. 较大事故
C. 重大事故   D. 特别重大事故

33. 道路交通事故、火灾事故自发生之日起(   )日内,事故造成的伤亡人数发生变化的,应当及时补报。

A. 7   B. 15
C. 20   D. 30

34. 下列选项中,不属于施工单位的专职安全生产管理人员应当履行的职责是(   )。

A. 组织或者参与本单位安全生产教育和培训,如实记录安全生产教育和培训情况
B. 制止和纠正违章指挥、违章操作和违反劳动纪律的行为
C. 结合项目特点,组织制定项目安全生产规章制度和操作规程
D. 及时排查、报告安全事故隐患,并督促落实事故隐患治理措施

35. 大型水运工程主体结构垮塌、报废的事故应属于(   )。

A. 一般质量事故
B. 较大质量事故
C. 重大质量事故
D. 特别重大质量事故

36. 公路工程项目通过交工验收后,工程质量事故报告的责任单位可以为(   )。

A. 施工单位   B. 监理单位
C. 建设单位   D. 交通运输管理部门

37. 若施工单位对施工中出现的质量问题的工程拖延返工处理,应责令改正,并处(   )的罚款。

A. 1万元以上3万元以下
B. 3万元以上5万元以下
C. 5万元以上10万元以下
D. 10万元以上15万元以下

38. 可承担各类桥梁工程的施工企业是(   )。

A. 桥梁工程专业承包特级企业
B. 桥梁工程专业承包一级企业
C. 桥梁工程专业承包二级企业
D. 桥梁工程专业承包三级企业

39. 下列不属于交工验收的主要工作内容的是(   )。

A. 检查施工自检报告、施工总结报告及施工资料

B. 检查工程实体，审查有关资料，包括主要产品的质量检测报告

C. 对工程质量进行评分，确定工程质量等级，并综合评价建设项目

D. 对合同是否全面执行、工程质量是否合格做出结论

40. 公路路面工程专业承包企业资质可分为（　　）。

A. 二级　　　　　B. 三级

C. 四级　　　　　D. 五级

二、多项选择题

1. 根据《公路工程施工分包管理办法》，下列情形中，属于违法分包的有（　　）。

A. 承包人将承包的全部工程发包给他人的

B. 分包人以他人名义承揽分包工程的

C. 分包合同未报发包人备案的

D. 分包人将分包工程再进行分包的

E. 承包人将工程分包给不具备相应资格的企业或个人的

2. 公路工程竣工验收的主要工作内容包括（　　）。

A. 成立竣工验收委员会

B. 听取质量监督机构的工作报告及工程质量鉴定报告

C. 检查工程实体质量，审查有关资料

D. 检查施工自检报告、施工总结报告及施工资料

E. 对项目法人建设管理工作进行综合评价

3. 公路工程竣工验收必须具备的条件包括（　　）。

A. 通车试运营2年以上

B. 工程已按施工合同和设计文件要求建成，具有独立使用价值

C. 质量监督机构对工程质量进行检测，并出具检测意见

D. 按规定已编制好工程竣工决算，竣工决算已经审计，并经交通运输主管部门或其授权单位认定

E. 施工、监理、设计、建设等单位已编写完成工作总结报告

4. 施工单位的专职安全生产管理人员应履行的职责包括（　　）。

A. 及时、如实报告生产安全事故并组织自救

B. 督促落实本单位施工安全风险管控措施

C. 组织或者参与本合同段施工应急救援演练

D. 组织制订项目安全生产教育和培训计划

E. 及时排查、报告安全事故隐患，并督促落实事故隐患治理措施

5. 关于质量事故报告的规定的说法，正确的有（　　）。

A. 工程项目交工验收前，施工单位为工程质量事故报告的责任单位

B. 事故报告应及时、准确

C. 事故发生后，现场有关人员应立即向事故报告责任单位负责人报告

D. 一般质量事故可以不做报告

E. 省级交通运输主管部门应在事故情况稳定后的10日内汇总

6. 工程质量事故报告内容包括（　　）。

A. 工程项目名称

B. 事故地点和发生时间

C. 责任人处理情况

D. 事故简要经过

E. 已经采取的措施

7. 竣工验收委员会成员有（　　）。

A. 项目法人

B. 设计单位

C. 施工单位

D. 交通运输主管部门
E. 质量监督机构

8. 公路工程验收分为( )。
   A. 中间验收　　B. 交工验收
   C. 工序验收　　D. 竣工验收
   E. 开工验收

9. 公路路面工程专业承包企业按照资质等级可划分为( )。
   A. 特级企业　　B. 一级企业
   C. 二级企业　　D. 三级企业
   E. 四级企业

10. 公路工程质量保证体系包括( )。
    A. 政府监督　　B. 法人管理
    C. 社会监理　　D. 企业自检
    E. 企业自律

11. 根据《公路建设市场管理办法》,下列说法正确的有( )。
    A. 收费公路建设项目法人和项目建设管理单位进入公路建设市场实行核准制度
    B. 国家投资的公路建设项目,项目法人与施工、监理单位应当按照规定签订廉政合同
    C. 建设资金落实后即可开始施工,施工后由交通运输主管部门审计建设资金
    D. 项目法人不得更改合同工期,合同双方均不可缩短合同工期
    E. 施工单位可以将非关键性工程或者适合专业化队伍施工的工程分包给具有相应资格条件的单位

12. 根据《公路工程设计施工总承包管理办法》,下列说法正确的有( )。
    A. 总承包项目的初步设计单位、代建单位、监理单位或以上单位的附属单位可以作为总承包单位

B. 总承包招标文件的编制应使用建设单位制定的招标文件
C. 投标文件的编制时间自招标文件开始发售之日起,至投标人提交投标文件截止时间止,不得少于3个月
D. 项目法人和总承包单位应当在招标文件或者合同中约定总承包风险的合理分担
E. 项目法人应当在初步设计批准概算范围内确定最高投标限价

13. 根据《公路施工企业信用评价规则》,下列说法正确的有( )。
    A. 公路施工企业信用评价工作实行定期评价和动态评价相结合的方式
    B. 定期评价工作每年开展一次,对公路施工企业上年度的市场行为进行评价
    C. 投标行为和履约行为初始分值为100分,实行累计扣分制
    D. 联合体有不良投标行为的,只对发生不良行为的企业进行扣分
    E. 公路施工企业资质升级的,其信用评价等级上升一个等级

14. 根据《公路工程竣(交)工验收办法实施细则》,公路工程交工验收应具备的条件有( )。
    A. 合同约定的各项内容已全部完成
    B. 施工单位按《公路工程质量检验评定标准》及相关规定对工程质量自检合格
    C. 监理单位对工程质量评定合格
    D. 质量监督机构对工程质量进行检测合格
    E. 施工单位、监理单位完成本合同段的工作总结报告

15. 根据《公路工程竣(交)工验收办法实施细则》,关于公路工程竣(交)工验收的说法,

正确的有( )。
A. 竣工验收前,通车试运营应有2年以上
B. 交工工程质量评分值小于80分的为不合格
C. 竣工验收委员会成员应包括监理单位代表
D. 各合同段全部验收合格后,监理工程师应及时完成"公路工程交工验收报告"
E. 竣工验收工程质量评分中,交工验收工程质量得分权值为0.2

16. 根据《公路工程建设项目招标投标管理办法》,下列工程项目中,可以不进行招标的有( )。
A. 涉及国家安全、国家秘密的项目
B. 需要采用不可替代的专利的项目
C. 采购人自身具有工程施工的资格和能力且符合法定要求的项目
D. 利用扶贫资金实行以工代赈、需要使用农民工的项目
E. 新增配套工程估算1000万元,原中标单位具备施工能力的项目

17. 根据《公路工程建设项目招标投标管理办法》,关于招标的说法,正确的有( )。
A. 公路工程建设项目履行项目审批或者核准手续后,可开展施工监理、设计施工总承包招标
B. 招标人必须编制标底或者设置最高投标限价
C. 投保保证金有效期应当与投标有效期一致
D. 投标保证金不得超过招标标段估算价的3%
E. 以分包的工作量规模作为否决投标的条件属于歧视性条款

18. 根据《公路工程建设项目招标投标管理办法》,关于开标和评标的说法,正确的有( )。
A. 开标应当在招标文件确定的提交投标文件截止时间的同一时间公开进行
B. 公路工程勘察设计和施工监理招标,应当采用综合评估法进行评标,评标价的评分权重不宜超过30%
C. 招标人在招标文件中规定的参与报价文件评审的投标人数量不得少于2个
D. 工程规模较小、技术含量较低的工程,可以采用经评审的最低投标价法
E. 评标委员会成员对投标人商务和技术各项因素的评分一般不得低于招标文件规定该因素满分值的50%

19. 根据《公路工程竣(交)工验收办法实施细则》,公路工程竣(交)工验收的依据为( )。
A. 批准的工程可行性研究报告
B. 招标文件及合同文本
C. 投标文件及中标须知
D. 批准的工程初步设计文件
E. 行政主管部门的有关批示文件

20. 高速公路路堑高边坡工程施工安全风险评估划分的阶段有( )。
A. 总体风险评估阶段
B. 单项风险评估阶段
C. 专项风险评估阶段
D. 综合风险评估阶段
E. 总结风险评估阶段

21. 根据《公路水运工程质量监督管理规定》,关于公路工程质量监督的说法,正确的有( )。
A. 建设单位应要求施工单位按规定办理质量监督手续
B. 公路水运工程交工验收前,建设单位应

当出具交工验收质量检测报告

C. 交通运输主管部门委托的建设工程质量监督机构不可以委托第三方进行检测

D. 公路水运工程质量监督管理工作实行项目监督责任制

E. 交通运输主管部门可以采取随机抽查、备案核查、专项督查等方式对从业单位实施监督检查

22. 公路建设市场信用信息包括公路建设从业单位的(　　)。

A. 不良行为信息

B. 表彰奖励类良好行为信息

C. 租赁设备基本情况

D. 资质、资格情况

E. 信用评价信息

23. 施工单位应当书面明确本单位的项目负责人,代表本单位组织实施项目施工生产。下列属于项目负责人对项目安全生产工作的职责有(　　)。

A. 建立项目安全生产责任制,实施相应的考核与奖惩

B. 按规定配足项目专职安全生产管理人员

C. 组织或者参与本单位安全生产教育和培训,如实记录安全生产教育和培训情况

D. 组织或者参与本合同段施工应急救援演练

E. 及时、如实报告生产安全事故并组织自救

24. 公路工程质量事故分为(　　)。

A. 质量问题

B. 质量缺陷

C. 一般质量事故

D. 特别重大质量事故

E. 重大质量事故

参考答案及解析

一、单项选择题

1. A [解析] 全国公路建设从业单位信用等级从高到低统一划分五个级别,即信用好、较好、一般、较差、差,分别用AA、A、B、C、D表示。故选A。

2. D [解析] 公路施工企业资质升级的,其信用评价等级不变。故选D。

3. A [解析] 有下列情形之一的属于重大设计变更:①连续长度10km以上的路线方案调整的;②特大桥的数量或结构形式发生变化的;③特长隧道的数量或通风方案发生变化的;④互通式立交的数量发生变化的;⑤收费方式及站点位置、规模发生变化的;⑥超

过初步设计批准概算的。故选A。

4. D [解析] 公路工程竣工验收应在通车试运行2年后进行。故选D。

5. A [解析] 总体风险评估工作由建设单位负责组织,专项风险评估工作由施工单位负责组织。故选A。

6. A [解析] 重大事故是指造成10人以上30人以下死亡,或者50人以上100人以下重伤,或者5000万元以上1亿元以下直接经济损失的事故。故选A。

7. B [解析] 重大质量事故是指造成直接经济损失5000万元以上1亿元以下,或者特大桥主体结构垮塌、特长隧道结构坍塌,或者

第7章 公路工程项目施工相关法规与标准

大型水运工程主体结构垮塌、报废的事故。故选B。

8. D [解析] 重大及以上质量事故,省级交通运输主管部门应在接报2h内进一步核实,并按工程质量事故快报统一报交通运输部应急办转部工程质量监督管理部门;出现新的经济损失、工程损毁扩大等情况的应及时续报。故选D。

9. B [解析] 工程项目交工验收前,施工单位为工程质量事故报告的责任单位。故选B。

10. C [解析] 按照年度施工产值配备专职安全生产管理人员,不足5000万元的至少配备1名;5000万元以上不足2亿元的按每5000万元不少于1名的比例配备;2亿元以上的不少于5名,且按专业配备。故选C。

11. C [解析] 专项风险评估工作由施工单位负责组织。故选C。

12. B [解析] 公路工程施工总承包工程范围:特级企业、一级企业、二级企业、三级企业。故选B。

13. A [解析] 根据竣工验收质量评定规则列式:$87×0.2+93×0.6+89×0.2=91$,大于90分,竣工验收的质量评分为优良。故选A。

14. A [解析] 建设单位提交的材料符合规定的,监督机构应当在15个工作日内办理质量监督手续,出具质量监督管理受理通知书。故选A。

15. D [解析] 公路交通工程专业承包企业按施工内容分为两个分项施工企业,即公路安全设施分项承包企业和公路机电工程分项承包企业。其中公路安全设施分项承包只有一级、二级。故选D。

16. B [解析] 选项A错误,技术评分最低标价法是指对通过初步评审的投标人的施工组织设计、项目管理机构、技术能力等因素进行评分,按照得分由高到低排序,对排名在招标文件规定数量以内的投标人的报价文件进行评审,按照评标价由低到高的顺序推荐中标候选人的评标方法。选项B正确,合理低价法是指对通过初步评审的投标人,不再对其施工组织设计、项目管理机构、技术能力等因素进行评分,仅依据评标基准价对评标价进行评分,按照得分由高到低排序,推荐中标候选人的评标方法。选项C错误,综合评分法是指对通过初步评审的投标人的评标价、施工组织设计、项目管理机构、技术能力等因素进行评分,按照综合得分由高到低排序,推荐中标候选人的评标方法。选项D错误,经评审的最低投标价法是指对通过初步评审的投标人,按照评标价由低到高排序,推荐中标候选人的评标方法。故选B。

17. A [解析] 有下列情形之一的属于重大设计变更:①连续长度10km以上的路线方案调整的;②特大桥的数量或结构形式发生变化的;③特长隧道的数量或通风方案发生变化的;④互通式立交的数量发生变化的;⑤收费方式及站点位置、规模发生变化的;⑥超过初步设计批准概算的。故选A。

18. D [解析] 公路工程施工企业资质类别可划分为六类,第一类为公路工程施工总承包企业;第二类为公路路面工程专业承包企业;第三类为公路路基工程专业承包企业;第四类为桥梁工程专业承包企业;第五类为隧道工程专业承包企业;第六类为公路交通工程专业承包企业。故选D。

19. C [解析] 交工验收阶段的主要工作是检

查施工合同的执行情况,评价工程质量,对各参建单位工作进行初步评价。故选C。

20. B [解析]重大质量事故是指造成直接经济损失5000万元以上1亿元以下,或者特大桥主体结构垮塌、特长隧道结构坍塌,或者大型水运工程主体结构垮塌、报废的事故。故选B。

21. A [解析]工程各合同段交工验收结束后,由项目法人对整个工程项目进行工程质量评定,工程质量评分采用各合同段工程质量评分的加权平均值。故选A。

22. A [解析]分包人有权与承包人共同享有分包工程业绩。分包人业绩证明由承包人与发包人共同出具。故选A。

23. D [解析]桥梁工程专业承包企业中,三级资质企业可承担单跨50m以下、单座总长120m以下桥梁工程的施工;二级资质企业可承担单跨150m以下、单座总长1000m以下桥梁工程的施工;一级资质企业可承担各类桥梁工程的施工。故选D。

24. D [解析]隧道工程专业承包企业中,三级资质企业可承担断面40m²以下且单洞长度500m以下的隧道工程施工;二级资质企业可承担断面60m²以下且单洞长度1000m以下的隧道工程施工;一级资质企业可承担各类隧道工程的施工。故选D。

25. A [解析]投标人相互串通投标或者与招标人串通投标的,投标人以向招标人或者评标委员会成员行贿的手段谋取中标的,中标无效,处中标项目金额5‰以上10‰以下的罚款,对单位直接负责的主管人员和其他直接责任人员处单位罚款数额5%以上10%以下的罚款;有违法所得的,并处没收违法所得。故选A。

26. B [解析]总承包工程实施过程中需要设计变更的,较大变更或者重大变更应当依据有关规定报交通运输主管部门审批。一般变更应当在实施前告知监理单位和项目法人,项目法人认为变更不合理的有权予以否定。故选B。

27. D [解析]选项A错误,公路建设市场信用信息包括公路建设从业单位基本信息、表彰奖励类良好行为信息、不良行为信息和信用评价信息。选项B错误,从业单位表彰奖励类良好行为信息主要有:①模范履约、诚信经营,受到市级及以上交通运输主管部门、与公路建设有关的政府监督部门或机构表彰和奖励的信息。②被省级及以上交通运输主管部门评价为最高信用等级(AA级)的记录。选项C错误,表彰奖励类良好行为信息、不良行为信息公布期限为2年,信用评价信息公布期限为1年,期满后系统自动解除公布,转为系统档案信息。故选D。

28. B [解析]公路施工企业信用评价等级分为AA、A、B、C、D五个等级,各信用等级对应的企业评分X分别为AA级:$95 \leq X < 100$分,信用好;A级:$85 \leq X < 95$分,信用较好;B级:$75 \leq X < 85$分,信用一般;C级:$60 \leq X < 75$分,信用较差;D级:$X < 60$分,信用差。故选B。

29. D [解析]重大设计变更由交通运输部负责审批。较大设计变更由省级交通主管部门负责审批。故选D。

30. A [解析]投标人在投标截止时间前撤回投标文件且招标人已收取投标保证金的,招标人应当自收到投标人书面撤回通知之日起5日内退还其投标保证金。故选A。

31. C [解析]招标人和中标人应当自中标通知书发出之日起30日内,按照招标文件和

第7章 公路工程项目施工相关法规与标准

中标人的投标文件订立书面合同。故选 C。

32. D [解析] 特别重大事故是指造成 30 人以上死亡，或者 100 人以上重伤（包括急性工业中毒，下同），或者 1 亿元以上直接经济损失的事故。所称的"以上"包括本数，所称的"以下"不包括本数。故选 D。

33. A [解析] 自事故发生之日起 30 日内，事故造成的伤亡人数发生变化的，应当及时补报。道路交通事故、火灾事故自发生之日起 7 日内，事故造成的伤亡人数发生变化的，应当及时补报。故选 A。

34. C [解析] 施工单位的专职安全生产管理人员履行下列职责：①组织或者参与拟订本单位安全生产规章制度、操作规程，以及合同段施工专项应急预案和现场处置方案。②组织或者参与本单位安全生产教育和培训，如实记录安全生产教育和培训情况。③督促落实本单位施工安全风险管控措施。④组织或者参与本合同段施工应急救援演练。⑤检查施工现场安全生产状况，做好检查记录，提出改进安全生产标准化建设的建议。⑥及时排查、报告安全事故隐患，并督促落实事故隐患治理措施。⑦制止和纠正违章指挥、违章操作和违反劳动纪律的行为。故选 C。

35. C [解析] 重大质量事故是指造成直接经济损失 5000 万元以上 1 亿元以下，或者特大桥主体结构垮塌、特长隧道结构坍塌，或者大型水运工程主体结构垮塌、报废的事故。故选 C。

36. C [解析] 工程项目交工验收前，施工单位为工程质量事故报告的责任单位；自通过交工验收至缺陷责任期结束，由负责项目交工验收管理的交通运输主管部门明确项目建设单位或管养单位作为工程质量事故报告的责任单位。故选 C。

37. A [解析] 施工单位对施工中出现的质量问题或者验收不合格的工程，未进行返工处理或者拖延返工处理的，责令改正，处 1 万元以上 3 万元以下的罚款。故选 A。

38. B [解析] 桥梁工程专业承包企业分为一级、二级和三级，一级资质可承担各类桥梁工程的施工。故选 B。

39. C [解析] 交工验收的主要工作内容：①检查合同执行情况。②检查施工自检报告、施工总结报告及施工资料。③检查监理单位独立抽检资料、监理工作报告及质量评定资料。④检查工程实体，审查有关资料，包括主要产品的质量抽（检）测报告。⑤核查工程完工数量是否与批准的设计文件相符、是否与工程计量数量一致。⑥对合同是否全面执行、工程质量是否合格做出结论。⑦按合同段分别对设计、监理、施工等单位进行初步评价。故选 C。

40. B [解析] 公路路面工程专业承包企业分为一级企业、二级企业、三级企业，一共分为三级。故选 B。

二、多项选择题

1. BCDE [解析] 承包人将承包的全部工程发包给他人的属于转包。故选 BCDE。

2. ABCE [解析] 选项 ABCE 正确，竣工验收的主要内容包括：①成立竣工验收委员会。②听取公路工程项目执行报告、设计工作报告、施工总结报告、监理工作报告及接管养护单位项目使用情况报告。③听取公路工程质量监督报告及工程质量鉴定报告。④竣工验收委员会成立专业检查组检查工程实体质量，审阅有关资料，形成书面检查意见。⑤对项目法人建设管理工作进行综合评价。审定交工验收对设计单位、施工单位、监理单位的初步评价。选项D错误,检查施工自检报告、施工总结报告及施工资料属于交工验收的内容。故选ABCE。

3. ADE [解析] 公路工程竣工验收必须具备以下条件:①通车试运营2年以上;②交工验收提出的工程质量缺陷等遗留问题已全部处理完毕,并经项目法人验收合格;③工程决算编制完成,竣工决算已经审计,并经交通运输主管部门或其授权单位认定;④竣工文件已完成"公路工程项目文件归档范围"的全部内容;⑤档案、环保等单项验收合格,土地使用手续已办理;⑥各参建单位完成工作总结报告;⑦质量监督机构对工程质量检测鉴定合格,并形成工程质量鉴定报告。故选ADE。

4. BCE [解析] 施工单位的专职安全生产管理人员履行下列职责:①组织或者参与拟订本单位安全生产规章制度、操作规程,以及合同段施工专项应急预案和现场处置方案;②组织或者参与本单位安全生产教育和培训,如实记录安全生产教育和培训情况;③督促落实本单位施工安全风险管控措施;④组织或者参与本合同段施工应急救援演练;⑤检查施工现场安全生产状况,做好检查记录,提出改进安全生产标准化建设的建议;⑥及时排查、报告安全事故隐患,并督促落实事故隐患治理措施;⑦制止和纠正违章指挥、违章操作和违反劳动纪律的行为。故选BCE。

5. ABCE [解析] 选项D错误,一般及以上工程质量事故均应报告。故选ABCE。

6. ABDE [解析] 事故报告应当包括下列内容:①事故发生单位概况。②事故发生的时间、地点以及事故现场情况。③事故的简要经过。④事故已经造成或者可能造成的伤亡人数(包括下落不明的人数)和初步估计的直接经济损失。⑤已经采取的措施。故选ABDE。

7. DE [解析] 竣工验收委员会由交通运输主管部门、公路管理机构、质量监督机构、造价管理机构等单位代表组成。故选DE。

8. BD [解析] 公路工程验收分为交工验收和竣工验收两个阶段。故选BD。

9. BCD [解析] 公路路面工程专业承包企业按照资质等级可划分为一级企业、二级企业、三级企业。公路工程施工总承包企业按照资质等级可划分为特级企业、一级企业、二级企业、三级企业。故选BCD。

10. ABCD [解析] 公路工程实行政府监督、法人管理、社会监理、企业自检的质量保证体系。故选ABCD。

11. BE [解析] 选项A错误,收费公路建设项目法人和项目建设管理单位进入公路建设市场实行备案制度。选项C错误,项目施工应当具备以下条件:①项目已列入公路建设年度计划。②施工图设计文件已经完成并经审批同意。③建设资金已经落实,并经交通运输主管部门审计。④征地手续已办理,拆迁基本完成。⑤施工、监理单位已依法确定。⑥已办理质量监督手续,已落实保证质量和安全的措施。选项D错误,公路建设项目法人应当合理确定建设工期,严格按照合同工期组织项目建设。项目法人不得随意要求更改合同工期。如遇特殊情况,确需缩短合同工期的,经合同双方协商一致,可以缩短合同工期,但应当采取措施,确保工程质量,并按照合同规定给予经济补偿。故选BE。

12. DE [解析] 选项A错误,总承包单位(包括总承包联合体成员单位)不得是总承包项目的初步设计单位、代建单位、监理单位或以上单位的附属单位。选项B错误,总承包招标文件的编制应当使用交通运输部统一制定的标准招标文件。选项C错误,招标人应当合理确定投标文件的编制时间,自招标文件开始发售之日起至投标人提交投标文件截止时间止,不得少于60天。故选DE。

13. ABC [解析] 选项D错误,联合体有不良投标行为的,其各方均按相应标准扣分。选项E错误,公路施工企业资质升级的,其信用评价等级不变。故选ABC。

14. ABCE [解析] 公路工程交工验收工作一般按合同段进行,并应具备以下条件:①合同约定的各项内容已全部完成。各方就合同变更的内容达成书面一致意见。②施工单位按《公路工程质量检验评定标准》及相关规定对工程质量自检合格。③监理单位对工程质量评定合格。④质量监督机构按公路工程质量鉴定办法对工程质量进行检测,并出具检测意见。检测意见中需整改的问题已经处理完毕。⑤竣工文件按公路工程档案管理的有关要求,完成"公路工程项目文件归档范围"第三、四、五部分(不含缺陷责任期资料)内容的收集、整理及归档工作。⑥施工单位、监理单位完成本合同段的工作总结报告。故选ABCE。

15. AE [解析] 选项B错误,交工验收工程质量等级评定分为合格和不合格,工程质量评分值大于等于75分的为合格,小于75分的为不合格。选项C错误,竣工验收委员会由交通运输主管部门、公路管理机构、质量监督机构、造价管理机构等单位代表组成。项目法人、设计、施工、监理、接管养护等单位代表参加竣工验收工作,但不作为竣工验收委员会成员。选项D错误,各合同段全部验收合格后,项目法人应及时完成"公路工程交工验收报告"。故选AE。

16. ABCD [解析] 有下列情形之一的公路工程建设项目,可以不进行招标:①涉及国家安全、国家秘密、抢险救灾或者属于利用扶贫资金实行以工代赈、需要使用农民工等特殊情况。②需要采用不可替代的专利或者专有技术。③采购人自身具有工程施工或者提供服务的资格和能力,且符合法定要求。④已通过招标方式选定的特许经营项目投资人依法能够自行施工或者提供服务。⑤需要向原中标人采购工程或者服务,否则将影响施工或者功能配套要求。⑥国家规定的其他特殊情形。故选ABCD。

17. CE [解析] 选项A错误,公路工程建设项目履行项目审批或者核准手续后,方可开展勘察设计招标;初步设计文件批准后,方可开展施工监理、设计施工总承包招标。选项B错误,招标人可以自行决定是否编制标底或者设置最高投标限价。选项D错误,招标人在招标文件中要求投标人提交投标保证金的,投标保证金不得超过招标标段估算价的2%。故选CE。

18. AD [解析] 选项B错误,公路工程勘察设计和施工监理招标,应当采用综合评估法进行评标。评标价的评分权重不宜超过10%。选项C错误,招标人在招标文件中规定的参与报价文件评审的投标人数量不得少于3个。选项E错误,除评标价和履约信誉评分项外,评标委员会成员对投标人商务和技术各项因素的评分一般不得低于招标文件规定该因素满分值的60%;评分低于满分值60%的,评标委员会成员应当在评标报告中做出说明。故选AD。

19. ABDE [解析]公路工程竣(交)工验收的依据是:①批准的项目建议书、工程可行性研究报告。②批准的工程初步设计、施工图设计及设计变更文件。③施工许可。④招标文件及合同文本。⑤行政主管部门的有关批复、批示文件。⑥公路工程技术标准、规范、规程及国家有关部门的相关规定。故选ABDE。

20. AC [解析]高速公路路堑高边坡工程施工安全风险评估划分为总体风险评估和专项风险评估两个阶段。故选AC。

21. BDE [解析]选项A错误,交通运输主管部门或者其委托的建设工程质量监督机构依法要求建设单位按规定办理质量监督手续。选项C错误,交通运输主管部门委托的建设工程质量监督机构具备相应检测能力的,可以自行对工程质量进行检测;不具备相应检测能力的,可以委托具有相应能力等级的第三方试验检测机构负责相应检测工作。故选BDE。

22. ABDE [解析]公路建设市场信用信息包括公路建设从业单位基本信息、表彰奖励类良好行为信息、不良行为信息和信用评价信息。其中,基本信息包括企业资质、资格情况和自有设备基本状况等。故选ABDE。

23. ABE [解析]项目负责人对项目安全生产工作负有下列职责:①建立项目安全生产责任制,实施相应的考核与奖惩。②按规定配足项目专职安全生产管理人员。③结合项目特点,组织制定项目安全生产规章制度和操作规程。④组织制订项目安全生产教育和培训计划。⑤督促项目安全生产费用的规范使用。⑥依据风险评估结论,完善施工组织设计和专项施工方案。⑦建立安全预防控制体系和隐患排查治理体系,督促、检查项目安全生产工作,确认重大事故隐患整改情况。⑧组织制定本合同段施工专项应急预案和现场处置方案,并定期组织演练。⑨及时、如实报告生产安全事故并组织自救。故选ABE。

24. CDE [解析]根据直接经济损失或工程结构损毁情况(自然灾害所致除外),公路水运建设工程质量事故分为特别重大质量事故、重大质量事故、较大质量事故和一般质量事故四个等级。故选CDE。